ARQUITECTURA EN SAN JUAN DE PUERTO RICO

DE PUERTO RICO

(SIGLO XIX)

Publicación conjunta con:
OFICINA DE PUBLICACIONES
FACULTAD DE HUMANIDADES
RECINTO DE RIO PIEDRAS

MARIA DE LOS ANGELES CASTRO

Arquitectura en San Juan de Puerto Rico

(SIGLO XIX)

Prólogo del Dr. Enrique Marco Dorta
Catedrático de la Universidad Complutense
Director del Instituto Diego Velázquez

UPRED

EDITORIAL UNIVERSITARIA
Universidad de Puerto Rico
1980

Primera Edición, 1980

Catalogación de la Biblioteca del Congreso
Library of Congress Cataloging in Publication Data

Castro María de los Angeles.
   Arquitectura en San Juan de Puerto Rico (siglo XIX)

   Originally presented as the author's thesis, Universidad Complutense de Madrid.
   Bibliography: p.
   Includes index.
   1. San Juan, P. R.—Buildings. 2. Architecture—Puerto Rico—San Juan.
3. Neoclassicism (Architecture)—Puerto Rico—San Juan. 4. Architecture,
Modern—19th century—Puerto Rico—San Juan. I. Title.

NA813.S36C37 1978   720'.97295   78-21582

ISBN 0-8477-2110-8
Depósito Legal: B. 10.520 - 1980

Printed in Spain

Editorial Universitaria
Apartado de Correos X
Estación de la Universidad de Puerto Rico
Río Piedras, Puerto Rico 00931

INDICE GENERAL

PRIMERA PARTE

"Antemural y propugnáculo de las Indias"
(Siglos XVI - XVIII)

El puerto rico. — La traza urbana. — Las primeras defensas. — La catedral. — El convento de Santo Domingo. — Hospitales y ermitas. — El caserío.

El ataque holandés. — Murallas y fortificaciones. — Los conventos. — El hospital del Rey. — El panorama urbano.

El conjunto urbano. — El hospital de la Caridad. — Capillas, ermitas y oratorios. — El sistema defensivo.

El siglo XVI. — El siglo XVII. — El siglo XVIII: Los alarifes de la ciudad. Los ingenieros militares. Arquitectos y maestros mayores de fortificación. Los ingenieros navales.

SEGUNDA PARTE

Un siglo de arquitectura neoclásica
(Siglo XIX)

INDICE DE ILUSTRACIONES

(Fotografías y Planos)

VIII   ÍNDICE DE ILUSTRACIONES

A Gregoria Ríos Vda. de Arroyo
y a la memoria de María Colón
Vda. de Castro.

PROLOGO

Ciudad marítima e isleña, la historia de San Juan, en buena parte, es una consecuencia de la situación geográfica de la Isla. Puerto Rico es la más oriental de las grandes Antillas, la más cercana a España y la situada más a barlovento. Ya en tiempos de Carlos V, los Oficiales Reales la calificaban de "llave de todas las Indias". Por los mismos años, en 1541, el alcalde de la villa de San Germán escribía que "la isla es la llave de los que van y vienen a estas partes"; y en 1589, el ingeniero Bautista Antonelli afirmaba, con razón, que de Puerto Rico dependía la seguridad de las flotas que navegaban entre España y las Indias. En efecto, Puerto Rico era pieza clave en la defensa del Caribe y de Tierra Firme. Cartagena de Indias constituía el antemural del Nuevo Reino de Granada y la fortaleza avanzada en la defensa de Portobelo y del istmo de Panamá. La Habana, puerto de reunión de las flotas, guarda de la salida del Caribe, era el punto de partida de los galeones que enfilaban el canal de Bahamas, favorecidos por la corriente del Golfo, para buscar los vientos variables de Poniente que impulsaban las velas en el viaje de regreso a España. Por su situación, a barlovento de las demás Antillas, la isla de San Juan significaba la protección o la amenaza de todo ese sistema de comunicaciones, único en los tiempos de la navegación a vela. Si la Isla caía en manos de enemigos, desde ella se podía hostilizar fácilmente, en pocas singladuras y siempre con el favor del viento, tanto a Cuba y a Santo Domingo como a los puertos de Tierra Firme y Nueva España. No olvidemos que, por estas razones de comunicación fácil, las islas Trinidad y Margarita y la gobernación de Cumaná formaban los

1

"Anejos Ultramarinos" del Obispado de Puerto Rico y dependían de la sede puertorriqueña y no de la de Caracas.

Por todo lo expuesto, apenas nacida a la vida urbana la ciudad de San Juan tuvo que plantearse el problema de su defensa y, por ello, la historia de su crecimiento y evolución está íntimamente ligada a la historia de sus fortificaciones, iniciadas —en cuanto a un plan articulado de defensa del Caribe— por Bautista Antonelli en 1589. La Isla vivió lustros de amenazas y zozobras, siempre en pie de guerra y escasamente guarnecida, y si bien en 1595 fracasó ante sus fuertes el tristemente famoso sir Francis Drake, pocos años después se apoderó de San Juan el conde de Cumberland. Ya estaba construido el Morro cuando, en 1625, fue rechazado el ataque de los holandeses y la plaza fuerte se ganó el respeto de los enemigos y un largo período de paz. Pero la hermosa Isla quedó al margen de la derrota de los galeones, que entraban en el Caribe más al sur, por la Dominica; y con poca población y escaso comercio, vegeta durante una larga etapa de vida pobre, a base del situado de México y las modestas exportaciones de cueros, azúcar y jengibre.

Ya en los lejanos tiempos en que comencé a preparar mi tesis doctoral, me preocupaba, como tema de estudio e investigación, el problema de la formación de las ciudades hispanoamericanas desde el punto de vista urbanístico y monumental. Por aquellas calendas, hace cuarenta años, la bibliografía sobre el tema era bastante escasa, apenas reducida a algún trabajo sobre Buenos Aires y otros parciales, referidos a ciudades menos importantes. Durante mis varios lustros de catedrático en la Universidad de Sevilla, promoví algunas tesis doctorales sobre ciudades de la España ultramarina, pero más de una quedó inacabada por alejamiento del aspirante a doctor de los esfuerzos de la investigación o por matrimonio de la frustrada doctora. Sin embargo, llegaron al final y se publicaron después dos de tanta calidad e importancia como la de María Lourdes Díaz Trechuelo sobre la arquitectura en las islas Filipinas, que dedica amplio espacio a la evolución urbana y la historia monumental de Manila, y la de Jorge Bernales Ballesteros dedicada a Lima y sus monumentos.

Hace unos años, la autora de este libro fue mi alumna en la Facultad de Filosofía y Letras de la Universidad Complutense, donde realizó con brillantez y máximas calificaciones sus estudios de doctorado, ganándose la estimación y el afecto de cuantos tuvimos la satisfacción de ser sus profesores. Creo que al asistir a mis clases y al seminario de la cátedra, su interés por la historia hispanoamericana y por el arte en general encontraron un mismo camino, decidiéndose su vocación científica por el campo específico del Arte Hispanoamericano. Y me parece que contribuyó a fomentar esa vocación el que poco después sería su esposo, el profesor Arturo Dávila, amigo entrañable, entusiasta investigador y celoso guardián del tesoro artístico puertorriqueño. Cuando María de los Angeles Castro me consultó sobre un posible tema para su tesis doctoral, no vacilé en proponerle el estudio urbanístico y monumental de su ciudad natal, San Juan de Puerto Rico, recomendándole que tratara con especial extensión el último siglo de su vida española, cuando la urbe adquirió la fisonomía neoclásica que conserva.

María de los Angeles Castro acogió el tema con el mayor entusiasmo y, sin regatear esfuerzos ni dispendios, realizó su trabajo con plena honestidad científica, como se podrá apreciar en las páginas que siguen. Durante largas temporadas investigó en los archivos españoles recogiendo documentos y planos, en gran número desconocidos e inéditos hasta ahora. Después, en Puerto Rico, revisó los archivos de San Juan, acabando de apurar así, hasta donde era posible, la investigación documental. Obtuvo fotografías de los edificios existentes y reunió testimonios gráficos de otros desaparecidos o transformados después. El resultado de la paciente elaboración de estos materiales se encuentra en la monografía que viene a continuación y que puede servir de modelo para otras de ese tipo. Estoy seguro de que el libro se incorporará con todos los honores a la bibliografía artística hispanoamericana. Los historiadores de la arquitectura y del urbanismo lo recibirán, sin duda, con el aplauso que merece y los puertorriqueños todos encontraran en sus páginas la historia de la ciudad nativa contemplada desde el punto de vista arquitectónico, los azares de la vida de la urbe como tal, como conjunto artístico, desde que la fundara el castellano Ponce de León hasta que sus abuelos —unos con alegría, otros con dolorosa nostalgia— vieron cómo descendía del mástil del Arsenal, en 1898, la bandera de España. Añadamos a otros méritos del libro el de estar escrito en muy buen castellano, como corresponde a quien nació y vive en una isla donde tan celosamente se guarda y se defiende el idioma.

Como se verá en los capítulos que siguen, a los que sirven de modesto pórtico estas líneas, en los años azarosos del siglo XVI, cuando amenazaban corsarios y enemigos y toda la energía constructora se volcaba en las fortificaciones, la capital de la "pequeña islilla, falta de bastimentos y dineros" —como decía el autor del conocido soneto de mediados del siglo XVII— tuvo vitalidad económica —acaso la repercusión del azúcar en los diezmos de la mitra— para acometer obras de tanto aliento e importancia para la historia de la arquitectura española del último gótico como la iglesia de los dominicos y la catedral, transformada después. Durante el tranquilo siglo XVII, la ciudad ve elevarse edificios como el convento de San Francisco y el hospital del rey y, mediada la centuria, con la introducción del cultivo del café comienza a notarse el despegue económico de la Isla. A lo largo del siglo XVIII, el desarrollo urbano continúa su curva ascendente y cuando, en 1797, rechaza el ataque de los ingleses, que interrumpe el largo período de paz, la ciudad de San Juan ha adquirido el aspecto que en parte conserva todavía, con sus calles engalanadas con los balcones volados de madera, tan característicos de la arquitectura de las islas Canarias como de la de Cuba y la costa del Caribe desde Veracruz hasta Cumaná. En esta época del último tercio del siglo XVIII y primeros lustros del siguiente, florecen todas las artes en San Juan. Prosperan los talleres de escultores y plateros y José Campeche, uno de los mejores pintores de su tiempo en América, retrata a lo más distinguido de la sociedad puertorriqueña. Por entonces se acaba también, con nuevas obras que lo perfeccionan, el complejo aparato defensivo de la plaza fuerte.

Pero aunque conserve monumentos de siglos anteriores, San Juan de Puerto Rico es, ante todo, una ciudad del XIX, el gran siglo puertorriqueño en todos los órdenes. Con el interés de la Corona hacia

Cuba y Puerto Rico después de la emancipación de los antiguos virreinatos, la libertad de comercio y otras medidas de tipo económico, la ciudad fue creciendo y surgieron nuevos barrios, al tiempo que se reformaron edificios antiguos como la catedral y el ayuntamiento y se construyeron otros de nueva planta. Durante el dilatado reinado de Isabel II, cuyas acertadas medidas de gobierno favorecieron a la Isla, la capital adquirió la fisonomía neoclásica que felizmente conserva en lo que llamamos "el viejo San Juan". Durante esos treinta años largos, bien fecundos para Puerto Rico en el aspecto que comentamos, se construyen obras arquitectónicas de tanta importancia como la fachada del ayuntamiento, la casa de beneficencia, el cuartel de Ballajá, el arsenal, etcétera. En la etapa siguiente, desde "La Gloriosa", que costó el trono a la reina Isabel, hasta 1898, la vieja urbe desbordó el recinto de murallas y se construyeron otros edificios de nueva planta en los que el neoclasicismo español, ya pasado de moda en la Península, vive su última fase. Lo mismo que en las islas Canarias —que proveían a Puerto Rico de losas para pavimentar plazas y templos— los ingenieros militares y los arquitectos formados en la Academia de San Fernando, prolongan bajo el cielo tropical de San Juan la vida del estilo académico. Así como podemos decir que Santo Domingo es una ciudad renacentista y La Habana una urbe barroca, San Juan de Puerto Rico es la gran ciudad neoclásica de las Antillas, como Guatemala lo es de América Central.

Con este libro se incorpora María de los Angeles Castro Arroyo al gremio, no muy numeroso, de los historiadores del Arte Hispanoamericano, con buenas perspectivas de investigación y de estudios no sólo en su Isla sino en toda la zona de las Antillas y el Caribe. Es de esperar que su entusiasmo como profesora en la Universidad de Puerto Rico, Recinto de Río Piedras, despierte nuevas vocaciones y que su laboriosidad continúe produciendo frutos. Gracias a la Facultad de Humanidades y a la Editorial Universitaria de Río Piedras, no se ha demorado la publicación de la tesis doctoral que obtuvo la máxima calificación en la Universidad Complutense de Madrid. Vayan, pues, los plácemes a la entidad editora que, consciente de la importancia de la obra, no ha regateado medios para su pulcra edición. Y saludemos con alborozo la aparición de este libro, que constituye una aportación de primer orden a la bibliografía histórica de la ciudad de San Juan y a la historia del urbanismo y de la arquitectura en América.

ENRIQUE MARCO DORTA

RECONOCIMIENTO

Deseo por este medio expresar mi agradecimiento a todas aquellas personas e instituciones que en una forma u otra colaboraron para que este trabajo haya podido realizarse. Debo especial reconocimiento a la Universidad de Puerto Rico por las licencias oportunas que me permitieron trasladarme a Madrid para continuar los estudios hacia el doctorado. No hubiera podido recopilar el material que fundamenta la tesis de no haber recibido la valiosísima ayuda de la Srta. María Teresa de la Peña y el Sr. José Ramón Barraca del Archivo Histórico Nacional en Madrid; de la Dra. Rosario Parra, Directora del Archivo General de Indias en Sevilla; del Capitán Roberto Barreiro Meiro del Archivo del Museo Naval en Madrid; del Comandante en Jefe don Juan Luis Ortiz Quintana, del Comandante don Pío Martín Muñoz, el Capitán Leandro Moreno Viriseda y el Teniente Gregorio Gómez Herránz del Archivo General Militar en Segovia; del personal del Servicio Histórico Militar en Madrid y el del Archivo General de Puerto Rico, muy especialmente del Sr. Angel Luis Serrano, a quien debo el inapreciable servicio de microfilmar los planos que necesitaba de este último archivo.

Quiero asimismo extender mi gratitud al profesor Carlos Colón Torres de la Escuela de Arquitectura de la Universidad de Puerto Rico que hizo posible parte del apéndice fotográfico al permitirme asistir a sus clases y usar los laboratorios que dirige; al fotógrafo José Melero y a la señorita María Cristina Rodríguez, directora del Laboratorio Fotográfico de la Biblioteca de la Universidad de Puerto Rico por haber copiado las micropelículas de los planos que se incluyen; y al señor Rafael Domínguez Wolff, coordinador de la Ofi-

cina de Monumentos Históricos del Instituto de Cultura Puertorriqueña, por haberme facilitado copia de las fotografías del álbum
de López Cepero, de gran utilidad en este estudio.

Debo la indicación selectiva del tema a mi maestro, Dr. Enrique
Marco Dorta, catedrático de Arte Hispanoamericano de la Universidad Complutense de Madrid, que con el interés invariable del es-
tudioso, el consejo acertado y la advertencia precisa suplió la inex-
periencia de la autora tanto en el largo curso de la investigación
como en el proceso de síntesis y redacción finales. El mantuvo mi
entusiasmo en el trabajoso proceso de seleccionar el material iné-
dito que utilizo.

Deseo también testimoniar mi gratitud a la Dra. Graciela Navarro Porrata, coordinadora de Asuntos Académicos de la Presidencia
de la Universidad de Puerto Rico y a la Dra. Aída Caro Costas, directora del Departamento de Historia y del Centro de Investigaciones
Históricas del Recinto de Río Piedras. A su interés y apoyo continuos en el ejercicio de sus cargos, debo el haber dado fin a estas
fechas a una labor compartida con las responsabilidades de la cátedra en los últimos años. A los colegas y amigos que me brindaron
su estímulo invariable y en tantas ocasiones mostraron el deseo de
ver terminado este estudio, mi agradecimiento. Quiero dar asimismo las gracias a mi compañero de Facultad, Dr. René Torres Delgado por la paciencia con que leyó el trabajo antes de ser enviado
a la imprenta y a la entrañable amiga que desinteresadamente y
con empeño muy especial pasó a máquina el manuscrito.

Debo a mis padres y a mis tíos Sara y Víctor estímulo continuo;
al Dr. Arturo V. Dávila, acertadas sugerencias y un respaldo ininterrumpido que contrarrestó las inevitables como pasajeras frustra-
ciones de los momentos difíciles de la investigación.

Quiero por último dedicar unas palabras de recuerdo a todas
aquellas personas —funcionarios de gobierno, arquitectos, ingenieros, maestros mayores, obreros, soldados, presidiarios y esclavos—
que de una forma u otra contribuyeron a realizar arquitectónica-
mente la ciudad de San Juan y con ella dejar como legado a nuestra
generación y a las futuras una excelente síntesis visual de nuestra
formación como pueblo.

INTRODUCCION

Hace unos años, cuando buscábamos tema para desarrollar nuestra tesis doctoral, el Dr. Enrique Marco Dorta con quien cursábamos Arte Hispanoamericano, nos sugirió el estudio de la evolución urbana de la ciudad de San Juan de Puerto Rico, con el consiguiente análisis de sus monumentos civiles y religiosos, considerados éstos tanto en su dimensión individual como en el marco más amplio de su contexto urbano. Aunque existen la excelente obra de don Adolfo de Hostos, *Historia de San Juan, ciudad murada*, con infinidad de detalles sobre el desarrollo de la capital puertorriqueña y varias publicaciones del capitán Juan Manuel Zapatero, en las cuales analiza las fortificaciones, tratan ellas aspectos diferentes de la historia de la ciudad. Ningún otro tema hubiera podido despertar más nuestro interés pues nos ofrecía la oportunidad de lograr una visión nueva a base de fuentes hasta ahora inaccesibles o de difícil consulta, excluyendo aquellos aspectos, como las fortificaciones, tratados ya con competencia indisputada por los autores mencionados. Ante la abundancia del material y el temor a extendernos demasiado, limitamos nuestro objetivo al siglo XIX.

Nos decidimos por esta centuria porque es el período durante el cual San Juan añade a su condición de plaza fuerte la de urbe civil, sin que por ello pierda su importancia militar, que mantendrá hasta nuestros días. Coinciden en el siglo diecinueve los factores que permiten llenar vacíos institucionales y asistenciales de que había carecido la ciudad hasta entonces y, por ende, el más rico en construcciones no militares o defensivas. Es algo que se consigue en

9

forma gradual, pero rápida, razón por la cual hemos optado por un criterio cronológico al presentar el material. Nuestro objetivo es demostrar cómo va creciendo monumentalmente lo que había sido, más que ninguna otra cosa, un bastión.

Muy pronto nos percatamos de una dificultad. Salvo algunos artículos y noticias dispersas apenas se había escrito sobre las edificaciones civiles o religiosas de los siglos XVI al XVIII. El lector que se interesara por nuestro tema no podría aquilatar en su justa medida ese proceso de transformación si desconocía las circunstancias de aquellos siglos. Era, pues, preciso rellenar esas lagunas aunque fuera de un modo correctivo y con la advertencia de que se han hecho a modo de introducción para nuestro centro de interés. Aún así, creemos haber aportado noticias frescas y, sobre todo, el poder presentar en un sólo volumen el crecimiento de San Juan desde sus orígenes hasta el cambio de soberanía en 1898.

El trabajo que presentamos es el producto de larga e intensa búsqueda en archivos de España y Puerto Rico así como del estudio directo de los monumentos que se incluyen. La copiosa documentación que hemos reunido nos ha obligado a ejercer un juicio crítico. Ante el temor de alargarnos en forma excesiva hemos incluido aquellos edificios principales que imprimen a la ciudad su carácter, dejando para artículos y escritos futuros otros de interés secundario o que se salían del contexto urbano de la isleta, como lo es, por ejemplo, la sede del Instituto de Segunda Enseñanza, hoy Unidad de Salud Pública, en Santurce. Igualmente posponemos, por considerarlos de importancia en sí mismos, merecedores de tratarse por separado, el estudio sobre las obras del puerto en la segunda mitad del siglo XIX y la preciosa página que escriben en Puerto Rico los ingenieros y arquitectos del Real Cuerpo.

Creemos que nuestro trabajo viene a llenar un vacío que se hacía sentir. Los puertorriqueños admiramos y disfrutamos la vieja ciudad pero acostumbrados a pasar delante de ella con romántica nostalgia, descuidamos el aprecio real de las estructuras que crean ese efecto. Nos atrevemos a decir que San Juan, por ser muy conocida, es una gran desconocida. Esperamos con humildad que este estudio que con tanto empeño hemos trazado, ayude a superar esa deficiencia, sirva de orientación a aquellos que tratan de empequeñecerla por no conocerla y de estímulo a otros estudiosos para que amplíen el peldaño con que hoy contribuimos a la historia del arte en Puerto Rico.

PRIMERA PARTE

"Antemural y propugnáculo de las Indias"
(Siglos XVI-XVIII)

CAPITULO PRIMERO

EL SIGLO XVI

El puerto rico.

Los primeros ensayos fundacionales de la ciudad de Puerto Rico se iniciaron en los meses de agosto a septiembre de 1508.[1] No se experimentaron éstos en su emplazamiento actual sino en un lugar al sur de la isleta que hoy ocupa, distanciado una legua del puerto y que se denominó Caparra a semejanza de una villa existente en las inmediaciones de Ciudad Rodrigo.[2] Una bula de Julio II en 1511 bautizó la Isla con el nombre de San Juan Bautista; el de Puerto Rico, aplicado a la ciudad desde 1512, fue un reflejo de las espe-

---

1. Salvador Brau, *La colonización de Puerto Rico.* (Desde el descubrimiento de la Isla hasta la reversión a la corona española de los privilegios de Colón). Tercera edición anotada por Isabel Gutiérrez del Arroyo, San Juan de Puerto Rico, Instituto de Cultura Puertorriqueña, 1969, p. 101, n. 36.
2. Diego de Torres Vargas, «Descripción de la Isla y ciudad de Puerto Rico, y de su vecindad y poblaciones, presidio, gobernadores y obispos; frutos y minerales. Enviada por el Licenciado don ... ..., canónigo de la Santa Iglesia de esta Isla por el aviso que llegó a España en 23 de abril de 1647, al Sr. Cronista Maestro Gil González Dávila» en Alejandro Tapia y Rivera, ed., *Biblioteca Histórica de Puerto Rico.* San Juan de Puerto Rico, Instituto de Cultura Puertorriqueña, 1970, pp. 542-543.
Según Cayetano Coll y Toste, el nombre le fue impuesto por el Gobernador General de Indias, propulsor de la colonización de Puerto Rico, frey Nicolás de Ovando. Véase Coll y Toste, «Puertorriqueños Ilustres. Presbítero Ponce de León» en *Boletín Histórico de Puerto Rico.* Publicación bimestral, San Juan de Puerto Rico, Tip. Cantero Fernández y Cía., 1914-1927, 14 vols., T. III, p. 3. (Se citará en adelante por sus siglas B. H. P. R.). El nombre quedó concertado en las «Segundas capitulaciones entre frey Nicolás de Ovando y don Juan Ponce de León, 2 de mayo de 1509». Aída Caro Costas, ed., *Antología de lecturas de historia de Puerto Rico. (Siglos XV-XVIII).* San Juan de Puerto Rico, 1971, p. 81. La primera Caparra fue

ranzas que en su extensa bahía pusieron los conquistadores.[3] Los nombres de San Juan y Puerto Rico se fundieron y aplicaron indistintamente a la ciudad principal y la Isla en su totalidad durante todo el régimen español, si bien dominó la atribución que permanece hoy. El nombre de Caparra desaparece definitivamente de la documentación conocida a partir de 1514.[4]

La insalubridad del lugar inicialmente escogido y las trabajosas caravanas a través de una densa vegetación tropical para su comunicación con el puerto[5] hicieron pensar pronto en el traslado del poblado a la isleta que le quedaba al norte. Desde 1511 se consideraba ésta el lugar más adecuado para establecer la ciudad, teniendo como inconveniente principal los dos caños que la rodeaban, separándola de la isla grande. (Ilustración 1). Con el deseo de obviar este impedimento se determinó la construcción de una calzada para lo cual se impuso en 1513 a las naves que durante diez años arriba-

---

una población romana fundada al norte de Cáceres. Brau, *La colonización...*, p. 106, n. 39.

Creemos acertada la interpretación dada por Torres Vargas y Brau. No así la que en el siglo XIX insinúa Waldo Jiménez de la Romera al preguntarse si el nombre no derivaría de la palabra *caparis*, planta del tamarindo, muy abundante en la Isla. Waldo Jiménez de la Romera, *España. Sus monumentos y artes — su naturaleza e historia. Cuba, Puerto Rico y Filipinas.* Barcelona, Editorial de Daniel Cortezo y Cía., 1887, p. 487, n. 1. Nicolás de Ovando nunca visitó Puerto Rico por lo que no pudo ver los árboles a que se alude; su condición hace más lógica la referencia clásica.

3. Salvador Brau y Asencio, *Puerto Rico y su historia.* San Juan de Puerto Rico, Editorial IV Centenario, 1972, pp. 47-50. Nos parece correcta la explicación de Brau sobre el patronímico de San Juan dado a la Isla por su descubridor Cristóbal Colón en honor de los hijos de los Reyes Católicos, príncipes Juan y Juana. La popularidad del culto al Bautista en la Baja Edad Media hizo el resto.

Juan López de Velasco atribuye a Juan Ponce de León el denominativo Puerto Rico. «Descripción de la isla de San Juan de Puerto Rico en 1571 por el cosmógrafo cronista Juan López de Velasco» en *B. H. P. R.*, X, pp. 87 y 88. Juan Díez de la Calle hace el mismo señalamiento. «Noticias Sacras y Reales de los dos Imperios de las Indias Occidentales al mui Catolico Piadoso y Poderoso S. Rey de las Españas y Nuevo Mundo don Felipe quarto nuestro Señor en su Real y supremo Consexo de las Indias, Camara y Junta de Guerra: Comprende lo eclesiastico y y secular que su Magestad provee por las dos secretarias del Peru y la Nueva Spaña: Presidios, su gente y costa, valor de las encomiendas de indios y otras cossas necesarias y dignas de saverse. Escriviale en el año 1653 Juan Diez de la Calle, oficial mayor de la secretaria de la Nueva España.» B. N., Mss., 3026, fs. 38-46. Igualmente lo refiere Brau, *La colonización...*, p. 97.

4. *Ibid.*, pp. 97-98, n. 32.

5. Gonzalo Fernández de Oviedo, «Fragmentos de la Historia general y natural de las Indias» en Tapia, *Biblioteca Histórica...*, p. 21; Brau, *La colonización...*, pp. 305-307.

ran al puerto el arbitrio de dos barcadas de piedra para las obras y se asignaron para ayudar en ellas a los indios repartidos .por el Consejo de Castilla para obras públicas.[6] Más tarde se ordenó aplicar a la fábrica de estos pasos el usufructo obtenido al confiscarse los bienes del Secretario de la Corona Lope de Conchillos.[7] A pesar de la oposición del fundador Juan Ponce de León, prevaleció la idea del traslado[8] y en 1519, una vez terminado el pontón sobre el caño de San Antonio y comenzado el segundo sobre el de Martín Peña,[9]

6. *Ibid.*, pp. 218 y 306. Pedro de Cárdenas en su testimonio sobre las conveniencias del traslado alude al cacique Xamayta, encomendado por los Padres Jerónimos para trabajar en dichos pasos. «Información fecha por el Lyscenciado Rodrigo de Figueroa en la Ysla de Puerto Rico, sobre mudar de asiento. 13 de julio de 1519» en *B.H.P.R.*, III, p. 89.

7. Brau, *La colonización...*, p. 310.

8. Brau, *Puerto Rico...*, pp. 193-195; «Carta del Lyscenciado Figueroa a su Maxestad describiendo la ysleta y la cibdad de Puerto Rico. Sancto Domingo. Setiembre 12 de 1519» en *B.H.P.R.*, III, pp. 114-118; Caro Costas, *Antología...*, pp. 97-103.

9. El puente de San Antonio se conocía en 1613 como el puente de Aguilar y nos inclinamos a pensar que toma el nombre del cantero Miguel de Aguilar quien probablemente fuera el ejecutor de la primera calzada construida sobre dicho caño y la fuente de agua dulce, igualmente llamada de Aguilar, localizada junto al puente. «Información de Rodrigo de Figueroa», *B.H.P.R.*, III, p. 105; «Información hecha a petición de Agustín Guilarte de Salazar en nombre del Cabildo. 9 de Septiembre de 1613». A. G. I., Santo Domingo, Leg. 165, Ramo 2: 1611-1626. Cuando escribe Torres Vargas en 1647 se le conoce como puente de los Soldados por el cuerpo de guardia que allí había. Torres Vargas, *op. cit.*, p. 543. El nombre de San Antonio pudo habérsele dado en el siglo XVIII.
Respecto al de Martín Peña, el cronista Torres Vargas *(loc. cit.)* supone que el puente toma el nombre de quien debió ser su artífice. Lo mismo afirma el ingeniero Raúl Gayá Benejam en la entrevista periodística que le hiciera Arturo Gante, «Está próximo a abrirse al tránsito el nuevo puente de Martín Peña», *El Mundo* (San Juan, P. R., domingo 30 de abril de 1939), p. 5. Sin embargo, la documentación que presentamos aclara el origen del nombre. Cuando Xoan Martínez Peña se presenta como testigo en la probanza del Lic. Figueroa, nada indica que fuera cantero o que estuviera realizando obra alguna en el mencionado paso. «Información... de Figueroa», *B.H.P.R.*, III, p. 107. Un libramiento del obispo Alonso Manso y los oficiales reales dado el 19 de septiembre de 1522 ordenaba al pescador Juan Martín Peña que en su barca llevara un tiro de pólvora del puerto nuevo a la ciudad. Se le prometieron dos pesos por su trabajo. Vicente Murga Sanz, *Juan Ponce de León. fundador y primer gobernador del pueblo puertorriqueño, descubridor de la Florida y del Estrecho de las Bahamas.* San Juan, Ediciones de la Universidad de Puerto Rico, 1959, pp. 140-141, n. 28. El 22 de mayo de 1528 se pagaron a Juan Martín Peña 6 pesos «...por 3 barcadas de pan cazabe que trajo del bergantín de Juan Bono al puerto nuevo de esta ciudad...». Aurelio Tanodi, *Documentos de la Real Hacienda de Puerto Rico. Volumen I (1510-1519).* Transcriptos y compilados por ... ..., Universidad de Puerto Rico, Centro de Investigaciones Históricas, 1971, p. 53. Juan Martín Peña no fue, pues, el artífice del primer puente, ejecutado probablemente por el mismo que hizo el de San Antonio porque en la contratación constan las mismas personas, sino un pescador que en su bote hacía la travesía de un lado a otro del caño transportando personas o acarreando mercancías. Su nombre se aplicaría primero al caño y luego, por extensión, al puente.

se emprendió la tarea de levantar el nuevo poblado. La pobreza de los habitantes, la epidemia de viruelas llegada de la Española y las lentas tramitaciones del cambio detuvieron la mudanza hasta 1521, completándose el traslado en abril de 1522, semanas después de terminarse la obra de las calzadas.[10]

De la fundación primitiva de Caparra pueden verse hoy escasos restos de la casa-fortaleza del conquistador de Boriquén, única construida en piedra en aquel poblado de barracones de madera y yaguas, incluidas la iglesia mayor y las oficinas destinadas a la fundición del oro.[11] A pesar de la preocupación de la Corona porque se fabricara con materiales duraderos,[12] no queda constancia de que aparte la residencia ya mencionada, así se hiciera. Las inciertas perspectivas económicas de los vecinos y, sobre todo, la idea vigente del traslado no les movió a la edificación definitiva.[13]

---

10. Brau, *La colonización...*, pp. 309-314, n. 198; Brau, *Puerto Rico...*, p. 195.

11. Brau, *La colonización...*, p. 313. En 1509 el mismo Ponce de León describe así su casa: «hice una mediana, con su terrado e pretil y almenas, y su barrera delante de la puerta y toda encalada de dentro y de fuera, de altor de siete tapias en alto con el pretil y almenas». «Traslado fiel de la relación hecha por Ponce de León en la villa de la Concepción. 1-V-1509» en Caro Costas, *Antología...*, p. 77. También en Rafael W. Ramírez, *Cartas y relaciones históricas y geográficas sobre Puerto Rico, 1493-1598*. San Juan de Puerto Rico, Imprenta Venezuela, 1939, p. 2. De la casa apenas se conservan hoy parte de los cimientos movidos de su asiento histórico para dejar paso a una moderna carretera.

12. Una Real Cédula dada en Tordesillas el 25 de julio de 1511 ordenaba al Tesorero General Miguel de Pasamonte que se empezara a labrar la casa de fundición de San Juan como la de la Española. A. G. I., Santo Domingo, Leg. 418, libro 3, fols. 138-139.

Otra Real Cédula dada el 4 de abril de 1514 recordaba al repartidor de indios que los vecinos que recibieran aborígenes debían hacer casas de piedra. A. G. I., Contratación, Leg. 5009. Se repite y amplía la Orden en otra Real Cédula dada por Carlos V en Toledo el 20 de diciembre de 1538. Tapia, *Biblioteca Histórica...*, pp. 451-452.

La Real Orden emitida desde el Monasterio de Valbuena el 19 de octubre de 1514 mandaba a los oficiales reales de San Juan que la casa de fundición se edificara con cimientos de piedra y paredes de tierra. Brau, *Puerto Rico ...*, p. 190; A. G. I., Santo Domingo, Leg. 149, libro 5, fols. 81-86.

En una carta enviada a S. M. por el tesorero de San Juan, Andrés de Haro, fechada el 30 de abril de 1515, solicita éste que se revoque la Real Orden mediante la cual todo vecino que tuviera 2,000 pesos debía construir casa de piedra. Haro estima que el colono que tuviera esa cantidad antes que labrar su casa abandonaría la ciudad. A. G. I., Patronato, Leg. 172, Ramo 5; *B.H.P.R.*, III, p. 59.

13. Los favorecedores de Caparra sostenían que construyéndose el camino de la villa al puerto podría perpetuarse ésta en su lugar y así se «...fysciesen casas de piedra e otros edefycios que fasta aqui non se han fecho con la poca confianza e seguridad que los vezinos de la dicha cibdad thienen que non an de permanescer...» «Información... de Figueroa», *B.H.P.R.*, III, p. 83. Entre los propulsores

La naciente ciudad tenía como territorio toda la isleta, si bien el núcleo urbano, compuesto de unas ochenta casas, casi todas de madera cubiertas con ramaje de palmas,[14] se asentó en el área noroeste. Desde el comienzo el número de casas fue superior al de Caparra porque se unieron algunos vecinos de la zona oriental que venían huyendo de los frecuentes ataques indios; la necesidad defensiva impuso en el primer momento la agrupación en poblado.[15] (Ilustración 2).

La traza urbana.

Repartidos los solares entre los vecinos, el trazado se tiró a cordel pero respetando los accidentes topográficos que la convirtieron en una ciudad de suaves colinas y preciosas perspectivas. El plano en damero o cuadrícula clásica había subsistido en España durante la Edad Media y en los mismos albores de la conquista, en 1491, levantaron los Reyes Católicos la ciudad de Santa Fe, siguiendo ese patrón. Frey Nicolás de Ovando, al parecer testigo ocular de esta fundación, delineó en 1502 la nueva Santo Domingo al decretar su traslado a la orilla derecha del río Ozama.[16] Nada de extraño tiene que al trazarse la de Puerto Rico, también trasplantada de su emplazamiento primero, siguiera el esquema de aquella que geográficamente le quedaba tan próxima y con la que desde un principio estuvo estrechamente ligada.

El tipo de damero que en forma más o menos rígida domina el urbanismo español en América desde el siglo XVI hasta el XIX forma, como atinadamente expresa el historiador chileno fray Gabriel

de la mudanza, Juan Cerón afirma que muchos vecinos no habían fabricado casas de piedra por la insalubridad del lugar pero que de mudarse el poblado a la isleta él y otros así lo harían. *Ibid.*, p. 91.

14. Brau, *La colonización...*, p. 364.

15. *Loc. cit.* y Apéndice VIII, «El ejido urbano de San Juan», pp. 521-525. No señala Brau la fuente que le permite fijar en 80 el número de casas.

16. Gabriel Guarda, O. S. B., *Santo Tomás de Aquino y las fuentes del urbanismo indiano*. Santiago de Chile, Academia Chilena de la Historia, Pontificia Universidad Católica de Chile, Facultad de Arquitectura, 1965, p. 21. Erwin W. Palm, *Los orígenes del urbanismo imperial en América*. México, Instituto Panamericano de Geografía e Historia, Comisión de Historia, 1951, pp. 5-6. Mario Hernández Sánchez-Barba, *Historia Universal de América*. Madrid, Ediciones Guadarrama, 1963, 2 vols., I, p. 319.

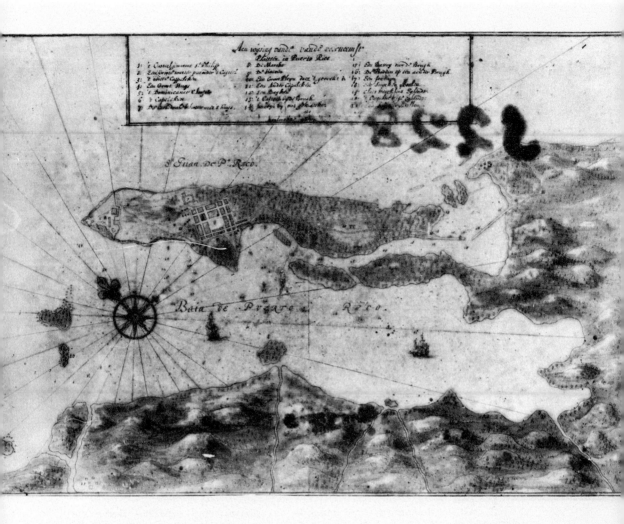

Núm. 2 "Aen wysing vande vando voorneemft." Plano de la plaza de San Juan hecho por los holandeses. 1625. Biblioteca Laurentiana, Florencia, Carte di Castello, No. 36.

Guarda, "... una línea de continuidad... entre el pasado medieval
español y su trasplante al nuevo mundo..." sin que se suscitaran
alteraciones bruscas que pudieran haber desarticulado su secuencia
lógica.[17] Al planificar las nuevas ciudades americanas simplemente
se ponen en ejecución viejas prácticas peninsulares arraigadas por
su indudable virtuosismo técnico y por su antigua raíz castrense.
Como bien afirma Guarda, no hay que olvidar que aquéllas fueron
trazadas en su mayoría por conquistadores militares y religiosos [18]
que preferían asentar con seguridad empírica sobre bases ya conocidas a la incertidumbre de una creación original más propia para
la mente de un artista o urbanista.

Para estas fechas no se había legislado aún en forma definida
sobre los planos de las nuevas fundaciones no obstante haber existido desde los primeros años de la conquista una clara voluntad
ordenadora y una preocupación específica por la selección del lugar.[19] Cada nuevo emplazamiento debió hacerse de acuerdo a instrucciones particulares si bien prevaleció la tendencia a la cuadrícula, imponiéndose en este primer momento la feliz experiencia
habida en Santo Domingo, dignamente elogiada por sus visitantes.
Ante la ausencia, al menos hasta hoy, de unas capitulaciones direc-
tas sobre cómo debía perfilarse Puerto Rico, suponemos que se
desarrolló bajo la influencia de aquélla. No hay que olvidar que la
conquista de la Isla se debió a la iniciativa de Ovando [20] y aunque

---

17. Guarda, *op. cit.*, p. 21.
18. *Ibid.*, p. 16.
19. Así lo demuestran, por ejemplo, las instrucciones generales dadas por
Fernando el Católico en Valladolid el 4 de agosto de 1513 usadas luego por Pe-
drarias Dávila. *Ibid.*, pp. 27-29.
20. Frey Nicolás de Ovando desarrolló un amplio programa urbanizador. Sólo
en Santo Domingo propulsó la fundación de once villas que se llamaron de oeste a
este: Santa María de la Vera Paz, Salvatierra de la Sabana, Villanueba de Yaquimo,
Lares de Guahabá y Puerto Real en lo que es hoy territorio haitiano; las de San
Juan de la Maguana, Azúa, la Buenaventura, Salvaleón de Higuey, Santa Cruz de
Icayagua y Puerto Plata en el dominicano. Hernández Sánchez-Barba, *op. cit.*,
pp. 319-320.
Desde un principio las pautas experimentadas en Santo Domingo fueron consideradas para Puerto Rico. En las capitulaciones otorgadas a Vicente Yañez Pinzón
se estipulaba que los repartimientos de caballerías, tierras, árboles y otras cosas
de la Isla se hicieran «...según de la forma e manera que se han fecho y facen
en la dicha isla nombrada Española...» «Asiento y Capitulación que se tomó con
Vicente Yañez Pinzón, para poblar la isla de San Juan, como Capitán y Corregidor.
Toro, Abril 24 de 1505» en Caro Costas, *Antología...*, p. 70.

se desconozca exactamente la planta que tuvo Caparra es lógico
pensar que se hubiera respetado, aún dentro de su forma rudimen-
taria, el trazo en ángulos rectos y que este mismo sistema, con mayor razón cuanto que se realizaba ahora en forma definitiva, se
trasplantara a la isleta.

En la carta que desde Santo Domingo dirigen los Padres Jerónimos al Concejo, Justicia y Regidores de Puerto Rico, fechada en
15 de junio de 1519, confirman el cambio de lugar que habían ordenado durante su visita a Puerto Rico y determinan las circunstancias del traslado. Una vez terminado el paso sobre el primer caño
e iniciado el segundo, debían las autoridades examinar la isleta;
escogido el mejor sitio, repartirían los solares y pasarían la iglesia.
Cumplido esto último fijan un plazo de seis meses para completar
la mudanza permitiendo únicamente a Ponce de León, en consideración a los gastos que le ocasionara su casa en piedra, que perma-
neciera viviendo en Caparra, bien que asistiendo a sus deberes oficiales en el nuevo asiento.[21] En una segunda carta, esta vez fechada
el 4 de julio, los Padres son más explícitos en lo referente a cómo
debe ser la nueva población.

> ...ansi mesmo dexareis anchura proporcionada de quadra, donde sea
> la plaza prencipal, e las calles serán anchas, e los solares que a los ve-
> zinos se han de dar, sean en los mismos logares e partes cercanas a la
> dicha yglesia e plaza, segund e de la manera que al presente las thienen
> en la dicha cibdad que oy es...[22]

Algo parecido repite el procurador Pedro de Cárdenas en la relación que presenta al licenciado Figueroa para defender la mudanza:

> ...cada dia ocurren mas necesidades a los vezinos, e algunos thienen
> necesidad de fascer edyficios, quen acabandose el dicho paso, se mude
> el pueblo, para que cada uno comenzase a edyficar perpetuamente, es
> necesario que la cibdad se traze luego de la forma e manera que aquí
> está, dando a cada uno su solar como lo thiene, e ansi dyscurriendo
> por todo lo otro, porque nendguno resciba agravio como hasta agora
> está proveido por los reverendos padres; porque si obiese desperar a

---

21. Brau, *Puerto Rico...*, p. 193; Caro Costas, *Antología...*, p. 105; Vicente Murga
Sanz, *Puerto Rico en los manuscritos de don Juan Bautista Muñoz*. Río Piedras, Ediciones de la Universidad de Puerto Rico, 1960, doc. 444, pp. 201-202.
22. «Información... de Figueroa», *B.H.P.R.*, III, pp. 111-112.

que se fysciese relacion nuevamente a Su Alteza, de la dylación se syguiera mucho dapño.[23]

Ni la norma estatuida por los Jerónimos ni el aviso de Cárdenas dejan lugar a dudas respecto a la forma y manera en que habría de trazarse la nueva ciudad, siguiendo el modelo de Caparra. Para poder repartir los solares como en ella estaban era preciso mantener la estructura básica del poblado.

Aparte el ascendiente ejercido por Caparra, cabría señalar también que las condiciones topográficas del promontorio, particularmente los desniveles del terreno formado por elevaciones variadas, propulsaban el esquema en damero como el más práctico para la organización y centralización urbana. Incluso el aspecto climatológico favorecía dicho diseño al permitir el mejor aprovechamiento de la brisa. Tanto, que cuando el obispo fray Damián López de Haro en su inmisericorde poema (1644) critica la empobrecida ciudad, reconoce que lo mejor que había en ella era un poco de aire.[24] (Ilustración 3).

Ratificada la mudanza por Rodrigo de Figueroa, ya hemos visto como quedó verificada en 1521. Los comienzos fueron difíciles, marcados por el temor persistente a los ataques de los indígenas y los piratas, el empobrecimiento de los vecinos por el escaso rendimiento de las minas auríferas agotadas en corto tiempo, sus crecidas deudas, los escasos arribos de naves, los aspectos ingratos del clima tropical al que no estaban acostumbrados y la amenaza continua de despoblación.[25] Descubiertos y conquistados los ricos territorios de México y, sobre todo, de América Meridional, el grito de "Dios me lleve al Perú" refleja, durante todo el segundo cuarto del siglo XVI, el impulso de aquellos hombres que deseaban mejorar su suerte en

---

23. *Ibid.*, pp. 89-90.
24. «Relación del viaje a Puerto Rico, embarcación y demás sucesos hecha por fray Damián, obispo de esa diócesis. Dirigida a Juan Díez de la Calle. 27 de Septiembre de 1644.» B. N., Mss., 3047, fols. 1 a 4vo. También en Tapia, *Biblioteca Histórica...*, pp. 527-536.
25. Isabel Gutiérrez del Arroyo, «El éxodo al Perú». *Revista del Instituto de Cultura Puertorriqueña*, San Juan de Puerto Rico, número 1 (octubre-diciembre 1958), pp. 15-18. Adolfo de Hostos, *Crecimiento y desarrollo de la ciudad de San Juan.* Ciclo de conferencias sobre la historia de Puerto Rico, San Juan de Puerto Rico. Instituto de Cultura Puertorriqueña, 1957, p. 6.

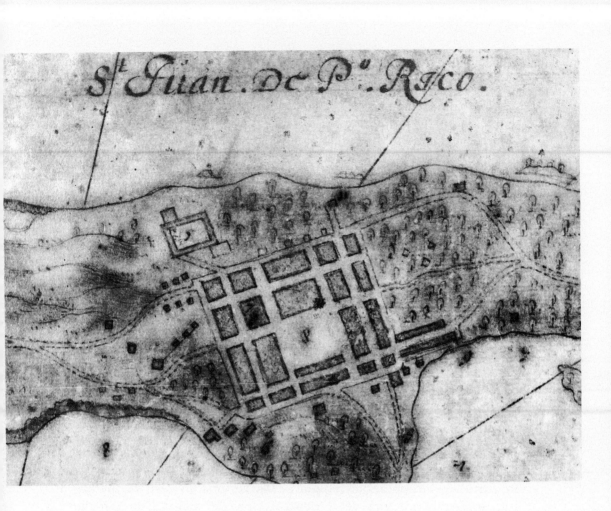

Núm. 3   Detalle del plano anterior: la ciudad.

otras tierras americanas de mayor promesa. Lentamente, respaldada por su condición insular, su posición geográfica y afortunada bahía, la ciudad empieza a adquirir carácter con un destino definido dentro de los dominios españoles de Indias. La historia de Puerto Rico en el siglo XVI, como en los siguientes, debe entenderse en función del Imperio. Abrigo de la flota bajo Felipe II, el pensamiento de utilizarla como base radial de operaciones y de evitar que cayera en manos enemigas por esas mismas razones, explican en gran parte la dinámica urbana que se implantó en la ciudad de San Juan a lo largo de los cuatro siglos en que fue española.

Las primeras defensas.

La Casa Blanca. Los frecuentes ataques de los indios caribes y de los piratas que pronto empezaron a interesarse por la Isla, como evidencia el asalto de corsarios franceses en 1528 a la villa de San Germán suscitaron desde la primera hora el pensamiento de dotar con defensas efectivas al nuevo poblado. Correspondiendo a lo que había existido en Caparra y honrando el asiento concertado entre Ovando y Ponce de León, autorizó Carlos V por Real Orden dada en Burgos el 27 de mayo de 1524, la edificación de una casa-fuerte para la familia del conquistador, en la cual se guardarían las armas, el sello y la hacienda real.[26] La casa, aunque pretendía ser a la par un fortín donde pudieran refugiarse los vecinos en caso de ataque, fue originalmente una débil construcción de madera de tamaño reducido con exiguas posibilidades de defensa.[27] En 1530 estaba ya

---

26. Brau, *La colonización...*, p. 365, Apéndice XI, «Los herederos de Ponce de León». pp. 537-543. Juan Ponce de León muere en Cuba en 1521 a consecuencia de las heridas recibidas en la Florida por lo que nunca vio realizada la mudanza a la que tanto se opuso. García Troche, casado con Juana, la hija mayor del Adelantado de la Florida, fue jefe de la familia, albacea testamentario y tutor durante la minoría de su cuñado Luis, heredero legítimo de los Ponce. Al morir Luis, García Troche se convierte en el beneficiario de su fortuna y privilegios. *Ibid.*, Apéndice XII, «Real Cédula autorizando a García Troche para representar oficialmente a su pupilo y cuñado Luis Ponce de León hasta alcanzar éste la mayoría de edad», pp. 545-546.

27. Brau, *Puerto Rico...*, pp. 195-196; Adolfo de Hostos, *Historia de San Juan, ciudad murada.* (Ensayo acerca del proceso de la civilización en la ciudad española de San Juan Bautista de Puerto Rico, 1521-1898). San Juan de Puerto Rico, Instituto de Cultura Puertorriqueña, 1966, p. 229; Mario F. Buschiazzo, *Los monumentos históricos de Puerto Rico.* Buenos Aires, 1955, pp. 21-22; Brau, *La colonización....* pp. 365-366.

construida de tapiería y "doblada" pero sus medidas aproximadas
de 20 pies de largo por 20 de ancho la convertían en la más pequeña de las casas de piedra que para entonces había en la ciudad.[28]
Curiosamente recuerda el aspecto de cubo defensivo de la morada
del Capitán del Higüey en La Española. Modificada y ampliada en
los siglos siguientes ha tenido diversas funciones. Fue residencia
de los Ponce de León y sus descendientes hasta los Noboa, habitación a intervalos de los gobernadores en el siglo XVI, y sede de la
Maestranza de Ingenieros Militares desde 1783 hasta 1898.[29] La casa
debió conocerse originalmente como la Fuerza,[30] cediendo a la Fortaleza su primer calificativo. Subsiste hoy día con el nombre de la
Casa Blanca.

La Fortaleza. Las obras defensivas de la ciudad se iniciaron realmente en 1532 con un modesto fuerte llamado de Santa Catalina
desde fines del siglo XVI o principios del XVII, popularmente conocido como la Fortaleza, situado en la ribera occidental de la isleta
a la entrada del fondeadero. Su planta inicial de cuatro muros en
torno a un patio sigue la norma prevaleciente en los castillos me-

28. Brau expone que la casa original de madera fue sustituida en 1530 por una
de piedra, almenada, «...especie de torre cuadrada con veinticuatro pies por cada
frente...». *Ibid.*, p. 365. Lo mismo repiten Hostos, *Historia de San Juan...*, p. 229, y
Buschiazzo, *op. cit.*, pp. 21-22, sin que hayamos podido conocer la fuente original
que utiliza Brau para hacer su descripción. Los vecinos que en 1530 presentan sus
testimonios sobre la ciudad, mencionan la casa de García Troche en la forma por
nosotros descrita. Al no mencionarse en este informe ninguna casa perteneciente
a la familia de los Ponce y afirmarse que tampoco existía fortaleza alguna que-
damos en la seguridad de que la casa identificada como propiedad de García Troche
es la misma casa de los Ponce, construida por aquél durante la minoría de Luis
Ponce de León y heredada legítimamente a la muerte de éste. «Información que
envió Francisco Manuel de Lando, teniente de gobernador de San Juan en cumplimiento de lo que se le mandó. A la S. C. C. Magestad la Emperatriz Nuestra Señora
Sacra Católica, Cesárea Magestad. 15 de diciembre de 1532.» Rafael W. Ramírez,
op. cit., pp. 17-64.
29. En 1720 poseía y habitaba la casa doña Isabel de Noboa y Ponce de León,
hija del Capitán Bernardo de Noboa y biznieta del conquistador Juan Ponce de
León. M. Cristina Campo Lacasa, «Las iglesias y conventos de Puerto Rico en el
siglo XVIII». *Revista del Instituto de Cultura Puertorriqueña*, San Juan de Puerto
Rico, Núm. 13 (octubre-diciembre 1961), pp. 14-19. En 1779 el gobernador Dufresne
la obtuvo para el Estado. Hostos, *Historia...*, p. 229; Buschiazzo, *op. cit.*, p. 22;
Cayetano Coll y Toste, «La ciudad de San Juan» en *Lealtad y heroísmo de Puerto
Rico*. Puerto Rico, 1897, p. 311. La fecha que señala Brau, 1783, indica el momento
en que se entregó al Real Cuerpo de Ingenieros. Brau, *La colonización...*, p. 366,
nota sin numerar.
30. Rafael W. Ramírez de Arellano, *La calle museo*. Barcelona, Ediciones Rumbos, 1967, pp. 45-46; Buschiazzo, *op. cit.*, p. 21.

dievales de la España cristiana. Al terminarse su construcción en mayo de 1540 tenía una sola torre circular en el ángulo noroeste; la segunda debió añadírsele en las postrimerías del mismo siglo XVI. (Ilustraciones 4 y 5). Siendo su misión principal proteger el puerto se construyeron de cantería los muros que miraban al mar mientras los demás se hicieron de tapicría.[31] Alabada por nuestros cronistas desde el mismo siglo XVI[32] a pesar de sus deficiencias defensivas, sufre varias reformas hasta adquirir en el siglo XIX la fisonomía palaciega con que ha llegado hasta nosotros.

La ubicación de la Fortaleza no era la más efectiva para los fines defensivos que motivaron su construcción. Cuando adquirió verdadero valor para los planes de defensa fue después de la edificación de la ciudadela de San Felipe del Morro a la boca del puerto.

El Morro. Las amenazas continuas de los enemigos de España así como de los piratas y aventureros que empezaban a hacer del Caribe su centro de operaciones, motivó que el Consejo de Indias designara una junta especial llamada "Junta de Puertorrico", encargada de elaborar un plan dirigido a impedir que la Isla pudiera perderse para España y asegurar así las puertas de su imperio americano. El proyecto incluía las fortificaciones de Puerto Rico, Santo Domingo, la Habana, Cartagena, Santa Marta, Nombre de Dios, Portobelo y Río de Chagre. Su realización fue encomendada al maestre de campo Juan de Tejeda y al insigne ingeniero de Felipe II, Bautista Antonelli. Fue Puerto Rico la primera parada en su itinerario.[32 bis]

En 1540 se habían hecho ya algunos trabajos en la punta que marca la entrada del puerto, constituyendo los primeros tanteos del

---

31. Hostos, *Historia...*, p. 180; Buschiazzo, *op. cit.*, pp. 24-25. Así lo decidieron el teniente de gobernador Francisco Manuel de Lando y los oficiales reales para excusar gastos y dilaciones, aunque advierte el primero que de hacerse de cantería sería obra inmortal. Carta de Lando al Emperador, fechada en Puerto Rico el 27 de febrero de 1534. Murga, *Puerto Rico...*, doc. 569, p. 290.

32. V. «Descripción... por... López de Velasco», *B.H.P.R.*, X, p. 89; «Memoria y descripción de la isla de Puerto Rico mandada hacer por S. M. el Rey D. Felipe II, el año 1582 sometida por el Capitán Gobernador y Justicia Mayor D. Juan Melgarejo», en *B.H.P.R.*, I, pp. 75-91. Informe sobre el reconocimiento practicado por el capitán Juan Zurita. Juan Manuel Zapatero, *La guerra del Caribe en el siglo XVIII.* San Juan de Puerto Rico, Instituto de Cultura Puertorriqueña, 1964, p. 283, n. 68.

32 bis. Enriqueta Vila Vilar, *Historia de Puerto Rico (1600-1650).* Sevilla, Escuela de Estudios Hispano-Americanos, 1974, p. 101.

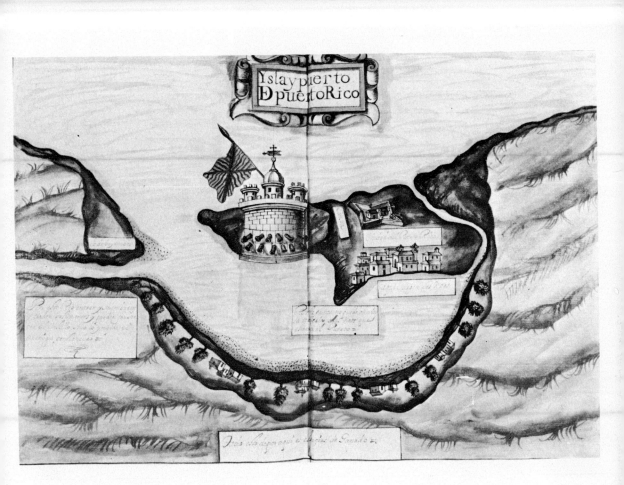

Núm. 4 Ysla y puerto de Puerto Rico. 1625. Biblioteca Laurentiana, Florencia, Med.
Pal. No. 57.

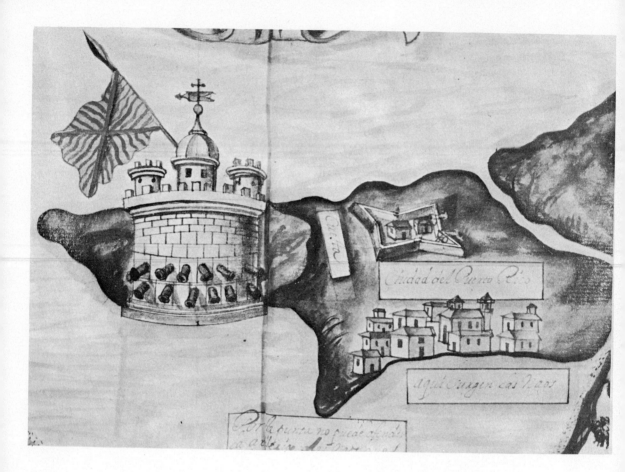

Núm. 5   Detalle del anterior: la isleta con vista de la ciudad, la Fortaleza y el Morro.

Morro.[33] No obstante estos balbuceos iniciales, la más importante de las fortificaciones de San Juan tienen su origen verdadero en los planos que en 1589 hiciera Bautista Antonelli.[34] Como en el caso de la Fortaleza, el Morro fue objeto de sucesivas construcciones y enmiendas hasta quedar convertido, en el último tercio del XVIII, en una ciudadela capaz de dar refugio a vecinos y soldados que ofrecerían desde allí la última resistencia en caso de que la plaza fuera tomada. Frente a él se extendía un amplio campo dejado sin edificar para que no se interrumpieran los fuegos hacia la parte de tierra y que estaba minado con galerías subterráneas que llevaban a los lugares hipotéticos donde podría el enemigo montar sus baterías.[35]

El puente de San Antonio. En algún momento de este siglo XVI se construyó también un puesto de guardia que custodiara la entrada por el puente de San Antonio. Don Enrique T. Blanco cree que "... la puerta era a manera de un fuerte, con sus troneras y baterías, y una bóveda que lo cruzaba, cerrada por puerta de madera, servía de paso..." Aunque Torres Vargas indica que era de madera cuando el ataque de Cumberland y Salvador Brau alude a un puente lígneo con un portón que se cerraba por las noches, pudo haber existido ya en 1598 un fuerte de piedra.[36]

---

33. Hostos, *Historia...*, p. 181; Zapatero, *op. cit.*, p. 284; Buschiazzo, *op. cit.*, p. 27. Amerita un estudio minucioso el acuerdo tomado en julio de 1522 por Alonso Manso, actuando como teniente gobernador, y los oficiales reales para la construcción de un baluarte «...en la punta de la entrada del puerto...» Mons. Vicente Murga, *Historia documental de Puerto Rico. Vol. I.* El concejo o cabildo de la ciudad de San Juan de Puerto Rico (1527-1550). Río Piedras, Editorial Plus Ultra, 1956, Tomo I, pp. 326-329; Brau, *La colonización...*, p. 394, n. 248.

34. Fue además el artífice entre otros, del Morro de la Habana, del de Cartagena de Indias, de San Juan de Ulúa en Veracruz y los castillos de San Felipe de Sotomayor y de Santiago en Portobelo. Diego Angulo Iñíguez, *Bautista Antonelli y las fortificaciones americanas del siglo XVI*. Madrid, 1942, pp. 4-5 y 78.

35. Hostos, *Historia...*, pp. 181-195; Buschiazzo, *op. cit.*, pp. 27-30.

36. Torres Vargas, *op. cit.*, p. 567; Salvador Brau, *Historia de Puerto Rico*. San Juan de Puerto Rico, Editorial Coquí, 1966, p. 108. Enrique T. Blanco, *Los tres ataques británicos a la ciudad de San Juan Bautista de Puerto Rico. Drake, 1595, Clifford, 1598, Abercromby, 1797.* San Juan de Puerto Rico, Editorial Coquí, 1968, p. 37, n. 16. Fundamenta Blanco su opinión en lo que narra el inglés Layfield. *Infra*, n. 46.

La catedral.

Junto a las preocupaciones militares defensivas hizo frente el vecindario a sus necesidades espirituales. Hemos visto cómo los Padres Jerónimos al ordenar el traslado requirieron que no se ejecutara hasta tanto se hubiera completado la mudanza de la iglesia.[37] El emplazamiento seleccionado por el primer obispo de la Isla e Inquisidor de Indias, don Alonso Manso, concedía al templo el lugar de mayor prominencia por estar a muy corta distancia, frente por frente pero dominándolo desde su mayor altura, al punto de embarque y desembarque no sólo para viajeros trasatlánticos sino para los pobladores del interior que a través de los ríos de Bayamón, Toa y Sibuco llegaban a la capital.[38] Una vez escogido el sitio, empieza la historia de la catedral, paralela a la de sus hermanas hispanoamericanas en cuanto se refiere a complicaciones constructivas. Se inicia, como casi todas ellas, con unas paredes provisionales de tapiería y madera techadas con paja, destinadas a cobijar las expresiones del culto en lo que se construía la estructura definitiva.

Las primeras noticias sobre los comienzos de la obra en piedra resultan contradictorias. Sin embargo, un documento dado a conocer por Monseñor Murga[39] parece situar de manera definitiva el origen de la iglesia "...de piedra e canteria..." en tiempos de Manso y no en sede vacante, hacia 1540, como repetidamente se ha afirmado.[40] Los testigos presentados en la probanza de octubre de 1531

---

37. *Supra*, n. 21.

38. Antonio Cuesta Mendoza, *Historia eclesiástica del Puerto Rico colonial. Vol. I. 1508-1700*. República Dominicana, Imp. «Arte y Cine», 1948, pp. 128-129. Este primer puerto sería el único hasta que en el siglo XVII se empieza a usar el fondeadero del interior de la bahía, frente a la Puerta de San Justo.

39. Mons. Vicente Murga, «Primera y única catedral de tres naves construida de piedra, cal y canto por el primer obispo de San Juan, Don Alfonso Manso». *Historia*, Universidad de Puerto Rico, Tomo IV, N.º 2 (octubre de 1954), pp. 165-174 y el apéndice, pp. 174-189; Enrique Marco Dorta, «La catedral de Puerto Rico: un plano de 1684».*Anales del Instituto de Arte Americano e Investigaciones Estéticas*, Universidad de Buenos Aires, Facultad de Arquitectura y Urbanismo, N.º 13 (1960), p. 27.

40. V. Cuesta Mendoza, *op. cit.*, pp. 139-141; Hostos, *Historia...*, p. 317; Coll y Toste en *B.H.P.R.*, X, p. 344; Manuel Balbuena de la Maza, «La catedral de San Juan de Puerto Rico». *Arte en América y Filipinas*, Universidad de Sevilla, Laboratorio de Arte (1936), pp. 114-123; Buschiazzo, *op. cit.*, p. 11; Enrique T. Blanco, «La

daban fe de haberse construido una iglesia de tres naves con "... una capilla de cal e canto...". También las gradas y el patio delante de la Puerta del Perdón estaban hechos de cantería y se tenía incluso cierta cantidad de piedra labrada para usarla en la construcción de una torre.[41] Creemos, siguiendo la interpretación de Marco Dorta, que la carta que en 1542 escriben los capitulares informando que hacía año y medio habían empezado a hacer la catedral para que fuera perpetua, alude más bien a la sustitución de las cubiertas de madera por bóvedas de crucería en el presbiterio y las salas anejas para sacristías [42] con el subsiguiente refuerzo de las paredes de sostén. En la *Memoria* de Melgarejo se especifica que la piedra utilizada "...muy buena blanca y liza...", se extraía de una cantera existente junto al ingenio de agua de La Trinidad, en las orillas del Toa.[43] Torres Vargas asegura que cuando Bastidas abandona la Isla en 1567, existían además de la capilla mayor "...las dos primeras capillas colaterales que la siguen..." [44] refiriéndose, como ya advierte Marco Dorta, a las salas cubiertas con nervaduras góticas.

Muy lograda debió ser la bóveda de la capilla mayor cuando López de Haro, tan poco condescendiente en su descripción de la Isla, la alaba como "...de piedra excelentísima...".[45] Sin duda, se refería al tramo central del crucero, incluido en la capilla mayor en casi todos los documentos que tratan el tema. Al finalizar el siglo XVI, la catedral de Puerto Rico presentaba una planta de tres naves divididas por pilares, cubiertas de madera a excepción de las áreas abovedadas ya mencionadas, pocas y estrechas ventanas sin vidrieras cerradas con lienzos por lo que dependía básicamente de las tres puertas, una al frente (la del Perdón) y dos laterales,

---

catedral de San Juan Bautista de Puerto Rico». *Alma Latina*, Puerto Rico, N.º 83 (julio 1936), p. 43; Diego Angulo Iñíguez, *El gótico y el renacimiento en las Antillas.* Sevilla, Escuela de Estudios Hispano-Americanos, 1947, p. 23.

41. Murga, «Primera y única catedral...», pp. 172-174; Marco Dorta, *op. cit.,* p. 27; Torres Vargas, *op. cit.,* p. 553, atribuye «...las gradas de fuera...» al obispo Fray Diego de Salamanca.

42. Marco Dorta, *op. cit.,* p. 28.

43. «Memoria... de Melgarejo», *B.H.P.R.,* I, p. 80. Una carta del obispo Bastidas del 1 de septiembre de 1548 parece corroborar el dato: «... y la piedra se trae por mar de mas de cinco o seis leguas...». Cuesta Mendoza, *op. cit.,* pp. 140 y 154.

44. Torres Vargas, *op. cit.,* p. 553.

45. *Supra,* n. 24; también en Tapia, *Biblioteca Histórica...,* p. 530.

para su iluminación, teniendo el coro a los pies.[46] Al describirla
Layfield, capellán de las tropas invasoras de Cumberland, la en-
cuentra "...not so goodly as any of the Cathedrall Churches in
England, and yet it is faire and hand some...".[47]

La catedral se inició en estilo gótico tardío como se hacían por
esas mismas fechas las últimas catedrales medievales de la Península[48] y en otras partes de América, por ejemplo, Santo Domingo
y México. La escasez de recursos y personal competente, los daños
que en tantas ocasiones causaron fenómenos naturales como huracanes y temblores, y los incendios y saqueos con que la atacaron
los enemigos en las dos ocasiones que lograron forzar la plaza,
explican la lentitud y los retrasos habidos en su construcción. Del
siglo XVI se han conservado la estructura absidal externa con sus
gruesos contrafuertes, cuatro salas con crucería gótica (Ilustraciones 6 y 7), dos de ellas con terceletes y la escalera de caracol de su
torre cuyo pasamanos exhibe molduras funiculares. (Ilustración 8).
Son éstas, junto a la parte gótica de la iglesia de San José, verda-
deras reliquias del arte medieval en tierras americanas. Aunque
en los documentos conocidos no se menciona explícitamente la construcción de la torre, los testigos que informan en 1531 dejan
constancia de que había sacada mucha piedra para hacerla. Es
lógico suponer que se terminara bajo Bastidas. Cuando en 1684 el
obispo fray Francisco de Padilla escribe al rey, explica que la torre
estaba perfectamente acabada y "... que es mui antigua...".[49] Las

---

46. «A large relation of the Port Ricco voiage; written, as is reported, by that
learned man and reverend Divine Doctor Layfield, his Lordships Chaplain and
Attendant in that expedition; very much abbreviated». Samuel Purchas, B. D.,
*Hakluytus Posthumus or Purchas His Pilgrimes. Contayning a History of the
World in Sea Voyages and Lande Travells by Englishmen and others.* Glasgow,
James MacLehose and Sons, Publishers to the University, 1906, Vol. XVI, Cap. III,
pp. 70-71.
47. Llamamos la atención sobre la traducción equivocada que aparece en el
B.H.P.R., V, p. 52, de donde ha sido reproducida en varias ocasiones y que lee:
«...la iglesia catedral es tan buena como cualquiera de las catedrales de Inglaterra
y tal vez más perfecta y más hermosa...». La apreciación real queda expuesta con
la lectura del texto original.
48. En 1525 se colocó la primera piedra de la catedral de Segovia. Diego Angulo Iñíguez, *Historia del arte hispanoamericano.* (Los capítulos XI-XVII por Enrique Marco Dorta), Barcelona, Salvat Editores, S. A., 1945, Cap. VII, p. 409.
49. Carta del obispo Francisco de Padilla a S. M. contestando la Real Orden
de 29 de enero de 1684. Puerto Rico, 23 de diciembre de 1684. A. G. I., Santo Do-

Núm. 6 Bóveda de crucería. Antigua sala capitular de la catedral de San Juan. Foto José Melero.

Núm. 7 Detalle de la anterior.

Núm. 8   Arranque de la escalera de caracol de la catedral de San Juan. Foto Instituto de Cultura Puertorriqueña.

bóvedas de las dos pequeñas salas anejas por el lado del Evangelio, destinadas a sala capitular y estudio, ni se mencionan en los documentos ni aparecen señaladas en el plano de 1684[50] pero suponemos por su estilo y la piedra empleada que han debido construirse por la misma época de las sacristías.

Las bóvedas de crucería propias del último momento gótico con terceletes y ligamentos, los florones en el cruce de los nervios, el ábside poligonal, el coro a los pies tan común en la época de los Reyes Católicos y los elementos mudéjares como la armadura de parhilera de los brazos del crucero y los pilares ochavados,[51] la definen como una estructura típica del período mencionado.

El convento de Santo Domingo.

El convento de Santo Tomás de Aquino de la Orden de Padres Predicadores fue edificado al noroeste, en el lugar más alto de la isleta, iniciándose su construcción hacia 1523 durante el priorato de fray Antonio de Montesinos.[52] Sigue en líneas generales la disposición rectangular de celdas, oficinas y espacios litúrgicos propia de la Provincia de España en la segunda mitad del siglo XV como puede verse, por ejemplo, en Santo Tomás de Avila. Las dependencias se ordenan en torno a un doble claustro, alto y bajo, con arquerías de medio punto y cubiertas de viguería. (Ilustración 9). Presumimos que en el piso superior se hallaban las celdas y en el bajo

---

mingo, Leg. 159; Marco Dorta, *op. cit.*, p. 29. Opina el Dr. Osiris Delgado que la torre es «...la parte más antigua de la catedral y lo único que queda de lo construido originalmente por Alonso Manso...». Osiris Delgado Mercado, *Sinopsis histórica de las artes plásticas en Puerto Rico*. Ciclo de conferencias sobre la historia de Puerto Rico, San Juan de Puerto Rico, Instituto de Cultura Puertorriqueña, 1957, p. 11. Diferimos de su opinión por las razones arriba expuestas.

50. Marco Dorta, *op. cit.*, fig. 1, p. 32; Leonardo Rodríguez Villafañe, *Catálogo de mapas y planos de Puerto Rico en el Archivo General de Indias*. Municipio de San Juan, 1966, p. 26.

51. Marco Dorta, *op. cit.*, p. 32.

52. Hostos, *Historia...*, p. 324; Buschiazzo, *op. cit.*, p. 16; Enrique T. Blanco, «El monasterio de Santo Tomás de Aquino». *Puerto Rico Ilustrado*, San Juan de Puerto Rico, N.º 1385 (26 septiembre 1936), p. 6; Federico Asenjo, *Efemérides de la isla de Puerto Rico*. San Juan de Puerto Rico, Imp. de J. González Font, s. f., p. 49.

las cátedras, sala de capítulo, biblioteca y oficinas claustrales.[53] Aunque tapiada, puede verse hoy la puerta que en el claustro alto comunicaba directamente con el coro de la iglesia conventual, que a manera de la época de los Reyes Católicos aparece a los pies. Se habla de un claustro de noviciado cuya ubicación en el siglo XVI no está clara. ¿Sería acaso la misma que ocupa actualmente un claustrillo que mira a occidente y que aparece disimulado por las construcciones posteriores? Probablemente sea éste el que según Layfield se encontraba aún sin techar en 1598.[54]

La iglesia, puesta bajo la advocación de San José en el 1863, años después de su entrega a los jesuitas (1858), es en lo que toca a su valor artístico la parte más interesante del complejo. Empezada en 1532[55] no fue terminada hasta mediados del siglo XVII, notándose claramente en su gama de estilos el tiempo transcurrido entre la construcción de sus distintas partes. La sección más antigua e interesante la forman el conjunto gótico del crucero y el presbiterio, "... probablemente el más hermoso de su tipo existente en América...", según opinión de don Diego Angulo.[56] Por considerarla muy acertada, transcribimos la descripción que del mismo hace dicho autor.

> ...El tramo del crucero, algo más ancho que la capilla mayor, se cubre también con bóveda de crucería de terceletes sobre arcos torales y formeros de medio punto, cuyas ligaduras se prolongan al lado del Evangelio y de la Epístola hasta la clave de los arcos torales correspondientes. Pero lo más interesante, y lo que presta mayor sensación de amplitud al efecto de conjunto del interior de la cabecera del templo, es la forma como se unen con la bóveda del tramo del crucero las de los brazos de éste. Evidentemente, el arquitecto ha deseado fundir unas con otras, continuando así las superficies de sus intradoses, para que el efecto del conjunto sea más grandioso. Ha perseguido el mismo fin que los viejos arquitectos bizantinos y los renacentistas al contrarrestar el empuje de las cúpulas por medio de cuartos de esfera.
> El autor de la iglesia de San José ha cubierto los brazos del crucero,

---

53. Es la distribución que aparece en el inventario de 1838 cuando la exclaustración. A. E., Fondo General de Conventos, copia mecanográfica.
54. Layfield, *op. cit.*, p. 73. Cuesta Mendoza, *op. cit.*, p. 292, opina que se refiere Layfield a la galería arruinada durante el ciclón de San Mateo que azotó la ciudad el 21 de septiembre de 1575.
55. Cuesta Mendoza, *op. cit.*, p. 294; Buschiazzo, *op. cit.*, p. 18; Delgado Mercado, *op. cit.*, p. 7.
56. Angulo Iñiguez, *El gótico...*, p. 23.

Núm. 9   Claustro del antiguo convento de Santo Tomás de Aquino, hoy sede del
Instituto de Cultura Puertorriqueña. Foto de la autora.

anchos y de escaso fondo, según la tradición de los Reyes Católicos, con dos bóvedas formadas por los indispensables cruceros; es decir, como se hiciera en el convento de la Orden en la vecina Santo Domingo. Ahora bien, no sólo no desciende, como allí, el arco formero que las separa del tramo del crucero matando la grandiosidad del efecto del conjunto, sino que, por el contrario, eleva el arranque común de esas dos bóvedas de los brazos del crucero hasta alcanzar la altura de las claves de los arcos formeros citados. Gracias a esa solución, las dos bóvedas de los brazos se transforman en una especie de bóveda rampante. Las pilastras, y los perfiles de los arcos torales y formeros del crucero, son ya renacentistas.[57]

La integración de elementos góticos, bizantinos y renacentistas crea un espacio arquitectónico de carácter único en toda América. Basta visitar la densa área monumental de la vecina Santo Domingo para advertir la calidad de las soluciones empleadas en San José. (Ilustraciones 10 y 11).

La iglesia, que a juzgar por el conjunto crucero-presbiterio y el tamaño del convento debió concebirse en grande, como ocurrió en el caso de la catedral, no pudo continuarse al ritmo inicial. Es probable que la falta de fondos, puesto que precisamente se construye al momento de la crisis económica de 1534, motivara el empleo de una techumbre de madera para cubrir la nave central hasta que pudo completarse de material en el siglo XVII. No resulta arriesgado imaginar que ha podido tener un alfarje al que luego sustituye el medio cañón con que la conocemos.

Permanece desconocido hasta ahora el autor del monumento. No obstante los intentos de relacionarlo con el santanderino Rodrigo Gil Rosillo, artífice del templo de Santo Domingo en la Española o con los albañiles Antón y Alonso Gutiérrez Navarrete, naturales de Carmona, contratados en Sevilla por los dominicos de ambas islas en 1524, nada puede afirmarse en concreto.[58] Muy probable nos parece la discreta sugerencia de don Enrique Marco Dorta cuando recuerda, al tratar el mismo asunto, que por los años en que se ejecuta el crucero, residía en Puerto Rico el cantero Diego de Arroyo, yerno del maestro mayor de la catedral de Sevilla, Alonso

---

57. *Ibid.*, p. 25.
58. Delgado Mercado, *op. cit.*, p. 7; Buschiazzo, *op. cit.*, pp. 16 y 20.

Núm. 10   Bóveda del crucero y presbiterio de la iglesia de San José. Foto Instituto de Cultura Puertorriqueña.

Núm. 11   Bóveda del presbiterio de la iglesia de San José. Foto Instituto de Cultura Puertorriqueña.

Rodríguez.[59] De ser cierta esta última posibilidad hemos de considerar más de un nombre para la totalidad del conjunto pues las fechas que tradicionalmente se mantienen para la edificación del convento anteceden a la llegada de Arroyo a Puerto Rico.[59 bis]

Hospitales y ermitas.

Los edificios de carácter religioso fundados en este siglo se completaban con el hospitalillo de la Concepción, fundado en 1524 por el vecino Pedro de Herrera[60] al lado de la Fortaleza, y varias ermitas. Para 1529 estaba en obras la ermita de Santa Bárbara, fabricada de tapiería[61] y antes de terminar la centuria se habían edificado ya las de Santa Ana, San Sebastián y Santa Catalina. Las de Santa Bárbara, a donde se trasladaban los vecinos para tomar aire fresco y ver la entrada de los barcos a la bahía, y San Sebastián, construida en piedra con techo de tejas, estaban localizadas fuera de la ciudad, al norte. La de Santa Catalina quedaba también en

---

59. Enrique Marco Dorta, *Arte en América y Filipinas. Ars Hispaniae*. Historia Universal del Arte Hispánico, Madrid, Editorial Plus Ultra, 1973, Vol. XXI, p. 22.

59 bis. *Infra*, Cap. IV, p. 69 y n. 7.

60. Hostos, *Historia...*, pp. 459-460; «Memoria de Melgarejo» en *B.H.P.R.*, I, pp. 88-89. Este es el mismo hospital a que Francisco Juancho de Luyando hace su legado en 1541 y que Coll y Toste interpreta como una segunda fundación. *B.H.P.R.*, I, p. 89, n. 1; Enrique T. Blanco, «El hospital de Nuestra Señora de la Concepción». *Boletín Eclesiástico*, Diócesis de San Juan de Puerto Rico, cuarta serie (noviembre-diciembre, 1959), p. 28; Bibiano Torres Ramírez, *La isla de Puerto Rico (1765-1800)*. San Juan de Puerto Rico, Instituto de Cultura Puertorriqueña, 1968, p. 133. En fecha indeterminada aún, el obispo Alonso Manso estableció un segundo hospital puesto bajo la protección de «Sant Alifonso» pero para 1544 había dejado de existir. Hostos, *Historia...*, p. 459. Estuvo ubicado frente a la catedral y una vez desaparecido el hospital, la casa sirvió sucesivamente como Colegio de Gramática y vivienda del arcediano Luis Ponce de León. En el siglo XVII el edificio fue comprado por doña Ana de Lanzós quien lo convirtió en el primer convento de monjas que tuvo Puerto Rico: el de las madres carmelitas. Antonio Cuesta Mendoza, *op. cit.*, p. 329. López de Velasco menciona en su descripción de 1571 «dos hospitales, proves». *B.H.P.R.*, X, p. 88. Suponemos que hace referencia al hospital militar que ya desde el siglo XVI ha debido empezar a funcionar en una casa propiedad de la Corona situada en la plaza de Armas.

61. Murga, «Primera y única catedral...», pp. 167-171; «Información de Francisco Manuel de Lando», pp. 20-35; Carta de testamento de doña Teodora de Castellón, San Juan, 22 de octubre de 1529. A. G. I., Justicia, Leg. 10.

la periferia pero al suroeste, próxima a la Fortaleza. Unicamente la
de Santa Ana debió encontrarse dentro del área urbana.[62]

El caserío.

El caserío estaba compuesto por tres tipos de casas, clasificadas
según los materiales empleados en su construcción. ¡Las más estaban edificadas de madera con techos de yaguas o tejas, las menos
de piedra, tapiería o ladrillo con cubiertas de tejas y como grupo
intermedio aquellas que conservaban el nombre indígena de bohíos
aplicado a las viviendas levantadas con bejucos y paja y que debían
recordar notablemente las casas de los naturales de la Isla. ¡Todas
ellas estaban rodeadas de cercas de cañas.[63] Alternaban las terreras
con las de dos pisos "... a la usanza española..." como observa el

---

62. Antonio Vázquez de Espinosa, *Compendio y descripción de las Indias Occidentales*. Transcrito del manuscrito original por Charles Upson Clark, City of
Washington. Publicado por la Smithsonian Institution, 1948, Cap. V, p. 43, párr. 117
    63. Sobre el número de casas a lo largo del siglo hay noticias discrepantes. El
obispo Sebastián Ramírez de Fuenleal, electo gobernador de Indias y presidente de
la Audiencia de Santo Domingo, dejó constancia de su paso por Puerto Rico en una
carta dirigida al Emperador, fechada en Santo Domingo el 1 de marzo de 1529. En
el documento, citado por Mons. Murga en *Puerto Rico...*, doc. 514, pp. 252-253, describe que «...había ciento e veinte casas de piedra, e las mas de tablas e pajas...»
También lo reproduce Rafael W. Ramírez, *op. cit.*, p. 12 y parcialmente la Dra. Gutiérrez del Arroyo en sus notas a Brau, *La colonización...*, p. 401, n. 252.
    Brau interpreta que la ciudad estaba «compuesta ya [1529] de ciento veinte
casas, la mayor parte cabañas de madera cubiertas por yaguas...» *Ibid.*, p. 401.
    Los testigos presentados en la Información que envió el teniente de gobernador
Lando en 1532 coinciden en las cifras siguientes: seis casas de tapiería (cinco de las
cuales eran dobladas y una, la del Rey, terrera), treinta de madera y teja, veinte
de paja y algunas, entre veinticinco y treinta, tiendas de madera y teja lo que da
un total general entre 81 y 86 casas. Aseguran todos que no existía fortaleza alguna.
«Información... de Lando» en Rafael W. Ramírez, *op. cit.*, pp. 17-64. La cifra denota
un escaso aumento respecto al número inicial de ochenta casas según Brau (*Supra*,
p. 2 y notas 14 y 15).
    El total general resultante del testimonio ofrecido por los vecinos de San Juan
nos parece más acorde con la realidad que el que se desprende de la carta del
obispo Ramírez de Fuenleal. Es improbable que, a pesar del impulso habido en
estos primeros años después del traslado de la ciudad, pudieran multiplicarse las
viviendas de piedra a un ritmo tan acelerado. Los testimonios de los vecinos más
importantes lo niegan categóricamente. López de Velasco calcula en 1571 como 200
casas de piedra, tapiería y madera. *B.H.P.R.*, X, 89. V. también a Hostos, *Historia...*, p. 21.

inglés Layfield.[64] E indudablemente San Juan debió ser un pueblo español como tantos otros de la Península sólo que en el trópico, fisonomía que adquiere desde sus primeros momentos. Cuando don Alonso Enríquez de Guzmán visita la Isla en 1534 se encuentra muy bien "... porque ya está convertida la tierra en Castilla...".[65]

El tamaño del núcleo urbano debió ser bastante pequeño "...but very much bigger then all Portesmouth within the fortifications, and in sight much fayrer...".[66] Lo rodeaban montes, arboledas, gran cantidad de palmeras cocoteras y sobre todo frutales que fueron precisamente la desgracia de los hombres del conde de Cumberland cuando tomaron la ciudad en 1598. Resulta bastante gráfica la anécdota que nos cuenta fray Diego de Ocaña de su paso por San Juan en 1599: la carne que se consumía en el convento de los dominicos la salía a cazar el prior por los prados vecinos donde abundaban las vacas cimarronas.[67]

El siglo cierra con los dos ataques británicos a Puerto Rico, secuela de las rivalidades y guerras europeas en que se vio envuelta España. El primero de ellos fue el dirigido por sir Francis Drake y John Hawkins, entre el 22 y el 25 de noviembre de 1595.[68] El resultado de esta amenaza fue la victoria para los defensores y el aviso de que había que superar las deficiencias defensivas que se observaron durante la lucha. Cuando lord George Clifford, conde de Cumberland, presentó velas el 16 de junio de 1598, se puso de manifiesto el desastroso estado en que se encontraba la capital y por consiguiente la Isla entera. La desorganización militar reflejada en la escasez e indisciplina de las tropas provocó la retirada de éstas dejando la ciudad totalmente desamparada: las tropas, los oficiales reales

---

64. Layfield, *op. cit.*, p. 70.
65. Es interesante la indicación que hace de haber encontrado en Puerto Rico descendientes de vasallos del duque de Medinasidonia, su antepasado, por lo que fue objeto de honras y agasajos diversos. *Libro de la vida y costumbres de Don Alonso Enríquez de Guzmán.* Publicado por Hayward Keniston en *Biblioteca de Autores Españoles desde la formación del lenguaje hasta nuestros días,* Madrid, 1960, 131 vols., vol. 126, p. 131.
66. Layfield, *op. cit.*, p. 71. Traducido al español lee así: «...mucho más grande que todo Portsmouth dentro de las fortificaciones, y a la vista mucho más hermoso...» También en *B.H.P.R.*, V, p. 52.
67. Fray Diego de Ocaña (1599-1606) y fray Arturo Alvarez (1966-1969), *Un viaje fascinante por la América hispana del siglo XVI.* Madrid, Studium, 1969, pp. 4-9.
68. Blanco, *Los tres ataques...*, pp. 19-22.

y parte de los paisanos se refugiaron en el Morro y el resto se ocultó en los bosques cercanos, quedando a merced de la soldadesca los ancianos, las mujeres, los heridos y algunos negros que quedaron en el caserío.[69] El gobernador Antonio de la Mosquera capituló el 1 de julio, permaneciendo los ingleses en la isleta hasta los primeros días de septiembre cuando, diezmadas las tropas por una epidemia, decidieron abandonar su conquista.[70] Durante su corta estancia tuvieron ocasión de apoderarse de un barco portugués cargado de negros procedentes de Angola, otro con un cargamento de perlas de la isla Margarita, de pieles curtidas, jenjibre, azúcar, 80 cañones, municiones, el rescate pagado por los españoles y el producto del saqueo de la ciudad. No satisfechos con este botín, arruinaron parte de los edificios y casas, destruyeron todas las iglesias llevándose las campanas de ellas, el órgano de la catedral, a la que convirtieron en caballeriza, y un mármol de la ventana de un vecino "... por parecerle admirable...".[71]

69. *Ibid.*, p. 39; «Relacion que da un marino llamado Juan Bocquel natural de la campiña de Brabante venido de Inglaterra habra un mes habiendose hallado en el ultimo viaje de Indias hecho por el conde de Comerlant y a su entrada y salida de San Juan de Puerto Rico», B. N., Mss., 775, fols. 407-410v. Aparece publicado en Antonio Rivera, «Notas y documentos. La Gaceta de Puerto Rico (4 documentos inéditos)». *Historia*, Universidad de Puerto Rico, tomo I, Núm. 1 (abril de 1951), pp. 76-82.

70. Cumberland salió de Puerto Rico el 24 de agosto. La retaguardia, al mando del vicealmirante sir John Berkley se detuvo unos días más debiendo partir antes del 5 de septiembre. Blanco, *Los tres ataques...*, pp. 41, 44-46.

71. *Ibid.*, p. 45; Relación de Juan Bocquel, p. 81; Ocaña, *op. cit.*, p. 5; Torres Vargas, *op. cit.*, p. 564.

CAPITULO II

EL SIGLO XVII

El ataque holandés.

Apenas recuperada la ciudad de los ataques ingleses, sufre una nueva devastación, esta vez a manos de las tropas holandesas dirigidas por Bowdewijn Hendrikzoon (Balduino Enrico) entre el 25 de septiembre y el 2 de noviembre de 1625. La etapa danesa de la guerra de los 30 años había convertido a Puerto Rico en el objetivo central del plan comercial holandés en el Caribe. Por su posición geográfica, la Isla serviría de base para las actividades de las compañías mercantiles en las Antillas, Centro América y Brasil, uniéndose estos fines a otros de índole política y religiosa.[1] Los holandeses entraron a la bahía, se apoderaron de la ciudad y pusieron sitio al castillo de San Felipe del Morro constituido ya en baluarte inexpugnable. Aunque la heroica defensa dirigida por el gobernador Juan de Haro y sus capitanes Juan de Amézquita, Sebastián de Avila, Andrés Botello y Antonio de Mercado[2] frustraron los intentos de sus enemigos, cumplieron éstos la amenaza de incendiar la ciudad si el gobernador no entregaba el Morro. El saqueo y la quema, efectuada el 22 de octubre,[3] disminuyeron considerable-

---

1. Zapatero, *op. cit.*, pp. 302-304.
2. Hostos, *Historia...*, p. 52; Zapatero, *op. cit.*, pp. 306-307.
3. *Loc. cit.*; Fernando J. Géigel Sabat, *Balduino Enrico.* Estudio sobre el general Balduino Enrico y el asedio de la ciudad de San Juan de Puerto Rico por la flota holandesa en 1625, al mando de dicho general y del almirante Andrés Veron; con otros episodios de las empresas de estos caudillos en aguas antillanas. Barcelona, Editorial Araluce, 1934, p. 91.

mente su patrimonio artístico. Quedaron totalmente destruidas 52 casas "de tablas" y 46 de piedra,[4] los archivos civiles y eclesiásticos y la valiosa biblioteca del obispo don Bernardo de Balbuena, autor del *Bernardo* y la *Grandeza Mexicana*. En la catedral, víctima por segunda vez en 27 años de la inquina religiosa de sus asaltantes, destrozaron las imágenes de culto, el sepulcro de alabastro del primer obispo de la Isla e Inquisidor de Indias, don Alonso Manso, y tan desnuda la dejaron que no quedaron en ella ni los sambenitos.[5] La población quedó atemorizada al grado de que años después del ultraje no se atrevía a salir de pesca por miedo al holandés.[6]

Murallas y fortificaciones.

El ataque dejó demostrado el peligro que continuamente amenazaba la ciudad y lo indefensa que se encontraba. La Fortaleza, el Morro, el fortín de San Juan de la Cruz o del Cañuelo, construido entre 1608 y 1620[7] en el promontorio que asomaba a flor de agua frente a San Felipe en el canal de entrada al puerto, así como algunos otros baluartes estratégicamente situados pero aislados entre sí,[8] la dejaban prácticamente abierta a futuros invasores. Ante la amenaza persistente de ingleses, franceses y holandeses y la que suponían los piratas, corsarios y aventureros, se inicia el extenso

---

4. «Relación de la entrada y cerco del enemigo Boudoyno Henrico, general de la Armada del príncipe de Orange en la ciudad de Puerto Rico de las Indias; por el Licenciado Diego de Larrasa, teniente Auditor general que fue de ella». Tapia, *Biblioteca Histórica...*, p. 509; Hostos, *Historia...*, p. 53, n. 88.

5. Hostos, *Historia...*, p. 49; Torres Vargas, *op. cit.*, p. 551. Algunos autores han puesto en duda que Balbuena hubiera traído a Puerto Rico su biblioteca. Loida Figueroa, *Breve historia de Puerto Rico. Desde sus comienzos hasta 1800.* Río Piedras, Puerto Rico, Editorial Edil, 1971, p. 96. Sin embargo, John Van Horne cree que dicha biblioteca era importante pues su pérdida se supo en España seguramente por cartas del propio Balbuena a sus amigos y debió ser muy comentada y deplorada puesto que Lope lo recuerda en sus conocidos versos. John Van Horne, *Bernardo de Balbuena. Biografía y crítica.* Imprenta Font, Guadalajara, México, 1940, p. 105. Cristina Campo Lacasa opina que en la catedral no pudieron haber existido sambenitos, sin embargo Torres Vargas afirma lo antes dicho. *Historia de la iglesia en Puerto Rico.* San Juan de Puerto Rico, Instituto de Cultura Puertorriqueña, 1977, p. 295.

6. López de Haro, *op. cit.*, p. 535.

7. Iniciado por el gobernador, capitán Gabriel de Roxas (1608-1614), y terminado por el capitán Felipe de Beaumont y Navarra (1614-1620); Hostos, *Historia...*, p. 198.

Núm. 12   Sector de la muralla oeste. Foto de la autora.

programa de fortificación y amurallamiento que culminando en el último tercio del siglo XVIII dejaría convertida a San Juan en una ciudad inaccesible para el enemigo. Motivó este vasto plan defensivo el propósito de usar a Puerto Rico como·peón de vanguardia para la protección del Caribe. El escasísimo interés económico que despertaba la Isla no justificaba en modo alguno el sacrificio de costear tales obras, mas eran éstas indispensables para salvaguardar aquellas tierras que por su riqueza constituían las áreas nucleares del imperio español en América. Así quedó San Juan incluida en la suerte de otras ciudades del Caribe que por los mismos motivos venían amurallándose y fortificándose desde el siglo anterior, a saber, Cartagena de Indias, la Habana y Santo Domingo.[9]

Las murallas de San Juan comienzan a levantarse en julio de 1634 impulsadas por el gobernador Enrique Enríquez de Sotomayor (1631-1635) y bajo la dirección del ingeniero Juan Bautista Antonelli, hijo del Bautista Antonelli que nos dejara la traza del Morro en el siglo XVI.[10] Se inician por la costa oeste, cercando la caleta de Santa Catalina hasta la Fortaleza. (Ilustración 12). La iniciativa del gobernador Iñigo de la Mota Sarmiento (1635-1641) permitió que se continuaran los trabajos por el sur y el este hasta unir con el pequeño reducto que en el siglo siguiente quedaría convertido en el poderoso castillo de San Cristóbal. El lienzo de la muralla, terraplenada y con troneras, alcanzaba un promedio de 7'50 metros de alto por 5'9 de ancho en su parte más alta y entrelazaba una sucesión de baluartes y cortinas que cerraban el este y sur de la ciudad.[11] Dichos baluartes eran: por el oeste, los fuertes

---

8. Para fines del siglo XVI existían ya el baluarte de Santa Elena en la primera punta del canal de entrada al puerto, probablemente desmantelado por Cumberland; la batería de San Andrés, entre el baluarte de Santa Elena y la Fortaleza; el fortín de San Antonio; el del Escambrón; y varias trincheras, obstáculos y plataformas situadas en lugares estratégicos. Se debieron éstos en gran medida a la visión del gobernador, capitán Diego Menéndez de Valdés (1582-1593), que ideó un plan defensivo. *Ibid.*, pp. 195-197, 199; Vila Vilar, *op. cit.*, p. 109.

9. Vila Vilar, *op. cit.*, pp. 177-178; Hostos, *Historia...*, p. 199, afirma que se iniciaron en 1631. Según Zapatero, *op. cit.*, p. 313, fig. 81, las murallas fueron proyectadas en 1587 por Menéndez de Valdés e iniciadas por Sancho Ochoa de Castro entre 1602 y 1608.

10. Hostos, *Historia...*, pp. 200-201; Cayetano Coll y Toste, «La ciudad de San Juan», pp. 315-316.

11. Hostos, *Historia...*, p. 201; Buschiazzo, *op. cit.*, p. 32.

Núm. 13 Puerta de San Juan desde la caleta. Foto de la autora.

Núm. 14   Puerta de San Juan desde la bahía. Foto de la autora.

de Santa Elena y San Agustín, la batería de San Gabriel y la Fortaleza; por el sur, corriendo hacia el este estaban el baluarte de la
Concepción, el de San José (o de las Palmas de San José llamado
de la Palma), el de San Justo, el del Muelle y San Pedro Mártir; al
este, defendían el frente de tierra el baluarte de Santiago, el revellín
de San Carlos, baluarte de la Cortadura y fuerte de San Cristóbal.[12]
Quedaban por amurallar para un futuro el trozo comprendido entre
el palacio de Santa Catalina y el castillo del Morro en la margen
occidental y toda la costa norte por considerarse imposible cualquier intento de desembarco por ellas. No obstante su defensa natural, la banda norte estaba reforzada por los bastiones de la Perla
y Santo Domingo.[13]

En 1638 el gobernador notificaba al rey que a la obra sólo le
faltaban algunos toques finales. Los trabajos habían durado poco
más de cuatro años y con ellos habían colaborado activamente los
naturales del país, empleándose como peones asalariados dada la
escasez de esclavos y levantando por medio de ciertos arbitrios
la cantidad que se necesitaba puesto que la Corona no pudo suplir la totalidad del presupuesto.[13 bis]

Tres puertas permitían el acceso a la ciudad: la de San Juan al
oeste, la de San Justo por el sur y la de Santiago que por franquear
el frente de tierra adquirió el nombre popular con que hoy se recuerda: la puerta de Tierra. Tenían sobre ellas una capilla dedicada
al patrón o titular que les daba nombre y las armas reales labradas
en piedra. Asegura Torres Vargas que en ellas se celebraba misa el
día del santo patrón "y en otros del año",[14] por lo que pueden con-

12. Hostos, *Historia...*, pp. 200-202; Zapatero, *op. cit.*, pp. 312-313; Manuel de
Rueda, «Plaza de San Juan de Puerto Rico, y su Puerto, situado en 18 grados y 30
minutos de Lactitud, Meridiano de Tenerife, y en la Longytud de 312 grados», s. f.
[XVIII], A. M. N., N.º 10128; «Puerto Rico puesto en planta por Don Luis Venegas
Osorio, Teniente del Castillo de la Ciudad de Badajos, Ingeniero Maior de la frontera de Estremadura y Sargento general de batalla. Por su Magestad bisitador general de las fortificaciones de tierra firme y costas del mar del Sur el año del Señor
de 1678 años». A. G. I., Mapas y Planos, Santo Domingo, N.º 74. V. fig. 18.
13. Plano de Venegas Osorio, *loc. cit.*; Hostos, *Historia...*, p. 200. Vila Vilar,
op. cit., p. 181, indica que el gobernador Novoa y Moscoso (1656-1661) levantó un
lienzo de muralla desde la Fortaleza hasta el Morro, cerrando así ese sector. Sin
embargo, no aparece señalado en el plano de Venegas Osorio.
13 bis. Vila Vilar, *op. cit.*, pp. 179-180.
14. Torres Vargas, *op. cit.*, pp. 591-592; Hostos, *Historia...*, p. 203.

siderarse capillas abiertas, tan generalizadas en España como en Hispanoamérica. La más antigua, y la única de las tres que se conserva hoy, es la puerta de San Juan. Su capilla tenía un lienzo del Bautista "...de pintura de buena mano...", al decir del cronista, y la inscripción "Benedictus qui venit in nomine domini".[15] (Bendito el que viene en nombre del Señor). (Ilustraciones 13 y 14). Por encontrarse frente al primer fondeadero de la ciudad fue la puerta más importante hasta el siglo XVIII cuando el uso del interior de la bahía como lugar más seguro y apropiado para los desembarcos generalizó la entrada por la puerta más próxima al muelle: la de San Justo.[16] Dedicada ésta a los santos Justo y Pastor los recordaba en una pintura. La inscripción que la acompañaba leía: "¿Dominus mihi adjutor quem timebo?" (El Señor es mi ayuda, ¿a quién temeré?).[17] La tercera puerta, contemporánea de la anterior, era la de Santiago. De las tres, era la única cuya capilla albergaba la imagen del santo "...de buena escultura...",[18] ecuestre, probablemente obra de Blas Hernández Bello, de quien se sabe que en 1610 hizo una para Puerto Rico por encargo del gobernador capitán Gabriel de Roxas (1608-1614).[19] Tanto la puerta de San Justo como la de Santiago llevaban a los lados del escudo real las armas del gobernador don Iñigo de la Mota Sarmiento bajo cuyo gobierno se hicieron. Como las anteriores, la puerta de Tierra también tenía su inscripción: "Nisi dominus custodierit civitatem frustra vigilat, qui custodit eam" (Si el Señor no guarda la ciudad, en vano vela quien la custodia).[20] Las inscripciones eran todas alusivas a la defensa de la ciudad.

Por el lado de tierra quedaba extramuros una larga faja de terreno conservada como ejido y área de pastoreo para el abasto de la Plaza, cumpliendo así con lo dispuesto en las Leyes de Indias.[21]

---

15. Torres Vargas, *op. cit.*, p. 592; Hostos, *Historia...*, p. 204.
16. Hostos, *Historia...*, p. 204; Cuesta Mendoza, *Historia...*, p. 129.
17. Torres Vargas, *op. cit.*, p. 591; Hostos, *Historia...*, 204.
18. Coll y Toste describe la escultura como un busto, lo que probablemente se deba a un error tipográfico. Coll y Toste, «La ciudad de San Juan...». p. 315; Torres Vargas indica que era de «bulto sobre caballo». Torres Vargas, *op. cit.*, p. 591.
19. Angulo, *Historia...*, II, p. 267.
20. Torres Vargas, *op. cit.*, p. 591; Hostos, *Historia...*, p. 204.
21. Libro IV, tit. VII, ley XIV de la *Recopilación de las Leyes de los Reinos de las Indias*. Madrid, Boix, 1841, I, p. 107. Dada por Carlos V en 1523 y Felipe II

Por haberse dividido en tres líneas defensivas que completaban el plan de fortificación, se mantuvo prácticamente despoblada hasta el siglo XIX cuando el crecimiento demográfico impuso el ensanche del perímetro urbano. Esta sección de la isleta que protegía el acceso al núcleo murado, era a su vez guardada en sus puntos más accesibles por los fuertes de San Antonio en el puente del mismo nombre y el de San Jerónimo en la punta del Boquerón.

Los conventos.

Incluido Puerto Rico en las etapas ultramarinas de las guerras religiosas durante la primera mitad del siglo XVII es obvio que la arquitectura militar hubo de caracterizar la actividad constructiva de esos años. Excluidas las murallas y demás obras de defensa, los edificios religiosos son los únicos dignos de mención en la centuria. Tres hechos significativos lo confirman: la conclusión de la iglesia de los dominicos y las fundaciones de los conventos de San Francisco y las madres carmelitas, con la consiguiente edificación de las estructuras necesarias en los dos últimos.

Santo Tomás. Durante el gobierno del capitán Iñigo de la Mota Sarmiento (1635-1641) y gracias a la voluntad constante con que impulsó la obra pudieron los Padres Predicadores ver terminada su iglesia, comenzada a construir cien años antes. No sólo logró el gobernador reparar los daños causados por los holandeses en 1625 sino que, utilizando fondos del Cuerpo de Infantería de la Plaza, completó la estructura que hasta entonces no había pasado del crucero.[22]

San Francisco. Los primeros franciscanos llegaron a Puerto Rico el 27 de diciembre de 1512, estableciéndose en Caparra donde tenían su convento en 1515.[23] La inconveniencia de establecer dos casas de

---

en su ordenanza 130 de poblaciones; Brau, *La colonización...*, Apéndice VIII, pp. 521-525; Hostos, *Historia...*, pp. 4-7.

22. Torres Vargas, *op. cit.*, p. 572; Enrique T. Blanco, «El monasterio de Santo Tomás...», p. 6; Hostos, *Historia...*, p. 327; Delgado Mercado, *op. cit.*, p. 14.

23. Brau, *La colonización...*, p. 372, n. 239; Juan Augusto y Salvador Perea, *Orígenes del episcopado puertorriqueño.* San Juan, Puerto Rico, 1936, pp. 38-39; Lino

religiosos mendicantes en un lugar extremadamente pequeño, de escasa población y sin grandes recursos, fue causa probable de la retirada de los hijos de San Francisco que cedieron a los dominicos su derecho de prelación una vez trasladada la ciudad.[24] Un siglo más tarde, en 1634, y ante los estímulos ofrecidos por el tesorero Francisco de Villanueva y Lugo y el obispo Juan López de Agusto de la Mata (1630-1635), regresaron a Puerto Rico e iniciaron de inmediato las diligencias para la fundación del convento. Desde un principio y a pesar de la hostilidad de los dominicos, tuvieron el apoyo de los más altos dignatarios isleños. Concedida la licencia real el 11 de septiembre de 1641, el ayuntamiento les otorgó como solar la manzana formada por las calles de San Francisco, la Luna, la Tanca y el callejón del Tamarindo. El 10 de octubre de 1642 el gobernador don Juan de Bolaños entregó oficialmente el terreno al síndico del convento, el maestro mayor de las fábricas y fortificaciones, Domingo Fernández Cortinas,[25] y apenas tres años más tarde, en 1645, inauguraron su humilde iglesia: un bohío cubierto de paja con capacidad para 30 personas.[26] La llegada del gobernador, maestre de campo don Diego de Aguilera y Gamboa (1649-1655), representó para los franciscanos la presencia de un devoto, seguro y entusiasta colaborador. No sólo aportó grandes sumas personales sino que "...empeñó las alhajas suyas y las de su esposa y hasta los bienes dotales de ésta..." para hacer edificar en piedra el convento.[27] Era tal su entusiasmo que cuando en su informe al rey

---

Gómez Canedo, O. F. M., «Los franciscanos: sus primitivas fundaciones en San Germán, Caparra y la Aguada» en *Revista del Instituto de Cultura Puertorriqueña*, San Juan de Puerto Rico, N.º 35 (abril-junio 1967), pp. 33-40. Véase este último artículo para las alegadas fundaciones franciscanas en San Germán y Aguada.

24. Brau, *La colonización...*, p. 373, n. 240; Cuesta Mendoza, *Historia...*, pp. 314-315.

25. Lino Gómez Canedo, «El convento de San Francisco en el viejo San Juan». *Revista del Instituto de Cultura Puertorriqueña*, San Juan de Puerto Rico, N.º 56 (julio-septiembre 1972), pp. 36-43. Presenta este autor evidencia para sostener tal fecha a diferencia de los que señalan que la entrega del solar se efectuó el día 3. Cuesta Mendoza, *Historia...*, p. 315; Hostos, *Historia...*, p. 335; Brau indica además que quien tomó posesión del solar a nombre de la orden fue el padre guardián, fray Bartolomé de Mendoza. Brau, *Historia...*, p. 157. Lo mismo afirma Enrique T. Blanco, «El monasterio de San Francisco de Asís». *Puerto Rico Ilustrado*, San Juan de Puerto Rico, N.º 1410 (20 de marzo 1937), p. 11.

26. Informe del gobernador don Diego de Aguilera y Gamboa, 1651. A. G. I., Santo Domingo, Leg. 156, Ramo 3; Hostos, *Historia...*, p. 335; Brau, *Historia...*, p. 157.

27. Cuesta Mendoza, *Historia...*, p. 316.

(1651) da cuenta de que la iglesia estaba casi terminada y empezada la obra del convento, optimistamente expresa "...qué será después de acavada fábrica real y la mejor que ará en todas las Indias hecho todo este gasto con limosnas y inteligencias sin que de parte de Vuestra Magestad se haya dado ninguna...".[28] Llevando su empeño a los extremos obligó a los soldados de la infantería de la Plaza a trabajar "como peones" en la construcción, achacándosele la muerte de algunos de ellos, lo que le valió la consiguiente acusación en su juicio de residencia.[29] La nueva iglesia quedó concluida en 1653 y el convento en el 1670.[30] Los frailes agradecidos le nombraron patrón del convento, acto que causó serios inconvenientes por confligir con los derechos de exclusiva de la Corona en estas partes y que terminaría por anular dicho patronato.[31] Por Real Cédula de 1660 el rey se proclamó patrono del convento y sus armas, pintadas en la capilla mayor, sustituyeron las del gobernador que con tanto esfuerzo logró su construcción.[32]

El aislamiento en que se encontraba la colonia y los escasos recursos económicos de sus habitantes contribuyeron a honrar el voto de pobreza franciscana, evidente tanto en el convento como en su iglesia. Lejos de participar de las suntuosas decoraciones barrocas que adornan los edificios mexicanos y peruanos de este

28. Informe del gobernador Aguilera, *supra*, n. 26; Cuesta Mendoza, *Historia...*, p. 316, emite su juicio basado en una transcripción equivocada del manuscrito. El gobernador describe lo que sería la obra terminada y no lo existente cuando emite su informe; Hostos, *Historia...*, p. 335.

29. Carta del capitán Juan de los Reyes a S. M., 29 de enero de 1654. A. G. I., Santo Domingo, Leg. 156, Ramo 3; Hostos, *Historia...*, p. 335; Juicio de residencia del gobernador, maestre de campo don Diego de Aguilera y Gamboa, 1655. A. G. I., Escribanía de Cámara, Leg. 122 A.
Merece destacarse la ayuda que voluntaria o compulsoriamente prestó la infantería de la Plaza a las obras de las dos iglesias conventuales de San Juan.

30. «Fundación del Antiguo Templo y Convento de San Francisco de San Juan». Datos tomados de una carta del Dr. Cayetano Coll y Toste al Dr. Eugenio Vera, fechada el 14 de agosto de 1926. *Boletín Eclesiástico*. Diócesis de San Juan de Puerto Rico, cuarta serie (septiembre-octubre de 1959), pp. 25 A y ss.; Blanco, «El monasterio de San Francisco de Asís...», p. 11; Hostos, *Historia...*, pp. 335-336.

31. Carta del convento de San Francisco a S. M., 4 de agosto de 1656. A. G. I., Santo Domingo, Leg. 176, Ramo 4; Real Cédula al gobernador de Puerto Rico expedida en Aranjuez el 24 de abril de 1659, para que se hiciera acto público de anular el patronato. *Loc. cit.*

32. Memorial del convento de San Francisco, remitido en carta del gobernador Campos y Espinosa a S. M., 2 de enero de 1676. A. G. I., Santo Domingo, Leg. 157, Ramo 5; Gómez Canedo, «El convento...», p. 38.

momento hubo de conformarse, como también sucedió en otros
lugares de menor importancia dentro de los mismos ricos centros
continentales, con un modesto juego de líneas para animar su arquitectura. De acuerdo con las pautas tradicionales, el convento daba
frente a una plaza que recibió como la calle, el nombre de San Francisco. Su estructura fue la típica conventual: cuatro crujías dobladas en torno a un claustro central y huerta resguardada al fondo
por una alta tapia. Tanto la fachada del convento como la de la
iglesia, adosada a la crujía sur, miraban al oeste. La iglesia, que
llegó a nuestro siglo, consistía de una nave central cubierta con
bóveda de cañón, dos laterales para capillas techadas con azotea y
ábside plano. Tanto los cinco arcos formeros como el toral que
marcaba el acceso al presbiterio eran de medio punto y descansaban sobre pilares.[33] En las fachadas la nota característica fue la
sobriedad barroca con que fueron concebidas. (Ilustración 15). Ubi-
cadas una junto a la otra, mantenían la armonía y una cierta unidad, consiguiendo un efecto de amplitud mayor del realmente existente. Formaban la portada conventual dos cuerpos adintelados: el
inferior, con la puerta retallada, flanqueada por pilastras y rema-
tada arriba con una cornisa saliente; el segundo lo componía una
sencilla ventana abalaustrada como las que abrían los muros de
todo el edificio pero coronada por una cornisa que hacía juego con
la de la puerta. Dos elementos persistentes en la arquitectura sanjuanera completaban los motivos ornamentales: la amplia cornisa
moldurada que coronaba todo el edificio y los retalles moldeados
que enmarcaban sus extremos.

El interior de la iglesia franciscana quedaba traducida al exterior por su fachada. La portada, como la del convento, tenía dos
cuerpos. El primero estaba formado por un arco de medio punto
flanqueado por dos pilastras, rematando en cornisa. Interesante
resultaba ésta: sus extremos terminaban en los capiteles de las
pilastras de los cuales, a su vez, arrancaba el frontón partido que
ceñía la parte baja de la ventana que formaba el segundo cuerpo.
De cada lado del frontón salía una pirámide que corría paralela

---

33. Blanco, «El monasterio de San Francisco...», p. 61.

Núm. 15 Iglesia de San Francisco. Foto Enrique T. Blanco.

a la ventana intentando acentuar su verticalidad. La ventana tenía
retalle formando orejeras en los ángulos; sobre ella, dos ménsulas
y un arco de medio punto. La cornisa quebrada en forma de alfarje
nos hace pensar si en algún momento tuvo este tipo de cubierta,
anterior al cañón con que se le describe en el siglo XIX. Como remate final tres lóbulos añadían la nota curva e imprimían una verticalidad contenida a la fachada. Rompían los muros laterales
ventanas abalaustradas: dos en la nave izquierda por ser más alta
como consecuencia de la línea descendente de la calle reflejada en
la estructura por la altura desigual de sus naves. Desprovista de
torres, formaba su campanario una espadaña de dos cuerpos levantada sobre el muro de fachada, al lado del Evangelio. Esta se componía sucesivamente de tres arcos que cobijaban las campanas,
alternados con pilastras y un frontón semicircular coronado de tres
pirámides. La espadaña sirve a la vez de vínculo y transición entre
el cuerpo de la iglesia y el del convento.

Diferente a lo que se ha afirmado,[34] su fachada es barroca y no
renacentista como se evidencia de la descripción hecha. El tipo de
iglesia con espadaña única no fue privativa del convento francis-
cano de San Juan. También fue bastante frecuente en México durante el siglo XVII. Aunque algo remoto, la portada discutida nos
trae el recuerdo de las de las iglesias de San Francisco de Campeche
del siglo XVI y de Santiago de Mérida del XVII o XVIII.[35] En Puerto
Rico se empleará con frecuencia en distintos momentos.

Su autor permanece desconocido hasta hoy. ¿Acaso sería el síndico y maestro mayor de fortificaciones, Domingo Fernández Cortinas? No podemos asegurarlo por no tener noticias suyas más allá
de 1647. En 1652 actuaba como maestro mayor Luis Montes de Oca.
Nada podemos, sin embargo, afirmar con precisión sobre ello.

Las carmelitas. El crecido número de doncellas existentes en la
ciudad [36] y la escasez de candidatos aceptables para que contrajeran

---

34. Afirma Blanco que sólo la espadaña es barroca. *Loc. cit.* Hostos, *Historia...*,
p. 336; Torres Ramírez, *op. cit.*, p. 151.
35. Angulo, *Historia...*, I, p. 256, figura 328; II, p. 698, figura 648, pp. 703-704.
36. Fray Damián López de Haro cifra alrededor de 4,000 el número de mujeres,
incluidas negras y mulatas. Aunque el total es improbable, al menos evidencia la
primacía femenina. López de Haro, *op. cit.*, p. 530; Enriqueta Vila Vilar, «Condicio-

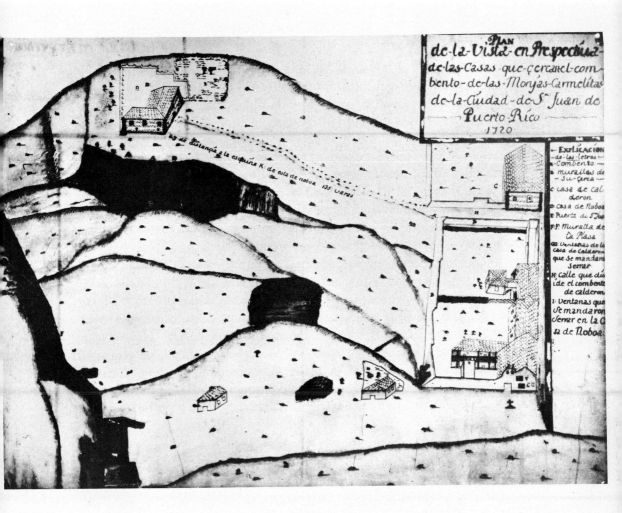

Plan de la Vista en Prespectiua de las Casas que çercan el combento de las Monjas Carmelitas de la Ciudad de Sⁿ Juan de Puerto Rico 1720

Núm. 16   Plan de vista en perspectiva de las casas que cercan el convento de las monjas Carmelitas de la ciudad de San Juan de Puerto Rico. 1720. A.G.I., Mapas y Planos, No. 30.

matrimonio, particularmente las de más alto linaje, hicieron pensar en la necesidad de establecer un convento de monjas.[37] Hasta entonces, aquellas jóvenes que llamadas por una genuina vocación religiosa o ansiosas de refugio seguro y honesto para su soltería deseaban profesar, habían tenido que salir de la Isla por no tener ésta albergue para ellas. Desde los primeros años del siglo XVII encontramos numerosas cartas al rey solicitando permiso para la fundación,[38] pero no fue hasta 1646 cuando no constituía ésta una carga para la Real Hacienda y estaba la ciudad debidamente protegida entre sus muros que se otorgó la Real Cédula que la autorizaba.[39] No hubiera sido posible, al menos por aquellas fechas, de no haber comprometido en ello todos sus bienes la ilustre dama doña Ana de Lanzós, viuda del capitán Pedro de Villate Escovedo, quien fuera su patrona, primera novicia y segunda priora.[40] El retraso con que llegaba a Puerto Rico el primer convento de monjas se explica no sólo por razones de índole económica. Importante consideración debió haber sido la escasa seguridad que durante todo el siglo XVI y primer tercio del XVII ofrecían las defensas isleñas. Se permite el establecimiento cuando la ciudad estaba ya lo suficientemente guarnecida para no correr el riesgo de la profana-

---

namiento y limitaciones en Puerto Rico durante el siglo XVII». *Anuario de Historia Americana*, Sevilla, XXVIII (1971), p. 23.

37. Así se expresa en varias de las peticiones que se hacen para la fundación. Carta del obispo Bernardo de Balbuena a S. M., 23 de noviembre de 1623. A. G. I., Santo Domingo, Legajo 172, Ramo 4.

38. Carta de la ciudad a S. M., 19 de noviembre de 1603. A. G. I., Santo Domingo, Leg. 169, Ramo 5; Carta de petición del procurador, capitán Francisco de Negrete, 7 de marzo de 1616. José J. Real Díaz, *Catálogo de las cartas y peticiones del cabildo de San Juan Bautista de Puerto Rico en el Archivo General de Indias (siglos XVI-XVIII)*. San Juan de Puerto Rico, Municipio de San Juan, Instituto de Cultura Puertorriqueña, 1968, N.° 182, p. 150; Carta de los vecinos fechada en 4 de marzo de 1618. *Ibid.*, N.° 184, pp. 153-154; Cuesta Mendoza, *Historia...*, pp. 325-327. Todo parece indicar que durante el primer tercio del siglo XVII, acaso desde antes, existió una comunidad religiosa formada por beatas dominicas que sin llegar a las formalidades canónicas propias de un convento, constituyó un primer intento para la organización de la vida religiosa femenina en el país. Arturo V. Dávila, «Gregoria Hernández, la beata del Arecibo y Sor María Raggi de Quío». *Revista del Instituto de Cultura Puertorriqueña*, San Juan de Puerto Rico, N.° 35 (abril-junio 1967), pp. 41-44.

39. Dada en Zaragoza el 1.° de julio de 1646. A. G. I., Santo Domingo, Leg. 902, libro H-13, fols. 197-200. Reproducida en el *B.H.P.R.*, III, pp. 252-253; Cuesta Mendoza, *Historia...*, p. 331.

40. Escritura de fundación, 25 de junio de 1645. *B.H.P.R.*, III, pp. 254-256.

ción.[41] Como en el resto de Hispanoamérica, los hábitos fueron ordinariamente un recurso socioeconómico para la soltería de la mujer, especialmente para la que carecía de caudales.

El nuevo Monasterio del Señor San José de la Orden de Nuestra Señora del Carmen, tuvo como fundadoras a tres monjas dominicas traídas expresamente desde Santo Domingo.[42] La ceremonia de fundación y clausura se celebró el sábado 1 de julio de 1651.

Negado por el rey el uso de la casa real que funcionaba como hospital militar se adaptó a las necesidades conventuales la magnífica residencia de la Sra. de Lanzós, ubicada en la caleta llamada por ellas de las Monjas, frente a la catedral.[43] El convento no ofreció por esta razón las estructuras características de su condición a no ser la alta valla de clausura. El plano de 1720 (Ilustración 16) nos presenta la casa de gran tamaño, doblada, con cubierta de tejas a doble vertiente. La iglesia debió ocupar la parte delantera pues se observa el campanario de espadaña única, como el de San Francisco, y las dos rejas del alto y bajo coro; la típica cruz solitaria frente a la entrada señalaba la santidad del lugar. Así se mantuvo el edificio hasta el siglo pasado de cuyas importantes reformas nos ocuparemos más adelante.

El hospital del rey.

En la casa real que les fuera negada a las Madres funcionaba un hospital dedicado exclusivamente al cuidado de los soldados de la Plaza, llamado de Santiago y sostenido por la propia infantería.[44]

---

41. Aparece claramente expuesto en la Real Cédula que autoriza la fundación: «...y considerando que la Ciudad de Puerto-rico es Plaza fuerte, y que ay caudal suficiente para la fábrica y dotación de este Convento, y á que no se ha de gastar en esto cosa alguna de mi Hacienda Real: He resuelto conceder la licencia que pide...». *B.H.P.R.*, III, p. 253; Hostos, *Historia...*, p. 340.

42. *B.H.P.R.*, III, pp. 256-257. Fue su primera priora doña Luisa de Valdelomar y no la Sra. de Lanzós. Buschiazzo, *op. cit.*, p. 40; Cuesta Mendoza, *Historia...*, p. 332; Hostos, *Historia...*, p. 340.

43. *Supra*, n. 39.

44. Torres Vargas, *op. cit.*, p. 547; Hostos, *Historia...*, p. 462; Vázquez de Espinosa, *op. cit.*, p. 43, lo llama «... el Hospital de San Nicolás de los soldados...».

Nos preguntamos si el origen de este hospital podría enlazarse con
la enfermería hecha en 1605 por iniciativa del gobernador Sancho
Ochoa de Castro para la cura de soldados y negros esclavos de
S. M.[45] Opina don Adolfo de Hostos que el hospital es el mismo que
se convierte por Real Orden de 28 de junio de 1766 en el real hospital de Santiago ubicado en la esquina sudoeste de la plaza de
Armas.[46] Instalado en una casa de la Corona debió seguir la distribución propia de las viviendas de la localidad, adaptada a las
urgencias sanitarias, puesto que en el siglo XVIII fray Iñigo Abbad
lo describe como un conjunto de casas que se habían unido sucesivamente.[47]

El panorama urbano.

Los problemas que agobiaban la metrópoli desviaban la atención
de la empobrecida Antilla. Olvidada por todos, la vida en el San
Juan del siglo XVII transcurre bastante insularizada, es decir, vuelta
hacia sí misma, apenas alterada por esporádicas llegadas de navíos,
notablemente escasas en esta centuria. Casi podría decirse que
estaba regida por sus campanarios. El panorama urbano había
variado muy poco respecto al siglo anterior; su población seguía
siendo exigua[48] y extremadamente pobre. El obispo fray Damián

45. Carta del obispo de Puerto Rico a S. M., 26 de octubre de 1605. A. G. I.,
Santo Domingo, Leg. 174, Ramo 2.
46. Fernando Miyares González, *Noticias particulares de la Isla y Plaza de San
Juan Bautista de Puerto Rico*. Apunte preliminar por Eugenio Fernández Méndez,
Río Piedras, Puerto Rico, Universidad de Puerto Rico, 1954, p. 42; Hostos, *Historia...*,
pp. 462; Torres Ramírez, *op. cit.*, p. 137.
47. Hostos, *Historia...*, p. 463; Fray Iñigo Abbad y Lasierra, *Historia geográfica, civil y natural de la isla de San Juan Bautista de Puerto Rico*. Estudio preliminar por Isabel Gutiérrez del Arroyo, Río Piedras, Universidad de Puerto Rico,
1966, p. 102.
48. No se han encontrado hasta hoy censos que revelen con exactitud la población existente y las informaciones que al respecto se tienen no pasan de ser cálculos aproximados. Hostos afirma que para 1604 existían unos 1,600 vecinos, más 2,000
negros y mulatos arrimados a la ciudad. Hostos, *Historia...*, p. 21; *Crecimiento y
desarrollo...*, p. 6; López de Haro, *op. cit.*, p. 530, estima que los vecinos no llegaban a 200 mientras que Torres Vargas dice que había 500, *op. cit.*, p. 575. Vila
Vilar, *op. cit.*, p. 29. El padrón hecho por órdenes del obispo García de Escañuela

López de Haro (1644-1648) afirma que las mujeres no asistían a la iglesia por falta de mantos y vestidos,[49] indigencia continuada que corrobora tres décadas más tarde fray Bartolomé García de Escañuela (1671-1676) cuando al contestar la orden que se le remitiera sobre la vestimenta de los negros advierte que portentoso sería el día en que pudieran vestirse los blancos pues quien tenía una camisa, el día que la lavaba quedaba "encerrado en carnes".[50] Nuevamente reitera la pobreza existente fray Francisco de Padilla (1684-1694) al solicitar de la Corona el envío de telas con que poder vestir los indigentes de la ciudad, "...que es la mayor causa que hace a sus padres retirarse con ellos a los campos, donde la desnudez o por costumbre, o no haver quien la repare, se disimula más".[51]

Sobre el caserío, los cronistas nos han dejado cifras diversas. López de Haro deduce que habría unas 250 casas de teja, obra y cantería mientras que Torres Vargas, tres años después, sostiene la existencia de unas 400 de piedra sin ofrecer número para los bohíos de madera y paja que el obispo cifra en 100.[52] El padrón ordenado por García de Escañuela en 1673 arrojó un total de 259 casas, cifra que creemos más próxima a la realidad. La vivienda debió mantenerse más o menos al estilo de las del siglo XVI. En la parte posterior tenían sus huertas y corrales donde alternaban flores con árboles frutales que sin mayor cuidado se propagaban. La arboleda

---

en 1673 arroja un total de 1,791 almas en San Juan. Brau, *Historia...*, p. 155. La epidemia de «viruelas, sarampión y tabardillo» sufrida desde diciembre de 1689 y que aún perduraba en mayo de 1690 mermó considerablemente la población, habiendo fallecido en la ciudad y sus contornos un total de 631 personas. «Carta de la ciudad de Puerto Rico a Su Majestad, en que le avisa de la llegada del nuevo Gobernador y del número de víctimas que causaron las viruelas», 22 de mayo de 1690. P. Fr. Pedro N. Pérez, mercedario, *Los obispos de la orden de la Merced en América (1601-1926)*. Documentos del Archivo General de Indias, Santiago de Chile, Imprenta Chile, 1927, p. 320. Para Enriqueta Vila Vilar, *op. cit.*, p. 30, en su momento de mayor auge —sobre 1640— la población debió ser de unos 5,000 ó 6,000 habitantes.

49. López de Haro, *op. cit.*, p. 530.

50. Carta de fray Bartolomé García de Escañuela al secretario Francisco Fernández de Madrigal, 14 de enero de 1674. A. G. I., Santo Domingo, Leg. 173, Ramo 4.

51. «El Obispo de Puerto Rico pide a Su Majestad que le envíen telas para vestir a los pobres de su obispado», 2 de febrero de 1688. Pérez, *op. cit.*, p. 282.

52. López de Haro, *op. cit.*, p. 529; Torres Vargas, *op. cit.*, p. 575; Hostos, *Crecimiento y desarrollo...*, p. 6, indica que para 1604, previo al ataque holandés de 1625, había 300 casas y 120 bohíos. Sin embargo, en su *Historia...*, en la página 21, menciona 200 casas de piedra.

que rodeaba el centro urbano y la abundante vegetación permitía a los vecinos soltar sus cabalgaduras a pacer por las calles,[53] lo que nos hace imaginar la ciudad con un cierto aire bucólico. (Ilustraciones 17 y 18).

---

53. López de Haro, *op. cit.*, p. 529.

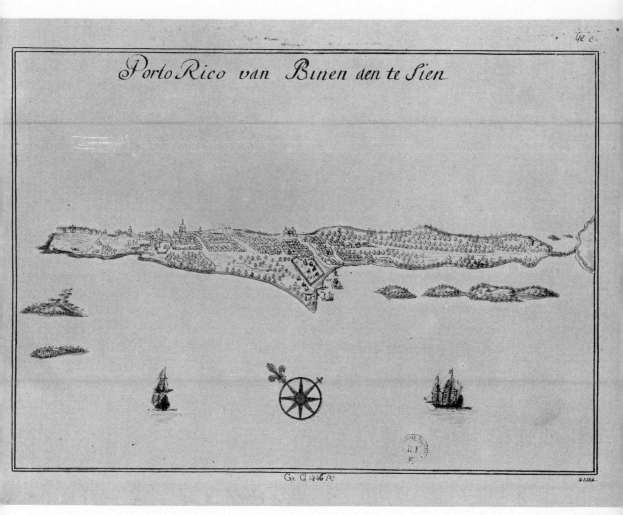

Porto Rico van Binen den te Sien

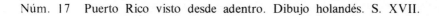

Núm. 17   Puerto Rico visto desde adentro. Dibujo holandés. S. XVII.

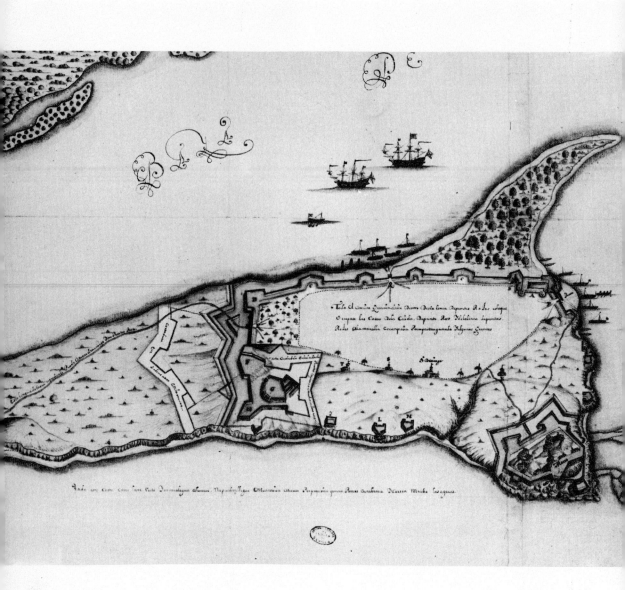

Núm. 18   Puerto Rico puesto en planta por don Luis Venegas Ossorio. 1678.
A.G.I., Mapas y Planos, Santo Domingo, No. 74.

CAPITULO III

EL SIGLO XVIII

El conjunto urbano.

Vencidos los holandeses en 1625, Puerto Rico disfrutará de un largo período de paz. Hasta 1797 no volverán a proyectarse directamente sobre la Isla las rivalidades y guerras europeas permitiendo a sus habitantes el disfrute de una tranquilidad desconocida hasta entonces. Desde los años medios del siglo XVIII, será notable el aumento demográfico [1] y el auge económico de la colonia, que encuentra nuevas posibilidades en el cultivo del café, introducido durante el gobierno de don Felipe Ramírez de Estenós (1753-1757), la llegada ininterrumpida del situado mejicano entre 1765 y 1776 [2] y en la facilidad con que se practicaba el contrabando.

La vida en el San Juan de entonces seguía, en menores dimensiones, el ritmo vital de otras capitales antillanas: la Habana, Santiago de Cuba, Santo Domingo, como se deduce del aspecto físico de la ciudad que nos describen los cronistas que de ella se ocuparon.[3] Los tipos de casas que se perfilan desde el mismo momento

---

1. Según fray Iñigo Abbad el vecindario se componía de 6,605 almas. Abbad, *op. cit.*, p. 100.

2. El situado fue una consignación sobre las Cajas Reales de la Nueva España para auxiliar los gastos militares. José Luis Vivas Maldonado, *Historia de Puerto Rico*. Segunda edición, New York, Las Américas Publishing Co., 1962, p. 119.

3. V. Miyares, *op. cit.*, p. 54; André Pierre Ledrú, *Viaje a la isla de Puerto Rico en el año 1797*. Traducida por Julio L. Vizcarrondo, San Juan de Puerto Rico, Editorial Coquí, 1971, p. 65; Abbad, *op. cit.*, pp. 99-101.

de su fundación aparecen ahora totalmente definidos y plenamente identificados con la clase social de la familia que las habitaba.

Fray Iñigo Abbad, quien estuvo en Puerto Rico entre 1771-1778 y André Pierre Ledrú que nos visitara en 1797, diferencian tres grupos de casas. La de los españoles y personas acaudaladas, cons-- truidas en piedra o mampostería, eran espaciosas, con grandes ventanales y puertas que permitían la mejor circulación del aire.[4] Alternaban las terreras con las de un piso alto,[5] limitándose la elevación de los edificios por el temor a los huracanes y terremotos, muy frecuentes en la Isla, las exigencias defensivas de la Plaza y el considerable costo de materiales y artífices.[6] Ello condiciona sin duda que los pisos altos se construyeran generalmente en madera.[7] Siguiendo la pauta hispanoamericana, las cubiertas de tejas, predominantes hasta entonces, empiezan a ser sustituidas por azoteas soladas de ladrillo, aprovechables como lugares de paseo en tiempo apropiado y como recipiente para el agua de lluvia que luego se conducía a los aljibes.[8] Abbad las encuentra toscas y carentes de belleza aunque acepta que, a tono con el incremento económico, empezaban a construirse algunas "...de mejor idea y comodidad...".[9] A esto quizás se deba que quince años más tarde Ledrú, no obstante señalar sus limitaciones, las conceptúe hermosas.[10] Ambos las consideraban mal repartidas y desprovistas del mobiliario, comodidades y lujos que ostentaban las viviendas de otras colonias hispanas.[11] Como adorno principal y casi único lucían sus fachadas largos balcones volados. Parecidas a las casas descritas pero menores

---

4. Ledrú, *op. cit.*, p. 65; Abbad, *op. cit.*, p. 99.

5. Miyares, *op. cit.*, p. 54, señala que el mayor número de casas era de un alto mientras que Abbad explica porqué se preferían las bajas con sólo «...el piso de tierra...». Abbad, *op. cit.*, p. 99. La discrepancia numérica entre ambos se debió quizás a enfoques ópticos diferentes.

6. Abbad, *op. cit.*, pp. 99-101. Calcula éste en no menos de 10,000 pesos una casa de piedra con un piso alto.

7. Abbad lo afirma claramente. Abbad, *op. cit.*, p. 99. De Miyares puede deducirse cuando describe que «...El mayor número de casas son de un alto; otras terreras de piedra...». Miyares, *op. cit.*, p. 54.

8. Abbad, *op. cit.*, p. 100; Ledrú, *op. cit.*, p. 65. Los aljibes o cisternas eran depósitos para guardar el agua, práctica a que se vio obligada la ciudad por no tener la isleta fuentes o manantiales de agua potable.

9. Abbad, *op. cit.*, p. 101.

10. Ledrú, *op. cit.*, p. 65.

en tamaño y de un solo piso eran las que ocupaban los vecinos de mediana fortuna, comerciantes y artesanos.[12]

El segundo tipo de vivienda, habitada generalmente por "mulatos y gente de color",[13] estaba construido a base de vigas y tablas de palmas por ser esta madera la de mayor duración y resistencia. Solían tener techos de armadura cubierta con yaguas.[14] En las áreas extremas de la ciudad, formando barrios o arrabales intramuros, se agrupaba la clase menesterosa, cuyas pobres chozas o bohíos, hechas con cañas y cortezas de palma, estaban cubiertas por paja o yagua.[15] La abundancia de patios y huertos cultivados en la parte posterior de las casas, además de servir de desahogo [16] y contribuir eficazmente a la buena salud de los vecinos, continuaba dándole a la ciudad un pintoresco y singular aspecto.

El conjunto urbano resultaba indudablemente hermoso, al punto de merecer los elogios del padre Abbad, tan poco indulgente con los defectos isleños:

> Con todo, la posición de la Ciudad en el declive de la cuesta, los muchos huertos o patios poblados de vistosas plantas, las azoteas de muchas casas, algunos edificios públicos perfectamente construidos y la proporción y rectitud de las calles, le dan de lejos una perspectiva extensa y agradable, hermoseada de árboles y plantas, que resaltan entre las casas, formando un bosque en poblado.[17]

El bienestar dieciochesco de la capital puertorriqueña que empieza a reflejarse en el mejoramiento progresivo de sus viviendas, tendrá su correlato en las manifestaciones artísticas que se producen. La orfebrería, trabajada desde el siglo XVI, ofrece piezas

---

11. *Loc. cit.;* Abbad, *op. cit.,* p. 101.
12. Ledrú, *op. cit.,* p. 65.
13. Abbad, *op. cit.,* p. 100.
14. Según explica el mismo fray Iñigo, es la corteza de la palma usada en sustitución de las tejas. *Loc. cit.*
15. *Loc. cit.;* Ledrú, *op. cit.,* p. 65.
16. Abbad, *op. cit.,* p. 101. La descripción del tipo de vivienda usual en toda la isla de Puerto Rico durante el siglo XVIII que hace Torres Ramírez en su obra ya citada *La isla de Puerto Rico,* p. 62, se fundamenta en el texto del padre Abbad tantas veces citado en este trabajo, donde trata específicamente de la vivienda en la ciudad de San Juan y sus inmediaciones. No corresponde, por lo tanto, la ampliación generalizadora en que incurre el Dr. Torres Ramírez.
17. Abbad, *op. cit.,* p. 101.

dignas; la familia de los Espada deja su legado escultórico de marcado sabor local en tallas y retablos de indudable interés, mientras que en el campo de la pintura aparece la primera gran figura del arte pictórico isleño. La merecida fama de José Campeche rebasa las fronteras insulares para ocupar el sitio que le corresponde dentro de la pintura hispanoamericana de su momento: el de excelente miniaturista y mejor retratista, al menos en el área del Caribe.[18]

El hospital de caridad.

De la arquitectura oficial, civil o religiosa del siglo XVIII han quedado pocos ejemplos. La carencia de medios y la prioridad militar evitaron que pudiera desviarse la aplicación de fondos hacia grandiosos monumentos barrocos como los que enorgullecen a muchas ciudades de la América continental hispana. Al aquilatar los valores de los edificios públicos de este momento ha de tenerse en cuenta, como ya advierte fray Iñigo Abbad, el esfuerzo de un pueblo que aletargado por dos siglos de miserias y calamidades, encuentra un nuevo estímulo en el embellecimiento de su ciudad.[19]

La obra civil de mayor envergadura que se construye durante esta centuria es la del hospital de caridad, llamado de la Concepción el Grande para diferenciarlo del que ya existía desde el siglo XVI junto a la Fortaleza.[20] Su nombre ha de ir unido al de la persona que lo hizo posible dedicándole no sólo sus mayores esfuerzos sino su propio peculio: el obispo fray Manuel Jiménez Pérez, quien gobernó la diócesis de 1772 a 1781.[21] Viendo frustrados sus deseos de ampliar el hospitalillo de la Concepción,[22] el empren-

---

18. V. Arturo V. Dávila, *José Campeche, 1751-1809*. Catálogo para la exposición auspiciada por el Instituto de Cultura Puertorriqueña en 1971, San Juan de Puerto Rico, Instituto de Cultura Puertorriqueña, 1971; Marco Dorta, *Arte...*, pp. 355-356.

19. Abbad, *op. cit.*, p. 101.

20. Hostos, *Historia...*, p. 465.

21. *Sínodo Diocesano del Obispado de Puerto Rico*. Celebrado en los días 9, 10 y 11 de enero del año 1917 por el Iltmo. y Rdmo. Sr. Obispo Dr. D. Guillermo A. Jones, O. S. A., Puerto Rico, Tip. Cantero Fernández & Co., 1917, p. 147.

22. La ampliación del hospitalillo junto a la Fortaleza perjudicaba el nuevo plan de fortificaciones de la ciudad. Carta del obispo de P. R. a S. M., Toa Baja,

dedor benedictino decidió la construcción de un nuevo edificio destinado a la asistencia de enfermos pobres. El solar fue demarcado por el jefe de ingenieros don Tomás O'Daly en la calle de Campeche, hoy extremo oeste de la calle de San Sebastián. Tenía 49 varas de cuadro más 16 de capilla, capaz para la idea del obispo de que:

> ...en esta obra se huviese de comprehender una capilla con la misma advocación que la antigua, y quatro cuadras, una para hombres, otra para mugeres, otra para casa de recogidas, en donde se pusiesen las malas mugeres, que por defecto de ella vivian escandalosamente, y otra para carcel de clerigos...[23]

Las obras se iniciaron en marzo de 1775 [24] y para febrero de 1778 estaban hechas las paredes de la iglesia y sacristía sin faltarles más que la bóveda; completadas las paredes de dos aljibes de gran capacidad, faltándoles únicamente la pared interior de ladrillo y la bóveda; la cuadra que correspondía a la calle tenía ya su cornisa y le faltaba poco para el remate y la cubierta de azotea. También estaban terminadas las paredes de las dos escaleras hasta la altura de la viga.[25]

Fue autor del proyecto el maestro mayor de las reales obras de fortificación, arquitecto don Bartolomé Fammí.[26] La planta, de dos pisos, formaba un rectángulo con las distintas dependencias repartidas en torno al patio central, con arquerías de medio punto, debajo del cual se encontraban los aljibes. En el extremo izquierdo

---

12 de febrero de 1778. Copia en «Testimonio de las diligencias practicadas sobre la fábrica del nuebo Hospital de Nra. Sra. de la Concepción. Puerto Rico. Año de 1785». A. G. I., Santo Domingo, Leg. 2377; Torres Ramírez, *op. cit.*, p. 134.

23. Parecer del Consejo. Francisco Machado, Madrid, 31 de agosto de 1784. Copia. A. G. I., Santo Domingo, Leg. 2283; Cristina Campo Lacasa, *Notas generales sobre la historia eciesiástica de Puerto Rico en el siglo XVIII*. Sevilla, Escuela de Estudios Hispano-Americanos, Instituto de Cultura Puertorriqueña, 1963, p 68.

24. Carta del obispo de P. R. a S. M., Toa Baja, 12 de febrero de 1778, *supra*, n. 22. Carta del obispo de P. R. a José de Gálvez, 2 de junio de 1780. A. G. I., Santo Domingo, Leg. 2377. Sor Cristina Campo indica que la primera piedra se puso en abril de 1775, *Notas generales...*, p. 71; Hostos fecha el comienzo de la fábrica en 1774, probablemente siguiendo a Abbad. El año de 1744 que aparece en la edición utilizada es un error de imprenta. Hostos, *Historia...*, p. 464.

25. Carta del obispo de P. R. a S. M., *supra*, n. 22; Abbad, *op. cit.*, p. 102.

26. Instancia de Da. Rita Josefa Ramos Vda. de Fammí. Puerto Rico, 24 de marzo de 1792. A. G. I., Santo Domingo, Leg. 2311. El plano que se conserva, sin firma alguna, es de 1778, probablemente duplicado o copia del original remitido con carta del obispo de 12 de febrero de 1778. *Supra*, n. 22.

quedaba la capilla dividida en cuatro tramos iguales más el del presbiterio, poco más ancho que los anteriores.[27] Toda su fachada anticipa la sobriedad y el clasicismo que, como nota predominante, caracterizará la arquitectura sanjuanera del siglo XIX. (Ilustración 19). La portada de la iglesia está formada por dos cuerpos animados con pilastras de capitel toscano en el inferior y jónico en el superior. Un tímido frontón rematado en cruz acusa su centro mientras cuatro florones imparten verticalidad destacando el acceso a la capilla dentro de la línea eminentemente horizontal del edificio. La entrada del hospital repite en menores dimensiones el cuerpo bajo de la anterior mientras que el segundo lo resuelve con el típico balcón abalaustrado. Completa la visión frontal del edificio la cornisa que corona el conjunto y la forma en la cual se destaca el ángulo de la extrema derecha mediante el empleo de otro elemento recurrente en San Juan: el almohadillado. Todas las ventanas son adinteladas con balcones abalaustrados en tres de las del segundo piso. La estructura refleja la línea descendente de la calle donde está situada.

Lentamente, superando las limitaciones económicas y los repetidos conflictos con el gobernador, coronel don José Dufresne, el obispo logró su empeño, celebrando el traslado de los primeros enfermos al nuevo edificio el 3 de junio de 1780.[28] Los dolientes procedían del antiguo hospital real de Santiago.[29]

Desde la centuria anterior se venía gestionando la posibilidad de unir los dos hospitales existentes en la Plaza: el de la Concepción, junto a la Fortaleza, y el de la infantería en un solo hospital

---

27. V. Rodríguez Villafañe, *op. cit.*, pp. 60-61, 63-65; Campo Lacasa, *Notas generales...*, pp. 72-73, 80-81.

28. Carta del obispo al gobernador. Puerto Rico, 27 de junio de 1780. A. G. I., Santo Domingo, Leg. 2377; Campo Lacasa, *Notas generales...*, p. 72.

29. Torres Vargas, *op. cit.*, p. 547, afirma que el hospital de la infantería estaba bajo la advocación de Santiago. De igual forma se le llama en la carta del gobernador Gaspar de Arredondo a S. M., Puerto Rico, 30 de diciembre de 1693. Extracto, A. G. I., Santo Domingo, Leg. 161, Ramo 2. El hospital de infantería fue convertido en real hospital de Santiago por Real Orden de 28 de junio de 1766. Hostos, *Historia...*, p. 463. En la carta de 12 de febrero de 1778, *supra*, n. 22, el obispo se refiere al hospital real como el de San Jerónimo. Vázquez Espinosa, *op. cit.*, p. 43, en 1628-29 lo llama de San Nicolás.

Corte interior que pasa por la Línea 3 y 4.

Fachada Principal que pasa por la Línea 1 y 2.

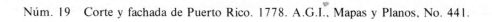

Núm. 19   Corte y fachada de Puerto Rico. 1778. A.G.I., Mapas y Planos, No. 441.

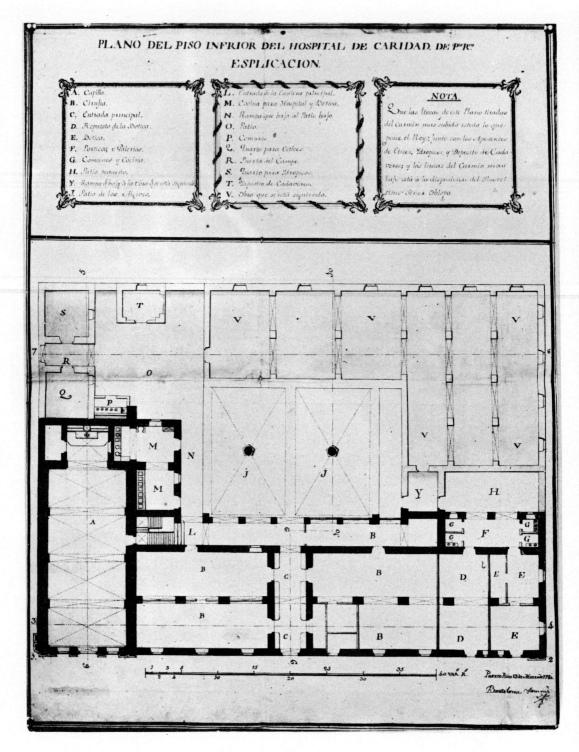

Núm. 20   Plano del piso inferior del Hospital de Caridad de Puerto Rico. 1778. A.
A.G.I., Mapas y Planos, No. 457.

general, citándose como antecedente el de Madrid.[30] Ante la urgencia despertada por la guerra entre España e Inglaterra declarada el 6 de junio de 1779, el compasivo prelado ofreció al gobernador no sólo el uso del hospital que contra sus propias maquinaciones había logrado levantar sino incluso su palacio episcopal, reservándose la propiedad del edificio y el beneficio de uno de los aljibes (el de la derecha) para el socorro de los pobres de la ciudad.[31] Aceptado el ofrecimiento del obispo, el gobernador Dufresne tomó posesión del hospital para uso de la tropa y desde entonces hasta hace unos años permaneció en manos de las autoridades militares, resultando infructuosos todos los procedimientos y alegatos de la Iglesia para recobrar el edificio.[32]

Antes de entregar el edificio quiso Jiménez Pérez que quedara constancia del estado del mismo. El plano levantado por Bartolomé Fammí el 13 de marzo de 1780, presenta algunos cambios con respecto al de 1778, como la desaparición de la escalera de la derecha, la disposición diferente para las diversas dependencias y las obras

---

30. Carta del gobernador Gaspar Martínez de Andino a S. M., Puerto Rico, 2 de junio de 1684. A. G. I., Santo Domingo, Leg. 158, Ramo 4; Resumen de los expedientes sobre varias providencias tocantes a la isla de Puerto Rico, números 19-20. A. G. I., Santo Domingo, Leg. 165, Ramo 5; Memorial que presenta D. Gregorio Semillan Campuzano, relator de la Audiencia de Santo Domingo, en nombre de la isla de Puerto Rico, Madrid, 24 de abril de 1692, *loc. cit.*; Carta del gobernador Gaspar de Arredondo a S. M. Extracto. Puerto Rico, 30 de diciembre de 1693. A. G. I., Santo Domingo, Leg. 161, Ramo 2. Parecer del Consejo. Francisco Machado. Copia. Madrid, 31 de agosto de 1784. A. G. I., Santo Domingo, Leg. 2283.

31. Carta del obispo al gobernador. Puerto Rico, 20 de julio de 1779. A. G. I., Santo Domingo, Leg. 2377; Oficio del Provisor en Sede Vacante, Juan Lorenzo Matos, al gobernador coronel Juan Bautista Dabán. Puerto Rico, 30 de abril de 1783. A. G. I., Santo Domingo, Leg. 2377; Campo Lacasa, *Notas generales...*, pp. 72 y 77.

32. Viendo Jiménez Pérez que el edificio resultaba insuficiente hasta para asistir a los heridos y enfermos del ejército, emprendió en 1781 la construcción de una nueva cuadra capaz de contener 200 camas. Su benevolencia llegó al grado de ofrecer al rey compartir el hospital aún en tiempos de paz dejando a elección del monarca consignar el número de camas que podría destinarse a los pobres en adición a la totalidad de la nueva sala en proceso de ejecución. Carta del obispo al Rey, P. R., 20 de febrero de 1781. A. G. I., Santo Domingo, Leg. 2377. Ni siquiera esto logró el Prelado para sus pobres. De todo se apropió la milicia. Años más tarde, el obispo D. Juan Bautista de Zengotita y Bengoa, advirtiendo que no recobrarían la estructura propuso que se terminara la iglesia habilitándola para hospital general de pobres, cuya administración sería de la exclusividad del obispo. La centuria cerró sin que se llegara a un acuerdo. Campo Lacasa, *Notas generales...*, pp. 82-83.

en curso de continuación.[33] (Ilustración 20). La Corona se hizo cargo de las terminaciones más urgentes y las reformas necesarias para el albergue de la tropa.[34]

Al morir el obispo el 20 de agosto de 1781[35] quedaba aún por concluir la bóveda, el techo, la sacristía y los altares de la iglesia,[36] a pesar de lo cual fray Iñigo Abbad los describe como "...el edificio más útil y bien construido..." de la ciudad. De las portadas principales dice que "...son de excelente sillería, perfectamente entalladas de exquisitas molduras y relieves coronados de blasones, formando entre las dos a la parte del mediodía un frontispicio majestuoso, cuya utilidad, situación y hermosura se lleva la atención de todos".[37]

Capillas, ermitas y oratorios.

Capilla de los terciarios franciscanos. Poco conocida hoy aunque no por ello exenta de interés, es la antigua capilla de los terciarios franciscanos, iglesia parroquial de San Francisco desde la demolición del templo conventual antes descrito. De la lectura de las actas de las juntas de terceros deducimos que la orden celebraba sus funciones y ejercicios en una capilla, al parecer desahogada y bastante independiente pero incorporada a la misma iglesia conventual. El 31 de octubre de 1756 en junta de Discretos, el síndico tesorero don Pedro Ruiz de Solanas hizo público el feliz resultado de las diligencias que se habían llevado a cabo para tratar con la comunidad de San Francisco la cesión de terrenos de la huerta del convento para construir en ellos una capilla con puerta a la calle. Informó igualmente que el gobernador capitán general había concedido la licencia en su calidad de vice-real patrono. Confiados en la generosidad de los hermanos acordaron todos que, a pesar de hallarse sin fondos en el momento para iniciar la obra propues-

---

33. «Plano del piso inferior del Hospital de la Caridad de Pto. Rco.» 13 de marzo de 1780, Bartolomé Fammí. A. G. I., Sec. XVI de Mapas y Planos, N.º 457; Rodríguez Villafañe, *op. cit.*, pp. 66-67.
34. Campos Lacasa, *Notas generales...*, p. 47.
35. *Sínodo Diocesano... del 1917*, p. 147.
36. Campo Lacasa, *Notas generales...*, p. 80; Torres Ramírez, *op. cit.*, p. 135.

ta, se diese principio a la misma y que se procediera a "...descubrir cantera en la misma huerta...".[38] Para correr con la intendencia de la fábrica eligieron al hermano síndico don Pedro Ruiz de Solanas y al hermano discreto don Luis Parrilla "...mediante a que hallaba concurrir en estos (además de su gran celo) la gracia e inteligencia que en esta materia se requiere...".[39] Aunque faltaban aún alhajas del culto y la imagen del patrón San Luis Rey, se bendijo la capilla el 16 de abril de 1766 diciéndose desde entonces en ella la misa y practicándose los ejercicios propios de los terceros, a excepción del llamado domingo de la cuerda cuya celebración continuó por un tiempo "...en la principal iglesia..." hasta que se colocó en la nueva el Sacramento.[40]

Como muchas otras capillas de terceros en Hispanoamérica, consistía de una nave con torre-campanario lateral. Su cubierta original fue la armadura común, empleada por entonces en la ciudad.[41] Así lo revela con toda claridad el texto que sigue:

> ...habiendo propuesto el señor hermano Mateo Sanches, Síndico, que reconociendo las maderas y paredes de nuestra yglesia con motivo de acosa[r] el comejen ha reparado que todas las cabezas de la Barazón cumbrera solera y algunas otras estaban podridas y amenazando ruina y que la abertura de la pared de la Esquina donde está el campanario cada vez se aumenta mas como lo ha perimentado [sic]...[42]

Se acuerda como resultado de lo anterior, solicitar el concurso de "...dos ministros inteligentes en Arquitectura y Carpintería...".[43] Las reparaciones continuas a que deben someterse en regiones tropicales las cubiertas de madera, debieron sugerir a los terceros la conveniencia de sustituirla por una de material. La capilla fue derribada en 1779 para proceder de inmediato a su reedificación.[44]

---

37. Abbad, *op. cit.*, p. 102.
38. A. V. O. T. S. F., Libro de Actas de 1745 a 1826 y de 1831 a 1863, fols. 16v. y 17.
39. *Loc. cit.*
40. *Ibid.*, junta del 15 de abril de 1766, fol. 28.
41. E. g., el cuerpo de la catedral. V. *infra*, Cap. V, p. 151.
42. A. V. O. T. S. F., Libro de Actas..., junta de Discretos de 30 de enero de 1774, fols. 39v. - 40.
43. *Loc. cit.*
44. *Ibid.*, junta del 28 de octubre de 1792, fol. 50.

La falta de recursos impuso un ritmo lento a la nueva obra de forma que en 1781 sólo estaban en pie los muros, "...las cerchas de los Arcos y puestas sobre ella [sic] tablason para la bobeda que mas que todo amenasaba ruina como impuesta a la inclemencia de los tiempos...".[45] Aparentemente estuvo en alberca algún tiempo ya que se temió al año siguiente que el atraso de la obra trajera por consecuencia no sólo la pérdida de la cimbra sino también la del retablo.[46] La urgencia del caso les llevó a tomar en préstamo la suma de 400 pesos a los terciarios dominicos. Para ello se diputó a los terceros Antonio de Medina y a Juan de Villalonga, obligándose como fiador el segundo y posponiendo "...para otra ocasión discurrir advitrios [sic] con que... proseguir la obra de la capilla hasta su total conclusión"...,[47] señal clara de la urgencia que corría la terminación de la bóveda.

Para 1793 la bóveda terminada amenazaba "...una pronta y grande ruina... por la parte del Coro pues se advertía rajada...".[48] ¿Resultado acaso de los temblores de mayo de 1787? Sobre los materiales empleados no cabe duda en vista de que para su reparación se había acopiado algo de cal y ladrillo.[49]

La capilla debió tener desde sus principios una crujía de claustro puesto que se trata el arreglo de su cubierta en 1833.[50] Muy interesante resulta también su sacristía cuyas cuatro ventanas de traza mixtilínea representan en San Juan, junto al remate de la fachada de la iglesia de San José, la espadaña de la capilla del Cristo y la que presenta la llamada casa de Berrocal, la gracia del movimiento y la curvatura barroca. (Ilustración 21). Está cubierta por una cúpula, dotada al parecer hasta este siglo de linterna, que cabalga directamente sobre cuatro arcos ciegos de medio punto que arrancan de otras tantas pechinas de ingenua molduración barroca.

La torre, que conocemos por la panorámica de la ciudad pintada

---

45. *Ibid.*, junta del 7 de septiembre de 1781, fol. 43.
46. *Ibid.*, junta del 16 de febrero de 1782, fol. 44v.
47. *Ibid.*, fol. 45.
48. *Ibid.*, junta del 25 de septiembre de 1793, fol. 56.
49. *Loc. cit.*
50. *Ibid.*, juntas del 15 de julio y 18 de septiembre de 1833, fols. 6 a 8 y 10.

Núm. 21   Ventana interior de la capilla de los terciarios franciscanos, hoy parroquia de San Francisco. Foto de la autora.

por Campeche,[51] fue derribada durante el siglo XIX. De forma ochavada, dividida en dos cuerpos, ha de relacionarse con otras de estructura similar levantadas en la Isla durante los siglos XVII al XIX como lo son, por ejemplo, las de las iglesias de Manatí, Sabana Grande, Hormigueros y las torres gemelas de Juana Díaz. Achaflanada en el cuerpo de las campanas se encuentra también la de la iglesia de San José en la misma ciudad capital. La de los terciarios, colocada del lado de la calle, entre la capilla y la iglesia conventual, se inició en 1767, terminándose algo más tarde pues en octubre de 1768 se discutía aún la necesidad de concluirla.[52]

Ignoramos los nombres de los directores y ejecutores de la obra en las distintas etapas que hemos reseñado. Probablemente han intervenido algunos de los maestros mayores de fortificación o ingenieros militares activos en la Plaza para esos años. Nos inclinamos a pensar que han podido intervenir los hermanos Juan José y Ramón de Villalonga, del Real Cuerpo de Ingenieros, para el momento en que derribada la capilla original se emprende su reconstrucción por la parte que tiene Juan como fiador en el préstamo hecho a los dominicos. Perteneciendo ambos a la orden tercera es lógico suponer que pusieran sus talentos al servicio de su comunidad.

Capilla del Cristo. El monumento dieciochesco más conocido es la capilla del Cristo, construida sobre la muralla sur, donde muere la calle del mismo nombre. Una leyenda inmortalizada por Coll y Toste[53] da a la capilla un carácter votivo. Según la tradición popular, se erigió aquélla para conmemorar el milagro allí ocurrido en 1753 durante las fiestas de San Juan. Existía la costumbre de celebrar carreras de caballos, lanzándose los jinetes a veloz galope por la calle, de barro y arena pues no se había empedrado aún.

---

51. Sitio de la ciudad de San Juan por los ingleses en el año de 1797. Lienzo de José Campeche, iglesia de San José, San Juan de Puerto Rico. V. Dávila, *José Campeche...*, p. 54.
52. A. V. O. T. S. F., Libro de Actas..., junta del 17 de octubre de 1768, fol. 31.
53. Cayetano Coll y Toste, *Leyendas.* San Juan de Puerto Rico, Instituto de Cultura Puertorriqueña, 1971, pp. 53-55; Angela Negrón Muñoz, «La capilla del Santo Cristo de la Salud». *El Mundo*, San Juan de Puerto Rico (domingo 23 de julio de 1939), p. 9. Para variantes sobre la leyenda véase a Ramírez de Arellano, *La calle museo...*, pp. 13-14.

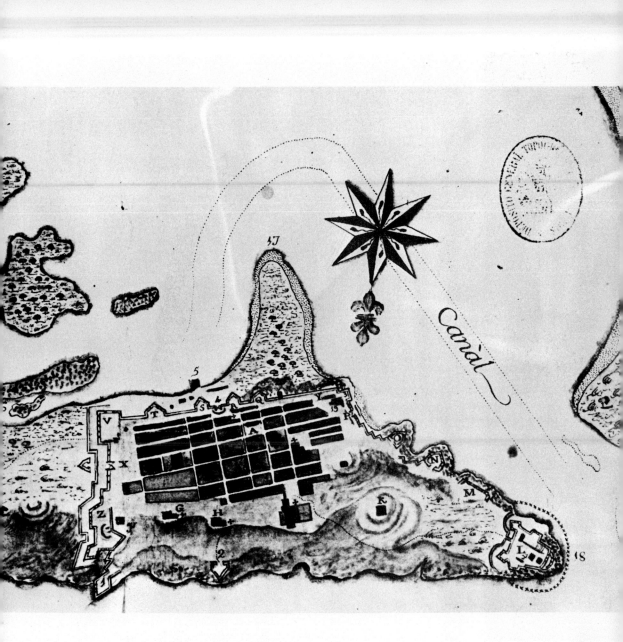

Núm. 22 Plano de la ciudad y bahía de San Juan de Puerto Rico, situada a 18 grados, 40 minutos de latitud septentrional, y en 311 grados 15 minutos al oeste del meridiano de Tenerife. s.f. [ca. 1775-1782]. Detalle de la ciudad. S.H.M., k.b. 3.43.

Núm. 23 Capilla del Cristo vista desde atrás. Foto de la autora.

Baltasar Montañez, uno de los valientes participantes, no pudo frenar a tiempo su corcel y cayó al precipicio, salvándose por la invocación que al Santo Cristo de la Salud hiciera el secretario del gobierno don Tomás Mateo Prats. Para honrar el milagro, Prats hizo construir la capilla en el lugar, regalando un cuadro con la imagen del Santo Cristo que pronto tomó fama de milagrera. Don Adolfo de Hostos descubrió en el Archivo Eclesiástico de San Juan un documento que evidencia la inexistencia del milagro y sí la violenta muerte del muchacho, de donde deduce acertadamente el historiador que la ermita no se erigió para conmemorar la intervención divina en aquel lugar sino a modo de obstáculo para evitar precisamente la repetición de desgracias como la acaecida.[54] (Ilustracio-

---

54. Hostos, *Historia...*, pp. 333-334. No hemos podido examinar el documento aludido. El estado de los libros de catedral correspondientes a esa fecha nos ha impedido corroborarlo con la lectura del acta de defunción del joven. Rechazamos la fecha sugerida por Zapatero, *La guerra...*, p. 317, fig. 83, que adelanta todo un siglo el origen de la capilla, fundamentando su apreciación en el «Plano de la Ciudad y Bahía de S. Juan de Puerto Rico, situada en 18 grados 40 minutos de Latitud Septentrional, y en 311 grados 15 minutos al Oeste del Meridiano de Thenerife», S. H. M., k. b. 3.43. V. ilus. 22. Anónimo y sin fecha, afirma el citado historiador que «Pertenece sin duda a la primera mitad del siglo XVII...», sin ofrecer otro argumento que las «...parecidas incorrecciones de proyección al plano levantado en 1678 por Venegas Osorio...», *supra*, Cap. II, n. 12. Creemos, sin embargo, que el plano pertenece a la segunda mitad del siglo XVIII, por las razones siguientes. No existe una sola noticia sobre la capilla del Cristo que indique o pudiera al menos sugerir su existencia anterior al momento que invariablemente ha sostenido la tradición y que corroboran documentos posteriores. No es posible soslayar el testimonio de un contemporáneo, D. Fernando Miyares González, quien en sus *Noticias...* del año 1775 dice lo que sigue: «...Hay otra capilla, muy corta, con el título de Santo Cristo de la Salud, cuya devoción la fomentó don Tomas Mateos, secretario que fue de esta capitanía general por los años de setecientos cincuenta y tres, con tan buen éxito que hoy subsiste en el mejor estado a que puede llegar por haberse hecho en la corta extensión de su terreno cuanto permite un lucido adorno...», *op. cit.*, pp. 44-45. Fechamos el plano posterior a 1775 porque aparece construido, aunque no se identifica, el Hospital de Caridad iniciado en marzo de ese mismo año, *supra*, n. 24. Ha de señalarse que la ermita del Calvario, destruida según Miyares, *op. cit.*, pp. 9-10, en 1774, aparece mencionada como lugar pero sin la cruz ni el calificativo precedente de ermita como ocurre en los demás casos. Se encuentra también señalada en él la batería de San Fernando construida ca. de 1771. Plano de O'Daly, 27 de abril de 1776. A. M. N., B. XXII, C. A.; Hostos, *Historia...*, p. 202; Zapatero, *La guerra...*, pp. 335-336. Creemos, además, que el plano es anterior a 1782 pues no figuran los últimos lienzos de muralla que completan el cerco de la ciudad, ya consignados en un plano de ese año. «Plano de Puerto Rico en la Ysla de este nombre, situado en 18,57 de Latitud N. y en 59,42 al Oeste del Observatorio de Cadiz, mandado levantar por el Capitán de Navio de la Real Armada don Josef de Pereda, Comendador de Auñón, y Berlinches, en la Orden de Calatrava, Comandante del Navio S. Juan Nepomuceno, anclado en este Puerto en el mes de

nes 22 y 23). Otro documento que hemos consultado en el mismo archivo confirma la sentencia de Hostos.

> ... á consecuencia de un trágico suceso ocurrido al extremo de la muralla frente á la calle del Cristo, según constancias que obran en el archivo de la Capilla, fue construida en el mismo sitio de la ocurrencia por el Teniente Coronel de Ingenieros D. Juan Francisco Mestre en 1753 obtenida la correspondiente licencia al efecto, la Capilla que hoy existe, bajo una bóveda de poca anchura, acrecentada después con arcos y azotea, para que fuera capaz de abrigar a sus devotos.[55]

La capilla original fue, pues, una simple hornacina para guardar el cuadro del Cristo de la Salud obsequiado por Frats. El párrafo anterior es inexacto, sin embargo, al designar a Juan Francisco Mestre como autor pues el competente ingeniero militar no llega a la Isla hasta 1766. Hostos atribuye a éste la construcción entre 1773 y 1780 del pórtico con tres arcos y techo de azotea que completó la estructura, dándole el aspecto con que se ha conservado hasta hoy.[56] A este momento debe corresponder también la espadaña que da frente a la calle del Cristo. (Ilustración 24). De vano único para la campana, está coronada por tres pirámides que intentan darle mayor esbeltez. La huella casi invisible de la decoración bajo la cornisa del arco central y los restos que se conservan en el friso nos hace pensar que en alguna ocasión estuvieron las enjutas recubiertas por cierta mezcla policromada que como bien dice Buschiazzo "... recuerda decoraciones mudéjares similares...".[57] (Ilustraciones 25 y 26).

Para las últimas fechas del siglo XVIII encontramos ya definida

---

Diciembre de 1782. Por su primer piloto del Número, Abilitado de Oficial Don Francisco Ramon Mendez, y reducido por su segundo comandante el Capitán de Fragata Juan Antonio Montenegro y Velasco.» Ministerio del Ejército, A. P., A. O. T., N.º 57. Es éste el primer plano en que encontramos la ciudad totalmente amurallada, fijando así las fechas aproximadas de la conclusión del cerco, imprecisas hasta hoy.

55. Copia de una comunicación sin expresión de remitente, destinatario o fecha. Por el contenido del documento se sabe que es posterior a 1885 y parece proceder del obispado. A. E. S. J., Leg. Capilla del Cristo.

56. Hostos, *Historia...*, p. 334; Buschiazzo, *op. cit.*, pp. 38-39. Se colocaron las rejas en el siglo XIX para evitar el paso continuo del público a través de sus arcos. *Supra*, n. 55.

57. Buschiazzo, *op. cit.*, p. 39.

Núm. 24 Capilla del Cristo. Foto de la autora.

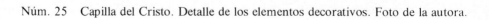

Núm. 25   Capilla del Cristo. Detalle de los elementos decorativos. Foto de la autora.

la fisonomía religiosa de la ciudad con las escasas pero significativas adiciones de esta centuria. Durante cerca de medio siglo hasta que la multiplicidad de obras asistenciales cree nuevos oratorios y capillas públicas dentro del recinto amurallado, permanecerá invariable la herencia del XVIII. El cuadro era el siguiente: la iglesia catedral, las conventuales de los dominicos, franciscanos y monjas carmelitas, las capillas de los terciarios franciscanos, de la Fortaleza, "...muy decente... con puerta a la calle...",[58] de los castillos del Morro y San Cristóbal, de la real cárcel, del hospital de la caridad, del hospitalillo de la Concepción, del Cristo y las de las puertas de San Juan, San Justo y Santiago, identificadas como tales en el plano que reproducimos en la ilustración 23. De las ermitas construidas durante los siglos XVI y XVII, la de Santa Bárbara se utilizaba como almacén de pólvora,[59] la del Calvario fue derrumbada en mayo de 1774 para aprovechar sus escombros en la construcción del hospital de la caridad,[60] y sobre la de San Sebastián se informa que estaba destruida[61] aunque aparece señalada en el plano anónimo que hemos fechado entre 1775 y 1782.[62] Quedaba, pues, únicamente la de Santa Ana, objeto de una ampliación concebida por la piedad del cirujano pardo Juan Esteban de la Rosa.[63]

La ermita de Santa Ana. Hacia mediados del siglo, la antigua ermita de Santa Ana debió encontrarse bastante maltrecha, lo que motivó su reedificación. El objetivo estaba en ensanchar la vieja

---

58. Bibiano Torres Ramírez, «Notas sobre la historia de la iglesia de Santa Ana y de su Cofradía de la Sagrada Familia». *Revista del Instituto de Cultura Puertorriqueña*, San Juan de Puerto Rico, Núm. 8 (julio-septiembre 1960), p. 60.

59. *Loc. cit.* Asegura Hostos que la clausura de esta ermita y la de San Sebastián ocurrió entre 1757 y 1775. Hostos, *Historia...*, p. 332; Miyares, *op. cit.*, p. 45, atribuye su deterioro a las repetidas tormentas y a que estando en el lugar más elevado de la costa norte se convertían en blanco fácil de los fuegos del enemigo.

60. Miyares, *op. cit.*, pp. 9-10; Hostos, *Historia...*, p. 464. Afirma Miyares que la ermita fue erigida en el campo del Morro para conmemorar la primera misa celebrada por los españoles en la isleta aunque Tapia indica que un plano antiguo marcaba el sitio que en el siglo XIX ocuparía el mercado nuevo como el lugar donde se celebró el acto. Alejandro Tapia y Rivera, *Mis Memorias o Puerto Rico cómo lo encontré y cómo lo dejo*. Barcelona, Ediciones Rumbos, 1968, p. 65. Originalmente debió existir en el lugar una cruz que dio lugar a la construcción de la ermita, aparentemente hacia mediados del siglo XVII pues Torres Vargas no la menciona pero aparece ya en el plano de Venegas Osorio (1678). *Supra*, Cap. II, n. 12.

61. Torres Ramírez, *Notas sobre...*, p. 60.

62. *Supra*, n. 54. Ver ilus. 22.

63. Torres Ramírez, *Notas sobre...*, pp. 59-61; Miyares, *op. cit.*, p. 44.

estructura "...para mayor comodidad de los fieles..." pero utilizando el mismo solar.[64] Las obras se iniciaron en 1763 y a pesar de las dilaciones provocadas por las diligencias rutinarias para obtener el permiso real, informes descriptivos, etc., han debido estar concluidas para 1776 cuando se otorgó el decreto definitivo aprobando la reconstrucción.[65] Del plano levantado por el albañil Juan Antonio Lerín[66] apenas se deduce otra cosa que el sentido en que corría la nave única paralela a la calle. El altar mayor, con las imágenes de los titulares de la cofradía de la Sagrada Familia, creada por los mismos años a instancias del propio restaurador,[67] debió encontrarse en el extremo oriental del edificio. Tenía además un altar lateral dedicado a la Virgen de las Mercedes.[68] El cercado de madera colocado a los pies pudo funcionar a manera de atrio. Supone el Dr. Arturo V. Dávila que el templete que como fundador lleva en la mano derecha la figura de San Pedro Nolasco, pintada por Campeche para el retablo de la Merced, puede haberse inspirado al menos en la fachada de la ermita que tratamos.[69] El frontón clásico que la corona y el óculo central sobre la puerta única que remata también en frontón triangular, son básicamente los elementos esenciales que permanecen hoy después de las reformas del siglo XIX.

Consta también la existencia de oratorios privados o semipúblicos de los cuales el que con mayor frecuencia se menciona es, naturalmente, el del palacio episcopal. No existiendo de momento descripción de ninguno de ellos, conocemos tan sólo las alhajas que los adornaban en algunos casos. Probablemente fueron habitaciones comunes diferenciadas por el uso al que estaban destinadas y la presencia consiguiente de imágenes y demás objetos de culto.

Sin que tampoco ofrezca valores especiales merece, no obstante, destacarse el palacio episcopal que sólo por sus dimensiones sobrepasa la línea general de las residencias principales de la ciudad.

64. Torres Ramírez, *Notas sobre...*, p. 60.
65. *Ibid.*, pp. 59-61; Campo Lacasa, *Notas generales...*, pp. 54-55.
66. Torres Ramírez, *Notas sobre...*, p. 61.
67. *Ibid.*, pp. 59-61.
68. *Ibid.*, p. 60.
69. Comunicación verbal. V. Dávila, *José Campeche...*, p. 146.

Núm. 26   Capilla del Cristo. Detalle de los elementos decorativos. Foto de la autora.

Nos detendremos en él al analizar las reformas decimonónicas de que fue objeto.

Lo expuesto hasta aquí deja demostrado que aparte las obras de fortificación necesarias para la defensa de la Plaza, las construcciones religiosas distinguían prácticamente la arquitectura urbana. Los edificios oficiales para el albergue de las dependencias administrativas hasta entonces existentes fueron usualmente casas de la población adaptadas a los fines necesarios. Aunque se realizaron obras en las casas capitulares, la aduana y el arsenal, fueron menores y las reestructuraciones del siglo xix acabaron cambiándolas totalmente.

El sistema defensivo.

La principal expresión arquitectónica del último cuarto del siglo que tratamos lo encontramos en el ramo militar. Los esfuerzos combinados del mariscal Alejandro O'Reilly y de los ingenieros Tomás O'Daly, Juan Francisco Mestre, Ramón y Juan de Villalonga, Felipe Ramírez, Ignacio Mascaró y otros, unidos a los arquitectos y maestros mayores de fortificación convirtieron a la ciudad de San Juan en la segunda plaza fortificada de América, comparable únicamente a Cartagena de Indias. La toma de la Habana por los ingleses en 1762,[70] uno de los hechos que ha debido tener en cuenta Carlos III al emitir su decreto de 25 de septiembre de 1765 reviviendo el interés en Puerto Rico como abrigo o surgidero de las escuadras que defenderían los dominios hispánicos,[71] la reanudación de las guerras con Gran Bretaña como resultado del tratado de San Ildefonso, firmado el 18 de agosto de 1796, y la pérdida de Trinidad a manos de sir Ralph Abercromby en febrero de 1797,[72] hacían fácilmente previsible un próximo ataque a la Isla. Cuando

---

70. Zapatero, *op. cit.*, pp. 259-275.
71. *Ibid.*, p. 397.
72. *Ibid.*, pp. 145 y 150; Pedro Aguado Bleye y Cayetano Alcázar Molina, *Manual de Historia de España*. Novena edición, refundida, Madrid, Espasa Calpe, 1964, 3 vols., III, p. 232.

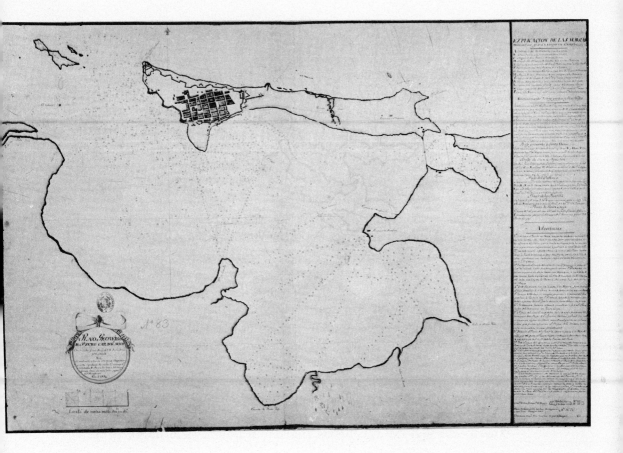

Núm. 27   Plano geométrico del puerto principal de Puerto Rico, construido por los bergantines de S.M. Descubridor y Vigilante. 1794. H.M.N., B XXII, Carpeta A, No. 5.

se terminaron las obras en la última década del siglo, San Juan estaba totalmente rodeada de castillos, fortines, baterías, baluartes, semi-baluartes, revellines, polvorines, parapetos, fosos y terrenos minados que reforzaban el cerco de murallas terminado ya para el 1782.[73] Las medidas defensivas no se limitaron a la parte murada de la isleta sino que se extendieron por todo el llamado frente de tierra, reforzándose los fuertes de San Jerónimo y San Antonio que evitaban los posibles desembarcos por el sector de playa que quedaba entre el Boquerón y el caño de San Antonio a través del cual se podía pasar a la bahía.[74] (Ilustración 27).

La eficacia de la previsión en las defensas pudo ser probada de inmediato. El 1 de mayo de 1797 la escuadra inglesa bajo el mando de sir Henry Harvey y sir Ralph Abercromby se alejó de la Plaza que desde el 17 de abril se había afanado vanamente en conquistar.[75] El gobernador capitán general, brigadier D. Ramón de Castro, repetía así, frente a los mismos enemigos anglosajones, sus conocidos hechos de armas en la Florida.[76]

Aunque algo tarde y sólo después de recibir tan importante derrota, reconocieron los ingleses que habían subestimado la importancia de la plaza fuerte. Fue el propio Abercromby quien primero reconoció su error[77] y algunos años más tarde, preguntado a un "experto coronel de ingenieros inglés", a quien se le había propor-

---

73. *Supra*, n. 54.

74. Para un conocimiento más detallado del desarrollo de las fortificaciones consúltese la obra ya citada de Zapatero, Cap. V, pp. 276-474; del mismo autor, «El período de esplendor en las fortificaciones de San Juan de Puerto Rico». *Asinto*, Madrid (primer trimestre 1959), pp. 27-47; Hostos, *Historia...*, Cap. IV, pp. 177-265; Torres Ramírez, *La isla...*, Cap. IX, pp. 215-243 y su libro sobre *Alejandro O'Reilly en las Indias*. Sevilla, Escuela de Estudios Hispano-Americanos, 1969, tercera parte, pp. 55-94; Nicolás Cabrillana, «Las fortificaciones militares en Puerto Rico». *Revista de Indias*, Sevilla, Núms. 107-108 (enero-junio 1967), pp. 157-188.

75. Blanco, *Los tres ataques...*, pp. 51-56; Zapatero, *La guerra...*, pp. 410-485 y de él también «De la batalla del Caribe: el último ataque inglés a Puerto Rico». *Revista de Historia Militar*, Madrid, Núm. 4 (1959), pp. 91-134; Hostos, *Historia...*, pp. 65-70; Torres Ramírez, *La isla...*, pp. 248-258.

76. Para una breve nota biográfica del Brigadier, véase a Blanco, *Los tres ataques...*, p. 68; Eduardo Neumann Gandía, «D. Ramón de Castro y Gutiérrez», *Lealtad y heroísmo...*, pp. 69-76.

77. Arturo Morales Carrión, *Puerto Rico and the Non-hispanic Caribbean. A Study in the Decline of Spanish Exclusivism*. University of Puerto Rico, 1971, p. 114.

cionado hacer un examen detenido de la Plaza, cuál había sido su impresión

> ... dixo algo mustio, que ... no le encontraba como Ingles mas que un solo defecto, pero que este era Capital: requerido e instado nuevamente a que individualizase cual era este defecto, contesto fria y laconicamente que el que le encontrava á la plaza era el de ser *intomable*.[78]

---

78. Angel Laborde al Secretario de Estado y del Despacho Universal de Marina, 30 de enero de 1831. A. M. N., Mss. 1445, doc. 33, fols. 100-134.

CAPITULO IV

MAESTROS Y ARTESANOS: SIGLOS XVI A XVIII

El siglo XVI.

Con la perspectiva que ofrecía la colonización de las tierras descubiertas en la última década del siglo XV, vinieron a América desde el primer momento alarifes, canteros y demás operarios entendidos en el arte de la arquitectura. El sábado 25 de mayo de 1510 se firmó un asiento y capitulación mediante el cual un grupo de maestros y oficiales pasarían a Santo Domingo para construir iglesias y otros edificios públicos dedicados al culto, administración de justicia y hacienda. Todos juntos salieron del puerto de Sanlúcar de Barrameda el 13 de junio de ese año.[1] Como maestros canteros venían Juan de Herrera, vecino de Sevilla y el bilbaíno Ortuño de Bretendón, quienes junto a otros oficiales y obreros canteros de distinta pericia se comprometían a permanecer en la Española por un período de cuatro años los primeros y tres los segundos.[2] No tenemos

---

1. Eugenio de Llaguno y Amírola, *Noticias de los arquitectos y arquitectura de España desde su restauración.* Ilustradas y acrecentadas con notas, adiciones y documentos por D. Juan Agustín Ceán Bermúdez, censor de la Real Academia de la Historia, Consiliario de la de S. Fernando e individuo de otras de las Bellas Artes. Madrid, Imp. Real, 1829, 4 vols., I, p. 14; Antonio Muro Orejón, «Alonso Rodríguez, primer arquitecto de las Indias». *Arte en América y Filipinas*, Universidad de Sevilla, Lab. de Arte (1936), pp. 77-78 y 80.

2. Mencionados como operarios aparecen Ortuño de Arteaga, Pedro Correa, Pedro Matienzo, Francisco de Albaida, Alonso de Herrera, Juan de Henero, Juan de las Molinas, Juan de Oña, Juan de Olivares, Juan Gallego y Juan Valenciano. Su período de compromiso era de tres años. Muro Orejón prueba en su artículo que Alonso Rodríguez, maestro mayor de la catedral de Sevilla y arquitecto nombrado para las obras a realizarse en la Española, no pasó nunca a América. *Loc. cit.*

noticias, hasta hoy, que nos permitan conocer con certeza si alguno de los miembros de este equipo pasó a Puerto Rico una vez libre del compromiso contraído en Santo Domingo. Todo parece indicar la vuelta a España sin pasar por Caparra,[3] cuya pobreza no debió constituir un acicate que atrajera menestrales experimentados. No fueron éstos, sin embargo, los primeros artífices en América. Para la fecha, ya se había fundado y mudado de asiento la ciudad de Santo Domingo y Ponce de León había traído entre los pobladores de Caparra algunos carpinteros, herreros y albañiles necesarios para levantar el poblado.[4] Nada o casi nada se sabe sobre estos primeros constructores de Puerto Rico. El nombre más antiguo que hemos encontrado es el del cantero Miguel de Aguilar quien entre 1510 y 1513 aparece en distintos documentos de cargo y data [5] y en 1519 figura como testigo de la información practicada por el licenciado Rodrigo de Figueroa.[6] En 1532 se otorga permiso al cantero Diego de Arroyo para pasar a la Isla con su mujer Catalina de Medina e hijos.[7] Relacionados con la construcción de la Fortaleza aparecen, además de Arroyo, Rojas de Febres y los canteros castellanos Juan Trujillo, Rodrigo de la Vega y Bartolomé Díaz.[8] Hubo momentos, sin embargo, en que se hizo patente la ausencia absoluta de canteros y albañiles,[9] al punto de que para estimular la venida a la Isla de los oficiales destinados a las obras de la catedral se les concede por Real Decreto de 19 de septiembre de 1576 el que una vez terminados sus compromisos en San Juan pudieran

---

3. *Ibid.*, p. 87. Tampoco trabajaron dichos maestros y oficiales en la catedral ni en iglesia alguna de la Española sino en obras de casas y otros edificios indeterminados hasta hoy. *Loc. cit.*

4. Brau, *La colonización...*, p. 106.

5. Tanodi, *op. cit.*, pp. 28, 31, 54, 58, 309, 354.

6. *B.H.P.R.*, III, p. 105. Ya hemos considerado las probabilidades de Aguilar como autor de las calzadas de Martín Peña y San Antonio. V. *supra*, Cap. I, ns. 9, 10.

7. Real Cédula al lugarteniente de gobernador en Puerto Rico. Dada en Medina del Campo el 24 de mayo de 1532. A. G. I., Santo Domingo, Leg. 2280, libro I, fols. 104v. - 105v. Arroyo era yerno de Alonso Rodríguez. Marco Dorta, «La catedral...», p. 28.

8. Murga, *Historia documental...*, pp. 331-333; A. G. I., Contaduría, Leg. 1073.

9. Probanza hecha por la iglesia de Puerto Rico para que se le hiciera alguna limosna, 25 de junio de 1572. A. G. I., Santo Domingo, Leg. 174, Ramo 1.º: 1540-1576; Carta del cabildo eclesiástico a S. M., 14 de agosto de 1575. A. G. I., Santo Domingo, Leg. 174, Ramo 1.º: 1540-1576.

trasladarse a cualquier parte de las Indias que desearan, facilitándosele transporte gratuito en los navíos de la armada. En respuesta a la súplica de fray Diego de Salamanca, otro decreto limitará a dos años el término reglamentario de los maestros que se contrataran para la catedral.[10]

La necesidad de defender los dominios recién adquiridos provocó que se construyeran fuertes y murallas y con ello la intervención de una jerarquía que cumplirá hasta el ocaso del imperio español en ultramar una destacadísima labor: la de los ingenieros militares. Incluido Puerto Rico dentro del primer gran plan de fortificaciones en América, aprobado por Real Cédula de 23 de noviembre de 1588,[11] su autor, el insigne ingeniero de Felipe II, Bautista Antonelli, nos dejó como prueba de su visita la traza del castillo del Morro. Queda constancia de su paso por la Isla en 1589, durante su tercer viaje a las Indias.[12] La edificación del Morro atrajo un grupo de canteros, algunos de cuyos nombres se han salvado del olvido. Con Antonelli y Juan de Tejeda vinieron Pedro de Arcallos y Gonzalo Pérez;[13] en 1593 y a bordo de la nao de la Concepción, aparecen registrados como pasajeros Diego García, natural de Sevilla, Francisco Sánchez, de Guadalajara, Juan Ruíz, de Orán, Lucas de Almasan, Andrés de P., Francisco de Castañeda, Juan de Ribas, Juan Alonso y Juan Miguel.[14] El último nombre conocido en esta centuria y que aparece con el importante cargo de maestro mayor de fortificación, es el de Juan de Reica o Leysa a quien en 1596,

10. A. G. I., Indiferente General, Leg. 1386.

11. Angulo Iñiguez, *Bautista Antonelli...*, p. 20.

12. *Loc. cit.* Carta del gobernador Diego Meléndez de Valdés a S. M., Puerto Rico, 9 de agosto de 1589. A. G. I., Santo Domingo, Leg. 155, Ramo de documentos sin fecha; Llaguno, *op. cit.*, III, pp. 58-66.

13. Real Cédula al gobernador de Puerto Rico, Valladolid, 8 de julio de 1604. A. G. I., Santo Domingo, Leg. 2280, libro J-3, fols. 299 y 299v.; Carta de Pedro de Arcallos a S. M., Puerto Rico, 20 de enero de 1606. A. G. I., Santo Domingo, Leg. 169, Ramo 5; 1606.

El empleo de diversas grafías para el apellido del mismo personaje: Pedro de Arcalluz, Arzalluz o Arcallo, nos sugirió la adopción del nombre del lugar *Arcayos*, aldea leonesa que describe Pascual Madoz en su *Diccionario geográfico-estadístico de España y sus posesiones de Ultramar*. Madrid, Tip. P. Madoz y L. Sagasti, 1845-50, 16 vols.

14. A. G. I., Contratación, Leg. 1455.

respondiendo a su propia solicitud, se le permite salir de la Isla e ir donde quisiera.[15]

El siglo XVII

La miseria del paupérrimo siglo XVII queda demostrada esta vez en la escasez de personal diestro. Son varias las diligencias registradas para el envío de canteros y demás oficiales necesarios [16] e incluso para que se aleccionara a los esclavos destinados a las fortificaciones en el manejo de dichos oficios.[17] Desde 1600 hasta 1625 aparecen recibiendo sueldos como canteros, Juan de Rivas, Pedro Jiménez, Blas Cordero, Bartolomé de Naveda, Lorenzo de Mérida, Francisco Sánchez, Domingo Díaz, Bartolomé Calvo, Francisco Ramos, Marcos Veneciano, Juan Bello, Gaspar González, Cristóbal González, Diego Rodríguez, Juan de la Vega y Lucas González.[18] Como sobrestantes, Bartolomé Díaz, Diego García, Pedro Jaramillo y Juan de Soto Vega.[19] En 1613 solicita y le es concedido su regreso desde la Nueva España, el sobrestante mayor de Puerto Rico, Francisco de Tajagrano, alegando que de no regresar quedaría parada la obra de fortificaciones.[20]

Los nombres ya mencionados, sumados a los que desconocemos, a todas luces resultaban insuficientes para el ritmo acelerado que se quería dar a los trabajos. Preocupado por la terminación del Morro, indispensable para el resguardo de la ciudad, el gobernador, capitán Sancho Ochoa de Castro, obligó en 1604 a los soldados de la guarnición a prestar sus servicios a la obra durante un día

---

15. Real Cédula al gobernador de Puerto Rico, San Lorenzo, 12 de octubre de 1596. A. G. I., Santo Domingo, Leg. 2280, fol. 229.

16. Real Cédula a la Casa de Contratación. Valladolid, 12 de febrero de 1602. A. G. I., Santo Domingo, Leg. 2280, libro J-3, fol. 285v.

17. Real Cédula al gobernador de Puerto Rico, *Ibid.*, fol. 286.

18. A. G. I., Santo Domingo, Leg. 166; A. G. I., Contaduría, Leg. 1076; A. G. I., Santo Domingo, Leg. 16.

19. A. G. I., Contaduría, Leg. 1076; A. G. I., Santo Domingo, Leg. 170, Ramo 5.

20. A. G. I., Santo Domingo, Leg. 25.

cada semana.[21] Actuaba entonces como maestro mayor de fortificación, Gonzalo Pérez. Es este al parecer el mismo personaje que
llegara a la Isla con Tejeda. Suponemos que en algún momento ha
regresado a España puesto que lo trae consigo el gobernador don
Sancho Ochoa de Castro, quien mientras hacía los preparativos del
embarque lo conoció por medio del arquitecto Vandelvira (¿Alonso?) a quien había pedido que le recomendara un buen maestro de
obras para las fortificaciones. Trabajaba por entonces en la edificación de la Casa Lonja de Sevilla donde Vandelvira lo tenía por
colaborador y hombre de confianza, al punto de decir "...que si él
faltara de las dichas fábricas de la Lonja se las dejaría a Gonzalo
Pérez".[22] Ignoramos el momento preciso de su retorno a la Península y no deja de ser extraño que no se mencione su anterior esta-

21. Carta del gobernador a S. M., Puerto Rico, 12 de abril de 1604. A. G. I.,
Santo Domingo, Leg. 155, Ramo 4: 1595-1605; Auto del Gobernador vs. García de
Torres, A. G. I., Escribanía de Cámara, Leg. 135 A.
22. Vila Vilar, *Historia...*, p. 114. Nombramientos de los sobrestantes hechos
de 1612 a 1678.

1612 — Juan Salinero por ausencia de Francisco Tajagrano
1612 — Bartolomé de Naveda y Francisco de Jagrana [¿Tajagrano?]
1614 — Martín de Iluderiaga
1616 — Pedro Pantoja Monroy por ausencia del anterior
1619 — Luis González Trigo
1620 — Cristóbal de Tapia
1625 — Fernando Fernández Nuño
1630 — Gerónimo de Puja Pimentel
1631 — Alonso de Herrera
1632 — Luis de Guzmán
1635 — Miguel Jiménez
1639 — Domingo Machado
1640 — Pedro Valera de Losada
1642 — Juan Fernández Ponce de León
1643 — Tomás de Traspuesto
1644 — Alonso Pérez
1645 — Juan García Calvo
1653 — Diego de Zivaja
1656 — Agustín de Zabala
1656 — Carlos de Soto
1659 — Francisco Lombardo Gamarra
1660 — Juan de los Reyes
1661 — Juan de Horpa Galarza
1665 — Diego de Vargas y Arredondo
1670 — Tomás González Sotelo y Miguel de Diavez
1674 — Martín de Reina y Diego Goveo
1677 — Martín de Reina
1678 — Alonso de Pedraza
Copia certificada. A. G. I., Santo Domingo, Leg. 162, Ramo 2: 1695-1696.

día en Puerto Rico en el texto antes citado. Sin embargo, es tan estrecha la coincidencia del nombre, el oficio y el tiempo que nos inclinamos a tener por un mismo individuo al Gonzalo Pérez que viene con Tejeda y al que parece regresar con Sancho Ochoa.

El cargo de Pérez lo ocupa en 1608 Pedro de Arcallos compañero de aquél en el viaje con Tejeda, y entre 1635-1646, Domingo Fernández Cortina.[23]

Hacia 1652 aparecen desempeñando los cargos de maestros mayores de las reales fábricas y alarifes nombrados por el cabildo de la ciudad, Luis Montes de Oca y el capitán Francisco Manuel de Olando, de carpintería el último.[24] Como maestros de albañilería en 1662 figuran Pedro de Parada y Domingo Pérez.[25] Cuando en 1684 se quiere continuar la fábrica de la catedral, la queja del obispo, el gobernador y los vecinos se hace común sobre la ausencia de un alarife capaz que se hiciera cargo de las obras.[26] La respuesta se obtuvo en enero de 1688 con la llegada de los maestros carpintero, calafate y albañil respectivamente, José Vidal, Manuel Vidal y Jacinto Falla.[27] Como oficiales de cantería ocupados en la catedral desde enero de 1696 hasta diciembre de 1697 aparecen Francisco y Juan Correa, Francisco Pérez Marquina, Mateo García, José de Urbina, Juan Castelón, Ambrosio Pérez, Antonio Rodríguez, Francisco

---

23. Vila Vilar, *Historia...*, p. 114, n. 38. A. G. I. Santo Domingo, Leg. 156. Fernández Cortina había servido anteriormente en el muelle de Gibraltar y en la fuerza de la Punta de Araya (Venezuela). Siendo maestro mayor en Puerto Rico se reedificaron la Fortaleza, el reducto de San Gerónimo del Boquerón y otros. Carta del gobernador don Fernando de la Riva Agüero a S. M., 20 de febrero de 1646. A. G. I., Santo Domingo, Leg. 156, Ramo 3: 1638-50; Real Cédula al gobernador de Puerto Rico, Madrid, 18 de agosto de 1635. A. G. I., Santo Domingo, Leg. 901, libro H-11, fols. 50-51; Real Cédula al gobernador de Puerto Rico, Madrid, 11 de mayo de 1647. A. G. I., Santo Domingo, Leg. 870, libro G-11, fols. 242-243.

24. Informe sobre reparos necesarios en la catedral. Puerto Rico, 24 de agosto de 1652. A. G. I., Santo Domingo, Leg. 151.

25. Reconocimiento de los daños que tiene la catedral y arqueo de lo que podría costar. Puerto Rico, 14 de mayo de 1662. A. G. I., Santo Domingo, Leg. 157, Ramo 2.

26. A. G. I., Santo Domingo, Leg. 159.

27. Decreto del Consejo de Indias. Madrid, 16 de mayo de 1687. A. G. I., Santo Domingo, Leg. 535A; Carta de los Oficiales Reales a S. M., 8 de enero de 1688. A. G. I., Santo Domingo, Leg. 159, Ramo 4: 1691; Carta del gobernador de Puerto Rico a S. M., 9 de febrero de 1688. *Loc. cit.*

de la Cruz y Bartolomé de los Reyes; el cargo de oficial de albañil lo ocupaba Pedro de Jesús, quien lo retiene todavía en 1706.[28]

Cierra la centuria como maestro mayor el tristemente célebre Nicolás Fernández Correa, activo como tal entre 1696 y 1703. Natural de Islas Canarias,[29] vino a Puerto Rico entre el grupo de colonos traídos por el gobernador Juan Franco de Medina en 1695 con el fin de aumentar la escasa población de la Isla.[30] Empleado como maestro de obras en la catedral, se vio envuelto pronto en problemas con el gobernador don Gabriel Gutiérrez de Riva pues escribió directamente al rey acusando al gobernador de malversación de fondos con motivo de las diferencias existentes entre las cuentas llevadas por él y las oficiales. Enterado Gutiérrez, ordenó su encarcelamiento en el Morro por falsear la verdad. Es allí donde escribe, al menos de eso se le acusa, la poesía satírica contra el gobernador, ridiculizándole por su apego al vino. Se le acusó asimismo de que por capricho suyo las obras de la catedral no eran lo sólidas que debieron haber sido y finalmente del delito que, considerado de alta traición, lo envía a la horca: el de haber usado ladrillos en vez de piedra de cantería, como se le había ordenado, en la construcción del fuerte de la Perla. El 17 de abril de 1703 fue sentenciado a morir en la horca y que su cuerpo colgara de un árbol en el camino junto al puente de Martín Peña "...para escarmiento y ejemplar de otros...". La sentencia se cumplió dos días más tarde

---

28. Marco Dorta, «La catedral...», pp. 30 y 34, n. 18.

29. C. S. J., Libro 1 de bautismos de pardos (1672-1706), fol. 107. Se desconoce el lugar exacto de su nacimiento. En las actas de bautismo de una de sus esclavas se le identifica como vecino de la Villa de Orotava en Tenerife, mientras que en la compulsa criminal que se le sigue aparece como natural de Gran Canaria desde donde pasó a Tenerife. Fue en este último lugar donde lo contrató el gobernador Franco de Medina. En la causa se le acusa de refugiarse en Tenerife después de haber matado a un hombre en su ciudad natal. El mismo documento le señala como nieto de negra e hijo de mulata, acusadas ambas de brujería y ejecutada la madre por la Inquisición. «Compulsa de la causa criminal seguida de oficio de la real justicia por su señoría el maestro de campo infantería española D. Gabriel Gutiérrez de la Riva, caballero profeso de la Orden de Santiago y capitán de esta ciudad e Isla de San Juan de Puerto Rico por S. M. (que Dios guarde), sobre las traiciones y delitos atroces que cometió Nicolás Fernández Correas, albañil. 1703». A. G. I., Santo Domingo, Leg. 560.

30. Loc. cit.; Brau, Historia..., p. 156.

a las diez de la mañana.[31] Lamentable destino el de morir ahorcado junto al puente en cuya reedificación se había desempeñado.[32]

Resulta difícil llegar al conocimiento real de los hechos por tratarse de un conflicto directo con el gobernador en el que la coacción ha podido determinar una buena parte del testimonio de los testigos. Incluso el incidente de la poesía que se le atribuye, suscita dudas sobre su verdadero autor, móvil de la misma, etc. Por otro lado, la personalidad de Fernández Correa es enigmática. Antes de sus acusaciones contra Gutiérrez de Riva había inculpado al gobernador interino Antonio Robles Silva (1698-1699) de utilizar fondos del Real Erario en varias obras de beneficio propio.[33] La brevedad de la interinidad de Robles y el ser formuladas las acusaciones en su juicio de residencia, impidieron probablemente las consecuencias que tuvieron sus intervenciones con Gutiérrez de Riva. Por su parte, el gobernador Gutiérrez hizo gala en Puerto Rico de un carácter violento. Su arbitrariedad extrema en el ejercicio del poder se puso en evidencia al multar en 1702, sin formalidad legal alguna, a todos los vecinos de la villa de San Germán, acusándoles de contrabando. Acudió el cabildo de la Villa a la Audiencia de Santo Domingo con tanto acierto que el tribunal desautorizó al gobernador y le impuso multa por desacato. Apelaron al rey los regidores y desautorizado nuevamente el irascible Gutiérrez de Riva murió de resultas de "...un ataque de ira..." provocado por la noticia.[34]

Circunstancias tan notorias ponen en tela de juicio el grado de veracidad de los cargos formulados contra Fernández Correa, fundamentada aún más la duda por la festinación con que se conduce el proceso y se ejecuta la sentencia, según se desprende de los autos.

---

31. «Compulsa...», *Supra*, n. 29. Véase Angel López Cantos, «Historia de una poesía». *Revista del Instituto de Cultura Puertorriqueña*. San Juan de Puerto Rico, Núm. 63 (abril-junio 1974), pp. 1-6.
32. Carta de la Ciudad a S. M., Puerto Rico, 6 de julio de 1698. A. G. I., Santo Domingo, Leg. 246.
33. Juicio de residencia de Antonio Robles Silva, 1699. A. G. I., Escribanía de Cámara, Leg. 126C.
34. Luis J. Torres Oliver, *El cuatricentenario de San Germán*. San Germán, Puerto Rico, 1971, p. 34.

El siglo XVIII.

Los alarifes de la ciudad.

Durante la segunda mitad del siglo XVIII empieza a manifestarse el cambio que dará como resultado el período de esplendor de las fortificaciones y toda la arquitectura oficial de la centuria siguiente. El progreso material que se experimenta y el justificado temor a probables ataques por parte de las naciones enemigas de España, provoca transformaciones evidentes en la actividad edificadora. Durante los siglos XVI y XVII e incluso el primer tercio del siglo XVIII, conservamos memoria de canteros y maestros mayores de fortificación, activos principalmente en la rama militar, quienes a su vez debieron prestar su concurso y ayuda necesaria en las demás construcciones de la ciudad, sobre todo aquellas de tipo religioso u oficial. No nos vamos a ocupar esta vez de los canteros y pica-pedreros que han debido ser considerablemente más numerosos a juzgar por el ritmo que se imparte a las obras.[35] Mucho más significativa resulta la secuencia en los nombramientos para el cargo de alarife de la ciudad, oficial comisionado por el cabildo para el entretenimiento de los edificios municipales. No hemos podido determinar el momento exacto en que se crea ni la persona en quien recae el primer nombramiento pero ya existía en 1652 puesto que como tales se identifican Luis Montes de Oca y Francisco Manuel de Olando.[36] Nada extraño resultaría que el cargo existiera en las postrimerías del siglo XVI o desde el primer tercio del XVII, pero es en el XVIII cuando parece cobrar mayor efectividad. Perdido el conjunto de las actas capitulares anteriores al siglo XVIII, es difícil precisar tanto las fechas como las atribuciones inherentes al cargo en sus principios. En la junta celebrada el 31 de agosto de 1735 se

---

35. Para 1783 trabajaban como tales Francisco González, Antonio Méndez, Luis García, Félix Céspedes, José Jiménez y Nicolás Fernández. «Relación que manifiesta los empleos Políticos y Militares de la jurisdicción de esta Isla de San Juan de Puerto Rico, divididos por clases, con expresión de los sugetos que los sirven, desde que tiempo y en virtud de que Titulos ó Nombramientos; que con arreglo a la Real Orden de 12 de Marzo del presente año, son á saver...» Juan Dabán a Gálvez, 9 de septiembre de 1783. A. G. I., Santo Domingo, Leg. 2303.

36. *Supra*, n. 24.

mandan los alarifes a reconocer el puente de Martín Peña y la fuente de San Antonio donde era precisa una reparación urgente.[37] Al no hacer especificación alguna sobre los alarifes inferimos que se trataba de los de la ciudad.

Precisamente para trabajar en las reparaciones mencionadas, según los planos del ingeniero de la Plaza, se contrata y ajusta a destajo en 1744 a Manuel de Viadero Palacios a quien indistintamente se le llama maestro de arquitectura,[38] maestro cantero[39] y maestro de alarife.[40] Termina su contrato al finalizar la obra en julio de 1746.[41] A partir de este momento conservamos memoria de los que a continuación presentamos a modo de catálogo, observando un criterio cronológico.

Francisco de la Plaza.

Maestro alarife, entiende en las diligencias del deslinde de un solar desocupado otorgado a Antonio González Pusa en 1753[42] y en octubre del mismo año, en la medición y tasación de otro solar en el barrio de la Caleta.[43]

José Casimiro Bazán.

Alarife. El 19 de mayo de 1758 le encarga el cabildo la tasación de un solar para vivienda en el alto de San Sebastián,[44] en agosto

---

37. El texto lee: «... En dicho cabildo se presentó una petición por el procurador general representando la urgencia de reparo del puente de Martín Peña y de la fuente de San Antonio y se ha mandado reconozer por los alarifes, para con asistencia del señor gobernador y capitán general dar las más prontas providencias que se puedan proporcionar...» *Actas del Cabildo de San Juan Bautista de Puerto Rico, 1730-1750.* Publicación Oficial del Gobierno de la Capital, segunda edición, 1966, acta del 31 de agosto de 1735, N.° 59, pp. 83-84.
38. *Ibid.*, acta del 27 de mayo de 1744, N.° 169, pp. 223-224.
39. Se le llama Manuel de Palacios Biadero. *Ibid.*, acta del 11 de enero de 1745, n.° 174, p. 229 y la del 8 de julio de 1746, N.° 184, p. 240.
40. *Ibid.*, acta del 8 de febrero de 1745, N.° 175, pp. 230-231; acta del 18 de abril de 1746, n.° 183, p. 238.
41. *Ibid.*, acta del 8 de julio de 1746, N.° 184, p. 240.
42. *Actas del Cabildo de San Juan Bautista de Puerto Rico, 1751-1760.* Publicación Oficial del Gobierno de la Capital, 1950, acta del 3 de julio de 1753, N.° 282, p. 62.
43. *Ibid.*, acta del 22 de octubre de 1753, N.° 286, p. 72.
44. *Ibid.*, acta del 19 de mayo de 1758, N.° 386, p. 225.

del mismo año el reconocimiento del matadero [45] y en 1764 lo encontramos trabajando junto a Antonio Pereda (¿carpintero?) en reparaciones de las casas capitulares, cuarto de Santa Bárbara en la cárcel y puente de Martín Peña.[46] En 1770 se niega a levantar un plano de la obra que se ejecutaba en la ermita de Santa Ana alegando que no sabría hacerlo.[47] Consideraron los regidores el 11 de abril de 1774 la instancia que elevara Bazán haciendo relación de los méritos contraídos en la ciudad por 24 años "...como arquitecto de ella..." y solicitando se le relevara del cargo para el cual había sido nombrado Juan Rodríguez Copete. El cabildo acordó que continuara "...sin perjuicio del nombramiento de Copete y advertido de la buena armonía...".[48]

Recibió sepultura el 21 de septiembre de 1781 en la iglesia del convento de Santo Domingo a cuya orden tercera pertenecía.[49]

Juan Rodríguez Copete.

En 1774 se le nombra "arquitecto" de la ciudad.[50]

Domingo Alvarez.

En 1777 aparece como pretendiente al cargo de alarife de la ciudad por lo que el cabildo acordó pedir informes al maestro Juan de Santaella.[51] En 1779 se le llama para reconocer el tejado de la

---

45. *Ibid.*, acta del 16 de agosto de 1758, N.º 390, p. 229.
46. *Actas del Cabildo de San Juan Bautista de Puerto Rico, 1761-1767.* Publicación Oficial del Gobierno de la Capital, 1950, acta del 21 de noviembre de 1764, N.º 531, p. 79.
47. Torres Ramírez, «Notas sobre...», p. 61.
48. *Actas del Cabildo de San Juan Bautista de Puerto Rico, 1774-1777.* Transcripción, redacción de notas marginales, índices y revisión del trabajo de imprenta por la Dra. Aída Caro de Delgado, catedrática de Historia en la Universidad de Puerto Rico, Puerto Rico. Publicación Oficial del Municipio de San Juan, 1966, acta del 11 de abril de 1774, N.º 801, pp. 10-11.
49. C. S. J., Libro 9 de entierros (1780-1784), fol. 87.
50. *Supra*, N.º 48.
51. *Actas...* *1774-1777*, acta del 11 de agosto de 1777, N.º 966, p. 237.

casa capitular.[52] Como alarife de la ciudad y maestro albañil aparece por última vez en las actas de la corporación en febrero de 1783.[53] Aún está en el cargo en junio de 1787 cuando practica junto a Diego González un reconocimiento del estado en que había quedado la catedral después de los temblores ocurridos en mayo de ese año. Era natural de Córdova.[54]

Diego González.

Maestro alarife, solicita ser nombrado alarife de la ciudad por muerte de José Casimiro Bazán. Fue admitido en octubre de 1781.[55] En 1782 se provee para la certificación de su título de albañil y en 1793 se menciona como maestro alarife de albañilería.[56] En enero de 1794 y 1795 se le renueva su contrato como alarife de la ciudad.[57]

Francisco Calderón.

Jura como maestro alarife el 2 de enero de 1796 y es reelecto durante los dos años siguientes.[58]

---

52. *Actas del Cabildo de San Juan Bautista de Puerto Rico, 1777-1781.* Transcripción, redacción de notas marginales, índices y revisión del trabajo de imprenta por la Dra. Aída Caro de Delgado, catedrática de Historia en la Universidad de Puerto Rico, Puerto Rico. Publicación Oficial del Municipio de San Juan, 1966, acta del 31 de agosto de 1779, N.º 1070, p. 94.
53. *Ibid.,* acta del 29 de agosto de 1780, n.º 1122, p. 134; acta del 19 de febrero de 1781, N.º 1152, p. 179; *Actas del Cabildo de San Juan Bautista de Puerto Rico. 1781-1785.* Transcripción, redacción de notas marginales, índices y revisión del trabajo de imprenta por la Dra. Aída Caro de Delgado, catedrática de Historia de la Universidad de Puerto Rico, Puerto Rico. Publicación Oficial del Municipio de San Juan, 1966, acta del 23 de abril de 1781, N.º 1159, p. 5; *Ibid.,* acta del 19 de agosto de 1782, N.º 1229, p. 65; acta del 10 de febrero de 1783, N.º 1254, p. 87.
54. V. Apéndice N.º I.
55. *Actas... 1781-1785,* acta del 22 de octubre de 1781, N.º 1186, p. 33.
56. *Ibid.,* acta del 19 de agosto de 1782, n.º 1229, p. 65; *Actas del Cabildo de San Juan Bautista de Puerto Rico. 1792-1798.* Transcripción, redacción de notas marginales, índices y revisión del trabajo de imprenta por la Dra. Aída Caro de Delgado, catedrática de Historia de la Universidad de Puerto Rico, Puerto Rico. Publicación Oficial del Municipio de San Juan, 1967, acta del 15 de abril de 1793, N.º 1590, pp. 30-31.
57. *Ibid.,* actas del 1 de enero de 1794, N.º 1628, p. 95 y del 8 de enero de 1795, N.º 1688, pp. 181-182.
58. *Ibid.,* actas del 2 de enero de 1796, N.º 1739, p. 221; 1 de enero de 1797, N.º 1791, p. 267 y del 1 de enero de 1798, N.º 1837, p. 309.

A juzgar por lo que se desprende de las actas del cabildo, el alarife de la ciudad, a quien en varias ocasiones se le menciona como albañil y en otras como arquitecto, debió ocuparse fundamentalmente de practicar reconocimientos, reparaciones y demás obras de menor envergadura toda vez que se requería la intervención del ingeniero de la Plaza en aquellas de mayor consideración, incluida la presentación de planos.[59] No obstante las limitaciones señaladas, el cargo revela la preocupación del cuerpo capitular por conservar y mejorar la unidad estructural urbana. Supone, además, un avance significativo hacia una relativa independencia urbanística frente a las exigencias militares de la Plaza, que empezará a realizarse propiamente con la institucionalización del cargo de arquitecto municipal en agosto de 1837.

Los ingenieros militares.

El grupo más destacado entre los artífices de la arquitectura dieciochesca puertorriqueña, como lo será en gran medida de la decimonónica, lo integran los ingenieros militares quienes constituyen por primera vez en España un Cuerpo Facultativo en 1711, cumpliendo el Real Decreto dado en Zaragoza el 17 de abril.[60] La labor a todas luces sobresaliente de los ingenieros del ejército no se limitó al campo de las murallas y fortificaciones donde indudablemente dejaron su legado más preciado sino que, siendo ellos prácticamente los únicos experimentados en la Isla, extendieron sus actividades a la arquitectura civil y religiosa.

Con dedicación encomiable, trabajando muchas veces bajo los efectos de un clima hostil, extraño para ellos, ocuparon buena parte del tiempo que les dejaba libre las fortificaciones en aplicar su técnica y conocimientos al servicio de la comunidad. Es esta activa colaboración una de las razones que explica, a nuestro entender, la ausencia en Puerto Rico de monumentos barrocos. Durante los

---

59. *Supra*, N.º 37.
60. María Lourdes Díaz Trechuelo Spinola, *Arquitectura española en Filipinas (1565-1800)*. Sevilla, Escuela de Estudios Hispano-Americanos de Sevilla, 1959, Cap. III, p. 69, n.º 1.

siglos XVII y XVIII apenas encontramos en la Isla arquitectos que, influidos por las tendencias del momento, realizaran las innovaciones propias del estilo sino más bien la presencia continua, ininterrumpida de ingenieros militares adiestrados en la edificación castrense, que al constituirse por necesidad en arquitectos dejan en sus obras la sencillez, sobriedad, funcionalidad y sabor tradicional que los caracterizaba. A ello se debe en gran parte que no existan en la arquitectura puertorriqueña los marcados cambios de estilo que reconocemos de inmediato en México o Perú, pues salvo algunos tímidos elementos ornamentales en la arquitectura religiosa, todo conduce hacia una transición suave que desemboca sin violencia en el neoclasicismo académico del siglo XIX.

Exponemos de inmediato, siguiendo en la medida de lo posible el orden cronológico de su llegada a Puerto Rico, algunos datos de interés sobre ellos.

Francisco Fernández Valdelomar.

Aparece como ingeniero de la Plaza entre 1731 y 1747 [61] sin que hayamos podido conocer las fechas precisas de su llegada y salida de la Isla.

Autor de varios planos entre los que se encuentran:

(a) "Carta geografica que comprehende las Yslas de San Juan de Puerto Rico, Isla de Vieques, La Culebra, Santomás, Santa Cruz, y Caio de San Juan Pobladas las tres ultimas por los Dinamarqueses..." 1739.[62]

(b) "Plano de las bahías de la Aguada, de Añasco y puerto de Mayagüez, situado en la cabeza del oeste de la Isla de San Juan de Puerto Rico. Relevados y sondeados por orden del gobernador actual a fin de demostrar que la bahía de Añasco es el destino más

---

61. *Actas... 1730-1750,* actas del 2 de mayo de 1731, N.º 11, p. 11; del 7 de enero de 1732, N.º 19, p. 28; del 9 de febrero de 1732, N.º 21, p. 31; del 11 de enero de 1745, N.º 174, pp. 229-230; del 8 de febrero de 1745, N.º 175, p. 230; del 18 de abril de 1746, N.º 183, pp. 238-239 y del 8 de julio de 1746, N.º 184, p. 240.

62. A. G. I., Sec. XVI Mapas y Planos, N.º 197; Rodríguez Villafañe, *op. cit.,* pp. 40-41.

seguro para las flotas y azogues provenientes de España; con los ríos y lagunas cómodas para las aguadas. Plano del pequeño fuerte de San Felipe de Arecibo, distante doce leguas de la Aguada sobre la costa norte de la isla de Puerto Rico". 1739.[63]

(c) "Mapa de la plaza de San Juan de Puerto Rico y sus contornos con los nombres de las yslas, piedras bancos de arena, arrecifes, rios, canales, caños, lagunas, caminos tierras de labor las fortificaciones ynteriores y exteriores de dicha plaza situada en la costa septentrional de la Ysla del mismo nombre en latitud 18 grs 35ms longitud 31° y 2oms con las brazas de fondo..." 1747.[64]

Tomás O'Daly Blake.

Natural de Irlanda.[65]

En 1763, siendo teniente coronel de ingenieros de la Plaza, lo llama el cabildo para reparar la fuente de agua que se encontraba en las afueras del puente de San Antonio.[66]

Casa el 7 de noviembre de 1771 con María Gertrudis de la Puente, natural de Granada[67] y muere el 19 de enero de 1781 siendo coronel e ingeniero en jefe, comandante de la Plaza. Su entierro se efectuó al día siguiente en la catedral.[68]

Autor de los siguientes planos:

(a) "Plano en que se manifiesta con la maior exactitud el Castillo del Morro de San Juan de Puerto-rico, y todas sus inmediaciones, levantado con Plancheta, y la mas escrupulosa atención, de

---

63. A. G. I., Sec. XVI Mapas y Planos, N.º 198; Rodríguez Villafañe, *op. cit.*, pp. 42-43.
64. S. H. M., O. b. 7. 12. Firma como ingeniero de la Plaza.
65. El lugar exacto de nacimiento se identifica como Chombok, condado de Guatibay. S. H. M., 2. 3. 7. 4; Zapatero, *La guerra...*, p. 328, N.º 163. En el acta del entierro aparece el nombre del condado como Colonbrosk, Galivay. C. S. J., Libro 9 de entierros (1780-1784), fol. 42. Suponemos que se trate del condado de Galuay en la provincia de Connacht.
66. *Actas... 1761-1767*, acta del 22 de agosto de 1763, N.º 507, pp. 52-53.
67. C. S. J., Libro 3 de matrimonios (1748-1790), fols. 164v. - 165.
68. C. S. J., Libro 9 de entierros (1780-1784), fol. 42; carta del gobernador D. José Dufresne, 28 de enero de 1781. A. G. I., Santo Domingo, Leg. 2303.

orden del Mariscal de Campo Don Alexandro O'Reilly." 17 de mayo de 1765.[69]

(b) "Plano y perfiles del Castillo de San Cristóbal de la Plaza de San Juan de Puerto Rico, en que se demuestra el estado actual de la obra proyectada, el de las excavaciones, contraminas, terraplenes y el que debe tener después de concluida". 15 de enero de 1769.[70]

(c) "Plano, perfil y elevación de un almacen nuevo de Pólvora; construido extramuros de la Plaza de San Juan de Puerto Rico, con su cuerpo de guardia, situado en la parte oriental de la Ciudad y en las cercanías del fuerte de San Gerónimo y puente de San Antonio". 4 de octubre de 1769.[71]

(d) "Plano de perfiles del Castillo de San Cristóbal de Puerto Rico en la parte de la cortina arruinada". Lo firma junto a Juan Francisco Mestre el 20 de octubre de 1769.[72]

(e) "Plano de la Plaza de San Juan de Puerto Rico y sus inmediaciones por el Frente de Tierra; Demonstración de su actual Fortificación inclusa la obra nueva que se ha hecho, y la que se deve renovar segun proyecto aprovado por S. M.; situación de su costa, con las Baterias y lineas provisionales que se executaron el año de 1771". 31 de agosto de 1772.[73]

(f) "Plano de las nuevas obras de el frente de tierra de la Plaza de San Juan de Puerto Rico, segun el proyecto aprovado por S. M. en el año de 1765". 26 de febrero de 1773.[74]

(g) "Mapa de la Plaza de San Juan de Puerto Rico, su Bahia sondeada, Playas de la inmediacion, y todo lo demas concerniente

69. S. H. M., K. b. 8. 2; Zapatero, *La guerra...*, p. 320, fig. 84 y p. 322, fig. 85; Torres Ramírez, *La isla...*, p. 218, fig. 33.

70. A. G. I., Sec. XVI Mapas y Planos, N.º 362-363; Rodríguez Villafañe, *op. cit.*, pp. 48-51; Torres Ramírez, *La isla...*, p. 229, fig. 37 y p. 232, fig. 38.

71. A. G. I., Sec. XVI Mapas y Planos, n.º 366; Rodríguez Villafañe, *op. cit.*, pp. 53-55; Torres Ramírez, *La isla...*, pp. 184-185.

72. A. G. I., Sec. XVI Mapas y Planos, N.º 367; Rodríguez Villafañe, *op. cit.*, pp. 56-57; Torres Ramírez, *La isla...*, p. 234, fig. 39.

73. S. H. M., K. b. 10. 59; Zapatero, *La guerra...*, p. 346-a, fig. 97.

74. S. H. M., K. b. 2. 50 (6 hojas); Zapatero, *La guerra...*, p. 350-a, fig. 99; Torres Ramírez, *La isla...*, p. 236, fig. 40 y p. 245, fig. 44.

á un claro conocimiento de todas sus avenidas, calidad y situacion de su terreno, á dos leguas por el Este otras dos por el Oeste y legua y quarto por la vanda del Sur levantado ultimamente con escrupulosa exactitud". 23 de abril de 1776.[75]

Juan Francisco Mestre.

Activo en Puerto Rico desde 1766[76] hasta los primeros días de marzo de 1793,[77] presta servicios en 1790 como ingeniero comandante, coronel e ingeniero en jefe.[78]

Es una de las figuras principales en la estructuración de San Juan como Plaza fuerte.

Entre sus planos se encuentran los siguientes:

(a) "Plano que manifiesta el recinto de la Plaza fortificado en la costa del Norte que comprende el espacio que media entre el Fuerte de San Christoval y el castillo de San Phelipe del Morro segun se demuestra". 13 de septiembre de 1783[79]

(b) Plano de la ciudad de San Juan de Puerto Rico y sus cercanías. 13 de septiembre de 1783.[80]

(c) "Plano de todas las obras que se han executado en el frente de tierra de esta Plaza llamando por sus letras las obras exte-

---

75. A. M. N., B. 16, Carpeta 39 y B. XXII, Carpeta A.
76. Carta del gobernador, coronel José Dufresne a Gálvez donde informa que Mestre lleva 13 años en la Isla. Puerto Rico, 6 de mayo de 1779. A. G. I., Santo Domingo, Leg. 2302; carta de Juan Francisco Mestre al gobernador Juan Dabán en la que le comunica lleva casi 18 años en Puerto Rico. 18 de agosto de 1783. A. G. I., Santo Domingo, Leg. 2303.
77. Para el 8 de marzo ya ha salido de la Plaza, cumpliendo la orden recibida. Carta del gobernador del 8 de marzo de 1793. A. G. I., Santo Domingo, Leg. 2312.
78. «Relación de la existencia y ocupación de los oficiales del cuerpo de Ingenieros que se hallan destinados en la Isla y Plaza de San Juan de Puerto Rico». Juan Francisco Mestre, Puerto Rico, 31 de diciembre de 1790. A. G. I., Santo Domingo, Leg. 2310. El Real Despacho nombrándole ingeniero jefe se recibió en Puerto Rico en septiembre de 1788. Carta del gobernador coronel Juan Dabán a Antonio Valdés, 24 de septiembre de 1788. A. G. I., Santo Domingo, Leg. 2308.
79. S. H. M., K. b. 2. 58; Zapatero, *La guerra...*, p. 346-a, fig. 96; Torres Ramírez, *La isla...*, p. 216, fig. 32 y p. 242, fig. 42.
80. S. H. M., K. b. 3. 45; Torres Ramírez, *La isla...*, pp. 24-25, fig. 4.

riores acordadas fuera del Proyecto y las que a el pertenecen según se demuestran". 13 de septiembre de 1783.[81]

(d) "Plano, perfiles y elevación del nuevo puente de Martín Peña, empezado a construir sobre el caño que comunica la Laguna Grande con el mar del puerto". 5 de febrero de 1784.[82]

(e) "Plano en que se manifiesta el actual estado de la Aduana de esta Plaza de San Juan de Puerto Rico, como asimismo el Proyecto para su aumento en los términos que se indican por su Plano y Perfil lavado de amarillo". 26 de agosto de 1784.[83]

(f) "Plano 1 que manifiesta con la mayor exactitud del proyecto concluido del Castillo de San Felipe del Morro de esta Plaza de San Juan de Puertorico y del actual estado en que se halla el Recinto de esta por la parte del Oeste, comprensivo desde la Contraescarpa del expresado Castillo, hasta el Baluarte de Santa Catalina en donde se halla situada la Real Fortaleza, señalando los Perfiles que en el se incluyen con toda claridad la calidad de su terreno, y desigualdades segun las Lineas por donde se han cortado, conforme a la Real Orden de 28 de Febrero de 1784 corriendo por todo su frente el Canal de entrada a el Puerto". 12 de mayo de 1787.[84]

(g) "Plano y perfiles de un Almacen de Polvora aprueba capaz de 3000 quintales, mandada por Real Orden su construcción, intermedio al sitio de la Horca y Castillo de San Felipe del Morro". 1 de junio de 1787.[85]

(h) "Plano 2 que demuestra el Proyecto de Almacenes para Pertrechos de Artilleria, y Salas de Armas en su piso alto, adaptado segun el espacio que presenta el Plano 1". 20 de septiembre de 1788.[86]

---

81. S. H. M., K. b. 2. 51; Zapatero, La guerra..., pp. 371-373, figs. 111-112; Torres Ramírez, La isla..., p. 241, fig. 41.
82. A. G. I., Sec. XVI Mapas y Planos, n.° 493; Rodríguez Villafañe, op. cit., pp. 70-71; Torres Ramírez, La isla..., pp. 168-169, fig. 22. El mismo plano pero fechado el 26 de marzo de 1784 se encuentra en el S. H. M., K. b. 8 36.
83. A. G. I., Sec. XVI Mapas y Planos, N.° 502.
84. S. H. M., K. b. 2. 58; Torres Ramírez, La isla..., p. 223, fig. 34; Zapatero, La guerra..., p. 333-a, fig. 90, identifica una copia de este plano.
85. S. H. M., K. b. 8. 16.
86. S. H. M., K. b. 8. 8.

(i) "Plano 1 que demuestra el terreno segun existe en el día con las Casas de particulares, y lo que pertenece al Rey, adaptado en el Proyecto de Almacen para Pertrechos de Artilleria, y Sala de Armas en su piso alto, segun se demuestra por lo señalado de amarillo". Hoja 1, 17 de noviembre de 1792.[87]

(j) "Plano que manifiesta la situación de la Plaza de San Juan de Puerto Rico, y Fortificaciones en su actual estado, con el de su Población". 17 de noviembre de 1792.[88]

Juan José de Villalonga y de la Fuente.

Nació en Orán el 20 de noviembre de 1750, hijo de Lucas, natural de Nápoles y ayudante del Castillo de Orán.[89] Estudió en la Academia del Regimiento Fijo de Orán y estuvo empleado como ingeniero en su ciudad natal y Cataluña antes de embarcar para Puerto Rico el 11 de noviembre de 1771.[90] Permaneció en la Isla hasta que, dispuesto por Real Orden de 20 de noviembre de 1783, embarca de regreso a España en junio de 1784.[91]

Entre 1787 y 1788 ejerció el mando interino de la dirección de las fortificaciones del reino de Navarra. De allí pasó a establecer la Escuela Militar de Matemáticas en la Plaza de Cádiz donde quedó como primer ayudante.[92] En 1792 fue recomendado por Francisco Sabatini para el empleo de ingeniero segundo en Madrid[93] y durante los tres años siguientes, 1793, 1794 y 1795 participó activamente desde Jaca en las campañas contra las tropas de la primera república francesa.[94] El 30 de enero de 1800 se le nombró gobernador de la Plaza de Palma y siete años más tarde vocal de la Junta Consultiva de Fortificaciones y Defensa de Indias.[95]

---

87. *Loc. cit.;* Torres Ramírez, *La isla...,* p. 186, fig. 25 y p. 188, fig. 26.
88. S. H. M., K. b. 3. 47.; Torres Ramírez, *La isla...,* p. 55, fig. 9.
89. Copia del acta del bautismo. A. G. M., Exp. Personal.
90. Propuesta de una terna para el empleo de ingeniero en segundo por fallecimiento de don Pedro Vanvitelli, firmada por Francisco Sabatini, Madrid, 23 de octubre de 1792. El primero en la terna era Villalonga. A. G. M., Exp. Personal.
91. *Loc. cit.;* carta del gobernador Dabán a Gálvez, Puerto Rico, 6 de febrero de 1784. A. G. I., Santo Domingo, Leg. 2304.
92. Hoja de Servicios hasta fin de diciembre de 1815. A. G. M., Exp. Personal.
93. *Supra,* n. 90.
94. Hoja de Servicios..., A. G. M., Exp. Personal.
95. *Loc. cit.*

Electo gobernador de Cuba, su delicada salud le impidió el embarque.[96] Obtuvo en cambio, por Real Orden de 26 de octubre de 1809, el gobierno de la Plaza de la Coruña. La misma razón anterior motivó que se le exonerara del cargo el 20 de julio de 1810.[97]

Contrajo nupcias con la dama inglesa Enriqueta Halliday en 1784.[98]

Murió en Tenerife el 6 de julio de 1821.[99]

En Puerto Rico estuvo ocupado en las obras de fortificación, particularmente en las de la costa norte.[100]

Autor del "Plano y sondeo del Puerto de la Plaza de San Juan de Puerto Rico executado por el Ingeniero ordinario Don Juan de Villalonga en este presente año de 1783".[101]

Ramón de Villalonga y de la Fuente.

Hermano de Juan José, nació en Orán el 25 de mayo de 1748.[102] Ingresó en el Regimiento de Infantería de Orán de donde pasó al Real Cuerpo de Ingenieros. Antes de servir en Puerto Rico lo hizo en su propia ciudad y en la de Figueras.[103]

Por Real Despacho de 19 de septiembre de 1776 se le nombró teniente e ingeniero extraordinario en Puerto Rico [104] donde cumplió hasta que se le concede su regreso a la Península en 1784, efectuándolo con anterioridad al 8 de enero de 1785.[105] Estuvo en-

96. A. G. M., Exp. Personal de su hijo Juan José de Villalonga y Halliday.
97. Hoja de Servicios..., A. G. M., Exp. Personal.
98. Expediente para contraer matrimonio. A. G. M., Exp. Personal.
99. A. G. M., Exp. Personal.
100. Carta del gobernador Dabán a Gálvez, Puerto Rico, 1 de octubre de 1783. Incluye la relación de ingenieros y cargos de cada uno presentada por Juan Francisco Mestre el 13 de septiembre de 1783. A. G. I., Santo Domingo, Leg. 2303.
101. S. H. M., K. b. 4. 27; Zapatero, La guerra..., pp. 400-401, n. 332 y p. 406, fig. 122.
102. Copia del acta del bautismo. A. G. M., Exp. Personal.
103. Hoja de Servicios. A. G. M., Exp. Personal.
104. «Relación que manifiesta los empleos Políticos, y Militares de la jurisdicion [sic] de esta Isla de San Juan de Puerto Rico, divididos por clases, con expresion de los sugetos que los sirven, desde que tiempo y en virtud de que Titulo o Nombramientos: que con arreglo a la Real Orden de 12 de Marzo del presente año, son á saver...», carta del gobernador Dabán a Gálvez, Puerto Rico, 9 de septiembre de 1783. A. G. I., Santo Domingo, Leg. 2303.

cargado del dibujo de planos y perfiles de las obras de fortificación, recinto de la costa norte.[106]

Casó en mayo de 1778 con María del Rosario Martínez de Andino,[107] enviudando poco tiempo después. En 1807 contrajo nuevas
nupcias con Doña Teresa del Corral.[108]

Murió en el hospital militar de Cádiz el 22 de enero de 1813.[109]

Carlos Masdeu.

Lo encontramos activo en Puerto Rico para 1777 donde alcanza
el grado de teniente coronel e ingeniero segundo.[110] Estuvo encargado del detall.[111] Por Real Orden de 13 de octubre de 1787 se le
concede el regreso a la Península[112] a pesar de lo cual, sobreponién-
dose a su quebrantada salud, permanece hasta 1789 por no haber
llegado su relevo.[113]

Juan Pardiñas.

En Puerto Rico desde el 19 de enero de 1782 cuando, estando
embarcado para Cartagena de Indias, se le concede pasar del Regimiento de la Corona al Cuerpo de Ingenieros con orden de quedar

---

105. Carta del gobernador Juan Dabán a Gálvez, notificándole haber recibido
la concesión hecha al ingeniero. Puerto Rico, 22 de octubre de 1784. A. G. I., Santo
Domingo, Leg. 2304; carta... ídem, de 24 de enero de 1785. A. G. I., Santo Domingo,
Leg. 2305.

106. *Supra*, n. 100., «Relación de la asistencia y ocupación de los Oficiales del
Cuerpo de Ingenieros que se hallan destinados en la Isla y Plaza de San Juan de
Puerto Rico.» Juan Francisco Mestre, 1 de julio de 1784. A. G. I., Santo Domingo,
Leg. 2304.

107. C. S. J., Libro 3 de matrimonios de blancos (1748-1790), fol. 249.

108. Exp. para contraer matrimonio. A. G. M., Exp. Personal.

109. A. G. M., Exp. Personal.

110. *Supra*, n. 104; gobernador Dabán a Gálvez, Oficio 27, 5 de febrero de 1784.
A. G. I., Santo Domingo, Leg. 5024; carta del gobernador Dabán a Antonio Valdés,
2 de abril de 1788. A. G. I., Santo Domingo, Leg. 2308.

111. *Supra*, n. 100.

112. Carta del gobernador Dabán a Valdés, 6 de enero de 1788. A. G. I., Santo
Domingo, Leg. 2308.

113. «Relacion de la existencia, y ocupacion de los Oficiales del Cuerpo de
Ingenieros que se hallan destinados en la Isla y Plaza de San Juan de Puerto Rico».
Juan Francisco Mestre, 21 de enero de 1789. A. G. I., Santo Domingo, Leg. 2309.

en San Juan.[114] En 1794 se le asciende a capitán de infantería e ingeniero extraordinario.[115] Permanece en la Isla hasta 1797.[116]

Como ayudante de ingenieros estaba encargado de levantar planos, sobre todo de las obras de la costa norte. En 1789, ya como ingeniero extraordinario, tuvo a su cargo el fuerte que se construía en la cabeza del puente de San Antonio y al año siguiente lo encontramos con destino en todas las obras que se estaban construyendo dentro de la Plaza.[117]

Ignacio Mascaró y de Homar.

Nacido en la Villa de Arenys, Gerona (Cataluña) el 26 de junio de 1757.[118]

Estuvo destacado sucesivamente en Navarra, la plaza de Madrid, Granada, donde cumplió su primer empleo con el Cuerpo de Ingenieros, Cataluña y Galicia.[119] Llegó a Puerto Rico el 17 de junio de 1786 a bordo de la fragata correo Tucumán, iniciándose al día siguiente en su cargo como ayudante de ingenieros.[120] De la brillante actividad desplegada en la Isla nos deja constancia su Hoja de servicios.

> ... ha dirigido la construcción del fuerte de San Gerónimo; estuvo comisionado en la Aguadilla para abrigar aquella rada de los continuos insultos de las embarcaciones enemigas; sacó su plano y sondeó, proyectó dos baterías, las que no pudo principiar porque se le mandó regresar a esta Capital, á causa de las noticias que corrían de la veni-

---

114. Instancia de Juan Pardiñas al Rey. Puerto Rico, 31 de agosto de 1783. A. G. I., Santo Domingo, Leg. 2303.

115. Carta del gobernador de Puerto Rico, 22 de septiembre de 1794. A. G. I., Santo Domingo, Leg. 2312.

116. Lista de los ingenieros militares activos en Puerto Rico durante el siglo XVIII. A. G. P. R., R. S. G. P. R., E. 64, Ca. 185.

117. *Supra*, n. 113. «Relacion de la existencia y ocupacion de los oficiales del cuerpo de Ingenieros que se hallan destinados en la Isla y Plaza de San Juan de Puerto Rico.» Juan Francisco Mestre, Puerto Rico, 31 de diciembre de 1790. A. G. I., Santo Domingo, Leg. 2310.

118. Copia del acta de bautismo, A. G. M., Exp. Personal.

119. Hoja de servicios hasta el 31 de diciembre de 1813. Copia publicada por el coronel de ingenieros y vocal de la Junta del Centenario, D. José Laguna, en *Lealtad y heroísmo...*, pp. 103-108.

120. Gobernador Dabán al marqués de Sonora, Puerto Rico, 20 de junio de 1786. A. G. I., Santo Domingo, Leg. 2306.

da de los Ingleses. A su llegada acompañó al Sr. Capitán General y á su Comandante; reconoció todas las avenidas; fue encargado de la obra proyectada en la Laguna de Cangrejos y Caño de Martín Peña, en donde permaneció hasta después del desembarco de los enemigos, por lo que estuvo cortado en este sitio y salió con mucho riesgo; á su arribo a la Plaza, el día 17 de Abril del año 1797, fue destinado por el Capitán General a disponer la defensa de los fuertes de San Gerónimo y San Antonio, en los que arregló todo lo perteneciente al ramo de Artillería; colocó cañones, municiones, etc.; proyectó en el alto de la Cantera una obra de campaña para en caso preciso de tener que abandonar el fuerte de San Antonio alojarse en ella y cubrir la espalda del de San Jerónimo; últimamente se le mandó se encargase de la defensa del fuerte de San Antonio, el más débil, expuesto y avanzado, el que sostuvo con el valor, trabajo y peligro que es notorio; fue herido en la cabeza y contuso en varias partes, pero jamás quiso desamparar su puesto, ni aún dar parte para que no se le relevara...[121]

Comisionado para llevar al rey la noticia de la victoria, recibió por sus méritos el grado de teniente coronel de infantería y la cruz pensionada de la Real y Distinguida Orden de Carlos III. Regresó a Puerto Rico con el encargo de que

...investigase los terrenos que hubiese pertenecientes á S. M., designase los lugares más convenientes para fundar nuevas poblaciones, proyectase la mejor direccion de caminos y canales, que representase al mismo Ministerio [Hacienda] en todo aquello que pudiese convenir al pronto fomento de la agricultura, población y comercio, cuyo encargo desempeñó en gran parte que fué aprobada por S. M., á quien debió la nueva confianza de poner á su cargo la habilitación de Puertos menores de la Isla, de nombrarle Juez pesquisidor de descubiertos de estas Reales Cajas, y finalmente de encargarle la Dirección destas obras de Fortificaciones y Comandancia de Ingenieros...[122]

También hemos de recordarle como autor del proyecto para un nuevo cementerio en la capital y modelo a seguirse en el de las demás poblaciones. A tal efecto aparecen los siguientes planos firmados por él apenas unos meses antes de su muerte.

---

121. Hoja de servicios, *supra*, n. 119.
122. *Loc. cit.* Entre 1798 y 1800 figura en las actas del ayuntamiento como comisionado de tierras. *Actas del Cabildo de San Juan Bautista de Puerto Rico. 1798-1803.* Transcripción, redacción de notas marginales, índices y revisión del trabajo de imprenta por Viola Vidal de Rodríguez. Puerto Rico, Publicación Oficial del Municipio de San Juan, 1968, acta del 8 de octubre de 1798. N.º 16, p. 15 y del 7 de enero de 1800, N.º 95, p. 149.

(a)   "Plano y Perfil del cementerio que se proyecta construir extramuros de la Plaza de San Juan de Puerto Rico". 31 de mayo de 1814.[123]

(b)   "Plano y perfiles en que se manifiesta el pie de la muralla desde el angulo franqueado de Baluarte de Santo Domingo hasta el de San Antonio, el terreno comprendido entre ellos y la Mar, el desnivel del mismo terreno, la batería, cuerpo de guardia y Almacén de San José, la situación de las cercas del Cementerio estable y las del provisional". 31 de mayo de 1814.[124]

(c)   "Plano de los Cementerios y capillas que pueden establecerse en los extramuros de las Poblaciones". 31 de mayo de 1814.[125]

Muere, con el grado de coronel, el 24 de octubre de 1814.[126]

Felipe Ramírez.

Nacido en Orán hacia 1738,[127] acumula una notable experiencia como ingeniero antes de ser destinado a Puerto Rico para relevar a Carlos Masdeu.[128] Inició la carrera, como los hermanos Villalonga, en su lugar de origen donde tuvo a su cargo el dibujo y reducción de planos, asistiendo también a las obras de fortificación. Pasó a Valencia donde se ocupó en las obras del nuevo camino real desde allí a la Corte en las Villas de Almansa y Mojente. Participó en la expedición de los años 1776, 1777 y 1778 a la América Meridional quedando destinado en la isla de Santa Catalina. Allí trabajó en el plano general que de ella y sus confines del Brasil se levantó, practicando a la vez varios reconocimientos sobre el terreno. De regreso

---

123. A. G. I., Sec. XVI Mapas y Planos, n. 708; Rodríguez Villafañe, *op. cit.*, pp. 90-91.

124. A. G. I., Sec. XVI Mapas y Planos, n. 708; Rodríguez Villafañe, *op. cit.*, pp. 92-93.

125. A. G. I., Sec. XVI Mapas y Planos, n. 709; Rodríguez Villafañe, *op. cit.*, pp. 94-95.

126. *Lealtad y heroísmo...*, p. 108.

127. Hoja de servicios hasta fin de diciembre de 1815. A. G. M., Exp. Personal; V. Zapatero, *La guerra...*, p. 333, fig. 89.

128. Carta del gobernador Dabán a Valdés, Puerto Rico, 4 de abril de 1788. A. G. I., Santo Domingo, Leg. 2308; otra del 2 de abril de 1788. A. G. I., Santo Domingo, Leg. 2309.

a la Península ocupó en Alicante la plaza de comandante de fortificaciones, el detall de las obras del canal de Castilla y posteriormente el de Ceuta. Pasó a Santo Domingo donde sirvió dos años como comandante de fortificaciones antes de ser trasladado a Puerto Rico en 1788.[129]

Se ocupó del detall de la plaza de Puerto Rico hasta que se le confió la comandancia. Participó en la defensa contra los ingleses, teniendo el mando de todo el frente de tierra a donde se dirigió el ataque.

> ... dispuso asimismo todas las obras provisionales que se juzgaron a propósito para entretener y cansar el enemigo como se logró; y de noche y a cada tercer dia mando las tropas del trincheron y las avanzadas del puente de San Antonio en que consistia la fuerza principal de las tropas de la Isla...[130]

Embarcó para la Península el 25 de mayo de 1797 continuando en ella su prestigiosa carrera. Durante dos años fue comandante de ingenieros en Cartagena de Levante pasando a la Dirección de Ingenieros de los reinos de Valencia y Murcia con la comisión de poner en planta el nuevo gobierno militar recién establecido en las minas de Almadén y Almadenejos. Fue promovido sucesivamente a las islas de Menorca, Plaza de Mahón y Mallorca. Trasladado a Valencia por Real Orden de 29 de octubre de 1809, formó parte de la Junta de Generales que entendían en las fortificaciones provisionales que se hicieron. Fue prisionero de ingleses y franceses. Sigue en el mismo destino al cerrarse la hoja de servicios en diciembre de 1815.[131]

Estuvo casado con Inés Arnaud de Courbiville y del Río.[132]

Entre los planos que redactara en Puerto Rico se encuentran:

(a) "Plano y Perfil que manifiesta el Proyecto de una Plaza de Armas atrincherada y camino cubierto que se propone executar en el Castillo de San Felipe del Morro. no. 4". 16 de noviembre de 1793.[133]

---

129. Hoja de servicios..., A. G. M., Exp. Personal.
130. *Loc. cit.*
131. *Loc. cit.*
132. *Loc. cit.*
133. S. H. M., K. b. 8. 21; Zapatero, *La guerra...*, p. 329, fig. 87.

(b) "Plano y Perfiles que manifiestan el Proyecto de un frente mas capaz que el que tiene en el dia el Castillo de San Felipe del Morro de la Plaza de Puerto Rico". 16 de noviembre de 1793.[134]

(c) "Plano y Perfil del Fuerte nombrado la Princesa en la Plaza de San Juan de Puerto Rico". 28 de septiembre de 1795.[135]

Tomás Alberto Sedeño.[136]

Nace en Barcelona en marzo de 1750.[137]

Estuvo en las campañas de guerra de Africa, Mahón, Gibraltar, Roncesvalles, frontera de Navarra de San Juan de Pie de Puerto, Baygorri y Alduida, función de Castelpiñón, Villa de Valcarlos, Valles de Bastán y los provincias de Vizcaya, Alava y Guipúzcoa.[138]

Llegó a Puerto Rico para hacerse cargo de la comandancia de ingenieros y dirección de sus fortificaciones, quince días después de haber sido rechazados los ingleses en 1797.[139] El 11 de mayo de 1807 se le confiere la tenencia del rey de la Plaza y empleo de cabo subalterno del gobernador.[140]

Casa en segundas nupcias con doña Nicolasa Turrillas, natural de Pamplona, el 10 de junio de 1809.[141] Ese mismo año obtuvo el grado de brigadier de infantería.[142]

---

134. S. H. M., K. b. 8. 17.; Zapatero, *La guerra...*, p. 331, fig. 88; Zapatero, «La Escuela de Fortificación Hispanoamericana». *Revista de Historia Militar*, Madrid, n.º 25 (1968), p. 16.
135. S. H. M., K. b. 8. 19; Torres Ramírez, *La isla...*, p. 253, fig. 46.
136. El apellido materno aparece confuso en la documentación que hemos manejado. En el acta del bautismo aparece el nombre de la madre como Rita Sedeño y Aguila. A. G. M., Exp. Personal. Sin embargo, en la licencia materna para contraer nupcias con María Jacot en 1780 aparece la madre como Rita Aresco. *Loc. cit.* En las bendiciones nupciales recibidas junto a Nicolasa Turrillas en junio de 1809 se repite el nombre que aparece en el acta del bautismo mientras que en el acta de defunción aparece como hijo de doña Rita Aguila. C. S. J., Libro 4 de matrimonios (1790-1813), fol. 154v. y Libro 20 de entierros (1810-1812), fols. 110-110v.
137. Acta del bautismo celebrado el 8 de marzo de 1750 en Santa María del Pino. A. G. M., Exp. Personal.
138. Hoja de servicios hasta fin de 1811. A. G. M., Exp. Personal.
139. Es decir, 16 de mayo. A. G. M., Exp. Personal.
140. A. G. M., Exp. Personal.
141. C. S. J., Libro 4 de matrimonios de blancos (1790-1813), fol. 154v.
142. Hoja de servicios. A. G. M.. Exp. Personal.

Fue enterrado el 20 de julio de 1812 en la capilla de los terciarios franciscanos.[143]

Autor de:

(a) "Plano de la Secretaría de la Capitanía General y del Cuerpo de Guardia de Artillería." 3 de abril de 1800.[144]

(b) Proyecto y planos para la reedificación de la catedral de San Juan, sometido el 8 de junio de 1801, encargándose de la dirección de las obras junto al arquitecto maestro mayor de reales obras don Luis de Huertas.[145]

(c) Plano para la construcción de un nuevo cementerio en San Juan. 1.º de enero de 1806.[146]

Juan Manuel de la Cruz.

Aparece en Puerto Rico desde 1799, sirviendo como ingeniero extraordinario en el dibujo de planos y proyectos que se presentaban. Se le comisionó además para practicar el reconocimiento de la costa sur, sondear sus puertos, establecer las defensas que fueran oportunas y presentar finalmente un informe, acompañado de los planos correspondientes. En 1802 figura como teniente de infantería y ayudante del Real Cuerpo de Ingenieros.[147]

Entre sus planos se encuentran:

(a) "Trinchera de la Candelaria situada en la Boca de Toa". 22 de junio de 1799.[148]

(b) "Plano del fuerte Castro". 22 de junio de 1799.[149]

(c) "Plano que comprende el terreno desde la Plaza de San Juan de Puerto Rico hasta parte del Condado en el que se manifies-

---

143. C. S. J., Libro 20 de entierros (1810-1812), fols. 110-110v.
144. A. G. I., Sec. XVI Mapas y Planos, N.º 618-619; Rodríguez Villafañe, *op. cit.*, pp. 85-87; Torres Ramírez, *La isla...*, p. 162, fig. 20 y p. 165, fig. 21.
145. V. Apéndice N.º IV.
146. Francisco Zeno, *La capital de Puerto Rico (Bosquejo histórico).* San Juan, Puerto Rico, Edit. Casa Baldrich, 1948, p. 61.
147. Instancia de Juan Manuel de la Cruz a S. M. Puerto Rico, 15 de enero de 1802. Acompañada de la recomendación de Tomás Sedeño. A. G. M., Exp. Personal de Tomás Sedeño.
148. S. H. M., K. b. 10. 60; Torres Ramírez, *La isla...*, p. 255, fig. 47.
149. S. H. M., K. b. 10. 60; Torres Ramírez, *La isla...*, p. 254, fig. 45.

tan todas las obras provisionales executadas después de la invasión, o tentativa de los Yngleses en el año de 1797 de orden del Señor Capitán General de esta Ysla el Mariscal de Campo Don Ramón de Castro". 18 de marzo de 1801.[150]

Arquitectos y maestros mayores de fortificación.

Intimamente relacionados con los ingenieros militares estaban los arquitectos y maestros mayores de fortificación. Como en el caso anterior, sobrepasaron los deberes inherentes a su cargo para atender las demandas de carácter civil y religioso, dejando como prueba de su habilidad algunos de los ejemplos más notorios de la arquitectura isleña. Debemos recalcar las excelentes dotes de estos hombres, discípulos en algunos casos de figuras de la talla de Ventura Rodríguez y Francisco Sabatini, quienes con noble empeño aportaron su mejor arte al país, sacrificando quizás fama y riquezas en otras tierras de mayores posibilidades. Que Puerto Rico no constituía un centro de interés para los maestros ávidos de grandes obras es innegable, lo que enaltece aún más la labor de aquellos que dentro de los escasos recursos existentes dotaron a la Isla de su estampa monumental.

Veamos cuáles son los nombres más significativos dentro de la centuria que tratamos.

Tomás Ramos.

Maestro mayor de reales fortificaciones en 1770 cuando practica un reconocimiento de las obras que se estaban ejecutando en la ermita de Santa Ana.[151] ¿Será acaso el mismo que en otros documentos figura como Diego Ramos?

---

150. S. H. M., K. b 2. 54.
151. Torres Ramírez, «Notas sobre la historia...», p. 60.

Diego Ramos.

Aparece como maestro mayor y arquitecto en 1775 [152] sin que hayamos podido dilucidar la fecha de su nombramiento como tal, probablemente algo anterior. Muere en el cargo en 1785 [153] aunque su débil estado de salud debió permitirle una actividad muy reducida en esos diez años.

Juan de Santaella y Villar.

Por Real Orden de 17 de octubre de 1765 se le asigna a Puerto Rico donde llega, procedente de Cádiz, el 26 de febrero de 1776 en calidad de segundo maestro mayor de las obras de fortificación.[154]

Durante diez años realizó las funciones de maestro arquitecto por la endeble salud de Diego Ramos quien lo ejercía en propiedad. Durante este tiempo asistió por más de un año a la obra del almacén de pólvora de San Jerónimo y por diez meses en la del puente de San Antonio. En julio de 1785 es nombrado maestro mayor y arquitecto por muerte de Diego Ramos. Durante dos años se le comisionó la dirección y arreglo del empedrado de las calles. A la muerte del arquitecto y maestro mayor de las reales obras don Bartolomé Fammí, suple Santaella los encargos que le correspondían a aquél, desempeñándose en todo momento con el mas alto sentido profesional.[155]

Recibe los elogios de sus superiores quienes certifican no sólo su competencia en el desempeño de su oficio sino su honradez y buena voluntad que lo llevó en ocasiones a realizar comisiones de la mayor importancia dentro y fuera de la Plaza sin que por ellas solicitara gratificación alguna.[156]

---

152. *Actas... 1774-1777*, acta del 17 de julio de 1775, N.º 863, pp. 128-129.

153. Copia de la certificación expedida por Juan Francisco Mestre sobre don Juan de Santaella. Puerto Rico, 29 de enero de 1793. A. G. I., Santo Domingo, Leg. 2313.

154. *Supra*, n.ˢ 104 y 153; Instancia de Juan de Santaella a S. M., Puerto Rico, 6 de febrero de 1795. Copia, A. G. I., Santo Domingo, Leg. 2313.

155. *Supra*, n. 153; Informe de Felipe Ramírez acompañando la instancia de Juan de Santaella, 8 de febrero de 1795. A. G. I., Santo Domingo, Leg. 2313.

156. *Supra*, n. 153.

En febrero de 1795 solicita de S. M. el grado de subteniente de infantería para dejarlo como honor a su familia. El informe que el comandante de ingenieros hace sobre su persona, recomendándolo para la gracia a que aspira, pone de manifiesto no sólo sus logros técnicos sino sus enaltecedoras cualidades como vecino ejemplar.

> ...su conducta ha sido notoriamente la mas arreglada al cumplimiento de sus obligaciones, que desempeña con toda inteligencia, desinterés y eficacia. Siendo al mismo tiempo uno de los vecinos mas honrados, y exemplares, que ha savido á costa de sus fatigas illustrar tres hijos que le hacen honor con su literatura, y puestos honoríficos que los distinguen ocupando dos de ellos por rigurosa oposición, y examen, los curatos que desempeñan dando asi mismo claras muestras los de menor edad (que en todo son ocho) de lo que es capaz la buena educacion proporcionada por un Padre, que conoce sus obligaciones...[157]

En abril de 1796 presentó un proyecto para la reconstrucción de las casas capitulares, siendo seleccionado el presentado por el entonces maestro mayor de las reales obras don Luis de Huertas.[158]

Electo alarife de albañilería de la ciudad el 1 de enero de 1804, rechaza su nombramiento exponiendo entre otras razones, la de su avanzada edad.[159] En octubre de 1813, se encuentra retirado del servicio activo.[160]

Bartolomé Fammí Notari.

Nace en 1745 en Lugano, Italia.[161]

Discípulo del arquitecto Ventura Rodríguez, fue destinado a la

---

157. Informe de Felipe Ramírez, *supra*, n. 155. También lo hace Mestre, *supra*, N.º 153.

158. Torres Ramírez, *La isla...*, p. 1641.

159. *Actas del Cabildo de San Juan Bautista de Puerto Rico. 1803-1809.* Transcripción, redacción de notas marginales, índices y revisión del trabajo de imprenta por la Dra. Aída Caro de Delgado, catedrática de Historia en la Universidad de Puerto Rico, Puerto Rico, Publicación Oficial del Municipio de San Juan, 1970, actas del 1 de enero y del 6 de febrero de 1804, N.º 21 y 30, pp. 30-31 y 46-48.

160. *Ibid.*, acta del 11 de octubre de 1813, N.º 64, pp. 182-186.

161. Muere en 1792 a los 47 años de edad. Instancia de Rita Josefa Ramos Vda. de Fammí a S. M., Puerto Rico, 24 de marzo ue 1792. Remitida por el gobernador D. Francisco Torralbo al conde de Lerena en esa misma fecha. A. G. I., Santo Domingo, Leg. 2311. Testamento otorgado en Toa Alta el 28 de febrero de 1792. A. G. P. R., Protocolos Notariales, Serie: Bayamón, Pueblo: Toa Alta, Notario: otros funcionarios, Ca. 739.

Sierra Morena como delineador bajo las órdenes del asistente de Sevilla Pablo Olavide. De allí pasó a Barcelona como maestro arquitecto y director de la reedificación de la Lonxa del Mar y su Consulado.[162]

Por Real Orden de 8 de octubre de 1772 se le destina a Puerto Rico como maestro arquitecto de las reales obras de fortificación con encargo de dirigir

> ...quales quiera obras de fortificacion ó de Arquitectura militar ó civil, levantar Planos y Perfiles de ellas, arreglar Plantillas y hacer Mapas ó Cartas Topográficas de los Terrenos...[163]

Llegó a su nuevo destino en enero de 1773 y desde entonces hasta su muerte, intervino en las obras más significativas que se hacían en la Plaza. Estuvo empleado ininterrumpidamente en la construcción del puente de Martín Peña, diseñó la fábrica del hospital de caridad y dirigió reparos y reedificaciones del palacio episcopal y conventos de la ciudad.[164] Fue autor de un nuevo diseño con figuras de estatuas para la fuente de San Antonio en la vecindad del puente del mismo nombre.[165]

Casó en Puerto Rico con doña Rita Josefa Ramos, natural de Cádiz, el 7 de diciembre de 1777.[166] Murió el 3 de marzo de 1792 después de una dilatada enfermedad.[167]

Luis de Huertas Toribio.

Nace alrededor de 1765 en Porcuna, Jaén.[168]

Graduado de arquitecto de la Real Academia de San Fernando se le destina a Puerto Rico en 1796 para ocupar cargo vacante por

---

162. Instancia..., *supra*, n. 161.
163. *Loc. cit.*
164. *Loc. cit.*
165. Alejandro Tapia y Rivera, *Vida del pintor puertorriqueño José Campeche. Noticia histórica de Ramón Power*. Barcelona, Ediciones Rumbos, 1967, p. 37.
166. C. S. J., Libro 3 de matrimonios (1748-1790), fol. 231.
167. Testamento de Fammí, *supra*, n. 161.
168. C. S. J., Libro 22 de entierros (1815-1818), fols. 21-22.

muerte de Fammí siguiendo la recomendación del inspector general
de ingenieros don Francisco Sabatini.[169]

En la propuesta, Sabatini da las razones para su selección:

> ...su conocida inteligencia en la Teorica y practica de obras y á las
> demas circunstancias que le hacen recomendable, todo lo que me cons-
> ta por haber estado a mis ordenes muchos años dicho sugeto y aun en
> el dia es uno de mis dependientes; debiendo igualmente manifestar á
> V. E. que no solo le contemplo acreedor á que se le costée el viage por
> Mar de cuenta de la Real Hacienda sino tambien que se dé la ayuda
> de costa de tres mil reales de vellon para que en parte sufrague los
> gastos que le ocasione su marcha al Puerto donde deba embarcarse, y
> asi mismo los que se le originen de la precisa detencion hasta que se
> verifique su embarco con su familia...[170]

Es una de las figuras más importantes dentro de los primeros
quince años del siglo XIX destacándose sobre todo por las obras
realizadas graciosamente en la catedral [171] dejándole concluido su
primer cuerpo y la fachada. Tuvo también a su cargo y dirección
las realizadas en la casa consistorial, la secretaría de la capitanía
general, fuente de Miraflores, cárcel pública y carnicería. Se le debe
asimismo una de las empresas más significativas en el desarrollo
urbano de la ciudad: el desagüe y terraplén del manglar de la Puntilla.[172]

Muere en San Juan el 31 de octubre de 1815 después de haber
otorgado testamento en el que dispuso que se le amortajara con
el hábito de San Francisco. Al ocurrir su deceso era viudo de doña
Juliana (¿Juana?) Aguado.[173]

Los ingenieros navales.

Aunque menos activos que los ingenieros militares y arquitectos
de fortificación, no podemos pasar por alto la labor de los inge-

---

169. Oficio del ministro Azanza a Diego de Gardoqui en que le comunica la
Real Orden dada en Aranjuez el 13 de febrero de 1796. A. G. M., Exp. Personal.
170. Minuta dirigida al Ministro de la Guerra. A. G. M., Exp. Personal.
171. Acta de defunción, *supra*, n. 168.
172. Instancia de los hijos de D. Luis de Huertas a S. M., Puerto Rico, 28 de
septiembre de 1816. A. G. M., Exp. Personal.
173. Acta de defunción, *supra*, n. 168; Testamento otorgado el 7 de septiembre
de 1815. A. G. P. R., Protocolos Notariales, San Juan, Escribanía de Juan B. Núñez,
Tomo I, Ca. 464.

nieros y cosmógrafos de la Marina Real quienes en numerosas ocasiones levantaron planos y practicaron sondeos de la Plaza y el puerto. Entre ellos destaca el que levantara el futuro héroe de Trafalgar don Cosme Damián de Churruca: [174] "Plano Geometrico del Puerto Capital de Puerto Rico. Levantado por el Capitan de Navio de la Real Armada don Cosme Damián de Churruca. Año de 1794".[175] Formaría parte del *Atlas Marítimo de la América Septentrional* que se le había encomendado. Churruca permaneció en la Isla durante nueve meses y dieciocho días [176] dejando como resultado de su minuciosidad uno de los estudios más complejos que se hayan hecho sobre el puerto. Reproducido varias veces, sirvió de base a muchos de los trabajos que se hicieron en el siglo XIX para el mejoramiento de la bahía y sus facilidades de abrigo.

---

174. Para unas notas biográficas de su persona, V. Luis Aguirre Prado, *Churruca*, Temas Españoles, n. 407, Madrid, Publicaciones Españolas, s. f.

175. A. M. N., B. XII, C. A., n. 3.

176. Abandonó la Isla el 20 de abril de 1794. Carta del gobernador de Puerto Rico, 20 de abril de 1794. A. G. I., Santo Domingo, Leg. 2312.

SEGUNDA PARTE

Un siglo de arquitectura neoclásica

(Siglo XIX)

CAPITULO V

DE DON RAMON DE CASTRO (1795-1804) A DON MIGUEL DE LA TORRE (1822-1837). LA ARQUITECTURA DE LA ILUSTRACION.

A fines del siglo dieciocho San Juan es una ciudad con numerosos vacíos institucionales y, por ende, sin sus correspondientes estructuras arquitectónicas. Este estado de cosas ha de cambiar radicalmente a lo largo de la nueva centuria y podría afirmarse que es, en cierto modo, la deuda de Puerto Rico con la emancipación iberoamericana. Sin Ayacucho el interés de la Corona no se hubiera fijado en la ciudadela marginada de los siglos anteriores. La independencia de las colonias continentales durante el primer cuarto del siglo XIX concentró la atención de la Metrópoli en Cuba y Puerto Rico, últimos vestigios de su imperio americano. El deseo de conservar las dos Antillas, valiosos puentes en la quimera de una futura "reconquista", determinó en gran medida el impulso que en lo constructivo reciben éstas a lo largo de todo el siglo.

El ímpetu de progreso iniciado bajo el reinado de Carlos III (1759-1788), la Cédula de Gracias de 1815 que liberaliza el comercio hasta entonces excesivamente restringido por la política mercantilista, la llegada tardía del reformismo ilustrado,[1] el sensible.

---

1. Para un estudio minucioso sobre este interesante tema, V. la obra documentada de la Dra. Isabel Gutiérrez del Arroyo, *El reformismo ilustrado en Puerto Rico.* México, Asomante, El Colegio de México, 1953, 259 pp.

aumento de sus habitantes, la confianza en el abrigo de sus defensas, las reformas para la administración y fomento de la Hacienda Pública y en general el bienestar económico de que se disfruta, permitirán que la ciudad de Puerto Rico desarrolle a lo largo del siglo XIX su fisonomía definitiva en lo monumental.

Sobre las ruinas del fuerte y puente de San Antonio, destruidos en el ataque británico de 1797, se inicia en la ciudad un ritmo de desarrollo urbano que no parará hasta quedar interrumpido el proceso por la invasión norteamericana en 1898. Si durante los tres primeros siglos de historia ciudadana los esfuerzos fundamentales de la actividad arquitectónica fueron absorbidos por el interés militar y las obras religiosas imprescindibles, la nueva centuria abre sus puertas definitivamente al ramo de la urbanística y arquitectura civil, a tono siempre con las nuevas ideas ilustradas que con lentitud pero firmemente llegaban a la Isla.

El área urbana.

El aspecto físico de la ciudad quedó fijado desde el siglo XVI cuando se trazaron sus calles siguiendo el esquema en damero. Tal regularidad facilitó la organización urbana en manzanas o cuadras "...de poco más de cien varas..."[2] que se agrupan para fines administrativos en distintos barrios. Para el primer tercio del siglo XIX existían cuatro barrios, todos intramuros,[3] formados por el cruce de las calles de la Luna, que corre de este a oeste, y de la Cruz, de norte a sur.[4] (Ilustración 28). Al noroeste, el barrio de Santo Do-

---

2. Pedro Tomás de Córdova, *Memorias geográficas, históricas, económicas y estadísticas de la isla de Puerto Rico.* Segunda edición facsímilar, San Juan de Puerto Rico, Instituto de Cultura Puertorriqueña, 1968, 6 vols., II, p. 11.

3. *Actas del Cabildo de San Juan Bautista de Puerto Rico. 1815-1817.* Transcripción, redacción de notas marginales, índices y revisión del trabajo de imprenta por la Dra. Aída Caro de Delgado, Puerto Rico, Publicación Oficial del Municipio de San Juan, 1968, acta del 9 de enero de 1815, N.º 4, pp. 6-10.

4. Así aparece señalado en el «Croquis de la Ciudad de Pto. Rico, dividido en 5 Barrios», plano sin fechar pero que ubicamos entre 1847 y 1853 por estar señalada la casa de beneficencia (1841-1847) pero faltan el cuartel de Ballajá (1854) y el manicomio (1862-1868), y por la calle de Tetuán que aparece todavía como calle de los Cuarteles. El nombre le fue cambiado después de la famosa batalla acaecida en febrero de 1860. A. G. P. R., Fondo M.º S. J., Leg. s.n. V. ilus. 28. Difiere esta

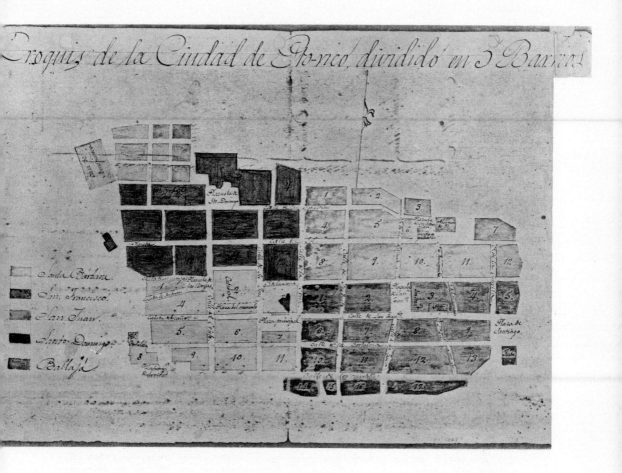

Núm. 28   Croquis de la ciudad de San Juan dividido en cinco barrios. A.G.P.R.,
Mº. S.J.

mingo o Campeche[5] cuyo primer nombre se origina en el convento
dominico que lo señoreaba y el de Campeche acaso por extensión
del nombre de algún vecino (o su descendiente) oriundo de esa
localidad mexicana y establecido en dicha área.[6] Al noreste, el de
Santa Bárbara o La Meseta,[7] erigido entre 1764 y 1765 en torno a la
ermita existente en el punto más alto de la ciudad. Es en esas fechas que se trazan las calles "...conforme a buena y arreglada población y sin ofensa de la fortificación..." y se quitan los impedimentos que entorpecían el movimiento en lo que hasta entonces
había sido una comunidad de bohíos. Intervinieron en la obra el
ingeniero Tomás O'Daly y el sobrestante de las reales fábricas Mateo Sánchez.[8] El de San Juan o la Fortaleza,[9] al suroeste, circundaba
la mansión del primer dignatario y al sureste el de San Francisco,[10]
titulado por el convento de los observantes de dicha orden. Dentro
de cada barrio existían arrabales, compuestos en su mayor parte
por bohíos que irán suplantándose a lo largo del siglo por viviendas
de mampostería y cuya urbanización progresiva será uno de los
índices más claros del aumento demográfico y su mejoramiento
económico. Citemos como ejemplo el sitio de la Cantera, así llamado por la explotación de un pedregal existente próximo a la Casa
Blanca, donde se conceden numerosos terrenos para la edificación

---

divisoria con la de los autores que menciono a continuación: todos coinciden en
situar como límite la calle de San Justo. Francisco Zeno, *op. cit.*, p. 46; Manuel
Ubeda y Delgado, *Isla de Puerto Rico. Estudio histórico, geográfico y estadístico de
la misma.* Puerto Rico, Establecimiento Tip. del Boletín, 1878, p. 116; Waldo Jiménez
de la Romera, *España. Sus monumentos...*, p. 488. Parece ser que ya mediada la
centuria, el aumento de la población exigió un cambio en los límites anteriores, si-
tuándose entonces en la calle de San Justo.

   5. *Supra*, n. 3.
   6. Enrique T. Blanco, «Campeche». *Alma Latina*, San Juan de Puerto Rico, N.º 21
(abril 1932), p. s. n. Luisa Géigel de Gandía, *La genealogía y el apellido de Campeche.*
San Juan de Puerto Rico, Instituto de Cultura Puertorriqueña, 1972, pp. 17-19. Resulta
lógico suponer la presencia del arbusto así nombrado aunque no hayamos encontrado pruebas sobre ello. Lo cierto es que el apelativo aparece aplicado desde mediados del siglo XVIII a la parte occidental de la calle de San Sebastián desde donde
se extendería al barrio. *Actas... 1761-1767*, acta del 16 de octubre de 1764, N.º 529, p. 77.
   7. Zeno, *op. cit.*, p. 46.
   8. *Actas... 1761-1767*, actas del 16 de octubre de 1767, N.º 529, p. 77 y del 9 de
julio de 1765, N.º 554, p. 102.
   9. Zeno, *op. cit.*, p. 46; *supra*, n. 3.
   10. *Loc. cit.*

a fines del siglo XVIII y primera quincena del XIX.[11] Para mayo de 1800 encontramos ya establecidos los arrabales de Ballajá y Culo Prieto, poblados por "...familias enteras y otras personas sueltas, hombres y mujeres, de los campos..." que llegaban a la ciudad con pretexto de los milicianos de la guarnición.[12] Es probable que el primero deba su nombre a emigrados de aquel lugar de Santo Domingo que vinieron a Puerto Rico después de la transferencia territorial de aquella isla a Francia por el tratado de Basilea de 1795. Tapia describe el de Culo Prieto como un arrabal de "...casuchas de madera y bohíos de yaguas..." en el barrio de Santa Bárbara.[13] Parecido a éste pero extendido en el extremo noroeste, entre el hospital militar, el campo del Morro y el convento de Santo Domingo, debió ser el de Ballajá.

Limitaban con la ciudad por el este las zonas polémicas reservadas para la defensa de aquella en caso de ataque por tierra. Brau señala cómo en 1714 el gobernador, coronel Juan de Rivera, otorgó en usufructo a los negros refugiados que llegaban huidos desde las islas vecinas dos cuerdas de terreno por varón en el sector comprendido entre el castillo de San Cristóbal y el puente de San Antonio. Además de ocuparse en la labranza de las tierras se adiestrarían militarmente para auxiliar la fuerza de la Plaza. Varias razones indujeron la traslación paulatina de la colonia hacia el lado contrario del referido puente de San Antonio, asentándose en la ensenada de Cangrejos.[14] Desde esas fechas hasta los primeros años del siglo XIX sólo se permitirán en el sector de Puerta de Tierra los ejidos y dehesas necesarios para el sustento de la población intramuros con algunos bohíos dispersos, muchos de ellos levantados sin permiso oficial.[15]

---

11. A. G. P. R., Fondo Municipal de San Juan. Propiedades: 1775-1875 y 1858-1898, caja 239.

12. *Actas... 1798-1803*, actas del 5 de mayo de 1800, N.º 109, p. 178 y del 9 de junio de 1800, N.º 114, p. 188. En el ayuntamiento se plantea el perjuicio que ocasionan a la ciudad por su falta de oficio, etc.

13. Tapia, *Mis memorias...*, p. 65.

14. Brau, *Historia...*, p. 171; Hostos, *Historia...*, p. 82.

15. Son numerosas las noticias sobre los establecimientos fraudulentos en el área reservada para ejido de la ciudad. Resulta interesante el acuerdo tomado por el cabildo el 1 de abril de 1762: «...Mandaron sus señorías que mediante a que el Sitio de don Rodrigo, que es aquel situado desde la Puerta de Santiago hasta el puente, corresponde a la ciudad por derecho de exido, en donde [deben] apastarse

El primer paso legal para urbanizarlo, en vista de lo ya existente, lo toma el cabildo el 9 de agosto de 1802 cuando acuerda alquilar los terrenos de la zona sur, desde el Camino Real que lo dividía
hasta el manglar, para el establecimiento de bohíos con huertas
que abastecieran la ciudad de las legumbres que necesitara, "...con
la precisa condición de edificar los bohíos en línea recta y las huertas divididas entre sí para evitar discordias...".[16] Esta área, no obstante, permanecerá hasta las postrimerías del siglo sometida a las
exigencias del ramo de guerra.

Por el extremo suroeste, formando una lengua adentrada en la
bahía, quedaba el manglar de la Puntilla, foco de infecciones y terreno hasta entonces desaprovechado. En el siglo XVII se construyó
allí una pieza fortificada destinada al ataque de cualquier embarcación enemiga que desafiando los fuegos del Morro y la Fortaleza
penetrara en la bahía.[17] (Ilustración 29). Sin embargo, no es hasta
1800 que se piensa en las posibilidades de corregir dicho pantano.
En el cabildo ordinario celebrado el 7 de enero de 1801 se atiende
al informe que pide el capitán general sobre el permiso solicitado
por José Antonio Rius "...para levantar el terreno de la Puntilla,
allanarlo y cortarle las aguas...".[18] El solar pretendido por el Sr. Rius
a espaldas del cuerpo de guardia de la puerta de San Justo había
sido destinado para la construcción de una pescadería desde 1799 [19]

---

todas las reses y caballerías [de los] vecinos y también las que vengan de fuera...
muchos y diversos negros y otras personas lo tienen ocupado con bojios y talas. Pase
el señor rexidor decano don Vicente a desalojarlos hasta dejar libre el referido Sitio
de don Rodrigo para el efecto provisto.» *Actas... 1761-1767*, acta N.º 472, pp. 22-23.
Nótese que se llama al sector el «Sitio de don Rodrigo». Ignoramos el origen de
dicho nombre y es ésta la única ocasión en que lo hemos encontrado.

V. *Actas... 1761-1767*, acta del 27 de junio de 1766, N.º 582, p. 133; *Actas... 1774-
1777*, actas del 28 de noviembre de 1774, N.º 836, p. 76 y la siguiente del 5 de diciembre
de 1774, N.º 837, p. 77; del 20 de febrero de 1775, N.º 850, p. 104; *Actas... 1777-1781*, actas
del 16 de febrero de 1788, N.º 995, p. 26 y del 10 de enero de 1780, N.º 1090, p. 108.

16. *Actas... 1798-1803*, acta del 9 de agosto de 1802, N.º 219, pp. 361-362.

17. En los documentos se le denomina de distinta manera: reducto, trincherón,
fuerte y batería. Carta de los oficiales reales Gaspar Flores de Caldevilla y Juan
de Soto Vega a S. M., Puerto Rico, 15 de febrero de 1626. A. G. I., Santo Domingo,
Leg. 166; Real Cédula al gobernador de Puerto Rico, Madrid, 10 de mayo de 1630.
A. G. I., Santo Domingo, Leg. 870, Libro G-8, fols. 165-166 y 209-210; *Lealtad y heroísmo...*, pp. 215-216. En un plano de 1835 se le identifica como batería de Santo Toribio. S. H. M., k. b. 7. 8. V. ilus. 35. Vila Vilar, *op. cit.*, pp. 169-170.

18. *Actas... 1798-1803*, acta del 7 de enero de 1801, N.º 145, pp. 236-237.

19. *Ibid.*, acta del 7 de enero de 1799, N.º 34, pp. 37-39.

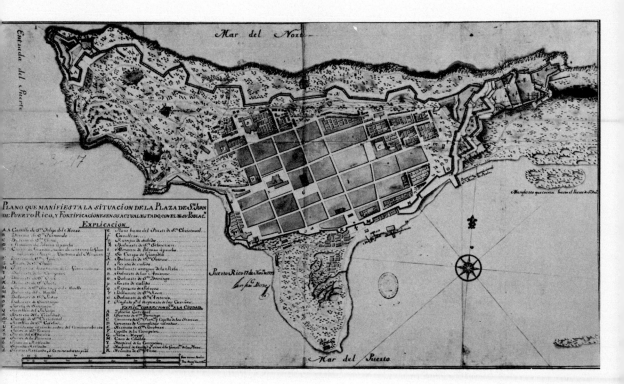

Núm. 29 Plano que manifiesta la situación de la plaza de San Juan de Puerto Rico y fortificaciones en su actual estado, con el de su población. Juan Francisco Mestre, 17 de noviembre de 1792. S.H.M., k.b. 3.47.

por lo que no se le concede, pero su idea de terraplenar y acondicionar los mangles fue recogida por las autoridades y, en especial, por el gobernador don Toribio Montes, llegado a la Isla en 1804. El 21 de enero de 1805 se comunica al cabildo el oficio del gobernador mediante el cual destinaba veinte presidiarios acusados de delitos leves a trabajar en dicha obra, alojándoseles mientras durara ésta en los calabozos del arsenal.[20] Los trabajos quedaron asignados para comenzar el día 28 del mismo mes y año.[21] No hemos podido precisar la fecha exacta en que se concluyó tan importante empresa pero debió estar terminada para 1815 cuando muere el arquitecto don Luis de Huertas, encargado de su realización.[22] Las viviendas no tardaron en aparecer sobre los nuevos terrenos ganados al mar, alternándose con algunos sembradíos.[23] Córdova advierte ya en 1831 la importancia urbana del área: "...se han construido últimamente porción de casas de madera y teja que van haciendo útil y concurrido un sitio que dentro de poco será uno de los mejores barrios de la ciudad...".[24] No se equivocaba el Secretario en su aserto, pues la desecación de la Puntilla dio pronto margen al crecimiento del barrio de la Marina, que con el correr del siglo se convertiría no sólo en área de viviendas sino en el centro de actividad mercantil más importante de la Isla.

El aspecto de la ciudad continuaba resultando placentero a sus visitantes, como expresa Joel R. Poinsett, quien se detuvo en ella durante los días 26 y 27 de septiembre de 1822.

> Al desembarcar esta mañana, quedé agradablemente sorprendido de encontrar un pueblo muy limpio y bastante bien construido. Está encla-

---

20. *Actas... 1803-1809*, acta del 21 de enero de 1805, N.º 91, pp. 129-131.

21. *Ibid.*, acta del 28 de enero de 1805, N.º 92, pp. 131-134. Debieron comenzarse puntualmente porque para el 13 de febrero ya estaban en curso. *Ibid.*, acta del 18 de febrero de 1805, N.º 95, pp. 139-140. Coll y Toste, «La ciudad», pp. 327-328, afirma que se cegó el manglar en 1806.

22. Instancia de los hijos de don Luis de Huertas a S. M., Puerto Rico, 28 de septiembre de 1816. A. G. M., Exp. personal de Huertas.

23. Decreto del 2 de agosto de 1831 concediendo «a Juan Fammy, Comisario de Guerra honorario y oficial 1.º de la Secretaría de Gobierno y Capitanía General», un pedazo de tierra de la Puntilla para plantar yerba de Guinea. A. G. P. R., R. S. G. P. R., Leg. 149, Ca. 239. Dicha yerba servía de alimento a los caballos.

24. Córdova, *op. cit.*, II, p. 20. Al año siguiente ya estaba convertido en «...un paseo ameno, un sitio de utilidad para los ejercicios de la guarnición y un lugar de recreo...». *Ibid.*, III, p. 166.

vado en el declive de una colina, por lo que a principio atribuí esta limpieza al arrastre de las lluvias, tan frecuentes en este clima. Al preguntar sobre esto me he enterado sin embargo, que esa limpieza se debe a que la reglamentación de policía es excelente y que se hacen cumplir con rectitud las ordenanzas...[25]

Mucho había progresado la ciudad entre la relación que nos dejara el padre Abbad y la que ahora revela Poinsett. El benedictino describe las trece calles entonces existentes: seis que corrían de este a oeste "...llanas, espaciosas y derechas..."[26] y siete de norte a sur, entrecortando las primeras, anchas y rectas como aquellas pero con una parte de cuesta. Todas estaban desempedradas, viéndose en unas la "peña viva" y en todas caminándose incómodamente sobre un piso "...de arena movediza...".[27] Difícilmente habríamos podido encontrar en este estado la limpieza que sorprende a Poinsett casi medio siglo más tarde.

Efectivamente, las gestiones para el empedrado de las calles se iniciaron en agosto de 1783, cuando el ayuntamiento expuso al Gobierno Supremo el estado intransitable en que se encontraban y la ausencia de recursos para iniciar las obras. Por Real Orden de 28 de febrero de 1784 se autorizó para que en cabildo abierto, con la asistencia de los ingenieros y algunos de los principales vecinos, se fijaran ciertos arbitrios y un año más tarde, el 22 de febrero, otra Real Orden aprobó uno sobre los frutos y comestibles que vendieran en la Plaza las embarcaciones de Europa y América. Reunida una cantidad regular se dio inicio a las obras en 1789 durante el gobierno del brigadier Miguel Antonio de Ustáriz.[28] Cuando Córdova escribe sus primeros volúmenes en 1831 estaban pavimenta-

25. Joel R. Poinsett, «El San Juan del año 1822». *Puerto Rico Ilustrado*, San Juan de Puerto Rico, N.º 1654 (29 de noviembre del 1941), pp. 7, 83-84. (Reproducido de su libro *Notes on Mexico*, traducido por Evelyn Lutzen Gil).

26. V. Abbad, *op. cit.*, p. 99.

27. *Loc. cit.*

28. Informe del ayuntamiento al gobernador, 3 de noviembre de 1841. A. G. P. R., *Obs. Mun.*, Leg. 62, Exp. 4, Ca. 320; Torres Ramírez, *La isla...*, p. 163. Coll y Toste fecha el inicio en 1835. V. Tapia, *Mis memorias...*, pp. 68-69, n. 4; se refiere probablemente a la segunda etapa de las obras. Sobre este tema V. las *Actas... 1781-1785*, actas del 2 de junio de 1784, N.º 1320, p. 154 y del 16 de agosto de 1784, N.º 1331, pp. 162-164; *Actas... 1785-1789*, acta del 18 de mayo de 1785, N.º 1364, p. 4. También los «Comprovantes n.ˢ 1.º, 2.º, 3.º, 4.º, 5.º, 6.º y 7.º correspondientes á la instancia sobre la retención que hace la Intendencia de la suma destinada al empedrado de las calles». 1784-1841. Copia. A. H. N., Ultramar. Leg. 5063, Exp. 5. N.º 2.

das en su mayor parte aunque no dejaban de existir varias, incluida la plaza mayor, en tal estado de abandono que los socavones producidos por las fuertes lluvias tropicales llegaron en cierta ocasión a poner en peligro de muerte por inmersión a un transeúnte.[29] La queja sobre el mal estado de las calles era constante hacia 1832 [30] por lo que se traza un nuevo plan para el arreglo general que sería realizado dentro de los años siguientes. La base del empedrado eran las losas de Canarias y los cantos rodados conocidos localmente como chinos [31] que flanqueaban el desagüe formado al centro. Las aceras se encintaron con ladrillos colocados de canto.[32]

Faltaban en la ciudad plazas y paseos debidamente acondicionados a su propósito. La que para estas fechas se reconocía en calidad de plaza mayor distaba de ofrecer el aspecto correspondiente. Concebida como plaza excéntrica cuando se hizo el traslado a la isleta (1521), recibió distintos nombres populares de acuerdo con algunas funciones que desempeñó. Durante los siglos XVI y XVII se le conoce como plaza de Armas porque a ella, incluso en el XVIII, acudía la tropa para sus ejercicios. El de plaza de las Verduras con que alcanza el primer tercio del XIX señala su empleo como mercado.[33] Resulta muy elocuente al respecto la medida propuesta por el cabildo en sesión del 14 de enero de 1813.

> ...Sería... convenientísimo al adorno de la Plaza de la Constitución y muy compatible con los intereses de los Propios de esta ciudad, el que se pusiese la de verduras en la media manzana que ocupa el solar yermo, o en [las] medias paredes en que situaba el cuartel derribado de San Carlos. Su fábrica exterior, de una simple arquitectura, que diese lugar para tiendas de mercería y quincalla a sus tres frentes, con portales interiores en que se abrigasen los vivanderos y [sus] cargas,

---

29. Tapia, *Mis memorias...*, p. 67.
30. Carta del alcalde primero Francisco Vasallo al gobernador don Miguel de la Torre, 25 de enero de 1832. A. G. P. R., Obs. Mun., Leg. 62, Exp. 1, caja 320. Acta del cabildo celebrado el 29 de marzo de 1832. Copia, *loc. cit.*
31. *Loc. cit.*
32. Córdova, *op. cit.*, II, p. 11; Tapia lo confirma y añade haber visto suplirse la falta de algunos ladrillos con canillas de res. Tapia, *Mis memorias...*, pp. 46 y 68-69, N.º 4; Hostos, *Historia...*, p. 484.
33. Hostos, *Historia...*, pp. 486-487 y *Crecimiento...*, p. 3. Durante el siglo XIX se le conocerá sucesivamente como plaza de la Constitución y de Alfonso XII. *Loc. cit.* El nombre oficial que lleva hoy es el de don Román Baldorioty de Castro aunque todavía perdura paralelo a éste el de plaza de Armas.

y se colocasen con separación los artículos del consumo diario, exigiendo por uno y otro un proporcionado estipendio, hermosearía tres frentes de calle, dejando limpia la Plaza de la Constitución para evoluciones marciales y otros actos de circunspección y negocios...[34]

La propuesta no llegó a materializarse y el mercado continuó funcionando en ella hasta mediados de siglo. Existían además varias plazuelas de apariencia tanto o más desaliñada que la principal. Como era costumbre en España y por secuela en Iberoamérica, existía una esplanada más o menos reducida frente a cada uno de los conventos de religiosos, lo que en San Juan significaba la de los dominicos, situada al costado sur de la iglesia, la que compartía los frentes del convento de las Madres carmelitas y la catedral y otra tercera frente al de San Francisco. La plaza de Santiago, al extremo suroeste del recinto murado frente a la línea de murallas y Puerta de Tierra, rivalizaba en tamaño con la mayor, al punto que en 1771 se ordena a cuatro vecinos desalojar los bohíos construidos en ella pues se pretendía ampliarla para el ejercicio de los milicianos.[35] La construcción del coliseo municipal en su frente sur forzó el acondicionamiento de la plaza, hasta entonces un descampado bastante descuidado. La necesidad de hermosear los alrededores del teatro hizo que se pavimentara con hormigón el centro del espacio, cercándose con asientos de granito. Almendros sembrados a su alrededor proveían áreas sombreadas y hacían agradable el lugar al cual concurrían representantes de todas las clases sociales cada domingo, desde San Juan hasta Santa Rosa, para escuchar las retretas de la banda militar. Esta actividad hizo que al lugar se le llamara "...el Prado, como remedo aunque distante del famoso de Madrid".[36]

El alumbrado público en calles y plazas se dispuso por vez primera en enero de 1820 siguiendo la iniciativa del gobernador, brigadier Juan Vasco y Pascual. Consistió éste de farolas encendidas originalmente con aceite de oliva y petróleo después, que pendían de cuerdas amarradas de un extremo a otro.[37]

---

34. *Actas... 1812-1814*, acta del 14 de enero de 1813, N.º 21, pp. 54-61.
35. *Actas... 1767-1771*, actas del 21 y 28 de enero de 1771, N.º 777 y 778, pp. 191-193.
36. Tapia, *Mis memorias...*, pp. 113-114.
37. Coll y Toste, «Carta a D. José V. Rodríguez», 8 de febrero de 1924. *B. H. P. R.*, XI, pp. 334-337; Zeno, *op. cit.*, p. 50; Hostos, *Historia...*, p. 482.

El ayuntamiento.

El carácter, impresionante en su severidad, creado por los juegos de volumen empleados en las fortificaciones, empieza a complementarse al despertar el siglo con las líneas gráciles aunque solemnes de la arquitectura civil que evidencia desde el primer momento la secuencia nunca alterada de sencillez, armonía y cuidadas proporciones. Será precisamente con las obras realizadas en el cabildo, institución por demás significativa en todos los órdenes del crecimiento ciudadano, que se dé principio al proceso.

El gobernador Sancho Ochoa de Castro construyó el primer edificio destinado expresamente para albergar las casas del cabildo, frente a la plaza de Armas, terminándolo en 1605.[38] Aunque desconocemos su aspecto, lo imaginamos muy poco diferente de las casas locales a juzgar por la escasez de fondos con que contaba el cuerpo consistorial. Ignoramos asimismo las obras realizadas en 1714 a instancias del gobernador Juan de Rivera.[39] El estado de deterioro en que se encontraba motivó los trabajos de reforma y ampliación ejecutados entre 1757 y 1758. Conocemos el resultado de éstos últimos gracias a un plano conservado en el Ministerio del Ejército en Madrid, fechado en 1758[40] y que hemos de relacionar con la instrucción reservada que dejó en agosto de 1757 el gobernador Felipe Ramírez de Estenós a su sucesor, teniente coronel Esteban Bravo de Ribero, para que continuara la reedificación de las casas del ayuntamiento siguiendo el plano y perfil hecho.[41] (Ilustraciones 30 y 31).

La estructura, de dos plantas, estaba ocupada casi en su totalidad por los distintos calabozos de la cárcel dejando únicamente para uso de la corporación la sala capitular, situada en el segundo

---

38. Carta del obispo de Puerto Rico a S. M., 26 de octubre de 1605. A. G. I., Santo Domingo, Leg. 174, Ramo 2. El año de 1604 que señala Hostos en *Historia...*, p. 45 y Torres Ramírez en *La isla...*, p. 164, recoge probablemente la fecha en que comenzaron las obras. Tapia, *Mis memorias...*, pp. 37-39, lo origina en 1602.

39. Torres Ramírez, *La isla...*, p. 164.

40. «Plano, Perfil, y Vista de la Casa de la Ciudad de San Juan de Puerto Rico, con nota que señala lo que se ha comprado, hecho nuevo, y reedificado con el total de su costo. Año de 1758». Firmado en el extremo inferior derecho: Dn. Pedro de la Cruz. Min. E., A. P., A. O. T., N.º 70 bis.

41. Instrucción reservada dejada por el gobernador Felipe Ramírez de Estenós, 29 de agosto de 1757. A. G. I., Santo Domingo, Leg. 2282.

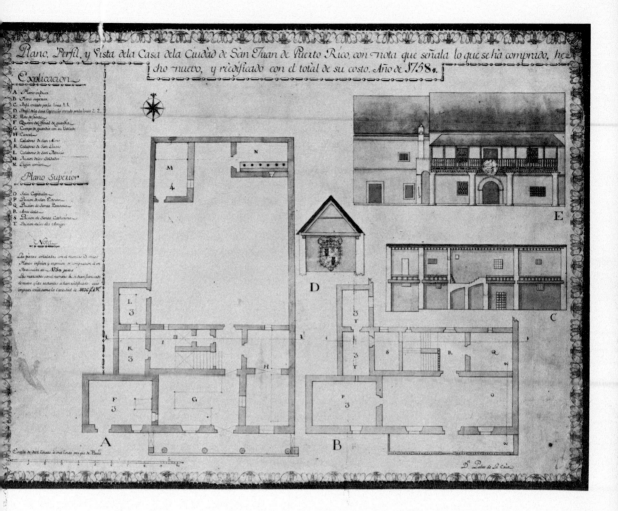

Núm. 30   Plano, perfil y vista de la casa de la ciudad de San Juan de Puerto Rico, con nota que señala lo que se ha comprado, hecho nuevo, y reedificado con el total de su costo. Año 1758. Pedro de la Cruz. M.E., A.P., A.O.T., No. 70 bis.

Núm. 31 Detalle del anterior.

piso, inmediatamente después del balcón que engalanaba la fachada. Intentaba ésta seguir la línea convencional de los cabildos hispanoamericanos: una galería columnada en la parte baja y entrada con arco de medio punto. En el segundo cuerpo, el balcón abierto, abalaustrado y con tejado en madera, permitía a los concejales dirigirse al público reunido en la plaza Mayor en ocasión de cabildos abiertos y festejos públicos. Identificaba el lugar el escudo de la ciudad que pendía del centro del balcón. Al extremo izquierdo de la fachada una torrecilla, probablemente con su campana, lucía el escudo real. Dentro de la sobriedad decorativa que la caracteriza, merece destacarse el festón lobulado del balcón, fina obra de carpintería dirigida a ocultar con no poca gracia los cabezales de las vigas. El motivo lo encontraremos repetidamente no sólo en San Juan sino en distintos pueblos de la Isla.

El plano aparece firmado por Pedro de la Cruz pero no hemos podido precisar si es este su autor, si se trata de una copia o, como se desprende de su título, de uno levantado sobre las obras ya terminadas.

A pesar de las mejoras realizadas por el gobernador don Francisco de Torralba en 1789, al concluir el siglo XVIII la casa consistorial se encontraba nuevamente en estado deplorable, causa suficiente para que el gobernador capitán general don Ramón de Castro promoviera una nueva reconstrucción. A tal efecto, presentaron proyectos don Juan de Santaella, maestro mayor retirado de las obras de fortificación, el arquitecto don Gaspar de San Martín y el maestro mayor de reales obras don Luis de Huertas, siendo seleccionado el de éste último.[42] Las obras principales se realizaron entre 1797 y 1800.[43] Desafortunadamente no se conservan los planos y demás originales anejos al proyecto por lo que sólo conocemos la fachada a través de las descripciones que nos dejaron testigos oculares. El

---

42. Torres Ramírez, *La isla...*, pp. 164-165.
43. «Expediente relativo al origen de la Casa Consistorial, formado con acuerdos tomados de los antiguos libros de este Archivo, por no existir expediente que se refiera a su construcción». 1815. A. G. P. R., Fondo Municipal de San Juan, Leg. 30, Exp. 1, caja 81. V., entre otros, las *Actas... 1798-1803*, actas del 25 de noviembre de 1799, N.º 89, p. 133; 3 de febrero de 1800, N.º 99, pp. 156-157 y de 17 de marzo de 1800, N.º 104, pp. 165-166; Hostos, *Historia...*, p. 45, abarca los trabajos realizados entre 1795 y 1804; Torres Ramírez, *La isla...*, pp. 165-166.

sencillo soportal del siglo XVIII quedó convertido en "...una vistosa arquería..." sobre la cual descansaba la "...galería... alta... de forma elegante...".[44] Mantenía torre única "...en forma de templete...",[45] con "...una pequeña cúpula sustentada por columnitas del orden dórico...".[46] La torre, empero, no formó parte, al menos en la forma descrita, del proyecto de Huertas pues consta que fue proyectada, delineada, presupuestada y dirigida su construcción por el comandante de ingenieros, don José Navarro y Herrera, para la colocación del primer reloj público que tendría la plaza.[47] Su fecha ha de situarse entre 1816, año en que llegó a Puerto Rico el ilustre ingeniero, y 1819 cuando se colocó en ella un reloj de campanas.[48] En 1832 se le añadió [49] la estatua giratoria en bronce dorado de la Fama, representada a la manera clásica con alas y sonando una trompeta, obra del gaditano Juan Fagundo.[50] El cordero, emblema de la ciudad, reposaba impasible en el centro de la fachada.

La cárcel.

En la parte posterior del edificio del ayuntamiento se encontraba la cárcel, compartiendo ambos durante todo el siglo XVIII hasta la puerta de acceso. Las obras realizadas en la casa capitular, que redujeron sensiblemente el espacio de las celdas y las necesidades obvias de una separación más efectiva entre dichos organis-

---

44. Córdova, *op. cit.*, III, p. 15.
45. *Loc. cit.*
46. Tapia, *Mis memorias...*, p. 37; Hostos, *Historia...*, p. 46.
47. Hoja de servicios hasta el 20 de febrero de 1863 del mariscal de campo don José Navarro y Herrera. A. G. M., Expediente personal.
48. «Expediente sobre compra de un reloj público y colocación de éste en la Casa Consistorial». 1815-1819. A. G. P. R., Fondo Municipal de San Juan, Leg. 30, Exp. 2, caja 81. Hostos fija para su instalación el año de 1815. *Historia...*, p. 46. En dicho año se iniciaron las gestiones para su adquisición en Londres por medio del Sr. Antonio José Mariátegui. Se trajo por Saint Thomas y quedó instalado en 1819. Coinciden en esta última fecha tanto Córdova, *op. cit.*, II, p. 15, como Zeno, *op. cit.*, p. 65.
49. «Expediente que contiene los comprobantes de la cantidad invertida en la colocación de la Fama en la torre del reloj de la Casa Consistorial». 1832. A. G. P. R., Fondo Municipal de San Juan, Leg. 30, Exp. 3, caja 81.
50. Tapia, *Mis memorias...*, p. 37; Hostos, *Historia...*, p. 46.

mos provocaron la reforma y ensanche de la cárcel, comprándose a tal fin la casa vecina. Con el estímulo del gobernador, mariscal de campo don Salvador Meléndez Bruna, se proyectaron y ejecutaron bajo la dirección del maestro mayor de las obras de fortificación, arquitecto don Luis de Huertas.[51] La cárcel estaba concluida ya el 31 de agosto de 1813 faltando sólo por colocar las persianas de la sala de los jueces.[52]

La estructura, de dos pisos con dependencias repartidas en torno a tres patios,[53] daba el frente a la calle de la Luna. Su portada, "...sencilla y vistosa..."[54] se nos presenta dentro de la más pura línea del neoclásico: un vano adintelado enmarcado por el almohadillado que aparecerá invariablemente en San Juan hasta finalizar la centuria. Sobre la cornisa, una tarja de línea levemente quebrada en forma recta llevaba al transeúnte la conocida sentencia: *"Odia el delito/compadece al delincuente/ año de 1813"*.[55] Coronaban el conjunto las armas reales, labradas por Juan Fagundo.[56] Posteriormente, sin que hayamos podido precisar el momento, ha debido ocurrir el ensanchamiento de la puerta de acceso que alteró el balance original al crear un vano mixtilíneo en sensible contraste con la regularidad del almohadillado. Faltando hasta ahora la documentación sobre lo sucedido, creemos que ha debido obedecer al deseo o la necesidad de permitir la entrada de carruajes, tal cual sucede en otros lugares de la misma ciudad, como por ejemplo, la puerta cochera del seminario conciliar. Su destrucción hacia fines de 1939[57] privó a San Juan de una de sus más notables fachadas.

---

51. Instancia de los hijos de don Luis de Huertas. A. G. M., Exp. personal de Huertas; *Actas... 1812-1814*, acta del 12 de julio de 1813, N.º 47, pp. 128-132; Hostos, *Historia...*, pp. 46, 473-474; Coll y Toste, «La ciudad...», pp. 322-323; Buschiazzo, *op. cit.*, p. 35.

52. *Actas... 1812-1814*, acta del 31 de agosto de 1813, N.º 55, pp. 158-163.

53. Córdova, *op. cit.*, II, pp. 18-19.

54. *Loc. cit.*

55. Roberto H. Todd, «La antigua cárcel» en *El Mundo*, San Juan de Puerto Rico (domingo 6 de agosto de 1939), p. 12.

56. *Actas... 1812-1814*, actas del 10 de mayo de 1813, N.º 40, pp. 109-111, del 17 de mayo de 1813, N.º 41, pp. 111-115 y del 31 de mayo de 1813, N.º 43, pp. 117-719.

57. *Supra*, n. 55. En su artículo Todd recomienda infructuosamente la conservación de la portada, eliminada poco tiempo después.

La catedral.

La historia de la catedral a lo largo de los siglos XVII y XVIII se resume en la lucha por terminar la obra en piedra iniciada por Alonso Manso. Desde la última década del siglo dieciséis, son casi ininterrumpidas las quejas sobre el estado ruinoso de la iglesia mayor y varios los intentos para salvar la situación. El reconocimiento practicado en 1659 por los maestros mayores de las reales fábricas, Luis Montes de Oca, de albañilería y Francisco Manuel de Olando, de carpintería, es ampliamente descriptivo del estado a que había llegado.

> ...esta amenaçando ruina el Cuerpo principal de la yglesia y las dos nabes de los lados y haviendo visto la dha. obra con toda dilijencia y cuidado emos hallado que por la antiguedad de su fabrica y calidad, de ella, que es la armadura de madera asentada sobre pilares de piedra muy delgados apuntaladas las alfardas de las dos naves de los lados con canes y soleras; por lo que an podido tener y resistir los temporales y tormentas que ordinariamente ay en esta Isla y con la ultima tormenta que ubo en esta Ciudad por Agosto del año de cinquenta y siete quedó tan maltratada la dha. yglesia que no admite ningun reparo por estar las maderas con su antiguedad podridas por lo cual no admite ninguna dilaçion el hacerse de nuebo la obra de dha. Sta. Iglesia por estar amenaçando ruina y temer que ha de venir toda al suelo porque mediante el buen enlaçamiento de las maderas y reparo que se yço el año de seiscientos y quarenta y tres de apuntalarse las alfardas con canecillos y soleras han podido resistir las dhas. maderas las tormentas que a bido en los años pasados de seiscientos y cinqta. y uno y cinquenta y siete...[58]

Otro reconocimiento parecido se repite en 1662 recalcándose la necesidad de sustituir por bóvedas[59] los brazos del crucero y las naves, es decir, casi toda la iglesia. Cuatro años más tarde, con el deseo de realizar la sustitución recomendada, se quitaron los techos de madera, dejando únicamente los del crucero. La carencia

---

58. Reconocimiento ordenado por el gobernador Novoa a instancias del obispo Francisco Arnaldo de Yssasi. Certificación presentada por Luis Montes de Oca y Francisco Manuel de Olando, Puerto Rico, 29 de octubre de 1659. A. G. I., Santo Domingo, Leg. 157, Ramo 2.

59. Reconocimiento de los daños que tiene la catedral y arqueo de lo que podría costar. Hecho por los maestros de albañilería Luis Montes de Oca, Pedro de Parada y Domingo Pérez y por el maestro de carpintería Francisco Manuel de Olando. Puerto Rico, 14 de mayo de 1662. A. G. I., Santo Domingo, Leg. 157, Ramo 2.

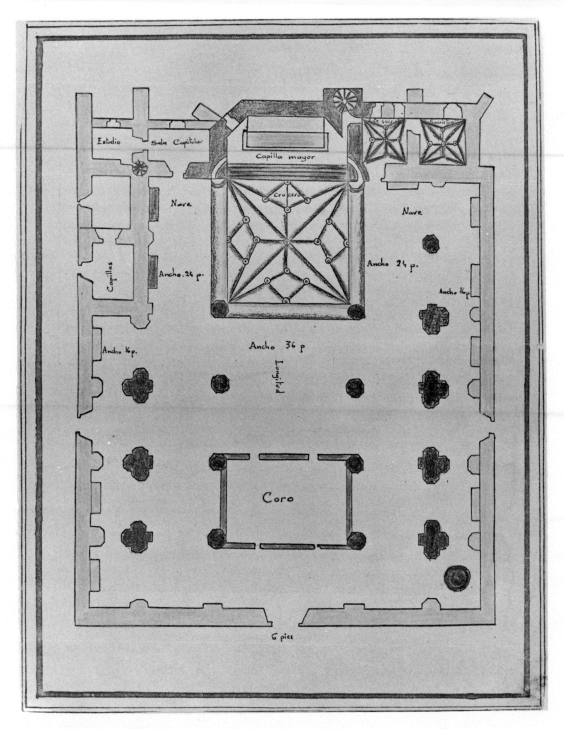

Estudio Sala Capitular

Capilla mayor

Nave   Crucero   Nave

Ancho 24 p.

Ancho 24 p.

Capillas   Ancho 24 p.

Ancho 16 p

Ancho 16 p.

Ancho 36 p

Longitud

Coro

6 pies

Núm. 32 Plano de la catedral de Puerto Rico. 1684. A.G.I., Mapas y Planos, Santo Domingo, No. 86.

de medios impidió que se ejecutaran de inmediato las bóvedas y la catedral quedó al descubierto por más de cincuenta y tres años.[60] El plano que el obispo fray Francisco de Padilla envía al rey en 1684 sobre la obra que debería realizarse plantea unas interrogantes no resueltas aún de manera definitiva. (Ilustración 32). Una carta del mismo obispo, fechada en Puerto Rico el 26 de julio de 1687, indica que dicha planta era copia de la que "...se delineó por los años de 66 u de 67..."[61] y propone que las obras proyectadas se integraran a la estructura antigua para abaratar el costo de las mismas. Solicita en la carta el envío de un alarife que siguiera los trabajos.

La explicación más acertada sobre el plano de 1684 la presenta Marco Dorta cuando afirma que "...representa en buena parte..." la iglesia construida por Manso y perfeccionada por Bastidas corto tiempo después.[62] A ella se habían añadido sus dos primeras capillas: la del Sagrario en el lado del evangelio y la de San Antonio en el de la epístola, construidas durante el primer cuarto del XVII. La primera se debió a las disposiciones testamentarias del obispo Bernardo de Balbuena quien dejó su hacienda a la iglesia "...con cargo de que se labrase una capilla al Señor San Bernardo para Sagrario y en ella se colocasen sus huesos...".[63] Debió ser erigida poco después de su muerte acaecida en 1627.[64] La capilla de San Antonio fue construida por la cofradía de los portugueses "...para rendir culto especial al patrono y lograr enterramiento para sus miembros...".[65] Casi desatendida como consecuencia de la separación de Portugal y España en 1640, fue rescatada por el obispo Rivas quien al solicitar del rey se la concediese para sepultura, notificaba haberla puesto bajo la advocación de San Antonio y San Benito. Ambas capillas estaban blasonadas.[65 bis]

La edificación de las primeras capillas de la catedral durante el

---

60. Miyares González, op. cit., p. 32. Se completan los nuevos techos, también de madera, durante la segunda década del siglo XVIII. V. infra, n. 73.

61. Carta del obispo fray Francisco de Padilla contestando la Real Cédula de 18 de noviembre de 1686. A. G. I., Santo Domingo, Leg. 159.

62. Marco Dorta, «La catedral...», p. 32.

63. Torres Vargas, op. cit., pp. 556-557.

64. Cuesta Mendoza, Historia eclesiástica..., p. 155.

65. Ibid., p. 157.

65 bis. Loc. cit.

primer tercio del XVII queda confirmada por las descripciones que dejan los cronistas. Layfield no las menciona en absoluto y fray Diego de Ocaña, al narrar su entrada al templo profanado por los ingleses meses antes, es claro respecto a la unión del sagrario y el altar mayor en el sancta sanctorum: "...Y después llegamos al sancta sanctorum, que es el sagrario y el altar mayor...".[66] No hay duda de que los tres coincidían en un solo lugar: el presbiterio; no existe entonces capilla particular para el sagrario. Juan de Laet, en cambio, sí alude a "...dos pequeñas capillas..." cuando escribe en 1640.[66 bis]

Entre 1664 y 1668 dedicó una nueva capilla el obispo fray Benito de Rivas.[67] No ha debido pasar ésta, si es que llegó a hacerse, de un altar adosado a una de las paredes del templo con retablo o tabernáculo para colocar las reliquias de los mártires de Cardeña que trajo dicho prelado, pues no se expresa en el plano de 1684 ni en los siguientes. En 1811 carecían estas reliquias de altar propio. El inventario correspondiente de la catedral las ubica en el altar de Nuestra Señora de Belén.[68]

En el plano de 1684 figuran la escalera de caracol, dos bóvedas de crucería en la antesacristía y sacristía, anejas a la capilla mayor por el lado de la epístola y la del tramo central del crucero frente al presbiterio, el coro a los pies y pilares ochavados. De proporciones casi cuadradas, presenta dos naves adicionales para capillas. Como dije antes, no aparecen señaladas en el plano las bóvedas de crucería de la sala capitular y estudio, situadas del lado del evangelio y que han llegado a nosotros en perfecto estado. No hemos podido precisar la causa de esta omisión aunque debemos tener en cuenta que dicho plano era copia de otro anterior y que ha debido

---

66. Ocaña, *op. cit.*, p. 5.

66 bis. Juan de Laet, *Historia del nuevo mundo o descripción de las Indias Occidentales*. 1640. Fragmento publicado por Tapia en la *Biblioteca Histórica*, p. 148.

67. Hostos, *Historia...*, p. 321; Cuesta Mendoza, *Historia eclesiástica*, pp. 157-8, la atribuye equivocadamente a don Francisco Arnaldo de Issasi, obispo de Puerto Rico desde 1659 hasta 1661. Confirma lo expresado por Hostos el «Catálogo Biográfico de los Sres. Obispos que han ocupado la Sede de Puerto Rico desde su descubrimiento». *Boletín Eclesiástico de la Diócesis de Puerto Rico*, San Juan de Puerto Rico, Núm. 22 (15 de noviembre de 1859), p. 260.

68. Arturo V. Dávila, «Notas sobre el arte sacro en el pontificado del ilustrísimo señor de Arizmendi (1803-1814)». *Revista del Instituto de Cultura Puertorriqueña*, San Juan de Puerto Rico, Núm. 9 (octubre-diciembre de 1960), pp. 50-51.

hacerse con cierta premura, lo que explicaría un posible error. Por otro lado, tampoco queda clara en dicho plano la bóveda de la capilla mayor propiamente dicha. De planta seisavada, aparece con su retablo pero no se especifica el tipo de bóveda que la cubre y que los documentos parecen señalar como de crucería por las analogías que se le hacen con la del crucero.[69] Otra pregunta surge con la prolongación hacia atrás de los muros del estudio: ¿se pensó continuar la obra hacia la parte posterior? Nos inclinamos a pensar que se tuvo la idea de abrir un pórtico que sirviera de desahogo al pequeño estudio.

Dispuestos los preparativos desde octubre de 1695 con la llegada de Nicolás Fernández Correa, maestro alarife canario contratado por el gobernador Juan Franco de Medina,[70] se iniciaron las obras el 30 de enero del año siguiente.[71] Prosiguieron éstas entre dificultades sucesivas y cuando en 1706 se informa sobre el estado de la catedral, la encontramos todavía con sus naves destechadas y cubierta de par hilera en los brazos del crucero. Las capillas del Sagrario y San Antonio aparecen con cimborrios aparentemente elevados cuando se hicieron aquéllas por contar con los fondos para ello. Diez columnas toscanas recién construidas sustituyeron los antiguos pilares que dividían la nave central y las paredes laterales se levantaron nuevamente desde los cimientos con la fortaleza necesaria para recibir las bóvedas que se pensaban construir.[72] En 1717

---

69. «...llegado que fui a esta ciudad se trato de dicha fabrica y abiendo entrado en ella con la planta que me entrego el cabildo eclesiastico... por la que fue serbido de mandar se hiciese respecto de sus prinzipios de la capilla mayor y parte del cruzero que esta hecho y que era lo que rrequeria el arte...». Carta de Nicolás Fernández Correa a S. M., Puerto Rico, 12 de marzo de 1697. A. G. I., Santo Domingo, Leg. 580. En 1706 se informa que «...la capilla mayor tiene de longitud 9 varas y ½ y de latitud 9 varas en forma seisavada, obra mosayca de cantería y cubierta de bóveda...». Carta del deán y cabildo a S. M., 31 de julio de 1706. A. G. I., Santo Domingo, Leg. 580; Marco Dorta, «La catedral...», pp. 30-31; Buschiazzo, op. cit., p. 12.

70. Carta del gobernador Juan Franco de Medina a S. M., 13 de octubre de 1695. A. G. I., Santo Domingo, Leg. 162, Ramo 2: 1695-1697. Para datos adicionales sobre Fernández Correa; V. supra, Cap. IV, pp. 74-75.

71. Carta del Dr. Martín Calderón, provisor y vicario en sede vacante al rey, Puerto Rico, 13 de octubre de 1695. A. G. I., Santo Domingo, Leg. 580; carta del gobernador Juan Franco de Medina a S. M., Puerto Rico, 9 de marzo de 1697. A. G. I., Santo Domingo, Leg. 561; carta del Dr. Martín Calderón a S. M., 11 de marzo de 1697. A. G. I., Santo Domingo, Leg. 580.

72. Carta del deán..., supra, n. 69.

la iglesia estaba concluida [73] lo que quería decir restituido el techo de madera sobre las naves, pues en 1778 el obispo se queja al rey de que la mayor necesidad de la iglesia era la construcción de la bóveda porque las maderas del tejado estaban comidas por el comején [74] con el consiguiente peligro para los feligreses que allí se reunían.

En el interín, dos nuevas capillas se habían añadido. La primera, al lado de la del Sagrario, se debió a la iniciativa del canónigo don Juan de Ribafrecha, quien la dedicó a la Virgen de los Dolores, Jesús Nazareno y Almas del Purgatorio.[75] Frente a ella, en línea con la de San Antonio, hizo construir el obispo don Mariano Martí hacia 1769 la de San Pedro, dotada de baptisterio y pórtico.[76] No hemos encontrado el detall de las obras y el plano hecho por Tomás O'Daly, circa 1778,[77] que permitirían conocer en forma más concreta lo que se proyectaba en el último cuarto del siglo XVIII. El informe remitido por el gobernador Dufresne en 1779 da a conocer algunos datos sobre lo que se había hecho y los cambios que se perseguían. Se proponía la construcción de una capilla con su pórtico que igualara a la de San Pedro en el lado contrario.[78] Suponemos que pueda referirse a la ampliación de la capilla de los Dolores, más reducida que aquélla. Tal obra se preveía considerando sólo la posibilidad de que algún benefactor quisiera realizarla. Se disponía el traslado del coro al presbiterio, detrás del altar mayor y el aumento de un nuevo cuerpo a la torre para evitar que la tapara la linterna de la media naranja.[79]

Las limitaciones económicas impidieron nuevamente que se realizaran las obras por lo cual se sucederán otros proyectos e infor-

---

73. «Puerto Rico. Consultas Eclesiásticas y Seculares; Leg. único; Consultas de Materias y Probisiones Eclesiásticas. 1703-1751». Extractos. A. G. I., Santo Domingo, Leg. 2282; Campo Lacasa, *La iglesia...*, p. 41.

74. Carta del obispo fray Manuel Jiménez Pérez a S. M., 30 de enero de 1778. A. G I., Santo Domingo, Leg. 2286; Torres Ramírez, *La isla...*, p. 147; carta del obispo Zengotita en 1790, Buschiazzo, *op. cit.*, p. 14.

75. Miyares, *op. cit.*, p. 31.

76. *Ibid.*, p. 32; Torres Ramírez, *La isla...*, p. 149; Campo Lacasa, *La iglesia...*, p. 42.

77. «Remisiones del Consejo, Camara y Ministros». 1780. A. G. I., Santo Domingo, Leg. 2286; Campo Lacasa, *La iglesia...*, pp. 41-42.

78. Torres Ramírez, *La isla...*, p. 149; Campo Lacasa, *La iglesia...*, pp. 41-42.

79. *Loc. cit.*

mes [80] entre los cuales nos ha parecido de especial interés la declaración jurada que con motivo del reconocimiento practicado después de los temblores ocurridos el 2 de mayo de 1787 hacen los alarifes de la ciudad Diego González y Domingo Alvarez [81] y los maestros carpinteros Juan de la Puerta, Pedro de Amésquita y Vicente Frometa.[82] Presentan ellos la descripción más clara que hayamos encontrado sobre las techumbres del templo. Las naves se cubrían con un artesonado de par y nudillo dividido en cinco tramos cuyas correderas descansaban sobre canecillos. La forma de artesa invertida permitía la existencia sobre los techos de los zaquizamís o pequeños desvanes, al parecer uno en cada tramo. Danzas de arcos diferenciaban las naves laterales de la central hasta la puerta principal que cerraba también en arco.[83] Es evidente por lo que se describe que los techos mantienen el aire mudéjar con que se iniciaron en el siglo XVI. No obstante el empeño de los obispos, tampoco se consiguió en esta ocasión otra obra que no fuera el apuntalar las maderas del tejado para evitar el desplome. En un estado progresivo de deterioro y con murciélagos anidando entre sus tejas,[84] llega la catedral de Puerto Rico al siglo XIX.

La apariencia ruinosa y sobre todo la amenaza de un derrumbe provocó la clausura del templo siguiendo la recomendación que hiciera al efecto el coronel, comandante de ingenieros de la Plaza, don Tomás Sedeño, en informe presentado el 20 de abril de 1801.[85] La clausura se limitó al cuerpo de la iglesia y crucero, trasladándose los oficios parroquiales y catedralicios a la capilla de San Pedro, seleccionada como la más adecuada y fácil de adaptar a los actos litúrgicos, para lo cual se tapió la comunicación con el templo y se abrió una puerta directa a la calle. La sacristía proveía al cabildo eclesiástico de un lugar para el coro.[86] El nuevo proyecto

---

80. Torres Ramírez, *La isla...*, pp. 150-151; Notas de la Contaduría General, 17 de octubre de 1788. A. G. I., Santo Domingo, Leg. 2521; Campo Lacasa, *La iglesia...*, p. 43.
81. V. *supra*, Cap. IV, pp. 78-79.
82. Se unieron a éstas las declaraciones de los capitulares de la catedral que transcribimos en el documento 1 del apéndice documental.
83. V. documento 1 del apéndice documental.
84. Torres Ramírez, *La isla...*, p. 150.
85. V. documento 2 del apéndice documental.
86. Carta de Tomás Sedeño al obispo Juan B. Zengotita, 20 de mayo de 1801. «Pieza 1.ª Testimonio del Expediente formado por el Ylustrísimo, y Reverendísimo

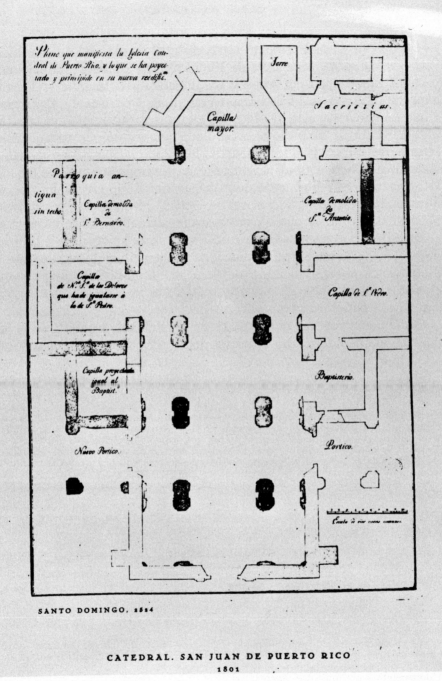

CATEDRAL. SAN JUAN DE PUERTO RICO
1801

Núm. 33   Plano que manifiesta la iglesia catedral de Puerto Rico y lo que se ha proyectado y principiado en su nueva reedificación. 1801. A.G.I., Mapas y Planos, Santo Domingo, No. 622.

sometido por Sedeño el 8 de junio de 1801 fue aprobado por Real Orden dada en Aranjuez el 4 de junio del año siguiente, consignándose en ella el apeo del techo y reedificación del templo.[87] (Ilustración 33). Determinado el obispo fray Juan Bautista de Zengotita a que no ocurriese esta vez lo que en tantas otras anteriores, emitió un edicto donde después de recordar a los vecinos de toda la Isla la importancia de la iglesia matriz, les comunicaba haber resuelto dedicar a dicho fin todo el sobrante de los ingresos y dotación de la mitra a la vez que los exhortaba a contribuir enviando sus limosnas. La respuesta de los vecinos no se hizo esperar y se ejemplariza con la mujer que, viviendo de la caridad pública, envió con su hijita un real de plata; constituía éste toda su fortuna.[88] La reedificación de la catedral se convirtió así en un objetivo colectivo de todos los puertorriqueños, desde el más humilde mendigo hasta el más rico propietario, participando cada uno en la medida de sus posibilidades respectivas.

Se comenzaron las obras el 28 de septiembre de 1802, completándose el apeo del techo el 27 de octubre.[89] Suponemos que es en

Señor Obispo difunto Dn. Fr. Juan Bautista de Zengotita Vengoa, sobre la reedificacion de la Santa Yglesia de Puerto Rico: su principio en Abril del Año de 1801». A. H. N., Ultr. Leg. 2005. Exp. 1. Tal decisión produjo una larga y agria disputa con el ayuntamiento que protestaba de la estrechez del espacio para servir de parroquia a 12,000 personas, del peligro que suponía en caso de ocurrir un derrumbe en el cuerpo principal de la catedral y por los quites habituales de precedencia. Favorecía el consistorio que se designara como parroquia temporera cualquiera de las iglesias de las órdenes religiosas, prefiriéndose entre éstas la de las carmelitas. *Actas... 1789-1803*, actas del 3 de noviembre de 1801, N.º 182, pp. 291-292; del 9 de noviembre de 1801, N.º 183, pp. 293-294; del 16 de noviembre de 1801, N.º 184, pp. 295-299; del 1.º de diciembre de 1801, N.º 186, pp. 300-302; del 7 de diciembre de 1801, N.º 187, pp. 302-304; del 22 de diciembre de 1801, N.º 189, pp. 305-307; del 23 de diciembre de 1801, N.º 190, pp. 307-309; del 18 de enero de 1802, N.º 194, pp. 315-317; del 23 de febrero de 1802, N.º 200, pp. 324-325; del 8 de marzo de 1802, N.º 201, pp. 325-330; del 12 de abril de 1802, N.º 206, pp. 337-339. El Consejo de Indias falló a favor del obispo el 8 de febrero de 1803. Extracto de las cartas del gobernador y el obispo de P. R. de 20 y 25 de agosto de 1802 y parecer del Consejo. A. H. N., Ultr. Leg. 2005, Exp. 1.

87. Copia de la Real Orden que aparece en la «Pieza 1.ª Testimonio...», *supra*, n. 86; Diego Angulo Iñíguez, *Planos de monumentos arquitectónicos de América y Filipinas existentes en el Archivo de Indias*. Sevilla, 1933-1939, pp. 588-592.

88. Edicto emitido por el obispo fray Juan B. de Zengotita el 8 de julio de 1801. V. documento 3 del apéndice documental.

89. Oficio del señor comandante de ingenieros de 12 de febrero de 1803, informando de todo lo ocurrido, y estado presente de la obra, en contestación al de los S. S. comisarios de fábrica de 8 del mismo. A. H. N., Ultr., Leg. 2005, Exp. 1. V. documento 4 del apéndice documental.

este momento que pierde la catedral la bóveda de terceletes y ligamentos 'que desde el siglo XVI había ennoblecido el tramo central
del crucero. La primera piedra que marcaba el inicio de la obra
interior se colocó el 9 de noviembre del mismo año, dando así
comienzo a una etapa más de actividad constructora.

El plan de Sedeño, diseñado dentro de las limitaciones económicas que imponía el reducido caudal con que se contaba, aprove-
chaba del edificio existente las cuatro paredes de cerramiento, la
capilla de San Pedro, la del Bautisterio y pórtico contiguo.[90] Con-
servaba asimismo la estructura de tres naves, lo que provocó una
airada polémica entre el ingeniero, los capitulares y el deán, vicario
capitular en sede vacante, don Juan Lorenzo de Matos, por favo-
recer éste empecinadamente que se redujera a una sola. Sostenía
el deán que las pilastras que reforzaban el arco toral estrechaban
la capilla mayor restándole majestuosidad.[91] Sedeño fundamentaba
su oposición a

> ...construirla de una sola nave por no haber sido en otras dos veces de
> la Real aprovación, por ser su costo mucho más crecido, y no conside-
> rarla la más propia a una Iglesia Catedral, y finalmente para obviar los
> defectos, y sentimientos que podían resultar en una Bóbeda de un des-
> mesurado diámetro apoyada sobre la unión de Paredes viejas, y nue-
> vas...[92]

La determinada resolución de Sedeño de retirarse y de no permitir que ningún ingeniero bajo su mando se ocupase en dichas
obras y el respaldo que recibió del cabildo eclesiástico, hicieron
que prevaleciera finalmente el proyecto ya aprobado.[93]

Las columnas toscanas construidas entre 1696 y 1706 serían sustituidas por diez pilares, cinco a cada lado, decoradas con "...pilas-
tras pareadas del orden jónico compuesto..." y basa ática. A juzgar
por lo que se observa en el plano, los pilares que sostienen el arco

---

90. *Loc. cit.;* Angulo, *Planos...*, pp. 588-592; Buschiazzo, *op. cit.*, p. 14. Menciona este último autor la conservación de «los pórticos laterales...». Sólo existía el
ya expresado, recién construido entonces.
91. «2.ª Pieza. Testimonio del Expediente formado por el Ylustrísimo cabildo
de Puerto Rico Gobernador del Obispado Sede Vacante sobre la reedificación de su
Santa Iglesia Catedral: su principio en Septiembre del año de 1802». A. H. N., Ultr.
Leg. 2005, Exp. 1; Angulo, *Planos...*, pp. 588-592.
92. *Supra,* n. 88; documento 4 del apéndice documental.
93. *Supra,* n. 91.

toral del presbiterio constituyen realmente dos pilastras de sección aproximada a la mitad de los que flanquean la nave principal. Los centros de los arcos entre los pilares se correspondían con los arcos de entrada a las capillas laterales y pórticos creando un efecto de mayor espacio. Descubierta la endeble constitución de las paredes delanteras de las capillas de San Bernardo y San Antonio que las incapacitaba para recibir carga alguna, se procedió a la demolición de las mismas.

> ...lo que executado... hizo patente que dejando aquellos dos huecos para cruzero resultaba mayor ensanche a la Yglesia, comodidad al Pueblo, y considerable ahorro de gastos, pudiendo en los testeros de este cruzero colocar los Altares dedicados á dichos Santos...[94]

La uniformidad del templo se lograría mediante la reforma de la capilla de los Dolores que sería igualada a la de San Pedro, idea vigente desde el último cuarto de la centuria anterior, la construcción de una nueva capilla que asemejara al Bautisterio y de otro pórtico frente al del obispo Martí.[95]

Bóvedas de cañón de roscas de ladrillo reemplazarían en las tres naves y los brazos del crucero las techumbres de madera mientras que una media naranja con su linterna cabalgaría sobre los cuatro arcos torales, es decir, al centro del transepto.[96]

De especial interés resultan las reformas proyectadas para el área absidal. Al colocar la mesa del altar totalmente exenta bajo el arco toral del presbiterio siguiendo el sistema empleado en varias partes de Europa y en particular en San Pedro de Roma, se recoge la más pura tradición presente ya en las basílicas paleocristianas del siglo IV, íntimamente relacionada con las ceremonias litúrgicas que en ellas se celebraban. La capilla mayor quedaba convertida en sede del coro, despejándose así la nave central. Hemos de recordar que dichas reformas ya estaban presentes en el proyecto sometido por O'Daly y descrito por el gobernador Dufresne en 1779.[97] No obs-

---

94. *Supra*, n. 89; Angulo, *Planos...*, pp. 588-592.
95. *Loc. cit.*
96. *Supra*, n. 89; Buschiazzo, *op. cit.*, p. 15.
97. *Supra*, n. 77. El no haberse encontrado hasta hoy el proyecto remitido por O'Daly impide una comparación más precisa entre ambos proyectos.

tante, es Sedeño quien presenta el proyecto que habría de realizarse finalmente.

Junto a don Tomás Sedeño trabajó estrechamente el arquitecto, maestro mayor de las reales obras de fortificación, don Luis de Huertas, de señalada importancia en la arquitectura sanjuanera durante la primera quincena del siglo XIX. No queda la menor duda de que el proyecto y los planos de las obras a realizarse fueron presentados por Sedeño sin que podamos precisar exactamente la participación de Huertas en este primer paso. Independientemente de las consultas que debieron haber existido entre facultativos interesados en lograr el máximo de una obra en común, creemos que Sedeño estuvo más activo en la redacción, diseño y trazo de lo que habría de ejecutarse mientras que Huertas dirigió y estuvo al frente de los trabajos hasta dejarle concluido su primer cuerpo y fachada.[98] Consta que prestó sus servicios desinteresadamente.

Los fondos disponibles para llevar a efecto los planes proyectados resultaban insuficientes por lo que el gobernador, mariscal de campo don Toribio Montes (1804-1809), los aumenta imponiendo el arbitrio de un maravedí por cada libra de pan.[99] Dicho auxilio pasó a las obras de la cárcel en 1811 y aunque en septiembre de ese mismo año las Cortes determinaron su restitución, fijándole en dos cuartos por libra,[100] seguía dicho producto destinado a la cárcel en enero de 1813.[101] Una vez más quedan en suspenso los trabajos de la catedral que no se terminarán hasta el pontificado de don Gil Esteve y Tomás (1849-1855).

---

98. Instancia de los hijos de don Luis de Huertas. A. G. M., Exp. Personal; *Actas... 1812-1814*, acta del 14 de enero de 1813, N.º 21, pp. 54-61.

99. Córdova, *op. cit.*, p. 164; Hostos, *Historia...*, p. 322; Blanco, «La catedral...», p. 50.

100. Hostos, *Historia...*, p. 323. El impuesto de 2 cuartos en libra de harina se creó originalmente para construir una casa de recogidas. No habiéndose edificado tal institución, en 1811 se destinó este arbitrio para la obra de la catedral. Oficio N.º 61 del intendente Antonio María del Valle al capitán general, 13 de enero de 1838. A. G. P. R., Obs. Mun., Leg. 62 D, Exp. 1, caja 323. En este oficio se fecha la Real Orden en 12 de octubre.

101. *Actas... 1812-1814*, acta del 14 de enero de 1813, N.º 21, pp. 54-61.

El cementerio.

Anejo a la catedral por el sur, completando la manzana, se encontraba el cementerio de la ciudad, a tono con la práctica cristiana de enterrar en los templos o sus proximidades. Esta costumbre, que empieza a desaparecer gradualmente en el siglo XVIII a consecuencia de las nuevas medidas secularizadoras e higiénicas propulsadas por la Ilustración e implantadas en España por Carlos III, cobra fuerza en Puerto Rico durante las primeras décadas del XIX cuando se activa en forma insistente el que se reparen y construyan lugares de enterramientos.[102] Obedeció este impulso a las demandas claramente expuestas por Carlos IV en dos reales cédulas. La primera, del 27 de marzo de 1789, requería a todos los diocesanos y vicepatronos de Indias que informaran breve y justificadamente sobre la construcción de los cementerios fuera de poblado, de estimarlo así conveniente; sobre el estado de las iglesias, si éstas podrían sufragar el costo de los cementerios; el número que necesitaba cada población de acuerdo a su vecindario; a cuánto podría ascender el costo y qué arbitrios podrían usarse de no tener medios suficientes para sufragarlo con el menor gravamen posible del Real Erario. La segunda, dada en Aranjuez el 15 de mayo de 1804, encarecía el cumplimiento de la anterior de acuerdo al plan que con ellas se remitía a todas sus posesiones, a la par que exigía un informe de lo que se ejecutara en cada lugar.[103] La planta —un grabado de Navia— [104] que creaba un esquema cementerial común para la América Hispana, ha debido regir en toda la Monarquía a juzgar por los típicos cementerios decimonónicos de provincias en la misma Península. Fue reproducido en Puerto Rico por el coronel don Ignacio Mascaró con fecha del 31 de mayo de 1814, probablemente para facilitar que se divulgara a todos los pueblos de la Isla. (Ilustración 34).

El solar presentaba un rectángulo cortado por dos avenidas que

---

102. Gutiérrez del Arroyo, *El reformismo...*, p. 149.
103. Copia de la Real Cédula dada en Aranjuez el 15 de mayo de 1804, recibida en Puerto Rico el 20 de agosto de ese año. A. G. P. R., R. S. G. P. R., E-6-8, caja 10. En ella notificaba el monarca haber recibido entre otros, los informes del gobernador intendente de la provincia del Cuzco y el obispo de aquella diócesis, remitidos con fechas de 22 de febrero de 1790 y 10 de enero de 1801 y en los cuales ambos se mostraban partidarios, alabando la utilidad de los «cementerios ventilados».
104. Hay una copia en A. G. P. R., R. S. G. P. R., E-6-8, caja 10.

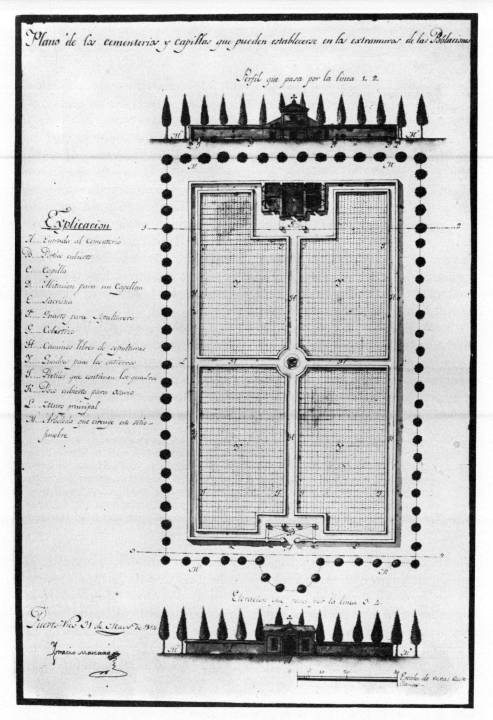

Núm. 34 Plano de los cementerios y capillas que pueden establecerse en los extramuros de las poblaciones. Ignacio Mascaró, 31 de mayo de 1814. A.G.I., Mapas y
Planos, Santo Domingo, No. 709.

al cruzarse en ángulos rectos lo dividían en cuatro espacios iguales, creando en la bifurcación un círculo con el pozo cubierto para osario. La sencilla fachada del pórtico de acceso presentaba dos hornacinas rectilíneas flanqueando el arco de entrada y sobre la cornisa un tímido frontón coronado por una cruz. En el extremo opuesto, siguiendo un eje directo con la entrada, estaba la capilla. Su frente seguía las líneas fundamentales del pórtico pero antecedido por un cobertizo que resguardaba el vano central adintelado y un segundo cuerpo que le daba cierta esbeltez. Tenía éste un óvalo central sobre la puerta, frontón y cruz. La diferencia en altura entre el cuerpo superior de la fachada y la línea que coincidía con los muros del cementerio se salvaban mediante una pared en diagonal. La atmósfera melancólica del camposanto se completaba con la hilera de cipreses o arboleda piniforme que lo circundaba.

Las reales cédulas y el modelo que debía seguirse llegaron a San Juan en el momento preciso. El incremento demográfico, acentuado a partir del último tercio del siglo XVIII, que provocaba la progresiva reducción de los espacios hábiles para nuevas sepulturas, y el principio sanitario, particularmente sensible en este momento, hacen que se acoja la demanda con evidente beneplácito.

> ... La necesidad y utilidad que de esta savia determinacion se sigue al publico, es inqüestionable; pues la poca capacidad, corto numero de Yglesias de esta Capital, el temperamento calido y humedo que se experimenta en todas las estaciones, y la falta de ventilacion en los templos, hacen sentir al olfato las evaporaciones que exalan las Sepulturas en qualquier hora que se entre en ellos, particularmente en los dos Conventos de Santo Domingo y San Francisco donde con mas frecuencia se entierran los que mueren en esta Ciudad...[105]

Encontrándose exhaustas las cajas parroquiales, prometió el obispo consignar al cumplimiento de la Real Cédula la mayor parte de los bienes relictos del chantre difunto don José Maisonet, que sumados a los que pudieran suplir los fondos públicos partícipes en diezmos, podrían cubrir la mayor parte de la cantidad necesaria. El ejemplo de la matriz serviría de estímulo para la realización de lo propio en los distintos pueblos, concurriendo voluntariamente cada

---

105. Síndico procurador segundo José Batlle Espina al ayuntamiento. 18 de julio de 1813. A. G. P. R., R. S. G. P. R., E-6-8, caja 10.

cual según sus fuerzas para cubrir lo que faltase a sus fábricas respectivas sin necesidad de otro arbitrio, tal como se había resuelto en Mayagüez.[106]

En sesión del 1 de abril de 1805, acordó el ayuntamiento señalar el terreno mejor ventilado y menos expuesto a la propagación de las infecciones de los cadáveres y que se formara el presupuesto de las obras.[107] Declara asimismo que cuando cesaran los compromisos de los fondos de propios podría el Cuerpo destinar a ese fin una cantidad compatible con el estado de sus rentas y acuerda solicitar del rey que concediera por diez años que todos los testadores, sin distinción de fuero, aumentaran a sus mandas forzosas las del cementerio.[108]

No hemos podido precisar el lugar asignado durante estas gestiones aunque suponemos que han debido proponerse los mismos puntos señalados algunos años más tarde. El plano fue sometido por el comandante de ingenieros don Tomás Sedeño el 1 de enero de 1806 [109] y ascendía el costo total a 7,081 pesos 2 reales y 10 maravedís.[110] Desconocemos asimismo los pormenores de este plano que ha debido seguir muy de cerca las pautas definidas por el grabado anteriormente descrito. La falta de medios para cubrir los gastos impidió que de momento se realizara lo proyectado. La mayor parte de los bienes del difunto chantre fueron asignados a la fábrica del seminario conciliar sin que tampoco fuera posible aplicar las rentas de la catedral ni los fondos de propios.[111]

En enero de 1813 seguía sin cumplirse con lo ordenado. En junta extraordinaria del día 13, acordó el cabildo promover la construcción del cementerio extramuros a sotavento de la ciudad, recomendando como posibles ubicaciones el campo que mediaba entre el baluarte de Santo Tomás y la batería de San José [112] en la costa norte, o en el próximo al semi-baluarte de San Agustín en la costa oeste,[113] detrás de la maestranza de ingenieros (Casa Blanca) y que

---

106. *Loc. cit.*
107. *Loc. cit.*
108. *Actas... 1803-1809*, acta del 1 de abril de 1805, N.º 101, pp. 149-150.
109. Zeno, *op. cit.*, p. 61.
110. *Supra*, n. 105.
111. *Loc. cit.*
112. Situada fuera de las murallas.
113. *Actas... 1812-1814*, acta del 14 de enero de 1813, N.º 21, pp. 54-61.

podría concurrirse a la obra con los fondos de propios o los sobrantes de otros. Conscientes de las limitaciones económicas, cifran los gastos inmediatos en los costos de los muros de división y osario, dejándose la capilla para mejores tiempos y a las corporaciones o personas egregias los sepulcros y panteones.[114] A pesar de haberse sugerido los lugares apropiados, las consideraciones de tipo económico impidieron que se tomara un paso en efectivo hasta que un tercer decreto de 1 de noviembre de 1813, requiriendo la exacta observancia de las leyes que prohibían los enterramientos dentro de poblado, hizo que se nombrara una comisión compuesta por los regidores Pedro Irizarry y Juan Severo Malagón y los síndicos primero y segundo del ayuntamiento para que junto a dos representantes del cabildo eclesiástico señalaran el sitio para un cementerio provisional y su repartimiento que se usaría interinamente hasta que se pudiera realizar de forma perpetua.[115]

El cementerio provisional, asentado sobre los cantiles de la costa noroeste próximo a la batería de San José entre los baluartes de Santo Domingo y Santa Rosa, se bendijo el 27 de mayo de 1814 bajo el patronazgo de Santa María Magdalena de Pazzis, celebrándose tan solemne acto con una procesión a la que asistieron el gobernador don Salvador Meléndez Bruna y representantes de las comunidades dominica y franciscana.[116] Los planos sometidos por el coronel Ignacio Mascaró el 31 de mayo de ese año [117] y el 21 de junio próxi-

---

114. *Loc. cit.*

115. *Actas del Cabildo de San Juan Bautista de Puerto Rico. 1814.* Publicación Oficial del Municipio de San Juan, Puerto Rico, 1968. Acta del 18 de marzo de 1814, N.º 13, pp. 40-41.

116. Copia del acta de bendición. A. G. P. R., Sección de Planos, E-1-5, N.º 220. Por ausencia del obispo Arizmendi en visita pastoral para esa fecha, condujo el acto don Nicolás Ruiz y Peña, presbítero, cura teniente de la catedral. Hostos supone su inauguración en 1818, *Historia...,* p. 501.

117. «Plano y Perfil del Cementerio que se proyecta construir extramuros de la Plaza de San Juan de Puerto Rico». Puerto Rico, 31 de mayo de 1814. Ignacio Mascaró A. G. I., Sec. XVI de Mapas y Planos, N.º 707. En el *Catálogo...* de Rodríguez Villafañe aparece mencionado pero repite equivocadamente en su lugar el modelo ya discutido. Rodríguez Villafañe, *op. cit.,* pp. 90-91, 94-95. El segundo plano, de la misma fecha, nos sitúa exactamente el área. «Plano y perfiles en que se manifiesta el pie de la muralla desde el angulo flanqueado del Baluarte de Santo Domingo hasta el de San Antonio, el terreno comprendido entre ellos y la Mar, el desnivel del mismo terreno, la bateria, cuerpo de guardia y Almacen de San Jose, la situación de las cercas del cementerio estable y las del provisional». A. G. I., Sec. XVI, Mapas y Planos, N.º 708; Rodríguez Villafañe, *op. cit.,* pp. 92-93.

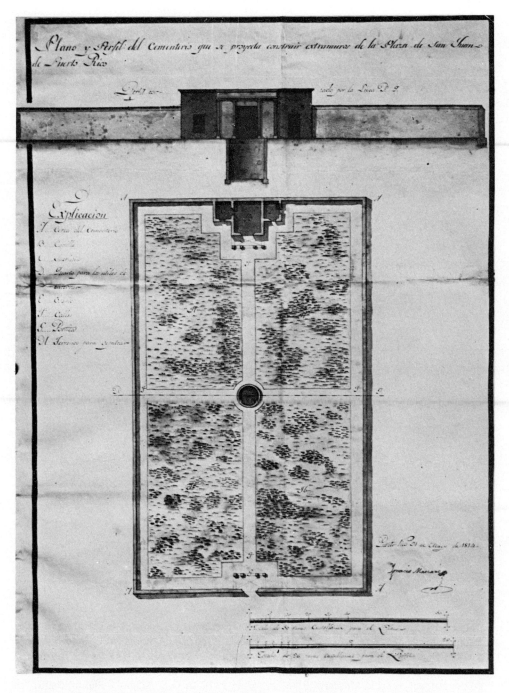

Núm. 35   Plano y perfil del cementerio que se proyecta construir extramuros de la plaza de San Juan de Puerto Rico. Ignacio Mascaró, 31 de mayo de 1814. A.G.I., Mapas y Planos, Santo Domingo, No. 707.

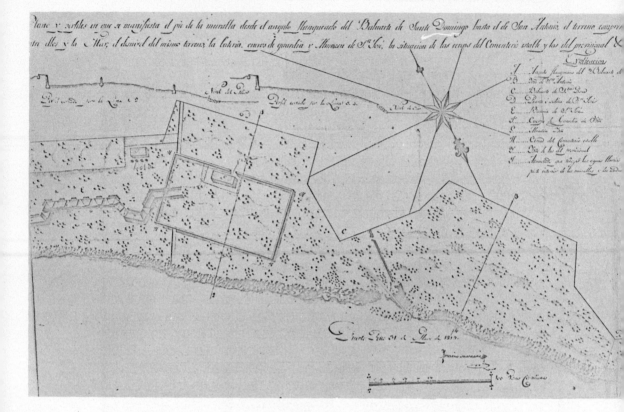

Núm. 36   Plano y perfiles en que se manifiesta el pie de la muralla desde el ángulo
flanqueado del baluarte de Santo Domingo hasta el de San Antonio, el terreno comprendido entre ellos y la mar, el desnivel del mismo terreno, la batería, cuerpo de
guardia y almacén de San José, la situación de las cercas del cementerio estable y las
de provisional. Ignacio Mascaró, 31 de mayo de 1814. A.G.I., Mapas y Planos, Santo
Domingo, No. 708.

mo [118] aparecen delineados bajo la clara influencia del modelo antes descrito. (Ilustración 35).

Se proyecta la "ciudad de los muertos", aun dentro de la irregularidad topográfica del sitio, siguiendo el trazado en cuadrícula, con el osario al centro. La reforma más evidente puede apreciarse en la simplificación de la fachada a la que se priva del frontón, limitándose su altura con la línea del muro de cerramiento. Para facilitar la llegada al cementerio fue necesario abrir una puerta en la muralla entre los baluartes de Santo Domingo y Santa Rosa. No hemos podido comprobar la fecha exacta en que se construyó la puerta de San José pero ya aparece señalada en el plano de Mascaró.[119] (Ilustración 36).

El "guiriguiví", como afirma Tapia que se conocía el antiguo cementerio,[120] quedó convertido en un corral cuyas ruinosas cercas provocaron un conflicto entre las autoridades eclesiásticas y el ayuntamiento en 1836-1837 y durante el cual se plantea la posibilidad de vender dicho terreno para construcciones civiles, llegándose incluso a proponer que de no procederse al pronto derribo y reedificación de tales muros se concediese la propiedad del solar al ayuntamiento.[121] La drástica medida no llega a realizarse pero queda en el ambiente la idea de la venta, llevada a cabo años más tarde.

---

118. «Plano n.º 1 del Cementerio proyectado para la Plaza de San Juan de Puerto Rico en que se manifiestan los enterramientos para depositar las distintas clases de cadáveres, la Fortificación inmediata y las cercas que casi le circuyen. Vista y Perfil que pasa por la linea A. B.» Puerto Rico, 21 de junio de 1814, Ignacio Mascaró. A. G. P. R., Fondo M.º S. J., Leg. 96, Exp. 1. En una carta dirigida al ayuntamiento, fechada el 22 de junio de 1814, el gobernador menciona y recomienda por mejor situado un plano 2.ª que no hemos podido localizar.

119. «Plano y perfiles...», supra, n. 117.

120. Tapia, Mis memorias..., p. 118; Blanco, «La catedral...», p. 51. En opinión del Dr. Arturo V. Dávila, el nombre pudiera originarse en el murmullo confuso del ritual de entierros y de las procesiones mensuales de ánimas cantadas que saliendo de la catedral recorrían el perímetro del antiguo cementerio. Tal vez se trate de los versos de la secuencia Dies irae que por su corto metro podrían corromperse en la popular locución de que habla Tapia.

121. Propuesta sometida por el síndico primero Juan de la Mata Aybar al ayuntamiento de San Juan en 13 de octubre de 1837. Se llegó a un acuerdo según lo propuesto en sesión de 18 de octubre. A. G. P. R., Obs. Mun., Leg. 62 D, Exp. 1, Ca. 323.

El teatro municipal.

La idea de construir un coliseo municipal obedeció a la afición teatral de los vecinos de San Juan y constituye uno de los ejemplos más representativos de la política ilustrada de don Miguel de la Torre.[122] El deseo de tener una estructura adecuada y permanente donde pudiera desarrollarse el arte dramático fue exteriorizado por las autoridades isleñas desde el 1811 cuando el general Meléndez Bruna protegió y auspició contra la voluntad del obispo Arizmendi la actuación de una compañía llegada a Puerto Rico en septiembre de ese año.[123] Celebró ésta sus funciones en un teatro provisional localizado en la calle del Sol, entre San José y Cristo,[124] erigido según la costumbre al modo de un corral de comedias.[125] La farsa se ofrecía como beneficio para el hospital de caridad, sentando con ello un precedente filantrópico ineludible ya para los proyectos futuros. A pesar de la exhortación publicada en la *Gaceta Oficial* por el comandante de marina, capitán de fragata don José María Vertiz para que se concluyera y perfeccionara el teatro con carácter definitivo, nada se logra por el momento.[126]

La primera propuesta en firme para una estructura permanente fue presentada por el alcalde segundo del ayuntamiento don Juan Evangelista Zuazo, en abril de 1822.[127] Los frutos obtenidos del arren-

---

122. Gobernador y capitán general de Puerto Rico de 1823 a enero de 1837, fue el general derrotado por Simón Bolívar en Carabobo, 1821.
123. Emilio J. Pasarell, *Orígenes y desarrollo de la afición teatral en Puerto Rico.* Universidad de Puerto Rico, Editorial Universitaria, 1951, 2 vols., I, pp. 29-31.
124. *Loc. cit.* El lugar se conocería popularmente como el Corralón. Francisco Arriví, «El antiguo San Juan y el Teatro Tapia». *Revista del Instituto de Cultura Puertorriqueña*, San Juan de Puerto Rico, N.º 45 (octubre-diciembre 1969), pp. 40-41.
125. Tapia menciona otro de este tipo existente junto al hospital militar, en la calle de San Sebastián. *Mis memorias...*, p. 112. Opina Hostos, *Historia...*, p. 437, que dicho teatro debe ser el mismo que Ubeda y Delgado identifica como el Moratín, sito en la calle de la Luna. No coincidimos, sin embargo, con tal apreciación pues Tapia indica claramente que había existido antes de él nacer (1826) o poco después y que el solar por él ocupado pasó luego a formar parte del hospital. Ubeda describe un teatro de madera, pequeño, construido por una empresa particular en un terreno de la calle de la Luna en lo que se arreglaba el teatro municipal. Manuel Ubeda y Delgado, *op. cit.*, p. 125. Creemos que Ubeda se refiere a otro distinto, posterior al que menciona Tapia, levantado con carácter provisional para usarse mientras duraban las reformas del municipal, iniciadas en septiembre de 1877, un año antes de que se publique su obra (1878), por lo que ha debido conocerlo.
126. Pasarell, *op. cit.*, pp. 30-31.
127. *Loc. cit.*

damiento del edificio se destinarían a la creación de un hospicio o casa cuna y su sostenimiento.[128] A pesar de la acogida favorable que tuvo la idea, no llegó a formalizarse en proyecto por lo que una segunda propuesta fue presentada al año siguiente (1823). La suscribían el capitán general don Miguel de la Torre, los coroneles don José de Navarro, don Manuel de Arroyo y don Matías Escuté y el comandante de marina don José María Vertiz.[129] Como en las propuestas anteriores, las ganancias se dedicarían a una obra meritoria. En este caso se unirían al arbitrio de un cuarto en cada libra de pan para el sostenimiento de la universidad que pretendía fundarse. La vuelta al régimen absolutista en 1824 dio al traste con la idea de la universidad y aunque se siguen los planes para el establecimiento de un teatro permanente, se desvía su atención para ayudar a fundar y sostener el seminario conciliar.[130]

El proyecto fue sometido por el conde de Torrepando al ayuntamiento el 24 de julio de 1824 en los términos siguientes: [131]

> Este teatro será su esterior de mampostería y todo lo interior de madera, escogiendo de las que abunda la Isla, aquellas de calidad casi incorruptible y que sean más á proposito para formar el esqueleto del edificio, y las demás necesarias para cerrarlo y cubrirlo se harán venir del Norte por medio de una contrata ú otro equivalente y seguro para su compra.

. . . .

> En el edificio se guardarán los tres principios esenciales de comodidad, firmeza y hermosura, como tambien los de optica y reglas para aumentar el sonido que requiere esta clase de obras, como se manifiesta por los planos, en los que se nota la aplicacion que se ha hecho de las de arquitectura, relativamente á la distribucion, ordenanza, disposicion, simetria y ornato; y de las de física con referencia al sonido y rayos visuales. El teatro está dividido como todos en dos partes princi-

---

128. *Loc. cit.*
129. *Ibid.*, pp. 34-36.
130. *Ibid.*, pp. 36-37; Hostos, *Historia...*, p. 437.
131. «Proyecto para el establecimiento de un teatro permanente en la Capital de la Isla de Puerto Rico. Puerto Rico: 1824. Imprenta del Gobierno a cargo de D. Valeriano de Sanmillán». A. G. P. R., Obs. Pubs., Edif. Pubs., Leg. 164, Exp. 1, caja 715. Reproducido en Córdova, *op. cit.*, IV, pp. 204-212; Pasarell, *op. cit.*, I, pp. 38-43. V. también Gutiérrez del Arroyo, *El reformismo...*, pp. 157-159.

pales, á saber: salon de espectacion y salon de representacion. Al primero se le ha dado la figura circular, por ser la mas propia, trazando el diametro de 20 varas, y dividiendolo en orquesta capaz de 40 musicos, 144 lunetas, 80 asientos de patio, 22 sillones en una galería que forme un anfitreatro, 25 palcos bajos, 23 principales y 22 segundos, con una cazuela o tertulia en medio del ultimo orden de palcos capaz de 96 asientos comodos. La embocadura estará adornada de pilastras estriadas del orden jonico, sobre las cuales apoya un arco elíptico, rodeado el edificio de corredores y cuatro escaleras que abocan en ellos, ofrecerá a los concurrentes el suficiente desahogo, y en cualquier funesto evento una pronta salida del teatro. Dicho salon de espectacion estará iluminado con una buena araña de quinquees [sic], pendiente de su centro, y el conjunto ofrecerá la ventilacion compatible con la parte acústica ó del sonido.

El segundo salon, que es el de representacion, tendrá el fondo y frente que requiere el escenario, e interiormente habrá los cuartos de vestuario necesarios á la decencia y separacion de ambos secsos...[132]

Para subvencionar la obra se acordó el arbitrio municipal de un maravedí sobre libra de pan y una subscripción indeterminada de 50 pesos cada acción, que se reintegraría sin interés alguno al obtenerse los primeros beneficios de la obra concluida. Los trabajos se iniciarían cuando se completara la venta de las primera cincuenta acciones.[133] Al primer arbitrio se sumaron hasta 1829 el de un cuarto por cuartillo impuesto a los licores nacionales y dos cuartos a los extranjeros y los mil pesos anuales que se obtenían del impuesto de calles.[134]

Seleccionado el lugar frente a la plaza de Santiago se colocó la primera piedra el 21 de septiembre de 1824, inaugurándose seis años después, el 19 de febrero de 1830, con un baile ofrecido por el ayuntamiento para la celebración de las bodas de Fernando VII con María Cristina de Nápoles, antes de que estuviese completamente terminado.[135] Los últimos detalles han debido realizarse hacia 1834. El costo total de la obra ascendió a la cantidad de 154,974 pesos,

---

132. «Proyecto...», *supra*, n. 131; Córdova, *op. cit.*, IV, pp. 206-208; Pasarell, *op. cit.*, I, pp. 40-41.

133. «Proyecto...», *supra*, n. 131; Córdova, *op. cit.*, IV, p. 208; Pasarell, *op. cit.*, I, p. 42.

134. Gutiérrez del Arroyo, *El reformismo...*, p. 159.

135. *ibid.*, p. 158; Córdova, *op. cit.*, II, p. 20 y VI, p. 30; Pasarell, *op. cit.*, pp. 43-44; Tapia, *Mis memorias...*, p. 112.

Núm. 37   Retrato de don Miguel de la Torre por Eliab Metcalff. Foto Instituto de Cultura Puertorriqueña.

suma que excedía considerablemente el presupuesto original de 21,000 pesos.[136]

El autor de la totalidad del proyecto fue el mariscal de campo don José Navarro y Herrera, comandante de ingenieros en Puerto Rico desde el 13 de enero de 1816 hasta el 22 de mayo de 1826.[137] Se destacó en la Isla no sólo como ingeniero-arquitecto sino también en el desempeño de varias posiciones de autoridad, cual fuera la de director de la Sociedad Económica de Amigos del País, vocal en la Junta de Guerra de Generales y la de capitán general de la Isla por sucesión de mando.[138] Estuvo al frente de las obras del teatro hasta 1826 cuando se le ordenó regresar a la Península, dejando el edificio a la altura de su tercer cuerpo.[139]

Para conocer la estructura dependemos fundamentalmente de la descripción de Pedro Tomás de Córdova, antes citada, toda vez que no hemos encontrado ni el proyecto ni los planos sometidos por el ingeniero. La descripción de Tapia, testigo ocular, nos permite hacernos de una idea sobre la apariencia que tuvo el teatro hasta la reforma del último cuarto del siglo.

> ... Se planeó de tres pisos; pero como lo dirigían ingenieros militares, no sólo hicieron del edificio una casa fuerte, con gruesos murallones que se comían la mayor parte del local, sino que arrepentidos del plano que resultaba por lo alto como estorbo a los fuegos del vecino castillo de San Cristóbal, le suprimieron a última hora el tercero o cuarto pisos, dejándolo como está; de lo que resultó bastante gacho...[140]

La traza primitiva se refleja fielmente, sin dejar ya lugar a dudas, en los fondos de perspectiva arquitectónica que como complemento del retrato del general de la Torre produce el pintor norteamericano Eliab Metcalff en 1827. (Ilustración 37). A la derecha del retrato

136. Gutiérrez del Arroyo, *El reformismo...*, pp. 158-159. Coll y Toste indica que inicialmente se calculó el costo en 16,000 pesos y se dedicaron 5,000 pesos más para la ornamentación. Carta a Roberto H Todd, 20 de marzo de 1919, *B. H. P. R.*, VI, pp. 190-191.
137. Hoja de servicios hasta el 30 de febrero de 1863. A. G. M., Exp. Personal. Fue destinado a la Isla por Real Orden de 20 de mayo de 1815; embarcó en Cádiz el 30 de noviembre y desembarcó en Puerto Rico el 13 de enero del año siguiente.
138. Hoja de servicios. A. G. M., Exp. Personal. V. documento 5 en el apéndice documental.
139. *Loc. cit.*
140. Tapia, *Mis memorias...*, p. 112.

se distinguen con toda claridad los cuatro cuerpos y el doble imafronte del coliseo. Sus proporciones sufrieron visiblemente al reducirse la altura por estorbar el último cuerpo a los fuegos de la Plaza.

La apreciación de Tapia, cuya memoria honra hoy el mismo edificio, está más próxima a la realidad que la que hace Córdova, quien con desbordante entusiasmo asegura que no tiene igual en América "...por su solidez, planta, gusto y ornato...".[141] De arquitectura pesada y escasa gracia, tuvo, sin embargo, una excelente decoración interior en las pinturas de los hermanos Genaro y Juan Pérez de Villaamil, ejecutadas hacia 1832.[142] Cabe señalar también como detalle interesante de la ornamentación interior las estrellas y signos del zodíaco que adornaban el piso de madera del patio.[143]

El seminario conciliar de San Ildefonso.

Los intentos fundacionales de un seminario en Puerto Rico parten, como es natural, de la voluntad de cumplir lo preceptuado por el Concilio de Trento en su sesión 23, celebrada el 15 de julio de 1563, capítulo 18: "Se da el método de erigir Seminarios de Clérigos, y educarles en él".[144] Al igual que en toda Hispanoamérica, se inicia el proceso con el establecimiento de unas cátedras para la formación intelectual de los llamados al sacerdocio. Las mismas se hallaban establecidas en Puerto Rico hacia 1630 bajo el título de San Ildefonso [145] en un aula de la catedral señalada en el plano de 1684 con el nombre de estudio. Se complementaban éstas con las ofrecidas por los dominicos desde el siglo XVI. Sin embargo, uno de los propósitos fundamentales del canon tridentino citado, la vida

141. Córdova, *op. cit.*, I, p. 20.

142. Hostos, *Historia...*, pp. 437-438. Tapia, *Mis memorias...*, p. 112; carta de Coll y Toste a Roberto H. Todd, *B. H. P. R.*, VI, p. 191.

143. «Copias simples de los espedientes del Esmo. Ayuntamiento desde la entrega del edificio hasta la cesacion del Administrador de Propios D. Miguel Beyley en Otubre 1839 con su Inventario». A. G. P. R., M.º S. J., Leg. 136, Exp. 2, Ca. 328.

144. *Sacrosanto y Ecuménico Concilio de Trento.* Traducido por D. Ignacio López de Ayala. Agrégase el texto original corregido según la edición auténtica de Roma publicada en 1564. Privilegio. Madrid, Imprenta Real, 1785, pp. 357-366.

145. Torres Vargas, *op. cit.*, p. 546; Cuesta Mendoza, *Historia eclesiástica*, pp. 226-227.

común de los clérigos durante el tiempo de su formación, quedó incumplido en gran parte de la América española hasta fechas muy tardías.[146] Basta como ejemplo el de la diócesis primacial del virreinato de la Nueva España cuyo seminario no se establece hasta fines del siglo XVII, inaugurándose bajo la rectoría del puertorriqueño don Francisco de Ayerra y Santa María.[147]

El primer plan cuidadosamente organizado con proyecto de edificio y constituciones rectoras se debió al interés y la constancia del obispo don fray Pedro de la Concepción Urtiaga quien en 1712 pudo presentarlo al Consejo de Indias. Aprovechó, al efecto, la casa que albergaba el antiguo hospitalillo de la Concepción junto a la Fortaleza, sin uso para la fecha, sometiéndolo a algunas obras de mejora y ampliación.[148] El plano tiene un triple interés puesto que ofrece las dependencias ya existentes del hospital, siendo la planta más antigua conocida hasta hoy en la historia de su edificio y señala parte de la capilla de la Fortaleza lo que aclara muchas dudas sobre el lugar que anteriormente ocupaba ésta. El croquis [149] no presenta novedad arquitectónica que merezca señalarse; la estructura de dos pisos dispuesta en torno al patio, mantiene el esquema distributivo que vemos repetirse con asiduidad en San Juan. Motivos de índole económica principalmente impidieron que se realizara la obra en esas fechas; Puerto Rico sigue, pues, el ritmo lento que caracteriza la institucionalización de los seminarios conciliares en toda Hispanoamérica e incluso en la Península. Ni siquiera pudo ponerse en práctica, como en otras partes de la Monarquía, el recurso empleado de habilitar algunos de los vastos edificios pertenecientes a la Compañía de Jesús después de que la expulsaran en 1767 por la

---

146. El de Santo Domingo se erigió en 1604, el de Cuba poco tiempo después y Venezuela lo tiene muy adelantado en ese mismo siglo. Cuesta Mendoza, *Historia eclesiástica*, p. 222.

147. Cuesta Mendoza, *Historia de la educación en el Puerto Rico colonial. Volumen I, 1508-1821*. México, D. F., Imp. Manuel León Sánchez, 1946; *Volumen II, 1821-1898*, Ciudad Trujillo, Imp. «Arte y Cine», 1948, I, p. 347.

148. Enrique Marco Dorta, *Fuentes para la historia del arte hispanoamericano. Estudios y documentos*. Sevilla, Instituto Diego Velázquez, Sección de Sevilla, Consejo Superior de Investigaciones Científicas, 1960, 2 vols., II, pp. 18-20; Campo Lacasa, *La iglesia...*, pp. 98-99; Hostos, *Historia...*, p. 343.

149. Marco Dorta, *Fuentes...*, láms. 2 y 3; Rodríguez Villafañe, *op. cit.*, pp. 126-127; Campo Lacasa, *La Iglesia...*, pp. 96-97.

sencilla razón de que ésta no fundó en Puerto Rico hasta la segunda mitad del siglo XIX (1858).

La preocupación por el seminario vuelve a manifestarse con parecido empeño durante los pontificados de los obispos don Francisco de la Cuerda (1790-1795) y fray Juan Bautista de Zengotita (1796-1802) [150] pero tendrá que esperar todavía hasta 1827 cuando los esfuerzos aunados del obispo don Pedro Gutiérrez de Cos y el capitán general don Miguel de la Torre coincidieron en darle el impulso definitivo, preocupado el prelado por cumplir con una norma conciliar pospuesta por más de dos siglos y el gobernador por fomentar la enseñanza dentro de los límites que la tardía aplicación de los principios ilustrados y el marco absolutista fernandino toleraban. No debió ser tampoco ajeno al entusiasmo del conde de Torrepando el fomento que a su política urbanista daría la presencia de una estructura tan significativa en el contexto institucional de la calle del Cristo.[151]

Las gestiones para construir el edificio se inician en la primera década del XIX con la selección del solar existente en las inmediaciones del palacio episcopal como el más conveniente, prefiriéndose sobre el que ocupaba el viejo cementerio contiguo a la catedral. En las deliberaciones para escoger el lugar, fue decisivo el criterio del primer obispo puertorriqueño, don Juan Alejo de Arizmendi. Albacea de los bienes dejados por el difunto chantre Rivera Quiñones, destinó la casa y patio del mismo para ubicar allí el seminario, agrandando el espacio al comprar con fondos propios y ciertos réditos eclesiásticos los solares adjuntos. Ya en 1814 se ofrecían en dos salas de la casa mencionada clases de latín,[152] después de hacer en ella algunos arreglos para facilitar tales actividades. En reunión celebrada por el cabildo el 14 de enero de 1813 se informa que el obispo estaba "...entendiendo en el edificio del seminario conciliar, que se halla muy adelantado..." [153] Una lista de los jornales pagados

---

150. Campo Lacasa, *La iglesia...*, p. 110.

151. Existían ya en esa calle el convento de los dominicos con su iglesia, el palacio episcopal, el convento de las Madres carmelitas, la catedral, el antiguo cementerio y la capilla del Cristo.

152. Cuesta Mendoza, *Historia de la educación...*, pp. 323-324; Gutiérrez del Arroyo, *El reformismo...*, p. 149.

153. *Actas... 1812-1814*, acta del 14 de enero de 1813, N.º 21, pp. 54-61. V. Gutiérrez del Arroyo, *El reformismo...*, p. 160, n. 339.

desde diciembre de 1814 a agosto de 1815 prueba definitivamente
que ya se realizaban las primeras obras, siquiera de habilitación
provisional.[154] Quién sabe si estas primeras dependencias se mantienen luego dentro del proyecto que se realiza años más tarde. Merece
señalarse en esta fase inicial el nombre de don Luis de Huertas,
quien al dar el visto bueno se nos presenta como el supervisor de
los trabajos, tal vez por haberlos proyectado.

La construcción del edificio se inició el 20 de marzo de 1827.[155]
Para realizarlo se contaba, en primer lugar, con el importante tributo llamado de la trigésima, creado por el Concilio de Trento para
el sustento de los seminarios,[156] con las rentas de varias propiedades,
legadas algunas, como las casas de don Miguel Xiorro en 1801[157] y
el chantre Rivera Quiñones, y otras adquiridas por compra.[158] Con-
tábase, además, con los frutos que se obtuvieran del coliseo que se
construía de cuya efectividad durante varios años existe constancia.[159] Aun así, la obra no se hubiera realizado sin mediar el carácter

---

154. «Relacion de los Jornales y demas gastos causados en la Habilitacion de
dos Aposentos del Seminario con destino á Estudios de Gramatica de Orden del
Sr. Provisor y Vicario General el Sr. Canonigo D. Nicolas Alonso Andrade que comprende la Semana que dio principio en 25 de Diciembre y concluyó en 31 del mismo».
31 de diciembre de 1814. Manuel de Andino. V.º B.º Luis de Huertas. Siguen cuentas
de enero a agosto de 1815. A. E., Fondo del Seminario Conciliar, Leg. s. n.

155. «Construcción del Seminario Conciliar de Puerto Rico. Dió principio la
fábrica el 20 de Marzo del año 1827 y terminó el 3 de Enero de 1829.» A. E., Fondo
Seminario Conciliar, Leg. s. n.; Asenjo, *Efemérides...*, p. 57, da como fecha el 4 de
marzo. Hostos, *Historia...*, p. 345, afirma fue en 1830, lo que repite Buschiazzo,
op. cit., p. 43.

156. Consistía el tributo en la exacción del 3 % anual de las rentas libres que
gozaban los curas y demás eclesiásticos de las capellanías de todo tipo, capitales
de cofradías, fábricas de iglesias y otras rentas eclesiásticas exceptuados los hospitales y novenos reales, con arreglo a las leyes 8.ª y 9.ª, título 24, libro I de las Leyes
de Indias, según Real Cédula de 1 de junio de 1799. Empezó a cobrarse en Puerto
Rico en enero de 1802 por auto del obispo Arizmendi de 10 de noviembre de 1803,
es decir, fue retroactiva. Libro de cargo y data para las cuentas respectivas del
colegio conciliar. 1802-1843. A. E., Fondo Seminario Conciliar, Leg. s. n.

157. Testamento de Fr. Miguel Xiorro, 28 de noviembre de 1801. A. G. P. R.,
Protocolos Notariales, Escribanía de Juan B. Núñez, 1801, escribano: Gregorio San-
doval.

158. En 1828 tenía una casa en la plaza Mayor, una en la calle de la Fortaleza,
una en la de los Cuarteles (Tetuán) y otra en la del Sol. «Cuentas presentadas por
el Sr. Chantre D. D. Jose Rendon de lo que han producido los alquileres de las
casas correspondientes al Seminario conciliar, con los comprovantes de los gastos,
que se han ocasionado desde Marzo hasta fin de Diziembre de 1828». A. E., Fondo
Seminario Conciliar, Leg. s. n.

159. Existen las relaciones mensuales y anuales de la percepción por parte de
la administración del seminario de las dos terceras partes concedida: del producto

animoso y el constante entusiasmo de un obispo como don Pedro Gutiérrez de Cos, a quien no bastándole el esfuerzo desplegado en la organización definitiva del proyecto aportó, como antes hiciera con el hospital de caridad otro digno prelado ya mencionado, don fray Manuel Jiménez Pérez, gran parte de su propio peculio.[160]

El autor del proyecto conformó su plan a la configuración del terreno. Respetando el declive de la pendiente se valió del mismo para crear sobre la terraza superior un ala de un piso disponiendo la fachada principal a ese nivel. La línea de descenso se salva al doblar la estructura en el costado sur. El hermoso claustro central, con las proporciones de sus arcos de medio punto y sus simples pilares cruciformes, constituyen uno de los espacios arquitectónicos más armoniosos que tiene el país. Su perímetro, un solar de 62 varas de largo por 46 ½ de ancho, completa la manzana que comparte con el palacio episcopal al que integra sus volúmenes sin esfuerzo.

La fachada del edificio está animada por siete ventanas con rejas abalaustradas, cobijadas por graciosos doseletes terminados en flámulas, que se hallan alineadas a un mismo nivel. La portada es una representación fiel del momento ilustrado. Extremadamente sencilla, se resuelve a base de dos pilastras rehundidas que flanquean la entrada y el característico frontis como remate. Dos escudos, tallados en piedra por Francisco Costa, constituyen su único motivo ornamental: en el tímpano, las armas reales y bajo éste, sobre el dintel, las del obispo Gutiérrez de Cos,[161] símbolos elocuentes de los

---

líquido del coliseo hasta el año de 1837. «Libro 1.º de Cuentas mandado disponer por el Excelentisimo é Ylustrisimo, Señor Doctor Don Pedro Gutierrez de Cos, dignisimo Obispo de esta Diocesis, y Fundador de este Seminario Conciliar de San Yldefonso, Arzobispo de Toledo, para estampar en él las pertenecientes al mismo Seminario. Estas cuentas se extienden desde el día cuatro de Julio de mil ochocientos treinta y dos hasta el mes de Mayo de mil ochocientos treinta y siete». 186 fols., faltan del 45 al 61. A. E., Fondo del Seminario Conciliar, Leg. s. n.

160. «Oración Fúnebre que en las honras del Escelentisimo é Illustrisimo Señor Doctor Don Pedro Gutierrez de Cos, dignisimo Obispo de esta Diocesis, Caballero Gran Cruz de la Real orden americana de Isabel la Catolica, etc., pronunció en la Santa Iglecia [sic] Catedral de San Juan Bautista de Puerto Rico el dia 9 de mayo de 1833 el Padre Gaspar Hernandez, Clérigo Regular del Orden de San Camilo, Catedrático de Filosofía del Colegio de nuestra Señora de la Buena muerte de Lima, y del Seminario Conciliar de esta Ciudad. Lo Da A luz el presbítero Don Antonio Pereira. Con Licencia: en Puerto Rico. — Año de 1833». Hostos, *Historia*..., p. 345; Gutiérrez del Arroyo, *El reformismo*..., p. 160; Córdova, *op. cit.*, VI, p. 298.

161. «Cuenta de Cargo y Data con sus comprobantes presentadas por el Maestro maior D. Agustin Cantero encargado de la fabrica del Colegio Seminario, pertene-

dos poderes regentes : el Estado y la Iglesia, unidos a través de toda la historia puertorriqueña hasta 1898. (Ilustración 38). La cornisa moldurada que recorre toda la longitud del edificio y los doseles igualmente moldurados que coronan cada una de las ventanas, son el recurso más utilizado en la arquitectura decimonónica de San Juan.

Los materiales empleados fueron los de uso común en la ciudad : ladrillo y mampostería, maderas del país, preferentemente ausubo, capá y cedro y el pichipén (pitch pine) importado.[162]

El nombre del autor de los planos que en definitiva se ejecutaron permanece dudoso hasta hoy. Consta que para enero de 1821 el obispo don Francisco Mariano Rodríguez de Olmedo (1816-1824) había solicitado del comandante de ingenieros de la Plaza, don José Navarro, el diseño de los mismos.[163] Sin embargo, no tenemos otra noticia que confirme que dicho ingeniero los trazara y nos parece significativo el hecho de que no se consignara en su hoja de servicios donde se hace relación de todas sus actividades durante su estancia en la Isla. Debemos considerar asimismo el hecho de que Navarro abandona Puerto Rico en mayo de 1826 y el obispo Gutiérrez de Cos entró en San Juan el 27 de julio del mismo año,[164]

---

cientes al año de 1831.» A. E., Fondo Seminario Conciliar, Leg. s. n. El recibo n.º 66 lee como sigue: «He resibido de Don Agustin Cantero Ciento beinte pesos por la Obra de talla y tallar los dos escudos del Seminario Conciliar el primero de las armas reales y el segundo el de el Excelentísimo Señor Obispo y para que conste doy este en Puerto Rico a 1.º de Mayo de 1831. Son 120 pesos. — Franco. Costa».

162. «Cuenta de cargo y data que formo yo, Don Agustín Cantero, encargado de la fabrica del Seminario Conciliar de esta Ciudad, desde el 20 de Marzo de 1827 que dio principio hasta el 3 de Enero de 1829». A. E., Fondo Seminario Conciliar, Leg. s. n.

163. «Mantenga el presente Secretario en su poder hasta nuestra determinacion, los dos mil cuatrocientos cuarenta y seis pesos siete reales y veinte y tres maravedis que exibe junto con esta relacion, expresiva de las cantidades que han entrado en la Secretaria a su cargo pertenecientes al Seminario Conciliar. De cuya obra estamos tratando en la actualidad y se pondrá en execucion luego que haya un fondo mas crecido, y Maestro que la dirija con arreglo al Plano que se formara, y tenemos encargado al Sr. comandante de Yngenieros de esta Plaza Don José Navarro. El Obispo». 7 de enero de 1821. Nota al final del documento identificado como «Noticia de las cantidades que existen en Secretaria correspondientes á la Fabrica del Seminario Conciliar; y de las que así mismo se han aplicado a dicha obra, y no se han exibido por los Albaceas de los Testamentos de que proceden». 30 de diciembre de 1820, Antonio Sánchez. A. E., Fondo Seminario Conciliar, Leg. s. n.

164. Córdova, *op. cit.*, V, p. 92.

Núm. 38 Fachada del seminario conciliar. Foto de la autora.

por lo que ni siquiera llegaron a conocerse. Cabe pensar que el nuevo prelado alterara la planta si es que llegaron a realizarse los planos solicitados por su antecesor en 1821. Producto él mismo desde temprana edad de la formación recibida en el seminario conciliar de Trujillo (Perú) y andando el tiempo vicerrector y catedrático de latinidad del mismo,[165] no resultaría extraño que tuviera Gutiérrez de Cos unas ideas muy concretas, producto de su experiencia, sobre la distribución adecuada de espacios en un edificio de esta índole. Probablemente el obispo y el maestro mayor de las reales fortificaciones y director de las obras del seminario, don Agustín Cantero, trabajaron de acuerdo en la traza que finalmente se siguió. Junto a Cantero, quien del sueldo de 40 pesos mensuales que se le había asignado cobraba sólo 35 dejando la diferencia como su aporte personal al establecimiento,[166] trabajaron de sobrestante Silvestre Andino, en las obras de carpintería, Marcelo Figueroa y Gualberto Muñoz en las de herrería.[167]

El edicto de erección se publicó el 2 de julio de 1832 anunciándose el final de las obras a un costo de "cuarenta y un mil y mas pesos...". El 12 de octubre siguiente el colegio seminario abrió sus puertas por primera vez.[168]

Con la construcción del seminario conciliar termina el programa urbanista que como resultado de su política ilustrada y su carácter emprendedor, más que de un plan definido, encuentra realizado don Miguel de la Torre al final de su prolongado gobierno. Presumimos que el proyecto para el presidio de la Princesa, construido en 1837 al pie de la muralla sur, debió concebirse dentro de la previsora perspectiva del mismo gobernante. La ausencia general de documentación sobre los orígenes, planes y ejecución del edificio

---

165. Sotero Figueroa, *Ensayo biográfico de los que más han contribuido al progreso de Puerto Rico.* Segunda edición, San Juan de Puerto Rico, Instituto de Cultura Puertorriqueña, 1973, pp. 43-44.

166. *Supra,* n. 162.

167. *Loc. cit.;* «Relaciones semanales de la Obra del Colegio Seminario Conciliar de esta Ciudad, correspondientes á todo el presente año de 1830». A. E., Fondo Seminario Conciliar, Leg. s. n.

168. Reproducido en Cordova, *op. cit.,* VI, pp. 298-300; Cuesta Mendoza, *Historia de la educación...,* II, Cap. XV, pp. 126, 127; Cayetano Coll y Toste, *Historia de la instrucción pública en Puerto Rico hasta el año de 1898.* Bilbao, Editorial Vasco Americana, S. A., 1970, pp. 44-46.

no nos permiten afirmar de manera absoluta lo que consignamos arriba como conjetura plausible, pero es evidente que una obra de la que sabemos con seguridad que se termina en el curso del año 1837 por fuerza ha sido concebida con anterioridad, teniendo en cuenta el lento proceso de gestación de todos los proyectos de carácter público ejecutados en Puerto Rico bajo el dominio español.

Una frase laudatoria de un contemporáneo del conde de Torrepando recoge, a nuestro entender, aparte el obsequio adulador a la persona, el espíritu que caracteriza su mando, al menos en lo que a la actividad constructora se refiere:

> ...así... el Escmo. Sr. Latorre puede gloriarse de tener funcionarios que tomándole por modelo trillan las sendas que él les señala para ayudarle en el suntuoso edificio de felicidad pública, que ha construido sin que le arredrasen dificultades...[169]

Si sus medidas políticas no significaron ciertamente la felicidad del pueblo puertorriqueño, debemos reconocer su capacidad administrativa y su interés, como hombre ilustrado al fin, por el desarrollo de las obras públicas. La metáfora adquiere eco real en el impulso que dio a la edificación urbana

---

169. «Apodecticos de regocijo por la Real Resolucion que á consecuencia de la Sta. y pastoral visita que finalizó en el mes de Mayo del año proximo pasado, y justiciero informe elevado al conocimiento de S. M. (Q. D. G.) se ha participado al Escmo. é Illmo. Sr. Obispo Dr. D. Pedro Gutierrez de Cos, tan satisfactoria a S. E. I. como honorífica y plausible á los fidelisimos habitantes de esta Isla». Córdova, *op. cit..,* VI, p. 149.

CAPITULO VI

EL REINADO DE ISABEL II (1837-1868).

LA CONSAGRACION DE UN ESTILO.

La fuerte personalidad del conde de Torrepando marca en Puerto Rico los primeros años del largo reinado de Isabel II (1833-1868). Su participación directa en obras como las del teatro y el seminario conciliar y su estímulo constante a toda gestión edificadora inician el período más significativo en el desarrollo de San Juan como urbe civil. Cuando entrega el mando a su sucesor, mariscal don Francisco J. Moreda y Prieto, el 14 de enero de 1837, la ciudad apenas empieza a conformarse de acuerdo a la nueva fisonomía neoclásica que complementará el aspecto de fortaleza adquirido desde el siglo XVI y le añadirá la dimensión civil, muy descuidada hasta entonces.

Otro acontecimiento de singular interés en la historia de España y los restos de su imperio ultramarino nos hacen evocar el mes de enero de 1837. Por aquellas fechas y con el fin de obtener fondos para sostener los ejércitos isabelinos durante la primera guerra carlista, la reina regente, doña María Cristina de Borbón, propuso a Luis Felipe de Orleáns la venta de Cuba, Puerto Rico y Filipinas por treinta millones de reales la primera y diez millones cada una de las restantes. La codicia del rey francés y la hidalguía del gentilhombre de cámara don Francisco Campuzano impidieron la absurda transacción [1] que pudo convertir las islas citadas en colonias francesas,

---

1. Lidio Cruz Monclova, *Historia de Puerto Rico (Siglo XIX)*. 2.ª ed., Universidad de Puerto Rico, Editorial Universitaria, 1958, 6 vols., I, pp. 294-297.

dando al traste con tres siglos de civilización hispánica. Dicho acto adquiere la justa medida de su alcance cuando consideramos que hubiera significado la ruptura definitiva de España con los últimos enclaves de su imperio adelantando este hecho en 61 años, la hegemonía francesa en las Antillas Mayores, al menos durante algún tiempo, y el agrio recuerdo en la historia de los países envueltos en el canje.

Puerto Rico entra en este momento en una de las etapas más importantes de su formación como pueblo. De manera gradual pero efectiva, las ideas y maneras del siglo van impregnando la sociedad puertorriqueña. El libre curso del pensamiento político y la aplicación, aunque efímera, de unas reformas profundas durante el período de las Cortes de Cádiz (1810-1814), el trienio constitucionalista (1820-1823) y el eco obligado de los conflictos ideológicos que separan a carlistas y cristinos durante los años de la primera guerra (1833-1839) han transformado el clima generacional del último tercio del siglo XVIII y el reinado de Fernando VII. El marco institucional de las nuevas ideas se reflejará fielmente en la arquitectura y el desarrollo urbano de los años centrales del siglo.

Los barrios de la ciudad.

En 1847 la ciudad permanecía dividida en cuatro barrios, si bien el aumento de sus habitantes se hizo evidente no sólo en el crecimiento del caserío que componía cada uno de ellos, sino en la urbanización progresiva de dos grandes áreas en la periferia del recinto murado, adscritas de primera instancia a barrios ya existentes. Nos referimos a los sectores de la Marina y Puerta de Tierra que para el año indicado formaban parte de los barrios de San Juan y San Francisco respectivamente.[2]

---

2. Acta de la sesión ordinaria del ayuntamiento celebrada el 28 de julio de 1847. «Expediente sobre reparos a las planillas 1.ª y 2.ª y documento letra B. Pertenecientes a los cuatro barrios en que está dividida la Ciudad de San Juan Bautista de Puerto Rico remitido á esta comisión central por el Excmo. Sr. Capitán General de la Isla con oficio de 15 del actual transcribiendo la comunicación dirigida a dicha Superior Autoridad por el Alcalde 1.º en 11 del mismo; incluyendo copia del acuerdo original celebrado por el Exmo. Ayuntamiento el día anterior.» A. G. P. R., Fondo

La Puntilla.

Desde su desecación y relleno, la Puntilla de San Lázaro se había desarrollado al punto de que en 1835 encontramos el área casi completamente urbanizada. Para entonces existían cinco manzanas con casas de madera, la batería de Santo Toribio, el arsenal, dos amplios cercados con yerba de guinea, el almacén de depósito y la casilla del capitán del puerto. Hacia el noroeste estaba ya marcado el solar donde habría de construirse el presidio y hacia el nordeste empezaba a extenderse, entre la muralla y el mar, con la aduana, la casilla de la falúa de rentas, los muelles y almacenes particulares.[3] Las dificultades con que se encontraban los comerciantes al utilizar la puerta de San Justo, única habilitada para aquellas actividades con dos rampas destinadas al tráfico de carretas pero cuya ubicación en empinadas cuestas las hacía peligrosas y de ardua subida, motivó que se construyeran almacenes extramuros, inmediatos al muelle, muchos de ellos clandestinos,[4] a los que pronto habrían de sumarse viviendas para los que trabajaban en aquel sector. Las construcciones obligaron a la regularización urbana del área, tarea que dirigió el teniente coronel de ingenieros Santiago Cortijo Fuertes en el mismo año de 1844 en que atendió igualmente al de Ballajá.[4 bis] Por su inmediatez al puerto y las condiciones propicias que reunía para el comercio todo el litoral sur de la ciudad denominado la Marina, se perfilaba como el centro de la actividad mercantil cuyo movimiento para 1847 se cifra en 3,338,254 pesos 84 centavos, el número de almas en 720, el de casas en 88 y la riqueza permanente en 300,000 pesos.[5]

Municipio de San Juan, Leg. 24 D, Exp. 779, Ca. 53. En las actas municipales de 1840 aparecen la Puntilla y Puerta de Tierra como barrios. Creemos que el término se aplica en el sentido de barriada. Actas del Ayuntamiento de San Juan. 1840. A. G. P. R., M.° S. J.

3. «Plano geometrico de la Puntilla y recinto inmediato en la plaza de San Juan de Puerto Rico». 29 de mayo de 1835, Manuel Sicardó. S. H. M., K. b. 7. 8.

4. «Proyecto de población y fortificación en la Puntilla de San Juan de Puerto Rico hecho de orden del E. S. Ingeniero Gral. por el Teniente Coronel del Cuerpo Dn. Manuel Soriano». 14 de noviembre de 1848. Copia. A. H. N., Ultr., Leg. 300, Exp. 12, N.° 6.

4 bis. Infra, n. 145.

5. Instancia de la Junta de Comercio a S. M. Puerto Rico, 6 de diciembre de 1847. A. H. N., Ultr., Leg. 300, Exp. 12, N.° 3.

El obstáculo principal con que se encontraban los comerciantes y moradores de aquel recinto era el de las restricciones militares que impedían toda obra permanente, obligándoles a construir viviendas y almacenes de madera a fin de que no entorpecieran los fuegos de la Plaza con estructuras elevadas y bajo la condición de que las edificaciones allí permitidas pudieran ser demolidas en caso de ataque o en cualquier otro momento en que las exigencias militares lo determinaran. Deseosa de propulsar las operaciones comerciales y dar carácter permanente a las estructuras que se establecieran, la Junta de Comercio elevó una instancia a la reina en diciembre de 1847. Requería en ella el permiso para construir de mampostería, citando como precedentes los edificios del Estado ubicados en el lugar, que aun siendo de mayores dimensiones que los almacenes no se consideraban perjudiciales a la defensa de la Plaza.[6] Interesantes resultan los objetivos que perseguía la Junta de hacer cumplir "...el plan previsor de domiciliar en este Puerto el Comercio de Depósito de que hoy está apoderado la vecina isla de Santomás..."[7] Para ello necesitaba acondicionar el área y ofrecer las facilidades precisas al más cómodo desenvolvimiento mercantil.

La propuesta de la Junta de Comercio trajo como resultado el proyecto para poblar y fortificar la Puntilla, sometido el 14 de noviembre de 1848 por el teniente coronel del Cuerpo de Ingenieros, don Manuel Soriano. Después de enumerar los inconvenientes y peligros de los almacenes de madera, las prácticas clandestinas y el "...aspecto tan innoble y nauseabundo..." de la generalidad de los edificios de aquella área, propone reunir en la Puntilla todo el barrio de la Marina, cerrándolo luego con una fortificación. Se sustituiría el caserío de madera por almacenes de mampostería que proveerían espacio seguro y suficiente para el depósito de alimentos con que socorrer la ciudad en caso de sitio.[8] El proyecto, calculado en 250,000 pesos, se sufragaría a sí mismo con la venta de solares, permitiendo este sistema la construcción simultánea de los edificios particulares y la estructura defensiva.

---

6. *Loc. cit.* Tales eran la aduana, el almacén de depósito, el presidio, las casas de la capitanía de puerto y el arsenal.
7. *Loc. cit.*
8. *Supra,* n. 4.

...La venta de solares se hará indistintamente por manzanas enteras ó partes de ellas sin que en la edificación se pueda poner mas condicion que la de no poder elevar las azoteas á mayor altura que la del plano horizontal que pasa a diez pies por debajo de la linea cubridora mas baja de esta parte del recinto (resultando los almacenes con los techos á 17 pies de alto procsimamente) pudiendo dar a los practiles pie y medio de altura sobre la azotea...[9]

El gobernador don Juan de la Pezuela endosó el proyecto destacando los beneficios que se obtendrían al permitir el ensanche del área urbana a la par que engrosaba las cajas reales con la venta de terrenos. No cree, sin embargo, que fuera necesaria la fortificación de la Puntilla toda vez que ésta ya tenía la batería de Santo Toribio que reforzaba el fuego de la Plaza. Señala, además, la falta de dinero para tales obras considerando insuficiente el producto a obtenerse en la venta de los solares para sufragarlas en su totalidad.[10] El proyecto fue aprobado por Real Orden dada en San Ildefonso el 22 de julio de 1849, reduciéndose las obras de fortificación a aquellas que fueran estrictamente necesarias a fin de disminuir los gastos y habría de invertirse en ellas el usufructo obtenido de la enajenación de los solares.[11] Otra Real Orden de 20 de agosto de 1852 autoriza que se construyan edificios de mampostería con arreglo al proyecto aprobado. Hace claro que deberá conservarse el trazado a cordel que se da a las calles en dicho proyecto porque se acomoda a las necesidades de la defensa "...y reúne todas las condiciones que deben llenarse en una Plaza de guerra sin perjuicio del Ornato, pues proporciona toda la simetría posible y que si no es completa es por el terreno que se señala al Arsenal...". La venta de solares se verificaría por subasta pública, prefiriéndose, en igualdad de condiciones, a los que los poseían.[12]

Muy poco o nada se hizo para la realización del proyecto en los dos años subsiguientes pues un voraz incendio en la madrugada del 26 de junio de 1854 destruyó una buena parte de los almacenes

---

9. *Loc. cit.*
10. Juan de la Pezuela al Ministro de Gobernación del Reino. Oficio N.º 35 de 5 de diciembre de 1848. A. H. N., Ultr., Leg. 300, Exp. 12, N.º 4.
11. Real Orden de 22 de julio de 1849. A. H. N., Ultr., Leg. 300, Exp. 12, N.º 10.
12. Ministro de la Guerra al de Hacienda. San Ildefonso, 31 de agosto de 1852. A. H. N., Ultr., Leg. 370, Exp. 1, N.º 6.

de madera.[13] Había llegado la oportunidad para acelerar las construcciones de mampostería. Sin embargo, todo parece indicar que aunque aumentaba su población, el ritmo de las edificaciones permanentes fue más bien lento a causa del alto precio de los solares [14] y las restricciones impuestas por el ramo de guerra a aquella zona, considerada defensiva y de vital importancia para la Plaza. La fortificación proyectada y aprobada no rebasó esta etapa por falta de recursos,[15] tal cual lo había previsto el conde de Cheste.

El 18 de junio de 1866 la Administración Central de Rentas, Aduanas y Loterías publicó un anuncio para la subasta pública de los solares no enajenados de la Puntilla.[16] La subasta no debió tener el resultado deseado porque una Real Orden de 27 de abril de 1867 insiste en que se trate nuevamente la venta en subasta de los solares que no se hubieran vendido procurándolo "...ya por rebajas en el precio, ya por la modificación de las condiciones de edificación en cuanto lo permita la conveniencia pública...". Se resuelve también que como el ancho de 10 m. fijado para las calles podía resultar insuficiente, tal vez convendría construir las casas con chaflanes en las esquinas dejando en libertad al gobernador para que con la Inspección General de Obras Públicas resolviera lo definitivo.[17] A pesar de las medidas tomadas y del estímulo constante para la urbanización permanente del barrio de la Marina con estructuras de mampostería, continuarán coexistiendo éstas con las de madera, dominando las últimas. Así permanecerá hasta el último tercio del siglo cuando proyectadas e iniciadas las obras de mejoras del puerto se crea un clima más favorable a su desarrollo total. (Ilustración 39).

---

13. Norzagaray al Presidente del Consejo de Ministros. Oficio N.º 531 de 29 de junio de 1854. A. H. N., Ultr., Leg. 5072, Exp. 34, N.º 2.

14. Informe presentado por el ingeniero director de Obras Públicas don Manuel Sánchez Núñez sobre el camino extramuros que quería abrir el ayuntamiento por la batería de San Francisco de Paula. Puerto Rico, 21 de septiembre de 1860. Copia. A. G. P. R., Obs. Mun., Leg. 62 A, Exp. 10, Ca. 321; Informe de la Junta de Comercio y Fomento. Puerto Rico, 12 de octubre de 1860, loc. cit.

15. Informe de la Comandancia de Ingenieros. Ricardo Mir. Puerto Rico, 6 de marzo de 1883. Copia. A. H. N., Ultr., Leg. 370, Exp. 1, N.º 13.

16. Impreso. Puerto Rico, 18 de junio de 1866. A. H. N., Ultr., Leg. 370, Exp. 1, N.º 13.

17. Ministro de Ultramar al gobernador general de Puerto Rico. 27 de abril de 1867. Minuta. A. H. N., Ultr., Leg. 370, Exp. 17.

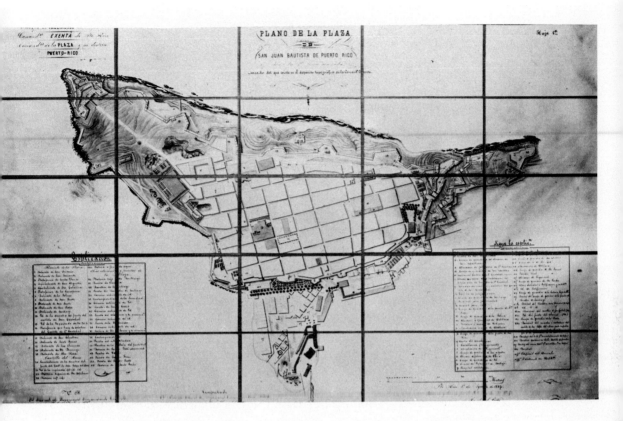

Núm. 39   Plano de la plaza de San Juan Bautista de Puerto Rico hasta la primera
línea avanzada, sacada del que existe en el depósito topográfico de la Comandancia
Exenta. Delineado y lavado por el delineador del Cuerpo, Manuel F. Castro, 1 de
agosto de 1862. M.E., A.P., A.OmT. No. 60.

Puerta de Tierra.

Para mediados de siglo el área de Puerta de Tierra continuaba prácticamente despoblada como consecuencia de las restricciones militares. El terreno comprendido entre la muralla este y el puente de San Antonio estaba dividido en tres líneas defensivas [18] por lo que se impedía cualquier construcción que pudiera entorpecer la efectividad de aquéllas. El aumento demográfico dentro del recinto amurallado y la necesidad de facilitar áreas de cultivo para el abasto de la ciudad determinaron la entrega a la Real Hacienda de una parte de los solares que hasta entonces pertenecieron al ramo de guerra, reservándose éste ciertas zonas destinadas a campo de ejercicio para la tropa de la Plaza, uso de la escuela de tiro y áreas libres para facilitar las comunicaciones.[19] El traspaso se hizo efectivo el 4 de diciembre de 1867 a las 4:00 P. M. en la puerta de Santiago,[20] leyéndose en el acto las condiciones prescritas por la Comandancia de Ingenieros para el uso de los solares rendidos. No podría practicarse modificación alguna en dichos terrenos tales como abrir zanjas y hacer desmontes o terraplenar sin el permiso previo de las autoridades militares; se prohibe construir en el espacio comprendido entre la Plaza y la distancia de 400 m. del saliente más avanzado de las obras de fortificación por estar así dispuesto en la Real Orden de 16 de septiembre de 1856, aunque se permite, dada la circunstancia especial de que estaba muy dividida la propiedad o usufructo de dicho terreno, el establecimiento de cercas de mayor altura y resistencia; únicamente

> ...Para que se guarezcan de la intemperie los que se empleen en el cultivo y puedan vigilar las siembras, podrá permitirse el establecimiento de pequeños bohíos ó ranchos de madera rolliza, cubiertos en sus costados y techos de paja o yagua, cuya altura no pase de cuatro metros, con exclusión de madera labrada ó sin labrar: en la inteligencia de que cada propietario no podrá levantar mas de un solo bohio...[21]

---

18. V. Zapatero, *La guerra...*, pp. 341-395.
19. Ministro de la Guerra al de Ultramar. Madrid, 23 de octubre de 1867. A. H. N., Ultr., Leg. 370, Exp. 3, N.º 2.
20. Copia certificada del acta de entrega librada por el Escribano Real de Guerra y del Gobierno de la Capitanía General, don Antonio María de Aldrey. Puerto Rico, 7 de diciembre de 1867. A. H. N., Ultr., Leg. 370, Exp. 3, N.º 5.
21. *Loc. cit.*

Pasada la faja anterior y hasta la segunda línea de avanzada se permitiría la construcción de edificios de madera de un solo piso y desde la segunda línea hasta la primera sólo las edificaciones ya fijadas para la primera zona. Las casas de carácter permanente que se encontraban ya establecidas en ésta última deberían desaparecer, permitiéndose únicamente reparaciones ligeras en su cubierta o costado "...pero de ningun modo obras de mas importancia...".[22] A fin de evitar violaciones se dispone la colocación de postes que señalaran claramente los límites de cada línea.[23]

A las restricciones expuestas se añadieron las observaciones de la Inspección General de Obras Públicas: la cubierta de los edificios debía ser de zinc, hierro ondulado o tejamaní; la altura mínima de los pisos sobre el terreno natural debía ser de 30 cms.; la relación del espacio habitable o cubierto a la extensión del solar no excedería de 7/10, reservándose el resto para patios, corrales o vestíbulos descubiertos; sólo podría habitar una persona por cada 10 m. superficiales de edificios cubiertos y el nuevo dueño estaría obligado a comenzar a edificar en un término de seis meses después de adjudicado el solar so pena de que se le rescindiera el contrato.[24]

Una relación nominal presentada en abril de 1869 de los individuos que sin el permiso correspondiente habían construido en las zonas polémicas del barrio de Puerta de Tierra y cuyas construcciones se mandan demoler o conservar según el lugar donde estuvieran, nos da una idea del tipo de casa que se levantaba. Casi todas eran de madera con techos de zinc o tejamaní y algunas estaban hechas con partes de mampostería, como zócalos, pilares y una que otra dependencia como cocina y aljibe.[25] La orden para demoler las obras ejecutadas sin el permiso competente dentro de la primera zona quedó en suspenso por otra del 14 de junio de 1869 a fin de evitar las reclamaciones que pudieran hacerse contra la Real Hacienda hasta que se aclarara lo ocurrido. Se detuvo, además, por

---

22. *Loc. cit.*
23. *Loc. cit.*
24. Inspector General de Obras Públicas, don Miguel Martínez de Campos al Intendente General de Hacienda Pública. Puerto Rico, 13 de diciembre de 1867. Copia. A. H. N., Ultr., Leg. 370, Exp. 3, N.º 4.
25. Ministerio de la Guerra. Copia. 31 de abril de 1869. A. H. N., Ultr., Leg. 370. Exp. 3, N.º 12.

la reducida importancia de las obras de que se trataba y "...porque
las circunstancias no son ahora a proposito para herir intereses
creados en las Antillas...".[26]

Las reglamentaciones vigentes para las construcciones en zonas
polémicas dio cierta uniformidad al barrio de Puerta de Tierra cuyo
crecimiento se estimulará a partir del momento en que el Estado
se haga cargo de la parte no comprometida a fines militares. La
orden expresa de iniciar la construcción en el término de seis meses
contados desde el momento mismo de la entrega es señal inequí-
voca del propósito de las autoridades civiles de ir extendiendo paulatinamente la ciudad, cuyos muros empezaban a resultar estrechos,
por aquel sector.

Ballajá.

Colindante con el barrio de Santo Domingo por occidente existía
desde fines del XVIII el arrabal de Ballajá definido como barrio, el
quinto de San Juan, en un croquis que hemos fechado entre 1847
y 1853.[27] La regularización que en sus calles recoge el plano que
citamos fue obra del teniente coronel Santiago Cortijo en 1844.[27 bis]
Estaba formado por bohíos muchos de los cuales desaparecieron
hacia 1857 cuando se construye en dicho sector el cuartel de infantería, llamado de Ballajá por su emplazamiento. El conjunto monumental creado por el antiguo convento de Santo Domingo, destinado para estas fechas a otras funciones, el hospital militar, la casa
de beneficencia, el cuartel y el palacio episcopal, suscitó el deseo
de conservar en los alrededores la línea de mesura, equilibrio y armonía propia del neoclasicismo prevaleciente en los antedichos
edificios. A tal fin se proyectó en 1863 el derribo de los bohíos que
quedaban en las inmediaciones del cuartel, sobre terrenos de la
Real Hacienda, para proceder a la alineación de calles y suplir la
plaza y anchas avenidas que demandaba el destino del nuevo edi-

---

26. Poder Ejecutivo del Ministerio de Ultramar al Ministerio de la Guerra. Madrid, 14 de junio de 1869. Minuta. A. H. N., Ultr., Leg. 370, Exp. 3, N.º 13.
27. *Supra;* Cap. V. n. 4 e ilustración 34.
27 bis. *Infra,* n. 145.

ficio. Una vez expropiados los bohíos y practicado el alineamiento se subastarían los solares para su reedificación.[28] Suponemos que a partir de este momento queda Ballajá asimilado al barrio de Santo Domingo, máxime cuando en 1862 se inicia un nuevo edificio público, el manicomio, que completa el conjunto de estructuras monumentales en aquella área en la que apenas quedaba ya uno que otro solar donde se permitiera la vivienda con carácter permanente.

Cangrejos.

Del otro lado de la isleta de San Juan, por el sureste, unida a ella por el puente de San Antonio, existía una apreciable extensión de terreno que unía a su vez con tierra firme por el puente de Martín Peña. Dicha área se conocía desde el siglo XVI como Cangrejos por los muchos crustáceos de esta clase que había en sus riberas.[29] Durante el primer cuarto del siglo XVIII fue agrupándose hacia el centro del territorio un pequeño poblado constituido mayormente por gente de color, muchos de ellos esclavos huidos de las Antillas Menores, otros libertos, cuyas viviendas eran los tradicionales bohíos de yaguas. Fue éste el primer paso para la urbanización del área que hasta entonces estuvo ocupada por hatos, haciendas, ingenios y uno que otro edificio aislado, en medio de la selva tropical. En 1729 estaba ya construida, sobre la colina más alta, una ermita a cuyo alrededor fue creciendo el caserío hasta constituir una aldea en 1760.[30] Inicialmente dependió del partido de Río Piedras del que fue separado durante el gobierno de don Miguel de Muesas (1770-1776), aunque ambos quedaron bajo la jurisdicción del mismo teniente a guerra.[31] El caserío continuó extendiéndose y en 1832 se comenzó a construir una nueva iglesia para reemplazar la antigua ermita.[32] Las mejoras en los medios de comunicación experimenta-

28. Informe del arquitecto municipal, Manuel Sicardó, al ayuntamiento. 23 de enero de 1864. «Expediente que contiene el proyecto para derribar los bohíos de Ballajá». 1863. A. G. P. R., M.º S. J., Leg. 24 F, Exp. 882, Ca. 55.
29. Hostos, *Historia...*, p. 84.
30. *Ibid.*, pp. 85-86.
31. *Ibid..* p. 86; Miyares, *op. cit.*, p. 95.
32. Buschiazzo, *op. cit.*, p. 52.

das con el servicio regular de carruajes entre San Juan y Río Piedras inaugurado en 1847,[33] la pavimentación del antiguo Camino
Real que saliendo de la puerta de Santiago comunicaba con el pueblo de Río Piedras y la continuidad de dicha carretera hasta Caguas, abierta al tránsito público en 1855,[34] ocasionaron un mayor
movimiento entre estos pueblos y la capital y el conocimiento de
los mismos. Junto a los ranchos y bohíos empezaron a aparecer
casas de veraneo para los habitantes pudientes de San Juan que
se trasladaban a las afueras en los meses de más calor huyendo a
las apreturas que empezaban a sentirse por la creciente densidad
de la población intramuros. Junto a aquéllos se fueron alineando
las de los vecinos que con carácter permanente se establecían a orillas de la carretera.[35]

El 23 de enero de 1860 el gobernador, teniente general don Fernando Cotoner (1857-1860), propuso al corregidor de la capital la
supresión del pueblo de Cangrejos y su anexión como uno de los
barrios extramuros de San Juan.[36] El gobernador fundamentaba
su solicitud en los hechos siguientes: la primacía de la gente de
color en el poblado que dificultaba la formación de la junta municipal y el desempeño de cualquier otro cargo administrativo; los
escasos recursos de los pobladores retrasaban su desarrollo; la
ausencia de edificios y de los establecimientos públicos necesarios
para el buen servicio a los vecinos; la ausencia de terrenos desiertos entre Cangrejos y San Juan que hacía innecesaria la existencia
de un pueblo a tan corta distancia; por último, señalaba que el territorio ofrecía escasos elementos favorables al progreso agrícola o

---

33. Hostos, *Historia...*, p. 87.
34. Expediente sobre la terminación de las obras de carreteras entre Río Piedras
y Caguas. 1857-1858. A. G. P. R., Obs. Pubs., Carreteras, Leg. 15. La necesidad de usar
la carretera obligó a que se abriera al público antes de que estuviera terminada. Los
trabajos continuaron en ella, completándose para 1859. María de los Angeles Castro,
La construcción de la carretera central en Puerto Rico (Siglo XIX). Tesis sometida
al Departamento de Historia de la Facultad de Humanidades de la Universidad
de Puerto Rico en cumplimiento del requisito parcial para obtener el grado de Maestro en Artes, 1969, Introducción, pp. XI-XII, Centro de Investigaciones Históricas, Facultad de Humanidades, Universidad de Puerto Rico.
35. Hostos, *Crecimiento...*, p. 23 e *Historia...*, p. 88.
36. Carta del gobernador, don Fernando Cotoner, al corregidor de la capital.
23 de enero de 1860. «Expediente instruido para la agregación del pueblo de Cangrejos como barrio de esta Capital». 1860. A. G. P. R., M.º S. J., Leg. 55, Exp. 17,
Ca. 147.

industrial pues faltábanle "...la permanencia de aguas potables, materiales de construcción, tierras de labor, cultura y pasto".[37] A esto se sumaba el crecido gasto que le ocasionaba al reducido número de vecinos, jornaleros pobres en su mayoría, el cubrir los presupuestos del pueblo más la conveniencia de aquella área como ensanche lógico para la población de San Juan cuyos terrenos inmediatos ocupados por las zonas tácticas de la Plaza impedían un desahogo que se iba haciendo ineludible.[38] Continuadas las diligencias pertinentes por el gobernador don Félix M. de Messina, fue aprobada la propuesta por Real Orden de 11 de noviembre de 1862.[39] El territorio de Cangrejos se dividió entre San Juan, Río Piedras y Carolina, señalándose como términos jurisdiccionales el caño de Martín Peña entre San Juan y Río Piedras, la laguna de San José y el arrastradero de canoas para San Juan y Carolina. La capital obtuvo una riqueza de 30,605 pesos con 58 vecinos, Río Piedras adquirió Hato Rey y un total de 30,235 pesos con 22 vecinos y Carolina 6,450 pesos, la hacienda Los Frailes y 33 vecinos. La parroquia se mantuvo como parte del territorio anexado a San Juan.[40] De esta manera obtuvo San Juan un nuevo barrio extramuros que aseguraba la continuidad de la ciudad más allá de la jurisdicción militar.

Calles, paseos y plazas.

Las calles de la ciudad, unas sin empedrar aún, otras con el enlosado arruinado, sucias e intransitables en su mayoría y perjudiciales al puerto donde iban a depositarse los escombros que por ellas arrastraban las aguas [41] fueron objeto de obras continuas en el período que nos ocupa. El estado descrito, en desacuerdo con el

---

37. *Loc. cit.*
38. El gobernador, don Félix M. de Messina, al Ministro de la Guerra y Ultramar. 23 de agosto de 1862. Oficio N.º 67. A. H. N., Ultr., Leg. 5082, Exp. 52, N.º 2. V. Apéndice 5.
39. Real Orden dirigida al gobernador capitán general de Puerto Rico. Madrid, 11 de noviembre de 1862. Minuta. A. H. N., Ultr., Leg. 5082, Exp. 52, N.º 3.
40. «Expediente instruido para la supresión del pueblo de Cangrejos». 1864. A. G. P. R., M.º S. J., Leg. 57, Exp. 22, N.º 147.
41. Alcalde primero don Francisco Vasallo al gobernador, don Miguel de la Torre. 25 de enero de 1832. A. G. P. R., Obs. Mun., Leg. 62, Exp. 1, Ca. 320.

ritmo acelerado que se imprime a la construcción de edificios públicos desde el gobierno de don Miguel de la Torre, exigía un cuidado inmediato. Así lo entiende el ayuntamiento que se dispone a subsanar tan lamentable situación. La dificultad persistente que tuvo que afrontar para llevar adelante el acondicionamiento de las calles fue la falta de fondos, a pesar de lo cual pudo ir realizando por etapas un proyecto inaplazable para el progreso y embellecimiento urbano de San Juan.

En 1832 se presupuestó el arreglo de todas las calles, completándose el empedrado de algunas cuadras entre 1835 y 1836. Durante los primeros cuatro meses dirigió los trabajos el maestro mayor don Agustín Cantero [42] quien tuvo que retirarse de sus funciones por motivos de salud.[43] A las losas de Canarias y los chinos empleados cuando se iniciaron las obras en 1789 se añaden ahora losas de Vizcaya, resultando en tres tipos diferentes, perceptible mayormente en el tamaño y forma de las piedras, acordes y adaptables al espacio e importancia de las calles y aceras a empedrarse.[44] Los chinos se sacaban de las radas de la costa, hasta donde entraban los buques encargados de su acarreo.[45] Para mantenerlos apretados en el lugar que les correspondía se cubría el suelo con una lechada de cal y barro "...no muy clara..." y luego se le ponía arena encima.[46]

Al cabo de una década, en 1842, quedaban aún con suelo terrizo regular buen número de calles debido a la lentitud con que la escasez de medios económicos les obligaba a trabajar y en ocasiones a la paralización del proyecto por falta de materiales.[47] Contribuyó

---

42. Comisionado para las obras de calles al gobernador y capitán general de Puerto Rico. 18 de septiembre de 1835. Expediente sobre empedrado de calles de San Juan. A. G. P. R., Obs. Mun., Leg. 62, Exp. 1, Ca..320.
43. Falleció el 15 de mayo de 1836. Oficio de José de Oñativia al Ingeniero General, 13 de febrero de 1837. A. G. M., Exp. personal de Manuel Sicardó.
44. Expediente sobre empedrado de calles de San Juan. *Supra*, n. 42.
45. Santos Puente al gobernador capitán general. 23 de enero de 1843. A. G. P. R., Obs. Mun., Leg. 62 A, Exp. 2, Ca. 321. A los chinos también se les llama lastre en este expediente y al que los colocaba, enchinador.
46. Contrata para el enlosado y empedrado de calles. 1.º de junio de 1835. Artículo 18 de las proposiciones. Expediente sobre empedrado..., *supra*, n. 42.
47. El ayuntamiento estuvo envuelto en una larga polémica con la Intendencia relativa al usufructo del impuesto de calles. Para mayor información sobre este tema V. en el A. H. N., Ultr., Leg. 5063, los expedientes 5 al 11, y en el A. G. P. R., Obs. Mun., Leg. 62, Exp. 4, Ca. 320.

también a este retraso el reducido número de operarios disponible lo que hace que en 1866 se asignen al contratista de las obras, en aquellos momentos Julián Pagani, un total de dieciocho presidiarios con dos cabos encargados de custoriarlos.[48] Tal recurso distaba mucho de usarse por primera vez pues fue una de las medidas más frecuentemente empleadas en la Isla para el desarrollo de las obras públicas, sobre todo en el ramo de carreteras. Con todo, el arreglo de las calles y callejones que aún quedaban sin pavimentar en 1868 y el entretenimiento de las demás, continuará siendo uno de los objetivos del ayuntamiento de San Juan durante el último cuarto del siglo

El desarrollo urbano, reflejado en la formación de los barrios que hemos descrito, forzó el trazado de nuevas calles destinadas a facilitar el enlace con las áreas recién pobladas. De ellas, una de las más señaladas fue el camino extramuros por la batería de San Francisco de Paula solicitado desde 1860 para proveer a las carretas que venían del campo un acceso más corto y cómodo al barrio de la Marina.[49] Hasta entonces los proveedores del interior que venían a vender sus productos debían entrar por la puerta de Tierra y cruzar la ciudad para llegar al puerto por la puerta de San Justo, cau-

José M. Otero, capitán de la corbeta española Juliana a la comisión de calles del ayuntamiento de San Juan. Puerto Rico, 18 de noviembre de 1842. A. G. P. R., Obs. Mun., Leg. 62 A, Exp. 2, Ca. 321. Faltaban por empedrar las siguientes calles. De Este a Oeste: San Sebastián, Calle Nueva, parte de la de la Luna, Caleta Alta, Caleta Baja y la de San Francisco. De Norte a Sur: de la Calle de los Cuarteles a la de Fortaleza, de Fortaleza a San Francisco, Traviesa del Tamarindo, de la Luna a la Nueva, de la Nueva a San Sebastián, tres traviesas no identificadas, las cinco que corren de la calle de San Sebastián hacia la muralla. No se incluyen en la relación las plazuelas frente a los conventos de Santo Domingo, San Francisco y Madres carmelitas. «Relacion detallada de las Calles que faltan empedrar en la Ciudad las cuales no ofrecen ningun elemento que pueda aprovecharse, y cuyo costo debera ser mayor que las ya ejecutadas, por la dicha razón y la distancia al Muelle como punto de partida de los materiales». Presentado por Pedro García, arquitecto municipal, Román de Trevilla y Antonio Romero. A. H. N., Ultr., Leg. 5063, Exp. 7, N.º 8.

48. Los confinados estaban recluidos en el presidio correccional y el contratista pagaría por cada uno 500 milésimos de escudo. De esa cantidad los presos recibirían en mano 250 milésimas y el resto ingresaría en el fondo económico del penal. «Expediente sobre concesión al contratista Julián Pagani del empleo de confinados en las obras de empedrado de las calles de esta Capital». A. G. P. R., Obs. Mun., Leg. 62 b, Exp. 7, Ca. 322.

49. Reunión celebrada en el ayuntamiento por la Junta de Mayores Contribuyentes el 11 de julio de 1860. Expediente «Sobre establecer la entrada al barrio de la Marina por la batería de San Francisco de Paula». A. G. P. R., Obs. Mun., Leg. 62 A, Exp. 10, Ca. 321.

sando no pocas molestias a la población y arruinando las calles con el tráfico de los carromatos. Para decidir sobre el asunto dispuso el gobernador que se creara una comisión mixta compuesta por un ingeniero civil y otro militar a tono con las disposiciones vigentes sobre el trazado de caminos en la zona militar de las plazas de guerra.[50]

El nuevo portillo en el parapeto oriental de la batería de San Francisco de Paula se abrió, según Tapia,[51] en tiempos del teniente general José María Marchessi (1865-1867). Inmediatamente, el ayuntamiento abrió un camino de ronda, con malas condiciones de viabilidad, al pie de la muralla que conducía directamente a la zona de los muelles. El trayecto comprendido entre la batería y el puerto fue poblándose poco a poco hasta constituir la calle del Comercio, atendiendo el municipio su arreglo y conservación. El tramo entre la batería y la puerta de Santiago, conocido como "camino salvavidas", quedó despoblado y en estado de abandono hasta 1888 cuando el Estado se hizo cargo de su mantenimiento al trasladar el punto de partida de la carretera hasta Caguas desde la puerta de Santiago a la de España, recién abierta en la muralla donde comenzaba la calle del Comercio.[52] Quedó así establecida la comunicación directa extramuros entre los barrios de la Marina y Puerta de Tierra, con las ventajas consecuentes al tráfico comercial que por ellas se realizaba.

Hasta 1838 careció la ciudad de paseos públicos, ausencia que no puede extrañar en una Plaza que apenas empezaba a despojarse de su estricto carácter de presidio artillado. No podía faltar, sin

---

50. Reales Ordenes del 14 de noviembre de 1849 y 14 de junio de 1852. Carta del capitán general Rafael Echagüe. 5 de septiembre de 1860. A. G. P. R., Obs. Mun., Leg. 62 A, Exp. 10, Ca. 321.

51. Tapia, *Mis memorias...*, p. 45. Cuenta Coll y Toste que se logró por un incidente ocurrido a Marchessi. Una mañana, cuando se disponía a atravesar la Puerta de Tierra para dirigirse hasta las pozas de San Gerónimo donde tomaba baños de mar, tuvo que retroceder y aguardar a que terminaran de pasar seis carretas que transportaban bocoyes de azúcar desde Carolina. «...Al día siguiente, con protesta de los Ingenieros Militares, se abrió el portillo en la batería de San Francisco de Paula para que pudieran dichos carros pasar a la Marina sin entrar en la ciudad...». *Ibid.*, pp. 45-46, n. 1.

52. Castro Arroyo, *op. cit.*, pp. XII-XIII; «Proyecto de un trozo de carretera que empalme la calle del Comercio de la Capital con la carretera de esta población á Río Piedras». Ingeniero primero Manuel Maese Peña, 13 de junio de 1887. A. H. N.. Ultr., Leg. 399, Exp. 1, N.º 1-4.

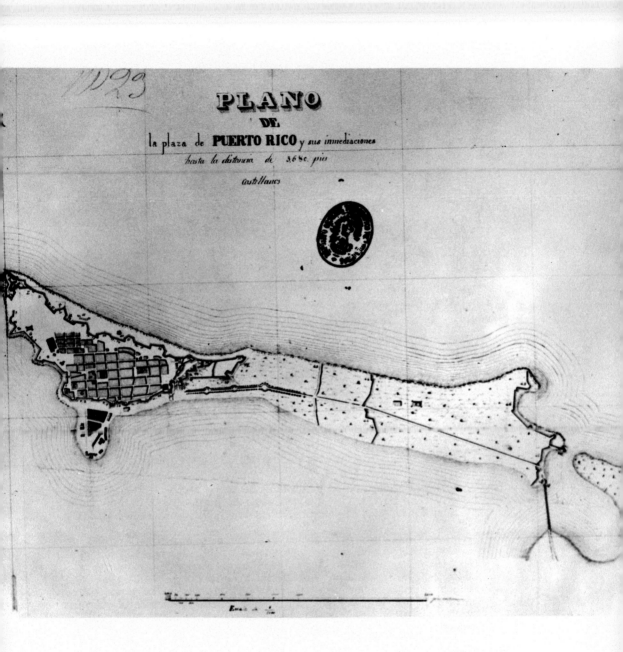

Núm. 40   Plano de la plaza de Puerto Rico y sus inmediaciones hasta la distancia de 3.680 pies castellanos. Ingeniero voluntario José Buenaventura de Vega, 20 de mayo de 1847. S.H.M., k.b. 3.40.

embargo, en el programa urbanista iniciado por el Conde de Torrepando la clásica avenida arbolada, complemento indispensable
del clima romántico de la década del treinta. Es, además, un adelanto de lo que, entrado el siglo en su segunda mitad, se convertirá
en la Península en verdadera obsesión: los ensanches urbanos que
culminarán con el derribo de murallas en Barcelona, La Habana y
Puerto Rico, entre otros.

El paseo de Puerta de Tierra.

El primer paseo que tiene San Juan es el de Puerta de Tierra.
Al ser construido en 1838[53] se aprovechó el área de natural espar-
cimiento que desde fines del siglo XVIII servía a la población para
gozar de los aires del mar y la naturaleza del trópico sin el incó-
modo cinturón de las murallas. Se iniciaba éste, como indica su
nombre, en la puerta de Santiago y se prolongaba por un largo
trecho engalanado casi en forma única por la exuberante vegetación, tan hermosa que persistió su imagen en la memoria de Cecilia
Bohl de Faber, Fernán Caballero, que inicia su novela corta *La
Farisea* (1826) con un apasionado elogio del paisaje isleño inspirado
en el que observara durante un paseo por el lugar que historiamos:

> Todas las galas de la naturaleza se aglomeran en esta isla para
> hacer de ella un Edén... Como raudales de líquida plata de una cueva
> de esmeraldas salen sus límpidos ríos por entre esos árboles gigantes
> que están siempre verdes y llenos de savia como la lozana juventud;
> serpentean entre prados que nunca se ven secos ni exhaustos como los
> corazones ricos de amor; se deslizan entre las cañas que son dulces y
> flexibles, como unidas lo son la condescendencia y la bondad; y cual
> claros espejos reproducen, embelleciéndolos, los objetos que a su paso
> todo lo unen, enredan y alegran con la inimitable gracia de los niños,
> enriquecen aún esta poderosa y frondosa vegetación, sobre la que des-
> cuellan las altas palmeras buscando espacio para abrir sus brazos al
> cielo.[54]

---

53. Comunicación dirigida al coronel comandante de ingenieros, 30 de mayo
de 1838. A. G. P. R., Obs. Mun., Leg. 62, Exp. 3, Ca. 320.
54. Fernán Caballero, *Obras de...* Edición y estudio preliminar de José M. Castro
Calvo, Biblioteca de Autores Españoles. Madrid, 1961, vol. III, p. 325. La novelista
vivió en Puerto Rico durante los años de 1816 a 1818. Javier Herrero, *Fernán Caballero: un nuevo planteamiento*. Biblioteca Románica Hispánica. Madrid, Editorial
Gredos, 1963, pp. 86-90.

La recta del paseo, también llamado de Covadonga,[55] se interrumpía por tres glorietas equidistantes cuyos tamaños aumentaban según se alejaban de la ciudad y donde se detenían a descansar los transeúntes. (Ilustración 40).

El paseo de la Princesa.

En febrero de 1853 se inició un segundo paseo, esta vez en el barrio de la Marina, que partiendo del presidio llegaba hasta el frente de la aduana. La nueva alameda quedó inaugurada el 20 de diciembre del siguiente año, día en que se festejaba el cumpleaños de la princesa de Asturias[56] en cuyo honor y como el de Madrid, se llamó el paseo de la Princesa. De menores pretensiones que el de Puerta de Tierra, tenía como aquél una avenida central flanqueada por árboles y además verja protectora y asientos en toda su extensión.[57] Con el dinero obtenido de las multas impuestas al director del periódico *El Ponceño* por la publicación del poema "Agueybaná el Bravo", en cuyas estrofas se quiso ver una invitación a rebelarse contra España, se costearon las estatuas de las estaciones que adornaron el paseo hasta 1872 cuando se cambiaron por las de la plaza Mayor.[58]

Entre el paseo de la Princesa y la muralla sur, justo frente al baluarte de la Palma, se construyó para los mismos años,[59] a modo de prolongación del paseo, un jardín botánico. La idea de tal esta-

---

55. Hostos, *Historia...*, p. 489.
56. «Estracto ó sea reseña histórica de las disposiciones generales adoptadas durante el tiempo que el Teniente General Don Fernando de Norzagaray ha desempeñado en propiedad el Gobierno y Capitania General de Puerto Rico, consultas que ha dirigido al Gobierno de S. M. proponiendo las mejoras que ha considerado convenientes introducir en los diferentes ramos de la Administracion del Estado, procurando el bien del Real Servicio y el de los pueblos confiados á su mando; acontecimientos mas notables de las repúblicas de Santo Domingo, Haití y Venezuela; estado en que encontró la Isla y en el que la deja, y relacion de las obras principiadas y concluidas en el periodo mencionado, todo en virtud de lo mandado en Real órden de 23 de mayo de 1852, espedida por la Presidencia del Consejo de S. S. Ministros». Fernando de Norzagaray, 31 de enero de 1855. A. H. N., Ultr., Leg. 5074, Exp. 15, N.° 5.
57. Ubeda y Delgado, *op. cit.*, p. 127.
58. *Supra*, n. 56; Hostos, *Historia...*, p. 488; Ubeda y Delgado, *op. cit.*, p. 127.
59. Ubeda y Delgado, *op. cit.*, p. 127.

blecimiento había sido propulsada años antes por don Miguel de la Torre a base de un proyecto de la Sociedad Económica de Amigos del País sin que hubiese sido viable entonces.[60] De dimensiones reducidas y novedades muy limitadas puesto que no llama particularmente la atención de ninguno de los visitantes que describen la ciudad, ofrecía el simpático detalle de formar con arbustos recortados el nombre de "Ysabel 2". (Ilustración 41). Bonita y romántica forma de tener siempre presente a la soberana, tan estrechamente ligada al desarrollo de Puerto Rico como urbe civil.

La plaza de Armas.

A tono con el embellecimiento de los paseos y áreas de recreo y con el mismo espíritu que animaba las obras del empedrado de las calles se emprende la reforma de las plazas, hasta entonces bastante descuidadas en materia de ornato. La plaza Mayor permaneció con suelo de tierra, convertido en lodazal tan pronto caía un fuerte aguacero, hasta que el ayuntamiento propuso su afirmado en noviembre de 1840. Para ello utilizarían losas de Canarias "...formandose cuadros de dos varas rellenos con chinos redondos largos y menudos...". Durante los trabajos, se trasladaría el mercado que allí funcionaba a la plazuela de San Francisco.[61] Para la dirección de las obras se solicitaron los servicios del maestro mayor de fortificaciones Francisco Pico quien por razones de su cargo no pudo aceptar la encomienda. El ayuntamiento llamó entonces para sustituirle al arquitecto Pedro García quien aceptó la encomienda en calidad de arquitecto del ayuntamiento.[62]

Pedro García, titulado de la Real Academia de San Fernando, fue designado arquitecto municipal de San Juan, el primero de su clase que se hiciera en Puerto Rico, unos meses después de su llegada

---

60. Cruz Monclova, *op. cit.*, I, p. 255.
61. Actas del ayuntamiento de San Juan. 25 de noviembre de 1840. A. G. P. R., M.º S. J.
62. Oficio del comandante de ingenieros Diego Gálvez. 24 de diciembre de 1840. A. G. P. R., Obs. Mun., Leg. 62, Exp. 1, Ca. 320; Actas del ayuntamiento de San Juan, 23 de diciembre de 1840. A. G. P. R., M.º S. J.

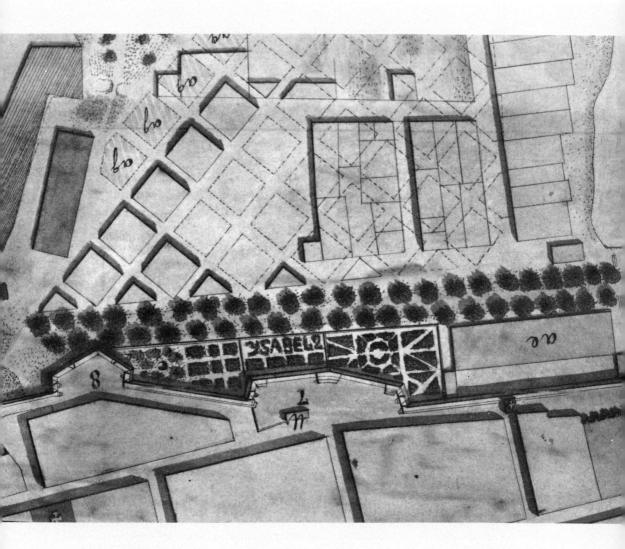

Núm. 41   Paseo de la Princesa. *Supra*. Fig. 39. Detalle de los jardines.

a la Isla en julio de 1837.[63] El largo capítulo de los alarifes como encargados de las obras del ayuntamiento así como la obligada intervención de los maestros mayores de fortificación y la Comandancia de Ingenieros en la elaboración y dirección de los proyectos municipales llega a su fin con el acuerdo tomado por la corporación en sesión del 23 de agosto de 1837 en la cual se extiende el nuevo nombramiento.[64] Los alarifes quedan con el carácter de maestros aparejadores bajo las órdenes del arquitecto.[65] Muy pronto surgieron conflictos jurisdiccionales entre García y el ayuntamiento. Quejábase el primero de la forma en que continuamente se afectaban sus atribuciones, violaban sus derechos y lo marginaban [66] mientras que el alcalde primero exponía que nunca había conocido el país la plaza de arquitecto hasta el nombramiento de aquél, siendo los maestros mayores quienes dirigían las obras de la capital bajo la inspección y anuencia del comandante de ingenieros. Consideraba el alcalde que el cargo era innecesario porque para aquellas fechas, noviembre de 1838, no estaba la corporación en condiciones de hacer obra alguna, pudiendo resolver los alarifes aquellos casos en que se ofrecían tasaciones, reconocimientos y otros trabajos menores. En sesión ordinaria del día 29 acordó el ayuntamiento suprimir la plaza alegando, además de lo ya expuesto, que no se había gestionado para aquélla el permiso real,[67] que eran excesivos los derechos que exigía García, que admitía comisiones particulares fuera de la ciudad sin conocimiento de la corporación y que tenía establecida una

---

63. Llegó a San Juan el 16 de julio de 1837. Pedro García al capitán general. 9 [sin mes], 1838. Copia. A. H. N., Ultr., Leg. 5063, Exp. 4, N.º 2. Una Real Orden de 21 de abril de 1828 obligaba a los ayuntamientos a tener un arquitecto. Carta de Pedro García. 25 julio de 1839, *loc. cit.* En San Juan, debido probablemente a su carácter primordial de plaza fuerte donde los ingenieros militares determinaban en gran medida las pautas a seguir en las construcciones de todo tipo, demoró bastante la efectividad de la orden.

64. Actas del ayuntamiento de San Juan. 23 de agosto de 1837. A. G. P. R., M.º S. J.; José Nicolás Cestero a Pedro García, 24 de agosto de 1837. Copia. A. H. N., Ultr., Leg. 5063, Exp. 4, N.º 2; Circular N.º 43 del Gobierno Superior Político, *Gaceta del Gobierno de Puerto Rico.* Vol. 6, Núm. 118 (3 de octubre 1837), fol. 476. La circular equivoca la fecha de la sesión del ayuntamiento al fijarla el día 29.

65. José N. Cestero a Pedro García, 26 de septiembre de 1837. Copia. A. H. N., Ultr., Leg. 5063, Exp. 4, N.º 2.

66. *Supra*, n. 63.

67. Actas del ayuntamiento de San Juan. 29 de noviembre de 1838. A. G. P. R., M.º S. J.; A. H. N., Ultr., Leg. 5063, Exp. 4, N.º 2.

academia de primera enseñanza cuya dirección le distraía de sus funciones como arquitecto.[68]

La imposibilidad de que el maestro mayor Francisco Pico interviniera en las obras de la calle del Cristo, callejón de la catedral y plaza Mayor y la prohibición de que dichos oficiales pudieran en lo sucesivo distraerse de las fortificaciones[69] hizo que se reactivara en 1840 el expediente que creaba el empleo suprimido. A partir de entonces se institucionaliza el cargo de arquitecto municipal en cuyo ejercicio ininterrumpido se sucederán más allá del 1898 una serie de arquitectos e ingenieros notables por su competencia como acreditan las obras realizadas por ellos y el desarrollo armónico del casco urbano que se proyectaba en su ensanche hasta Cangrejos.

El empedrado de la plaza mayor debió realizarse en 1841 sin que se consiguiera aparentemente otra cosa que afirmar la superficie para contrarrestar el deplorable estado en que se encontraba. La mejora hecha sería bastante superficial porque su "...figura tan impropia e irregular...'lo mismo que su poca extensión..." llamó la atención de don Juan de la Pezuela desde el momento en que se hizo cargo del gobierno de la Isla.[70] En 1851 y bajo el estímulo incesante del conde de Cheste, se emprende el arreglo de la plaza para construir en ella un paseo público. Las nuevas obras consistían en desenlosar todo el pavimento para alcanzar el nivel deseado y volver a colocar las losas de Canarias en toda el área, inclusive los trozos de las calles de San José y Santa Bárbara (de la Cruz). En el centro, a mayor altura que el piso de la plaza, encerrado por un muro con verja de hierro, quedaba el salón de paseo. El proyecto proveía espacios para jardines, jarrones o maceteros para adornar las pilastras del pretil de cerramiento, asientos de mármol en su interior y faroles de reverbero y quinqués sostenidos con pescantes de hierro

---

68. Miguel López de Baños al Secretario de Estado y del Despacho de Marina, Comercio y Gobernación de Ultramar. 30 de septiembre de 1839. Oficio N.º 203. A. H. N., Ultr., Leg. 5063, Exp. 4, N.º 7.

69. *Supra*, n. 62; gobernador capitán general al coronel comandante de ingenieros. 29 de diciembre de 1840. Minuta. A. G. P. R., Obs. Mun., Leg. 62, Exp. 1, Ca. 320.

70. Actas del ayuntamiento de San Juan. 27 de enero de 1851. A. G. P. R., M.º S. J.

para su iluminación. Las gradas de entrada al salón se harían con
"...mármol o piedra de ponce".[71]

Sacadas las obras a subasta pública, el ayuntamiento rechazó las
ofertas de los licitadores que acudieron por considerarlas desven-
tajosas, procediéndose a realizarlas por administración, aplicando
a ellas los fondos del acueducto.[72] Es de suponer que dirigiera las
obras en su condición de arquitecto municipal interino don Manuel
Sicardó y Osuna quien ocupa el cargo en propiedad desde mayo
de 1850.[73]

Los adornos escultóricos fueron ejecutados por Antonio Venegas, "escultor académico", natural de Cádiz. Inicialmente se propu-
sieron ocho estatuas representativas de las cuatro estaciones, el
Comercio, la Industria, la Ciencia y las Artes, a más de unos veinte
jarrones.[74] En su lugar se colocaron cuatro estatuas, ocho jarrones,
dieciséis vasos preparados para servir de flameros y cuatro canastillos de flores y frutas.[75] Se estipulaba en las condiciones de la contrata que todas las piezas serían de zinc rellenas con mezcla de es-
cayola y ladrillo molido y en el interior un armazón de hierro en
cruceta para su seguridad. Las estatuas se pintarían con aceite graso

---

71. «Condiciones que deben regir en la obra del paseo público que ha de construirse en la plaza principal de esta Ciudad». 31 de enero de 1851. Manuel Sicardó.
A. G. P. R., Obs. Mun., Leg. 62 A, Exp. 4, Ca. 321; Hostos, Historia..., p. 487, fecha
las obras en 1840.

72. Acta de la reunión del ayuntamiento de 6 de marzo de 1851. A. G. P. R.,
Obs. Mun., Leg. 62 A, Exp. 4, Ca. 321. El fondo del acueducto provenía de un arbitrio que se cobraba a todos los productos de importación nacional y extranjera. Se
había empezado a cobrar desde el 1.º de enero de ese año. Loc. cit.; Sección 2.ª, Martín Travieso, 21 de junio de 1852, A. G. P. R., Obs. Mun., Leg. 62 A, Exp. 4, Ca. 321.

73. Gobernador capitán general de Puerto Rico al Ministro de la Gobernación,
13 de mayo de 1850. Oficio N.º 201. A. H. N., Ultr., Leg. 5070, Exp. 6, N.º 7. «Manuel
Sicardó Osuna», El Mes Histórico, San Juan, P. R., Vol. I, N.º 4 (febrero 1935),
Sección biográfica, pp. 6-8; Sotero Figueroa, Ensayo biográfico de los que más han
contribuido al progreso de Puerto Rico, con un prólogo del Lcdo. en Ciencias Don
José Julián Acosta y Calvo. Obra premiada en el certamen del Gabinete de Lectura
Ponceño el 1.º de julio de 1888. Ponce, Establecimiento Tipográfico El Vapor, 1888,
Cap. XIII, pp. 137-145.

74. «Presupuesto que hace el que suscrive, para los adornos de escultura en
el Salon de la plaza mayor de la misma». Antonio Venegas, Puerto Rico, 3 de septiembre de 1851. A. G. P. R., Obs. Mun., Leg. 62 A, Exp. 4, Ca. 321; Antonio Venegas
al ayuntamiento, Puerto Rico, 13 de diciembre de 1852. Loc. cit.

75. «Condiciones con que se contratan estatuas, jarrones, vasos y canastillos
para la decoración del paseo de la plaza de esta Capital». 3 de noviembre de 1851.
A. G. P. R., Obs. Mun., Leg. 62 A, Exp. 4, Ca. 321.

imitando mármol [76] y estarían dispuestas de la siguiente manera: el Comercio, con una bolsa de dinero en la mano izquierda y al pie un ancla apoyada contra las cajas; la Paz, sostendría con su izquierda un cuerno de la abundancia en vez del cetro; la Agricultura aparecería coronada con ramas de cafeto en fruto, sosteniendo en la mano derecha dos cañas de azúcar y en la izquierda un azadón que sustituirían el tradicional manojo de espigas y el rastrillo; la Fidelidad llevaría una llave en su diestra.[77]

El salón de paseo en la plaza de Armas se inauguró en junio de 1852, durante los festejos reales por el nacimiento de la Princesa de Asturias,[78] sin que estuvieran aún terminadas las esculturas complementarias. Terminadas y colocadas éstas en diciembre del mismo año, su autor excusa la mediocridad a todas luces evidente, exteriorizando

> ... que si bien no son de mármol Paro ni de Caparra tienen el merito particular y apreciable para V. E. y para el público de esta Ysla, de ser toda obra del pais, que si mas tarde quisiera darseles el verdadero color de mármol, nada dejarian que desear á la vista y á la hermosura del salon de recreo donde están colocadas.[79]

Situadas ya en el centro del paseo de la Princesa a donde fueron trasladadas en 1872, las vio don Manuel Ubeda y Delgado quien al identificarlas como símbolos de la Lealtad, Agricultura, Industria y Comercio, hace juicio crítico sobre la "... no mucha habilidad de su autor...".[80]

La plaza, tal como quedó después de la reforma, no debió gozar del agrado de los vecinos quienes la llamaban "...el Panteón de Pezuela, queriendo dar a entender que por su forma, parece un catafalco u otra cosa impropia de una plaza...".[81] Muchas debieron ser las críticas cuando en 1859 se proyecta una nueva reforma en

---

76. *Loc. cit.;* Hostos, *Historia...,* p. 487, indica que las estatuas eran vaciadas en bronce. Ubeda y Delgado, *op. cit.,* p. 127, las describe como de mármol bronceado.

77. A. G. P. R., Obs. Mun., Leg. 62 A, Exp. 4, Ca. 321.

78. El alcalde José Antonio de Cucullu al gobernador capitán general, 15 de junio de 1852. A. G. P. R., Obs. Mun., Leg. 62 A, Exp. 4, Ca. 321. La Infanta Isabel nació el 20 de diciembre de 1851.

79. Venegas al ayuntamiento, *supra,* n. 74.

80. Ubeda y Delgado, *op. cit.,* p. 127; Hostos, *Historia...,* p. 487.

81. Tapia, *Mis memorias...,* pp. 68-69.

el salón de paseo. Proponíase en primer lugar la destrucción de los pretiles que rodeaban los dos jardines de uno de los extremos para enrasarlos con el piso y pavimentar el terreno ocupado por ellos con losas de Canarias. Se eliminaba así el foco de inmundicias creado por las basuras que en los dichos jardines se depositaban a la vez que se ensanchaba el lugar más concurrido como paseo público. Se añadían dos nuevas entradas con sus escalinatas exactamente iguales a las que daban frente a la casa consistorial [82] y se proponía, además, un monumento a Isabel II que habría de colocarse en el centro de la plaza. El 29 de noviembre de 1859 se acordó limitar de momento la obra a la eliminación de los jardines, aplazando para el futuro las de mejora y embellecimiento.[83] Al privársele de su flora, la plaza resultó bastante calurosa. La ausencia de árboles, prohibidos para evitar el oscurecimiento de las casas que le daban frente así como por el temor a los insectos,[84] permitía en cambio admirar los edificios públicos que la embellecían: el ayuntamiento y sobre todo, la intendencia de la Real Hacienda.

La plaza de Santiago.

La plaza de Santiago quedó convertida en la cabecera del paseo de Puerta de Tierra una vez acondicionado éste como tal y por consiguiente, lugar muy concurrido por las personas deseosas de ratos de recreo y saludable entretenimiento. Los efectos de las lluvias y el sol tropicales de un lado y el descuido y la falta de atención adecuada por otro, fueron desmereciendo tanto el paseo como la plaza, hasta que en 1862 se queja el ayuntamiento del estado deplo-

---

82. «Condiciones facultativas bajo las cuales debe sacarse á subasta la obra de reforma del Salon de la Plaza principal de esta Ciudad ademas de las generales que rijen desde 9 de Agosto último» y «Croquis del Salon de la Plaza principal de esta Ciudad y de un proyecto para su reforma». Mariano Bosch y Arroyo, 19 de diciembre de 1859. A. G. P. R., Obs. Mun., Leg. 62 A, Exp. 7, Ca. 321.
83. «Expediente sobre el establecimiento del retrato de S. M. sobre un pedestal en la plaza principal» y «Expediente sobre reforma del salon de la plaza principal y colocación de una estatuta de Isabel 2.ª Capital». A. G. P. R., Obs. Mun., Leg. 62 A, Exp. 7, Ca. 321.
84. Expediente sobre arreglo del paseo de puerta de Tierra y plaza de Santiago. A. G. P. R., Obs. Mun., Leg. 62 A, Exp. 12, Ca. 321.

rable en que se encontraban.[85] Para su reforma se encargó el proyecto al arquitecto municipal, don Manuel Sicardó, quien lo presupuestó en 16,909 pesos. Desestimado por la imposibilidad de la corporación para comprometerse en tan costosa obra, se formó, en
mayo de 1863, un segundo proyecto calculado en 9,000 pesos. Las
cantidades necesarias se obtendrían del impuesto de un cuarto en
cada libra de carne que se vendiera para uso público en San Juan
durante un término de 16 meses, tiempo que se consideraba suficiente para reunir la suma presupuestada.[86] Iniciadas las obras por
el sistema de administración, para agosto de 1866 se había invertido
en ellas casi la totalidad de los fondos disponibles sin que quedaran
reservas para concluirlas. El cese circunstancial de los trabajos
dio como resultado que se formulara, en noviembre de 1866, un
croquis con ciertas transformaciones mediante las cuales se reducía
el área al dividir parte de la plaza en manzanas con solares para la
venta a fin de que se edificara en ellos.[87] La Subdelegación de Medi-
cina y Cirugía se opuso a lo propuesto por considerarlo peligroso
a la salud del pueblo,[88] evitando así que se redujera uno de los limitados espacios al aire libre que iban quedando dentro de los muros.
La plaza de Santiago, o de Penélope, como se le llamaba aludiendo
a las muchas variaciones que tuvo su aspecto,[89] volverá a ser objeto
de particular interés en la década de los setenta.

La plaza de Santo Domingo.

De las plazas conventuales, la de Santo Domingo fue la primera
en reestructurarse. Colindaba ésta por el norte con la iglesia del
convento quedando limitados sus extremos restantes por una verja
de madera con puertas en el centro. El 29 de abril de 1867 presentó

---

85. Expediente sobre «Reparacion del paseo de puerta de tierra y plaza de
Santiago. Capital». 1862. A. G. P. R., Obs. Mun., Leg. 62 A, Exp. 14, Ca. 321.
86. El impuesto fue aprobado por Real Orden de 20 de agosto de 1864. Exp. sobre
arreglo paseo de Puerta de Tierra y plaza de Santiago. A. G. P. R., Obs. Mun.,
Leg. 62 A, Exp. 12, Ca. 321.
87. «Croquis del pensamiento para la reforma de la Plaza de Santiago». 2 de
noviembre de 1866, José I. Hernández. A. G. P. R., Obs. Mun., Leg. 62 A, Exp. 13,
Ca. 321.
88. *Supra*, n. 85.
89. Tapia, *Mis memorias...*, p. 114.

don José I. Hernández un proyecto para construirle aceras y regularizar su superficie. Proponía en él una acera de losas de Canarias que partiendo de cada una de las puertas laterales de la plaza se cruzaran en el centro para terminar en la puerta sur de la iglesia.[90] No hemos podido precisar si se ejecutó el proyecto tal como se presentó. Al año siguiente se celebró una subasta para pavimentar la plaza.[91]

La casa ayuntamiento.

Entre 1842 y 1843 se ejecutaron en la fachada de la casa ayuntamiento las obras de reforma que le dieron el aspecto con que ha llegado hasta nosotros. Los planos y presupuestos para la construcción de un nuevo templete en la torre del reloj que suplantara el existente que amenazaba desplomarse por su estado ruinoso, y la "regularización de la fachada" fueron redactados por el arquitecto municipal Pedro García.[92] Contrató los trabajos el maestro albañil Ramón Santos,[93] quien los tenía prácticamente terminados el 19 de julio de 1843.[94] La reseña que en 1845 hace Pedro Tomás de Córdova [95] describiendo el edificio con una sola torre ha debido nutrirse de la que él mismo hiciera en 1831,[96] razón por la cual no presenta los cambios realizados en las fechas señaladas.

Como ya advierte el arquitecto argentino Mario Buschiazzo, el edificio sigue el modelo típico de los cabildos hispanoamericanos bien que con una "...nota de provincialismo agradable por su sencillez y claridad...".[97] De doble arquería sobre pilares, debió pensarse en continuar el pórtico bajo por los lados del edificio a juzgar

90. A. G. P. R., R. S. G. P. R., Leg. 149, Ca. 239.
91. Hostos, *Historia...*, p. 488.
92. «Expediente instruido para la composición de la torre del reloj público y presupuesto para la construcción de otra». A. G. P. R., M.º S. J., Leg. 30, Exp. 4, Ca. 81.
93. Contrata de las obras, 19 de septiembre de 1842. *Loc. cit.*
94. Faltaba únicamente establecer la esfera del reloj figurado y tapar los michinales en que apoyaba el andamio. Pedro García al ayuntamiento, 19 de julio de 1843. *Loc. cit.*
95. Pedro Tomás de Córdova, «Descripción de la Ciudad de San Juan en 1845», *B. H. P. R.*, IX, pp. 20-21.
96. Córdova, *Memorias...*, II, p. 15. V. *supra*, Cap. V, pp. 177 y 182.
97. Buschiazzo, *op. cit.*, p. 36.

Núm. 42   Ayuntamiento de San Juan. Foto Instituto de Cultura Puertorriqueña.

por los arranques de arcos que aún se observan en los extremos.[98] Las dos torres, de altura limitada, rematan en templetes ochavados con arcos. Corona la fachada, sobre la cornisa, un pretil de línea quebrada que sirve de apoyo al escudo de la ciudad, labrado en piedra. El almohadillado de las esquinas y los rondos de las enjutas en el cuerpo bajo suplen la nota puramente decorativa. (Ilustración 42).

Apunta Tapia que al variarse la fachada quiso el arquitecto García darle "...la mayor semejanza posible con la de Madrid, de donde era natural, lo que consiguió bastante...".[99] Suponemos que se refiera a la fachada lateral, con la que tiene el de San Juan un innegable parecido.

Tres años después de haberse terminado la nueva fachada, presenta García el proyecto para reformar el interior, consistente en construir una sala de justicia, el arreglo de otras salas para situar la alcaldía y las tenencias, la traslación del reloj a la otra torre y otras de carácter secundario.[100] Lo propuesto por el arquitecto se complementó con las mejoras que recomendara el coronel subinspector interino de ingenieros, don José Barreda, quien puso especial interés en que se remodelara la caja de la escalera para hacerla acorde al mérito "...artístico de esta...".[101] El 19 de agosto de 1849 notifica Ramón Santos al ayuntamiento haber terminado las obras de mejora que había contratado.[102]

La escalera del ayuntamiento demuestra el carácter dieciochesco de los planos. Los arquitectos del siglo XIX no concibieron en toda la ciudad un acceso por gradas tan desahogado y solemne como éste. La suave inclinación de los tres planos, la baja contrahuella y los tres descansos, parecen diseñados para permitir la salida sin mayores esfuerzos a regidores, gobernadores y prelados, ya que se centra y desemboca en la sala de cabildo. Los tres arcos del pasi-

---

98. *Ibid.*, p. 35.
99. Tapia, *Mis memorias...*, p. 39. El dato lo repite Hostos, *Historia...*, p. 46.
100. Pedro García al ayuntamiento. 18 de julio de 1845. Expediente sobre reforma y ensanche de la casa consistorial en su interior. 1845. A. G. P. R., M.º S. J., Leg. 30, Exp. 5, Ca. 81.
101. Gobernador capitán general al alcalde de San Juan, Sr. Antonio Granados. 18 de agosto de 1845. *Loc. cit.*
102. Ramón Santos al ayuntamiento. 19 de agosto de 1849. *Loc. cit.*

llo, a cuyo costado se abre, juegan con las curvas de los torneados balaustres de capá y centran admirablemente el acceso a la sala capitular con la cita de Isaías contenida en el óvalo de piedra de la puerta del centro, punto focal de los tres tramos: "Attendite et videte omnes qui pracestis populis" (Escuchad y proveed vosotros los que estáis constituidos sobre los pueblos).

La casa de beneficencia.

La idea de un hospicio o casa de beneficencia empieza a adquirir cuerpo en 1813 cuando se propone como medio para realizarla el ensanche del hospital de la caridad con el propósito de aprovechar la capilla de Nuestra Señora de la Concepción.[103] No prosperó esta vez el loable empeño que vuelve a tomar fuerza hacia 1838 bajo el estímulo del gobernador, mariscal don Miguel López de Baños.[104] Se abandona la primera sugerencia para construirlo junto al hospital de caridad y se escoge como lugar conveniente el cuartel de caballería de las milicias situado en terrenos que habían pertenecido a la huerta de los dominicos antes de la secularización, frente al campo del Morro, y cuyo estado ruinoso hacía deseable el que se destruyera.[105] Trasladado López de Baños en octubre de 1840, su sucesor en el gobierno de la Isla, el teniente general don Santiago Méndez Vigo, se hizo cargo del proyecto ampliándolo y encausando su edificación.

El nuevo establecimiento acogería a los ancianos, personas imposibilitadas y pobres de solemnidad, a la vez que serviría para corregir a "mujeres descarriadas" y jóvenes "mal entretenidos", obligándoles a un trabajo asiduo.[106] Para sufragar la obra se abrió una

---

103 *Actas cabildo... 1812-1814.* Sesión del 14 de enero de 1813, N.º 21, pp. 54-61.
104. Cruz Monclova, *op. cit.,* I, p. 316; Hostos, *Historia...,* p. 469.
105. *Loc. cit.;* Buschiazzo, *op. cit.,* p. 41; acta de la sesión del ayuntamiento celebrada el 23 de diciembre de 1840. Expediente sobre la construcción de la casa de beneficencia: 1840-1841. A. G. P. R., Edif. Pub., Leg. 106, Exp. 2, Ca. 685. Informe presentado por los comisionados Santiago Cortijo, Pedro García y José de la Pezuela sobre el lugar apropiado para establecer la casa de reclusión y beneficencia. 18 de enero de 1841. Copia. A. H. N., Ultr., Leg. 5077, Exp. 38, N.º 4.
106. Capitán General al ayuntamiento. 4 de enero de 1841 A. G. P. R., Obs. Pubs., Edif. Pub., Leg. 106, Exp. 2, Ca. 685; Hostos, *Historia...,* p. 469.

suscripción general voluntaria y se impusieron arbitrios de un peso por cada licencia de baile en casa alta o baja, cuatro pesos por los bailes que se celebraran en el teatro, un peso por cada permiso para fiesta de cruz, el producto libre de una función general que diera la compañía dramática en cada temporada y un maravedí por libra de carne vendida en la carnicería de la Plaza.[107] Por considerar que toda la Isla se beneficiaría con el asilo, se generalizó a toda ella en 1844 el impuesto de 4 mrs. por arrelde de carne.[108]

En lo que se recolectaba el dinero de los arbitrios se tomaron prestados a la intendencia 4,000 pesos macuquinos que constituyeron el fondo inicial con que comenzar las obras.[109]

Los planos y el presupuesto original, redactados por el arquitecto Pedro García, fueron presentados al ayuntamiento el 1.º de abril de 1840.[110] Casi un año después, el 5 de marzo de 1841, se le encomienda la dirección de las obras al comandante de ingenieros, teniente coronel Santiago Cortijo, en unión del capitán de artillería don José de la Pezuela, este último a cargo del detall de los trabajos y dirección material en ausencia de Cortijo. Tendrían a su cargo para emplearlos en calidad de operarios a cuarenta presidiarios.[111] La construcción del edificio se inicia el 18 de mayo de 1841.[112] Desde entonces se desarrollan las obras en medio de problemas recurrentes, tales como la dificultad para conseguir materiales, el escaso número de trabajadores disponibles y el agotamiento de los fondos

---

107. Real Orden dada en Madrid el 5 de agosto de 1841. Copia. A. G. P. R., Obs. Pubs., Edif. Pub., Leg. 106, Exp. 2, Ca. 685.

108. Lo propone el gobernador Santiago Méndez Vigo al Secretario de Estado y del Despacho... de Ultramar el 4 de noviembre de 1842, Oficio N.º 3o4. A. H. N., Ultr., Leg. 5077, Exp. 38, N.º 8. Se aprueba por Real Orden de 7 de febrero de 1844. A. H. N., Ultr., Leg. 5077, Exp. 39, N.º 8. Gobernador Rafael de Arístegui y Vélez, Conde de Mirasol a los alcaldes de los pueblos. 17 de agosto de 1844, Circular N.º 14. A. H. N., Ultr., Leg. 5077, Exp. 39, N.º 22.

109. Intendente de Real Hacienda al gobernador capitán general. 31 de diciembre de 1840. A. G. P. R., Obs. Pubs., Edif. Pub., Leg. 106, Exp. 2, Ca. 685; Hostos, Historia..., pp. 469-470.

110. Sesión del ayuntamiento de 1 de abril de 1840. Actas del ayuntamiento de San Juan, 1840. A. G. P. R., M.º S. J.

111. Oficio del gobernador capitán general a Santiago Cortijo. 5 de marzo de 1841. A. G. P. R., Obs. Pubs., Edif. Pub., Leg. 106, Exp. 2, Ca. 685; Santiago Cortijo al gobernador, 27 de marzo de 1841, loc. cit.

112. «Primera y única quincena. Relación de los jornales que han vencido los empleados y operarios de todas clases en el trabajo de dichas obras y compras para la misma en la presente quincena». Da principio el 18 de mayo. Loc. cit.

causado en parte por la suma insuficiente y la lentitud con que se recolectaban los arbitrios.[113] Superados los obstáculos y con un segundo anticipo de la cantidad necesaria (14,000 pesos), hecha en esta ocasión por la Junta de Comercio,[114] se inaugura la casa el 19 de noviembre de 1844, días de la reina Isabel II,[115] sin que se hubieran concluido los trabajos. En junio de 1845 faltaban por realizar obras de carpintería y albañilería calculadas en 32,750 pesos 6 reales.[116] Justo un año después, el 18 de noviembre, se bendijo la capilla, celebrándose en ella la primera misa al día siguiente, en la que recibieron la primera comunión veintidós reclusas entre los veinte y cuarenta y cinco años.[117] Se terminó el edificio en 1848 bajo el gobierno del mariscal de campo don Juan Prim, conde de Reus.[118]

La historia de la casa de beneficencia plantea el problema de su autor pues aparentemente nunca llegó a redactarse un proyecto completo, faltándole la memoria descriptiva y el pliego de condiciones facultativas con que regularmente se acompañaba toda propuesta de construcción.[119] Consta que el arquitecto Pedro García presentó el primer plano y presupuesto [120] pero es todo cuanto se sabe de su participación en la obra porque al año siguiente se ordena al capitán de artillería José de la Pezuela que levantara el plano del edifi-

113. Gobernador Santiago Méndez Vigo al Secretario de Estado y del Despacho... ... ...de Ultramar. 30 de septiembre de 1841, Oficio N.º 178. A. H. N., Ultr., Leg. 5077, Exp. 38, N.º 6.

114. Junta de Comercio de Puerto Rico al Secretario de Estado y del Despacho... ... ...de Ultramar. 20 de diciembre de 1843. Oficio N.º 13. A. H. N., Ultr., Leg. 5077, Exp. 39, N.º 7.

115. Hostos, *Historia*..., pp. 470-471.

116. «Presupuesto de las cantidades que se necesitan para la conclusión de la obra de la casa de Beneficencia de esta Capital». Santiago Cortijo, 15 de junio de 1845. A. G. P. R., Obs. Pubs., Edif. Pub., Leg. 106, Exp. 3, Ca. 685.

117. Gobernador conde de Mirasol al Secretario de Estado y del Despacho... ... ...de Ultramar. 25 de noviembre de 1845. Oficio N.º 265. A. H. N., Ultr., Leg. 5066, Exp. 12, N.º 2.

118. Acababa de concluirse cuando llegó a la Plaza don Juan de la Pezuela, conde de Cheste, el 5 de septiembre de 1848. Pezuela al Ministro de la Gobernación del Reino. 21 de junio de 1849. Oficio N.º 116. A. H. N., Ultr., Leg. 5077, Exp. 40, N.º 24. La inscripción en el friso de la fachada indica que fue terminado en 1847. Siendo dicha inscripción de 1897, el tiempo transcurrido ha podido dar margen al error.

119. Nota de Francisco Burguillos. Puerto Rico, 14 de febrero de 1851. A. G. P. R., Obs. Pubs., Edif. Pub., Leg. 107. Indica no haber encontrado el presupuesto de la obra de donde deduce «...que no se formó tal documento sino algunos cálculos parciales mucho después de haberse empezado el edificio...», *loc. cit.*

120. *Supra*, n. 110.

cio. Ha debido ser éste una copia del presentado por García, toda vez que cuando se le encomiendan los trabajos al teniente coronel Santiago Cortijo se le indica que al ponerle en planta debería "hacer aquellas ligeras variaciones" que verbalmente le había comunicado el gobernador Méndez Vigo.[121]

La primera idea cabal de la estructura que se pretendía la encontramos en el plano firmado por Cortijo el 20 de abril de 1841.[122] Probablemente partió de la traza original presentada por García, desconocida hoy, introduciendo en ella las innovaciones que indica el gobernador en su oficio puesto que el mes que transcurre entre la fecha de la encomienda, 5 de marzo de 1841,[123] y la fecha del plano hacen presumible su inserción. (Ilustración 43). No podemos, sin embargo, precisar su alcance por no descender el capitán general a las especificaciones que sólo menciona genéricamente. Finalmente, la ausencia del plano original, así como el de Pezuela, nos limita al estudio de la obra de Cortijo.

El edificio es de planta rectangular con las dependencias distribuidas en torno a dos grandes patios porticados con arcos escarzanos, separados por una crujía central en la que se encontraban la capilla, talleres separados para hombres y mujeres y en una segunda planta las habitaciones para el director y la rectora, a las que se accedía por dos escaleras de un solo tramo. Al centro de los patios y en torno a las bocas de los aljibes correspondientes se ubicaron los baños y lavaderos.

Los extremos de la fachada, flanqueados por dos hileras de almohadillado, se adelantaban tímidamente sobre la línea de frente cuyo adorno principal lo constituían los resaltes de las ventanas y el grueso cornisón que la coronaba. La puerta principal presentaba dos cuerpos. El inferior constituido por el vano y su resalte, remata en un arco tan rebajado que casi parece adintelado ya que expresa el dovelaje en despiece radial típico del mismo. Como detalle interesante, nada frecuente en la sobria moldura empleada en Puer-

---

121. *Supra*, n. 111.
122. «Proyecto de una Casa de Asilo ó Establecimiento de Beneficencia para 256 personas de ambos secsos mandado ejecutar en esta Plaza de Puerto Rico por el Exmo. Señor Gobernador y Capitán General Don Santiago Méndez Vigo». Santiago Cortijo, 20 de abril de 1841. A. H. N., Ultr., Leg. 5077, Exp. 39, N.º 6.
123. *Supra*, n. 111.

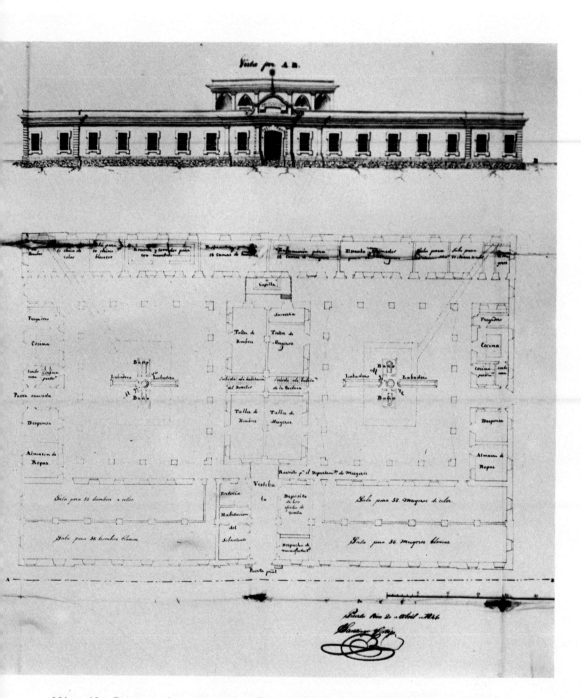

Núm. 43   Proyecto de una casa de asilo o establecimiento de beneficencia para 256 personas de ambos sexos, mandado ejecutar en esta plaza de Puerto Rico por el excelentísimo señor gobernador y capitán general don Santiago Méndez Vigo. Santiago Cortijo, 20 de abril de 1841. A.H.N., U/tr., Leg. 5077, Exp. 39. No. 6.

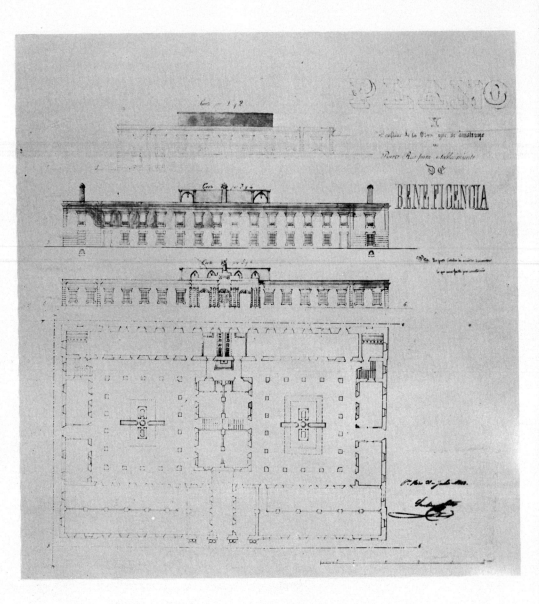

Núm. 44   Plano y perfiles de la obra que se construye en Puerto Rico para establecimiento de beneficencia. Santiago Cortijo, 31 de julio de 1843. A.H.N., U/tr., Leg.
5077, Exp. 39. No. 2.

to Rico para frontis y remates, merece destacarse el frontón incurvado. Sostenido en los extremos por dos grandes volutas, tiene al centro una aguja borrominiana coronada por un resplandor. En su centro figura la cartela con la correspondiente inscripción. Por detrás del eje de fachada, centrado en torno al mismo, sobresale un segundo cuerpo con cuatro arcos apuntados entre pilastras y su cornisa de remate. Obviamente, se trata de las estancias expresadas en la planta como propias de los directores. ¿Conservará acaso este plano la traza de fachada de la obra proyectada por García?

Un segundo plano de Cortijo, fechado el 31 de julio de 1843, que expresa lo construido hasta entonces y lo que faltaba por realizar,[124] presenta novedades que no se recogen en el anterior aunque tal vez aparecían en despieces desconocidos hasta hoy. (Ilustración 44). Evidencia éste en la parte posterior la existencia de dos plantas, levantándose la primera sobre una depresión del terreno aprovechada por el autor de manera similar a lo ejecutado en la obra del seminario conciliar anteriormente descrita.[125] La fachada principal mantiene un solo piso. Dos escaleras, situadas hacia el final de cada una de las crujías laterales, inexistentes en el plano de 1841, nos inducen a pensar que quizás la solución empleada para ganar espacio con los desniveles del terreno fuera una variante introducida por Cortijo. Se acusa asimismo un cambio en la escalera de acceso a las habitaciones de los directores, ampliada ahora con un tramo adicional.

El cambio más notable habido entre el plano de 1841 y el de 1843 se realizó en la portada principal al alterarse, acaso procurando hacerla más vistosa y digna. Sobre la graciosa curvatura que imprimía un movimiento discreto a la fachada, librándola del aburrido encuentro de líneas rectas, prevaleció el criterio unificador del nuevo rostro de la ciudad impreso durante el mando de don Miguel de la Torre. A pesar del tiempo transcurrido, el ático escalonado que al fin y al cabo se encierra dentro de las líneas de un frontón triangular —impuesto finalmente con la reforma de 1897— susti-

---

124. «Plano y perfiles de la obra que se construye en Puerto Rico para establecimiento de Beneficencia. Santiago Cortijo. 31 de julio de 1843». A. H. N., Ultr., Leg. 5077, Exp. 39, N.º 2.
125. *Supra*, Cap. V, pp. 176-177.

tuyó la estructura propuesta anteriormente para servir de pedestal a una retórica escultura de la Caridad que nunca llegó, quedando la extensa fachada con el acento de desmesura que no logra borrar el apéndice en falso del frontón. Dos cuerpos salientes se adelantan a los costados de la puerta principal creando entre ésta y las dos laterales una clara distinción mediante el empleo de ocho columnas dóricas. Con sus severas verticales, juegan éstas discretamente contra el almohadillado que subraya la nobleza del pórtico sobre los paramentos llanos del resto de la fachada.

La estima en que se tenía la casa lo recoge con claro espíritu decimonónico el gobernador don Fernando de Norzagaray:

> [El edificio] ...es hoy uno de los que contribuyen al ornato público y muestran al viajero que viene a visitarnos, que si bien no se ostentan en ellos riquezas ni lujo, en su aspecto de modestia puede decir con orgullo: "aquí se consuela al afligido y socorre al huérfano desvalido".[126]

La Fortaleza.

A lo largo de los siglos XVII y XVIII la fortaleza de Santa Catalina fue objeto de numerosas reparaciones y reformas, algunas menores, otras prácticamente totales. Quemado el edificio por los holandeses en 1625, quedaron en pie tan sólo las paredes.[127] Un texto de la *Memoria* de Torres Vargas señala al autor de los planos nuevos y al ejecutor de la reconstrucción con las palabras que siguen:

> ... Al Gobernador Don Iñigo de la Mota Sarmiento, sucedió D. Agustín de Silva y Figueroa, Caballero del hábito de Alcántara, natural de Jerez de los Caballeros, Teniente de la Guardia del Duque de Feria en Milán y Capitán de Lombardía (título 16 de mayo de 640). Vino con tan poca salud que murió en esta Ciudad dentro de 5 meses, y así no hizo otra cosa de memoria mas del designio y planta de la casa de los gobernadores de esta ciudad, que se ejecutó por su sucesor en el gobierno. Está enterrado en la capilla de Nuestra Señora del Rosario [iglesia de San José] que para esto dejó señalada Don Iñigo de la Mota...[128]

---

126. Norzagaray al presidente del Consejo de Ministros. Puerto Rico, 17 de febrero de 1854. Oficio N.º 427, A. H. N. Ultr., Leg. 5077, Exp. 41, N.º 11.
127. Vila y Vilar, *Historia...*, p. 150.
128. Torres Vargas, *op. cit.*, p. 572.

Ignoró Torres Vargas en su relación, aun cuando conociera el dato, que con anterioridad a su estancia en Italia se había distinguido don Agustín de Silva en las campañas de Flandes y Alemania y que en 1639 estuvo encargado de las fortificaciones de Gibraltar, llegando a Puerto Rico con fama de buen ingeniero castrense.[129] Traemos a colación este hecho al parecer secundario, porque completa la fisonomía del ingeniero militar y ante la ausencia de otras noticias, nos permite suponer con cierto fundamento que el hombre que intervino en acciones de guerra donde las obras de más empeño eran las minas, la rápida construcción de baluartes y fajinas así como la acelerada ejecución de demoliciones, no debió trazar otra cosa que una estructura de funciones elementales dentro de los muros de una fortaleza a la vera del agua, en una plaza que por aquellos años se consideraba en perpetuo estado de sitio.

Presidió la ejecución de las obras don Fernando de la Riva Agüero, y debieron correr con prisa rara en Puerto Rico puesto que proyectadas en 1641, con anterioridad al mes de diciembre en que debió fallecer don Agustín de Silva, ya para el 25 de marzo de 1644 Riva Agüero notifica al rey la conclusión de los trabajos.[130]

En el curso del siglo XVIII y primer tercio del XIX el edificio sufrió nuevas alteraciones y reformas sobre la planta anterior pero ejecutadas, según el padre Abbad, con tan poco concierto y de forma tan caprichosa, añadiendo o quitando los capitanes generales según su arbitrio,[131] que debió hacerse imperioso planificar una reforma coherente y enderezada ya a la única función que le cabía a la altura del siglo: residencia palaciega de la capitanía general.[132]

La descripción que hace Pedro Tomás de Córdova en 1831[133] y que con ligeras modificaciones vuelve a publicar en 1845,[134] presenta

---

129. Sebastián González García, «Notas sobre el gobierno y los gobernadores de Puerto Rico en el siglo XVII». *Historia*, Universidad de Puerto Rico, Nueva Serie, Tomo I, N.º 2 (junio 1962), p. 74 y n. 15.
130. Vila y Vilar, *Historia...*, p. 150, n. 63.
131. Abbad, *op. cit.*, pp. 102-103; Hostos, *Historia...*, p. 226.
132. Se convirtió en residencia exclusiva de los capitanes generales por Real Orden de 27 de noviembre de 1822. Córdova, *Memorias...*, II, pp. 14-15. Coll y Toste, «Descripción...», *Lealtad y Heroísmo*, p. 317. Hostos, *Historia...*, p. 226.
133. Córdova, *Memorias...*, II, pp. 14-15.
134. Córdova, «Descripción...», *B. H. P. R.*, IX, pp. 19-20. Hostos, *Historia...*, pp. 226-227.

un cuadro acabado del orden interno del edificio. La importancia
del texto nos obliga a incluirlo.

La Fortaleza de Santa Catalina ó casa de Gobierno es muy capaz por
el desahogo y comodidad de las habitaciones, y de extraordinaria solidez. Tiene dos hermosos salones, muchas piezas interiores, y una porción de terreno en anfiteatro para jardines y huerta. A este edificio se
le han hecho muchas mejoras por varios de los Capitanes Generales
y le falta aun darle á la fachada otra elegancia cual lo requiere el objeto á que está afecto. Es habitación exclusiva de los Capitanes Generales,
según lo declaró S. M. en la Real orden de 27 de noviembre de 1822. La
capilla con tribuna alta es muy capaz. En ella está la efigie de la Concepción en el único Altar que tiene, y se custodia también la del Apóstol
Santiago, que se saca en procesión el día de este Santo Patrono, para
la fiesta que se celebra en la Catedral. En un ángulo de la Fortaleza
está la Secretaría de Gobierno y Capitanía General cuya obra moderna
y concluida en 1800, es de muy buen orden y cómoda. Debajo de la
Secretaría están los cuerpos de guardia de la maestranza de Artillería
y la de honor, en dos piezas interiores con una galería de arcos, que
une esta parte al todo del edificio. En las piezas bajas de la Fortaleza
están la Secretaría de Intendencia y archivo de Real Hacienda, á la derecha, y la Real Contaduría y Tesorería á la izquierda. En una de sus
piezas se halla en el día colocada la Comisión liquidadora de cuentas...[135]

Es curioso que termine Pedro Tomás de Córdova reproduciendo
el texto completo de la inscripción que en 1639 mandara a colocar
en la fachada del edificio el gobernador don Iñigo de la Mota Sarmiento alusiva a la obra de las murallas ejecutadas bajo su mando.
Confundióse hasta hace poco la fecha indicada con la de restauración de la misma Fortaleza. Hoy sabemos, como ya dijimos, que la
última se dio por restaurada en 1644.

Permaneció el lienzo de fachada revestido del severo carácter
defensivo que debió tener desde su origen hasta las reformas propuestas en 1845. En 1834 el viajero inglés coronel Flinter describe
con rasgos de grafismo realista su ingrata apariencia.

...as it was originally designed for strength and not for beauty, it has
a most sombre appearance, having more the aspect of a prision than a
palace. It has, however, some spacious saloons, and is not destitute
of convenience...[136]

---

135. Córdova, *Memorias...*, II, pp. 14-15.
136. George Flinter, *An account of the present state of the Island of Puerto*

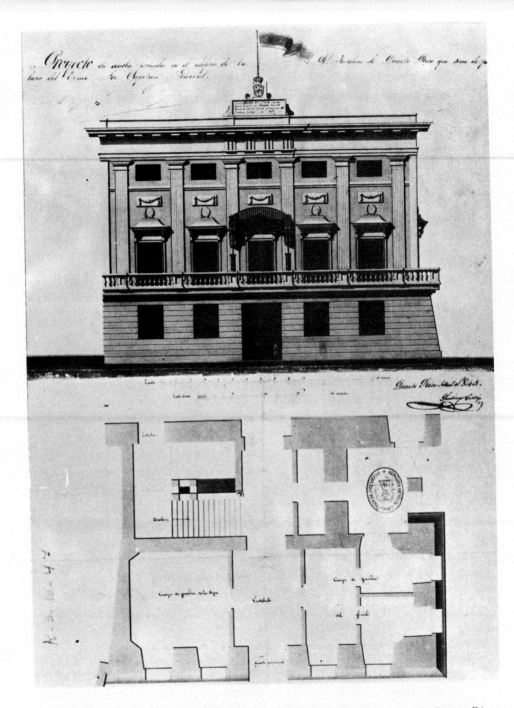

Núm. 45   Proyecto de nueva fachada en el edificio de la Real Fortaleza de Puerto Rico que sirve de palacio al excelentísimo capitán general. Santiago Cortijo, septiembre de 1845. S.H.M., k.b. 10.47.

El comentario sobre la lobreguez de la fachada viene a unirse al de Córdova en el texto antes citado. No es difícil suponer por lo descrito que obedeciendo todavía la fachada a propósitos defensivos, eran sus vanos escasos y angostos, lo que inspira a Flinter para decir que tenía más bien aire de cárcel.

El único plano existente de la reforma encomendada por el conde de Mirasol al teniente coronel Santiago Cortijo en 1845 —el de la fachada— manifiesta al parecer tan sólo una parte de las modificaciones hechas en el interior del edificio ya que de la hoja de servicios del ingeniero se desprende la magnitud de los trabajos.

> ...Ha proyectado y se ha ejecutado la reedificación y mejora de todas las habitaciones de la Real Fortaleza estando construyéndose la escalera principal y la nueva fachada con que se aumenta la capacidad necesaria de este edificio dándole el aspecto decoroso que conviene al objeto sin ser menos que el que tienen en Santa Cruz, San Thomas, Guadalupe, etc., los gobernadores respectivos...[137]

El proyecto para la nueva fachada, firmado por Cortijo en septiembre de 1845,[138] es una prueba de la capacidad del ingeniero y de su experimentada formación. (Ilustración 45). La nitidez con que se diferencian y definen los tres cuerpos que asoman a su frente no puede ser mayor. Al mismo tiempo, ha conseguido conjugar el aspecto solemne de la capitanía general con elementos de apariencia suntuaria y de magnificencia propios de una vivienda palaciega. El sencillo almohadillado del cuerpo bajo a cuyas espaldas está el cuerpo de guardia de la tropa y el del oficial de turno, con sus cuatro vanos, manifiesta su estricta funcionalidad defensiva limitándose de esta forma al cuerpo inferior la antigua y criticada adustez de la fachada primitiva. Un balcón volado con baranda abalaustrada recorre a todo lo ancho el edificio. Con tan simple recurso el ingeniero ha creado el matiz diferencial entre el aire de fortaleza de los cuerpos de guardia y la planta noble del cuerpo principal. Seis pilas-

---

Rico. London, Longman, Rees, Orme, Brown, Green, and Longman, 1834, p. 41; Hostos, *Historia...*, p. 227.

137. Hoja de Servicios de Santiago Cortijo de Fuertes hasta el 30 de junio de 1846. A. G. M., expediente personal.

138. «Proyecto de nueba fachada en el edificio de la Real Fortaleza de Puerto Rico que sirve de palacio del Exmo. Sor. Capitan General». S. H. M., K. b. 10. 47.

tras toscanas se interponen entre la maciza horizontalidad del primer cuerpo y el cornisón de amplio vuelo. Cuatro puertas coronadas por otros tantos doseles sostenidos por ménsulas miguelangelescas que rematan en lauros flanquean la central, que se diferencia de las laterales en que adopta un frontón curvo en lugar de los doseles aludidos. Se trata evidentemente de la puerta a la que asomaba en días de ceremonias el capitán general. Todo este tramo se proyecta discretamente hacia adelante. Como recurso expresivo de su función secundaria respecto al piso que aloja el salón del trono, acudió Cortijo a la creación de otros cinco vanos menores simétricamente dispuestos al nivel de los capiteles de las pilastras y cuyas luces ocupan exactamente un tercio del vano de las puertas ya descritas. Para salvar la desmesura de los entrepaños colocaron por encima de las puertas cinco tarjetas con guirnaldas y sobre ellas una moldura a dos niveles que recorre la fachada, interrumpida solamente por las pilastras. El diseño expresa cuatro triglifos sobre el tramo central. La cornisa moldurada se apoya sobre una línea de dentículos. Por imafronte se colocó una placa de mármol con la siguiente inscripción:

REYNANDO Da. YSABEL 2.ª Y SIENDO CAPITAN
GENERAL EL CONDE DE MIRASOL HIZO ESTA
FACHADA EL TENIENTE CORONEL DE INGENIEROS
Dn. SANTIAGO CORTIJO, AÑO DE 1845.

Sobre ella campea el escudo de la monarquía rematado en una corona cubierta y en su eje aparece el mástil con la bandera.

En la traza de esta fachada ha debido pesar no poco la empleada en los exteriores del palacio real de Madrid reducida en Puerto Rico a las naturales limitaciones del medio. El recuerdo de la lejana sede de la soberanía quedaba vinculado de esta forma a la residencia de la capitanía.

De los elementos ideales del plano a la ejecución final apenas hubo grados de diferencia. A los cuatro triglifos con sus gotas correspondientes se añadieron otros cuatro sobre el eje de las demás pilastras, quedando nueve metopas que se decoraron con trofeos y símbolos alusivos a los programas de la Ilustración. Las tres del centro están presididas por el relieve del cordero pasante con la cruz y la veleta, parte central del escudo de Puerto Rico y en sus costados un trofeo a la izquierda y una panoplia a la derecha. En los extremos aparecen dos cornucopias a las que siguen respectivamente de izquierda a derecha, un castillo con banderas abatidas y un relieve alusivo al comercio con un áncora, pacas de distintos productos y un libro centrado por un caduceo. En las dos metopas restantes y en el mismo sentido, se colocaron un motivo referente al parecer a la agricultura, a juzgar por la azada, regadera y racimo de plátanos que en ella aparecen y en la siguiente, un león con banderas y alabarda.

El juego de luces y elementos en relieve, distribuidos sabiamente con la mesura y ponderación que distinguen las creaciones del neoclásico, lograron salvar el difícil compromiso entre la verticalidad imponente del asiento de la soberanía en la Isla y el uso palaciego que los tiempos nuevos le añadían en una sociedad que de castrense se convertía gradualmente en civil.

Sobre el área principalmente afectada por las obras de Cortijo en el interior del palacio no es preciso insistir por existir ya una pormenorizada descripción del salón del trono estrictamente coetánea —1848— a la que nos remitimos.[139] El mezclado gusto de la época se refleja en la confluencia de estilos que deliberadamente pone de relieve aquélla. Sobre las yeserías y relieves de sabor clásico en que aparecen "...Minerva protegiendo las Artes, la Paz, la Justicia, la Constancia, la Fidelidad, la Fortaleza, la Caridad, Marte y la Vigilancia..." se destacan delicados trabajos de madera del país entre los que cabe mencionar algunos detalles del solio con el retrato de la Reina "...entre dos prismas de medios octágonos formando torrecillas góticas...". Se habla de la decoración en blanco y oro "...siguiendo la época del Renacimiento..." e incluso se des-

---

139. «Descripción del nuevo salón de la Fortaleza». *Gaceta del Gobierno de Puerto Rico*, N.º 41 (jueves 23 de noviembre de 1848), p. 3. Ha sido publicada en su integridad por Hostos, *Historia...*, pp. 227-229.

criben las tres lámparas de veinte luces que iluminan el salón como "...producto de Herculano y Pompeya...".[140]

El carácter abigarrado y romántico que anuncian las líneas anteriores se explaya en los arabescos, cardinas, guirnaldas y demás elementos que constituyen los motivos ornamentales de la caja de la escalera. El recinto se divide en cuatro cuerpos correspondiendo los dos primeros a la escalera propiamente dicha y los dos restantes sirviendo de ámbito espacial para darle el empaque palaciego que ingenuamente obtiene. El primero está constituido por paramentos lisos que terminan en una reducida moldura que da paso al segundo. Doce arcos ciegos de medio punto, con decoración foliada sobre la clave —tres en cada costado y el del centro mayor que los laterales— organizan la decoración de los cuatro paños. Descansan sobre doce pilastras con capiteles foliados de los que salen doce estípites que sirven de apoyo a ocho bustos de cariátides y cuatro atlantes, estos últimos colocados en chaflán. Estando sus muros cobijados por el arco central al este, sur y norte respectivamente, aparecen tres pedestales con guirnaldas sobre los cuales se asientan el cordero emblemático de Puerto Rico entre palmas coronadas por una diadema de picos y rayos, un castillo dentro de un óvalo surmontado por una corona real cubierta y sostenido por dos erotes y un último escudo de idéntica factura con un león rugiente. Un grueso cornisón con diversas molduras de hojas de acanto, lacería, tema funicular, perlas y decoración foliada separa el último cuerpo del anterior. Campea en éste, en las cuatro luces de sus costados, un acento neomudéjar que se expresa en el arco de herradura rebajado al cual los adornos de yesería gótica rematados en piña que se le superponen le dan aire conopial. El delicado trabajo de ebanistería que crea un falso ajimez en lo interior del vano completa el efecto oriental. Cada ventana está flanqueada por dos columnas adosadas de fuste liso que naciendo de un pedestal en forma de palmeta culminan en capiteles foliados. En los ángulos y aprovechando la superficie de las trompas de la bóveda aparecen sobre pedestales achaflanados cuatro *candelieri* entreverados con tornapuntas y decoración de perlas en su parte media, de los que brota como de un cáliz un

---

140. *Loc. cit.*

corto estípite en el que se asienta un busto femenino con adornos
plumarios en la cabeza y decoración de tornapuntas fantásticas que
rematan en flores explayadas a la altura de los hombros. Ocho
guirnaldas sostenidas en sus extremos por dieciséis volutas que salen de un remedo de capitel adosado vinculan los cuatro paños en-
trelazándolos con los chaflanes de las enjutas. La cúpula se abre
sobre una moldura intermedia con motivos clásicos de ovas y dardos. Consiste en una cúpula ciega de un tercio de esfera dividida en
ocho sectores en los que alternan trofeos antiguos y modernos. En
uno de ellos aparece un escudo ovalado con un castillo; en otro, un
escudo mantelado con idéntico castillo en su campo. En el centro
figura un rosetón de acanto explayado con ocho puntas.

En 1858 se realizaron importantes obras en el edificio. Desafortunadamente no hemos encontrado ni el proyecto ni los planos por
lo que desconocemos su alcance exacto pero las recomendaciones
que se hacen del autor, el teniente coronel José López Bago, nos
pueden dar idea de la importancia de los trabajos. Dice lo siguiente
el comandante exento de ingenieros, Rafael Clavijo, al capitán general don Fernando Cotoner:

> ... El día 31 de este mes [julio de 1858] se hallarán terminadas las obras
> del piso segundo de la Real Fortaleza, en disposición de ser habitada
> desde luego esta parte del Palacio a la que puede V. E. trasladarse ce-
> sando así las graves molestias a que V. E. ha estado sugeto desde su
> arribo a esta Isla, tanto por la larga duración de las obras en sí mis-
> mas, como por la interrupción que por la Real orden de 25 de agosto
> del año próximo pasado han sufrido durante el espacio de tres meses.
> V. E. ha seguido paso a paso la construcción de esta obra y conoce el
> mérito que encierra tanto en el conjunto como en cada una de sus
> partes, como ha tenido la dinnación [sic] de manifestármelo repetidas
> veces, por lo que escuso [sic] hacer aquí una descripción que pondría
> de manifiesto la elegante sencillez, las bellas proporciones, y las dificul-
> tades que para lograr este objeto oponía una planta fija y determinada.
> El lograr este objeto, el hacer los estudios, planos y cálculos en medio
> de la premura que naturalmente imponía el considerar a V. E. mala-
> mente alojada, donde no solo carecía de lo que requiere su alto destino
> sino hasta de lo que ecsije [sic] la salud de este clima, y todo ello
> sin perjudicar a lo bien acabado de las partes de la obra, ha necesitado
> un trabajo constante, asiduo mental y corporal y sin un momento de
> descanso. Este mérito lo ha contraido el Teniente Coronel Don José
> López Bago Comandante de Ingenieros de esta Plaza á quien por su

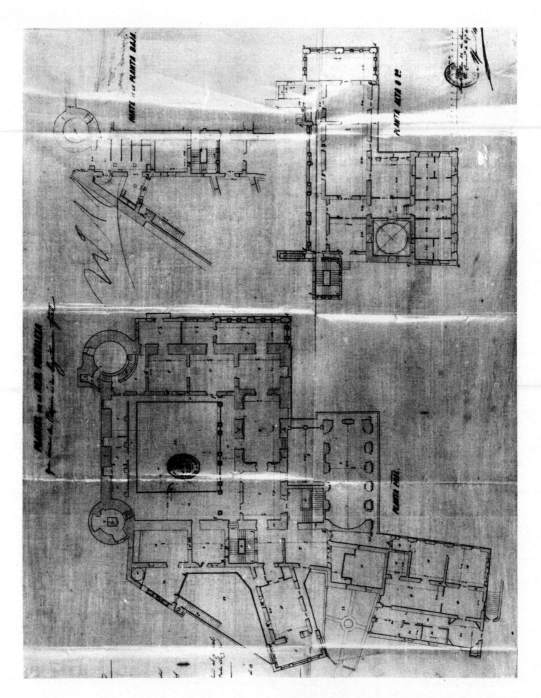

Núm. 46   Plantas de la Real Fortaleza que sirve de palacio a la Capitanía General. El Comandante de Ingenieros, Manuel Walls, 25 de enero de 1868.

destino ha estado confiada la dirección y ejecución de la obra, que ha llevado á cabo a mi completa satisfacción...[141]

En términos muy parecidos se expresa el capitán general don Fernando Cotoner, quien recomienda a López Bago para el grado de coronel de infantería "...por el mérito facultativo que ha contraído en el pensamiento y dirección de la obra de la Fortaleza..." [142]

Una planta descriptiva firmada el 25 de enero de 1868 por el comandante de ingenieros Manuel Walls [143] recoge las reformas de Cortijo y de López Bago. A excepción de las áreas que ya hemos señalado como obra de Cortijo, no podemos discernir con claridad a quién corresponde el resto de la obra nueva y en qué consisten las modificaciones que implica el título de proyecto que se le da cuando se aprueba. Presumimos que la ordenación de espacios del área de vivienda se deba a López Bago. Del talento previsor de ambos ingenieros, aunque correspondientes a momentos distintos, habla muy alto el hecho de que a pesar del tiempo transcurrido y la diferencia sensible de circunstancias, se mantenga hoy vigente el plan básico de la Fortaleza.

La distribución la recoge el plano de 1868. (Ilustración 46). Partiendo de las áreas consideradas invariables por el uso y las descripciones conocidas: patio central, torres, capilla, jardines, etc., encontramos la modesta pero eficiente diversificación de habitaciones de vivienda, gran comedor, oficinas y dependencias de servicio de la pequeña corte de la capitanía general de Puerto Rico. Sin entrar en comentarios farragosos se advierte el carácter eminentemente práctico de la planta. En el piso principal tres grandes áreas se distribuyen las funciones fundamentales. Mirando a levante y tras la gran fachada se encuentran el salón de corte, el despacho del capitán general y la pretenciosa escalera que conduce a ambos. Comunicadas inmediatamente con el despacho se encuentran la sala de recibo y el gabinete, colindantes con la galería del norte, corto

141. Comandante exento de ingenieros Rafael Clavijo al capitán general. Puerto Rico, 27 de julio de 1858. Copia. A. G. M., Exp. personal de José López Bago.

142. Capitán general don Fernando Cotoner al Ministro de Guerra. Puerto Rico, 28 de julio de 1858. Oficio N.º 209. A. G. M., Exp. personal de José López Bago.

143. «Plantas de la Real Fortaleza que sirve de Palacio a la Capitanía General». Puerto Rico, 25 de enero de 1868. Manuel Walls. Proyecto aprobado por Real Orden de 9 de mayo de 1868. S. H. M., P-m-16-13.

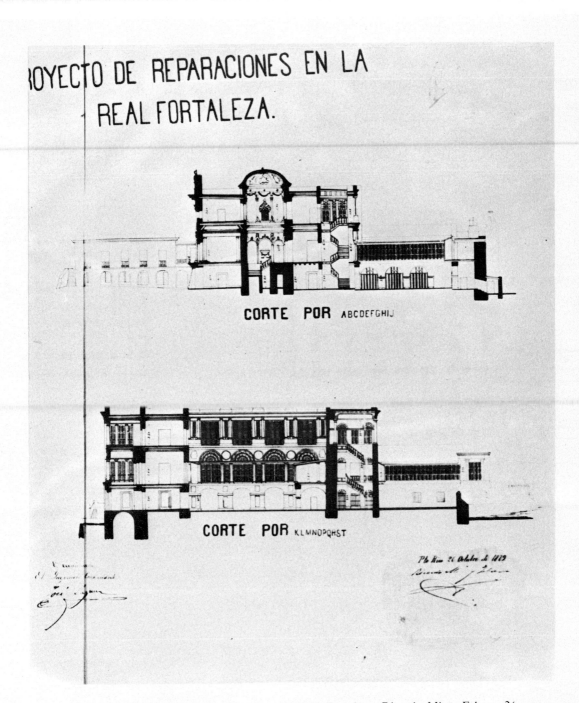

PROYECTO DE REPARACIONES EN LA
REAL FORTALEZA.

CORTE POR ABCDEFGHIJ

CORTE POR KLMNOPQHST

Núm. 47   Proyecto de reparaciones en la Real Fortaleza. Ricardo Mir y Febrer. 26 de octubre de 1878. S.H.M., P.m 16.22.

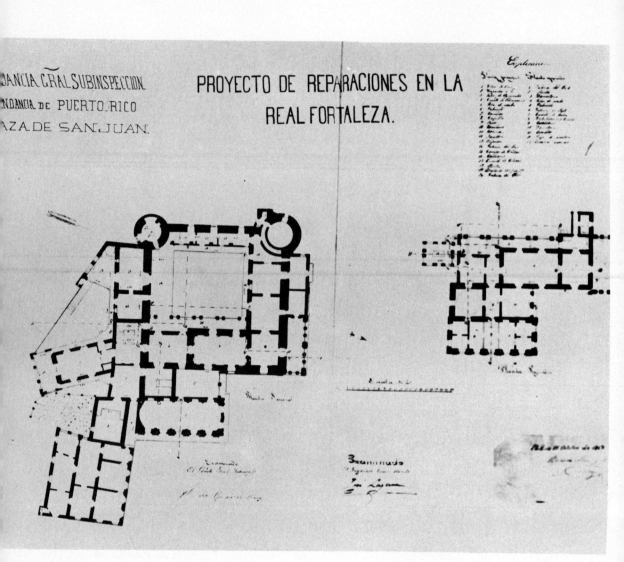

Núm. 48   Detalle del anterior con cortes de la escalera principal y patio central.

desahogo que se abre a los jardines y al surgidero de la puerta de San Juan. Al extremo opuesto, en el costado sur se encuentran las dependencias del servicio doméstico, cocina y despensa, comunicadas con el comedor, martillo saliente que por su peculiar estructura revela su condición de añadido y nos hace suponer que pertenece a lo proyectado por Cortijo. Independizadas de las estancias palaciegas pero comunicadas con ellas se encuentran la capilla, al parecer en el mismo lugar tradicional, y las oficinas de Estado Mayor. En la planta baja se ubican las dependencias para guardar armas, caballeriza, despensa, escaleras y lugar excusado; en la segunda, las habitaciones particulares del mandatario.

Las obras de 1868 fueron las últimas de gran envergadura realizadas en la Fortaleza bajo el régimen español. Durante toda la segunda mitad del siglo se ejecutaron más bien los trabajos de mantenimiento y reparación que el tiempo imponía, sin que se alteraran fundamentalmente las líneas rectoras y el diseño estructural a que se llegó entonces. Así lo demuestra, entre otros, el plano correspondiente al proyecto de reparaciones presentado el 26 de octubre de 1879 por el ingeniero Ricardo Mir y Febrer.[144] Es éste uno de los planos mas completos que se conservan del edificio en este período por presentar no sólo la planta sino los alzados de sus distintas secciones. (Ilustración 47). Entre éstos aparece la fachada posterior del edificio que se une sin dificultad a la estructura del patio central, conformando su más valioso costado. (Ilustración 48). El patio central reserva una grata sorpresa al visitante. La galería porticada que lo rodea, los gruesos pilares de donde arrancan los arcos y las celosías de sus plantas superiores presididas al sur por el reloj de sol, constituyen un conjunto de sabor tradicional inconfundible. El costado este destaca su importancia como fachada posterior del cuerpo principal del edificio. Se une a las galerías restantes en el empleo de las celosías, ornamento principal de aquéllas, pero acentúa sus valores diferenciales a través de otros motivos decorativos como son las columnas adosadas de capitel neojónico y sobre todo, con

---

144. «Proyecto de reparaciones en la Real Fortaleza». Puerto Rico, 26 de octubre de 1879. Ricardo Mir. S. H. M., P-m-16-22.

la nota alegre y movida que imprimen al conjunto los vidrios multicolores que alternan con los elementos descritos.

Santiago Cortijo Fuertes.

En las obras de los dos últimos edificios que acabamos de histo-
riar jugó un papel importante el teniente coronel, comandante exento del Real Cuerpo de Ingenieros de Puerto Rico, don Santiago Cortijo Fuertes. Natural de Madrid, obtuvo en 1821 el grado de teniente
de ingenieros de la Academia de Alcalá de Henares. Desde entonces
cumplió destinos en las plazas de Santoña, Valencia, Cartagena, Avila de los Caballeros, Valladolid, Castilla la Nueva, Madrid, Burgos y
Puerto Rico, destinándosele a este último lugar por Real Orden de
5 de mayo de 1839. El mismo día de su llegada, el 5 de noviembre,
se encargó del detall de las obras; el 25 de julio de 1842 tomó el
mando de la comandancia de la Plaza.[145]

Durante los ocho años que estuvo activo en Puerto Rico realizó
una labor extraordinaria siendo prácticamente responsable de todas
las obras de envergadura que se emprendieron o se instruyeron en
ese período, o bien de algunas que no rebasaron el papel pero cuyos
proyectos dan testimonio de su actividad. En 1840 proyectó un cuartel de infantería para 2,000 hombres utilizando parte del existente
en el antiguo convento de Santo Domingo, entregado a las autoridades militares en 1838, cuando la desamortización de Mendizábal.
Aunque el proyecto fue aprobado por Real Orden de 18 de octubre
de 1841, no llegó a materializarse su construcción. Ese mismo año,
1840, presentó dos alternativas para reedificar el puente de Martín
Peña: una con pilares y arcos en material permanente y otro con
sólo pilares de sillería y pavimento y antepechos de madera. Aprobada la primera, él mismo dirigió los trabajos, considerándola
"...la fábrica de esta especie mejor que hay en las Antillas...".[146] En
1841 proyectó la transformación del antiguo edificio del presidio
viejo, sito frente a la plaza de Armas, en cuartel de artillería, me-

---

145. Hoja de Servicios hasta el 30 de junio de 1846. A. G. M., Exp. Personal.
146. *Loc. cit.*

jorando con ello el ornato público del lugar. Como urbanista levantó el plano de las ruinas de la villa de Mayagüez consumida por las llamas en abril de 1841 y proyectó el nuevo poblado que debía fabricarse con calles rectas y espaciosas y solares de tamaños proporcionados. En ese mismo sentido, fue responsable de la regularización de los barrios de Ballajá y la Puntilla en 1844. Figura como autor de los planos y director de la obra de la casa de beneficencia, proyectó y dirigió los trabajos necesarios para transformar en cuartel de infantería el convento de San Francisco; fue nombrado inspector de la obra del muelle principal por la Junta de Comercio; construyó dos grandes almacenes para depositar los materiales de la comandancia y reedificó otro de pertrechos de la artillería; proyectó y ejecutó el cambio del convento de Santo Domingo en cuartel de infantería; proyectó y dirigió la obra del muelle principal de la ciudad por el método del betún "...siendo esta construcción la de más mérito que ha hecho en esta Isla por la dificultad que naturalmente llevan consigo estas obras en que hay que luchar con un enemigo tan formidable como el agua cuanto por las circunstancias particulares que concurrieron al tomar a su cargo esta difícil empresa..."; ejecutó la reparación total del fuerte del Cañuelo a la entrada del puerto; proyectó y dirigió las obras de la Fortaleza en 1845; preparó el terreno frente al Morro disponiéndolo para campo de entrenamiento militar; proyectó la fortificación mixta de la isla de Vieques; formó diversos proyectos para cuarteles, casas de rey, cárceles, iglesias, cementerios y casas de ayuntamiento en los pueblos de la Isla, además de diversas obras de reparación y entretenimiento en distintos edificios públicos, interviniendo incluso en algunas obras de caminos.[147]

Pero no quedó su actividad en el aspecto práctico de su arte sino que participó destacadamente en la formación de reglamentos tales como el dirigido a regularizar las construcciones civiles en la Isla, el de la Compañía de Bomberos, el del Cuerpo de Agrimensores, para la dirección del establecimiento de beneficencia y casa de dementes y otros; todos ellos de carácter civil.

Desempeñó distintas comisiones militares fuera del servicio del

147. *Loc. cit.*

Cuerpo de Ingenieros tales como la de secretario interino de la capitanía general y gobierno superior político de Puerto Rico, la representación del capitán general en la visita a los pueblos y el de jefe de mando del gobierno militar en Vieques.[148]

Murió en San Juan el 18 de febrero de 1847 a los 48 años de edad. Acompañaron su entierro los maestros mayores de fortificación y una brigada de obreros.[149]

Recibió en todo momento los más altos elogios, estima y consideración de sus superiores, inclusive en la rama puramente militar destacándose su conducta casi heroica en el sitio de Santoña. Sus jefes hicieron constar su calidad, distinguiéndole con especial aprecio el conde de Mirasol.[150]

El arsenal.

Hacia 1791, en ocasión de construirse ganguiles y pontones destinados a la limpieza del puerto, se edificó en el entonces manglar de la Puntilla un gran barracón de madera y yaguas, primera fábrica alrededor de la cual tomó cuerpo el arsenal.[151] Dicho barracón sirvió sucesivamente como almacén de efectos, enseres y demás objetos pertenecientes al armamento de los buques destinados a la defensa de la bahía. La utilidad de su establecimiento, reforzado con la organización de la matrícula de gente de mar,[152] quedó probada con el valioso auxilio que prestaron las dependencias de la Marina al plan

---

148. *Loc. cit.*

149. Exp. Personal. A. G. M. Libro 33 de entierros, 1846-49. C. S. J., fols. 25v., 26 y 27v.

150. Exp. Personal. A. G. M.

151. Angel Laborde, comandante general del apostadero de la Habana, al Secretario de Estado y del Despacho Universal de Marina. La Habana, 30 de enero de 1831. Duplicado. A. M. N., Mss. 1445, doc. 33, fols. 100-134, Colección Guillén ccxxii; «Propuesta que hace el Mariscal de Campo de los Reales Egercitos D. Ramon de Castro y Gutierres, Gobernador, Intendente, Capitan General y subdelegado Gral. de Marina de la Isla de San Juan de Puerto Rico al Exmo. Sor. D. Juan de Araoz, Comandante Gral. de Marina del Puerto de la Habana...» 1.º diciembre de 1800. Copia. *Ibid.*, fols. 125v.-128.

152. *Loc. cit.* El gremio de gente de mar matriculada quedó establecido en Puerto Rico por virtud de Real Orden de 8 de enero de 1796. Por otra de 31 de octubre de 1798 se nombró al gobernador de Puerto Rico subdelegado de marina. *Loc. cit.*

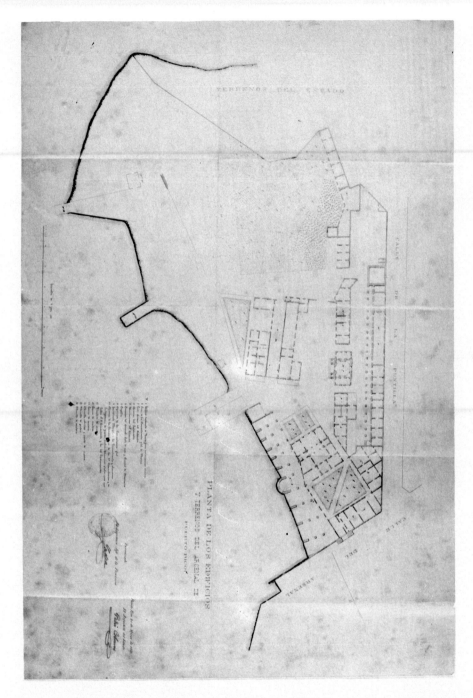

Núm. 49   Planta de los edificios y terrenos del arsenal de Puerto Rico. El arquitecto del Estado, Pedro Cobreros, 21 de marzo de 1885. A.G.P.R., Obs. Pubs., Edif. Pub., Leg. 90. Exp. 2.

Parte de la fachada correspondiente al edificio 6.º

Parte de la fachada correspondiente al edificio 8.º

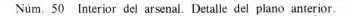

Núm. 50   Interior del arsenal. Detalle del plano anterior.

defensivo puesto en práctica durante el ataque inglés de 1797.[153] Era, pues, conveniente sustituir la obra provisional, continuamente en estado de deterioro por los efectos del clima sobre los endebles materiales de que estaba construida, con una permanente, a tenor con los usos que habría de prestar.

Tres años después de la heroica defensa, en 1800, el capitán general don Ramón de Castro hizo construir una nueva estructura de mampostería

> ... firme y duradera, y más útil tanto al arreglo en el servicio y disciplina de estas matrículas cuanto al de la Marina y trabajos concernientes á la conservacion de Ganguiles y Pontones y de los buques armados en guerra para la defensa de este Puerto, pues que está compuesta de las oficinas y separaciones necesarias para atender á todos ellos y á otros indispensables obgetos...[154]

Desde entonces las dependencias del arsenal tuvieron un ritmo de crecimiento progresivo hasta convertirse en un complejo de edificios diversos que incluían almacenes, tinglados, viviendas para empleados, oficinas, talleres de construcción, el presidio correccional de vagos, cuerpo de guardia, cocinas y muelles, todo resguardado por una alta cerca de mampostería.[155]

El conjunto del arsenal resulta sumamente interesante por la variada gama de recursos que emplean los distintos maestros que colaboraron en su estructura, variedad que le lleva de lo puramente neoclásico a lo romántico, convirtiéndolo en uno de los más representativos ejemplos de la arquitectura isabelina. La interesante forma en que se disponen los cuerpos integrados a la fachada en sentido diagonal y la ordenación en recta del área de capilla y habi-

---

153. Para conocer los detalles de la célebre defensa, V. a Zapatero, *La guerra...*, pp. 411 ss.; del mismo autor, «De la batalla del Caribe...», pp. 91-134.

154. «Propuesta que hace el Mariscal de Campo de los Reales Egércitos don Ramón de Castro...», *supra*, n. 151.

155. Capitán general de Puerto Rico, Miguel de la Torre, al Secretario de Estado y del Despacho de Marina. 10 de marzo de 1835. Copia. A. M. N., Mss. 456, doc. 112, p. 227. Córdova, *Memorias...*, II, pp. 19-20; Coll y Toste, «La ciudad...», pp. 326-327. En 1885 existían dentro de sus muros diez edificios de mampostería de un solo piso, un tinglado, dos casetas de madera y tres muelles, dos de madera y uno de piedra. «Tasación de los edificios y terrenos del Arsenal de Puerto Rico. Arquitecto del Estado don Pedro Cobreros. 1885.» (21 de marzo). A. G. P. R., Obs. Pubs., Edif. Pub., Leg. 90, Exp. 2.

taciones del cabo mayor, contador y cuartel de marinería delatan su funcionalidad castrense y junto con las naves para embarcaciones menores dispuestas por razón de su uso de boca a la bahía, dotan al arsenal de ese aire inconfundible de ciudadela autónoma cara al mar. (Ilustraciones 49 y 50).

Pero las obras que dan fisonomía y carácter propios al arsenal son realmente las de mediados del siglo xix entre las que destacan la fachada principal, la capilla, las naves para embarcaciones menores y el cuartel de marinería.

La fachada principal, orientada al norte, tiene apariencia algo espectacular de arco de triunfo y trae a la memoria sin mayor esfuerzo el recuerdo de la austera belleza de la madrileña Puerta de Toledo. El único acceso, constituido por el arco central, se abre entre dos cuerpos ciegos en los que aparecen las inscripciones correspondientes:

> Reinando S. M. D. Isabel II siendo Capitan de esta isìa el E. S. Conde de Mirasol i Comandante de este arsenal el capitan de fragata D. Francisco Anrich se principió esta portada en 1847, y, se finalizó en 1848 mandando esta isla el E. S. Teniente General D. Juan de la Pezuela bajo el proyecto i direccion del arquitecto D. Manuel de Zayas.

Dos pares de columnas toscanas definen la estructura. En una fotografía del conocido álbum de López Cepero, ca. 1892,[156] aparecen entre éstas dos esculturas de perfil incierto que se integran sin dificultad en el conjunto pero cuya identificación resulta casi imposible. Diríase que la de la izquierda pudiera ser un Hércules u otro personaje mitológico pero la de la derecha, cuyos vestidos se distinguen con claridad, resulta inidentificable sin la ayuda de una descripción contemporánea que aún no hemos encontrado. En el entablamento corre un friso dórico cuyas metopas ostentan los signos del zodíaco. Sobre el volado cornisamento que protege los relieves del friso se levantan tres gradas rectangulares que sirven de majestuoso pedestal al más bello ejemplar de armas reales que corona un edificio público en todo Puerto Rico. El hermoso trofeo que sirve de base, constituido por los símbolos y atributos de la armada:

---

156. *Album de López Cepero.* A. G. P. R.

Núm. 51 Fachada del arsenal. Foto de la autora.

áncoras, cuerdas marineras, etc., la moderada altura a que se encuentra y los claros perfiles de sus relieves recortándose contra el cielo de la bahía, fundamentan el juicio que hemos expresado. (Ilustración 51). El estilo sosegado de Zayas se revela en el detalle del casetonado con flores explayadas con que adorna el intradós de un arco que por su misma función podría creerse que pasaría inadvertido.

Años después, en 1854, el mismo arquitecto don Manuel de Zayas, hará la traza de la capilla de las Madres carmelitas y tan satisfecho debió quedar de la obra del arsenal que repite, salvo las variantes naturales, los mismos recursos y módulos en la fachada del nuevo templo e incluso en su interior se conserva todavía un casetonado con flores idénticas a las que acabamos de describir, ejecutado contra el muro de cabecera de la capilla como coronamiento de su retablo, hoy desaparecido.

La capilla, proyectada e iniciada en febrero de 1853, estaba concluida en noviembre del año siguiente.[157] Sobre su construcción nos da los siguientes datos el capitán general, don Fernando de Norzagaray:

> ...aunque pequeña es uno de los templos más bonitos de la Isla... ha sido construida sin gravamen del Erario, empleando en su fábrica los brazos de los corregidos sentenciados al hospicio de la Puntilla y el producto económico del mismo, que se hallaba embebido en el de dicho establecimiento con el cual se ha atendido á todos los gastos...[158]

Se trata de una capilla de planta octogonal inscrita en un cuadrado. A ella se unen dos pequeñas salas destinadas a sacristías y el pórtico de la fachada.[159] La solución arquitectónica aplicada para pasar del cuadrángulo al octógono se reduce al empleo de cuatro nichos o camarines en chaflán construidos posiblemente en esta disposición para permitir la celebración simultánea de la misa a dos o más clérigos cuando las funciones navales concentraban un número

---

157. «Estracto ó sea reseña histórica de las disposiciones generales adoptadas durante el tiempo que el Teniente General Don Fernando de Norzagaray ha desempeñado en propiedad el Gobierno y Capitanía General de Puerto Rico...» 31 de enero de 1855. A. H. N., Ultr., Leg. 5074, Exp. 15, N.º 5.
158. Loc. cit.
159. «Tasación...», supra, n. 155.

mayor de capellanes castrenses. Le sirve de cubierta una bóveda de fábrica de ladrillos con óculo central que servía de transparente, al que se protegía de los rigores del clima con un prisma de cristal. La fachada, de frente a la bahía, es un pórtico formado por cuatro columnas neojónicas, hoy toscanas, y el clásico entablamento rematado en frontón. Cuatro pilastras del mismo orden que las columnas son el ornamento principal del muro de fachada. La puerta adintelada tiene un medio punto sobre la cornisa intermedia, recurso que como en el caso antes mencionado, se repetirá luego en la fachada de la iglesia de las carmelitas, lo que nos lleva a identificar a Zayas como el probable autor de los planos.

Para la misma época de la capilla se terminaron las obras del cuartel de marinería y el almacén de lanchas.[160] El primero ocupaba el edificio adosado al muro oeste y no resultaría extraño que fuera la prolongación de unas dependencias ya existentes. Su fachada oriental ofrece una prolongada galería de pilares con arcos de medio punto y por cubierta una secuencia de bóvedas de arista a lo largo de toda ella. La disposición de esta danza única de arcos y la excelente hechura del abovedamiento de la galería crean la impresión de ser obra de alarifes de fines del siglo XVIII y principios del XIX, lo que nos hace pensar, como antes dijimos, en la continuidad de unas estructuras que bien pudieran pertenecer a las áreas edificadas más tempranamente.

En el extremo opuesto, a orillas de la bahía, quedaba el almacén de lanchas. Consistía de dos naves longitudinales y once transversales divididas por tres series de pilares de fábrica de ladrillos y cubiertas de azotea.[161] Se proveía en ella espacio suficiente para el resguardo de las embarcaciones de menor calado destinadas a diversos usos entre los cuales destaca la asistencia naval al plan defensivo de la Plaza.

Por último, existen a ambos lados de la capilla e integrando la fachada de la pequeña lonja o patio que aquella preside, dos edificios que en 1885 ocupaban el ordenador y el ayudante de la Comandancia General respectivamente.[162] Desconocemos la fecha precisa

---

160. *Supra*, n. 157.
161. «Tasación...», *supra*, n. 155.
162. *Loc. cit.*

de su erección por no existir los documentos correspondientes en los fondos consultados pero la clara ruptura de estilo con el neoclasicismo impecable de la capilla nos hacen suponer que se trata de obra posterior. Para fijar su cronología puede servir de referencia próxima los planos del cuartelillo de aduaneros fechados el 14 de marzo de 1880 [163] cuyos perfiles neomudéjares —arcos de herradura y merlones escalonados— sumados al uso del ladrillo definen igualmente a los edificios referidos.

Integrada por uno de sus costados al patio interior que existe a espaldas del gran arco de acceso al recinto se encuentran las dependencias destinadas a la Comandancia General de Marina. Curiosamente, los paramentos exteriores disimulan con la simple apariencia neoclásica de cornisas, medios puntos y pilastras el gracioso ambiente de sabor oriental del interior. Arcos de herradura califales apoyados en columnillas geminadas adosadas a gruesos pilares de fábrica de ladrillo crean un efecto de sorpresa al penetrar en el recinto. Debió completar el aire de exotismo el empleo de vidrios multicolores en los medios puntos de las ventanas aunque su efecto se halla perdido hoy por hallarse en alberca todo este sector.

De acuerdo a la tasación practicada en 1885, el valor total del arsenal ascendía a la cantidad de cien mil setecientos cincuenta y siete pesos y dieciséis centavos (100,757.16).[164] El costo material corrió esta vez parejo con la calidad de la fábrica. Aunque sus plazuelas, rinconadas, galerías y oficinas se encuentren hoy desiertas, el proceso de restauración a que está sometido ha puesto de relieve su coherencia y su belleza.

No podemos terminar la redacción de estas líneas sin aludir a un hecho de carácter simbólico relacionado con esta área. Durante una semana, del 16 al 23 de octubre de 1898, el arsenal fue el último enclave extraterritorial español en la Isla, donde se alojaron las últimas tropas con sus mandos y familias respectivas hasta el momento del embarque hacia la Península como consecuencia del cam-

---

163. «Plano del cuartelillo de Aduaneros». Puerto Rico, 14 de marzo de 1880. El ingeniero jefe de segunda clase Enrique Gadea. A. H. N., Ultr., Leg. 378, Exp. 19, N.° 3.

164. «Tasación...», *supra*, n. 155.

bio de soberanía.[165] El mástil que se alzaba sobre el hermoso escudo que preside la fachada, cuya descripción hicimos, fue por lo tanto el último en que ondeó la bandera de España en Puerto Rico; cara al mar por donde cuatro siglos antes asomaron los carabelones que anunciaron el comienzo de su historia.

La capilla de Santa Ana.

Los años medios del siglo XIX constituyen un período de gran actividad edificadora en la ciudad de San Juan. Al lado de las obras de nueva planta se reconstruyen otras muchas que, realizadas en épocas anteriores, habían sufrido considerables daños con el paso del tiempo. Tal es el caso de la ermita de Santa Ana, objeto de reformas én el curso del siglo XVIII [166] y ya a principios del XIX, hacia 1819, como sugieren ciertas cláusulas del testamento de don Juan Lorenzo de Matos.[167] Podría tratarse de obras de mantenimiento e incluso alguna reforma cuyo alcance desconocemos aunque siempre de carácter menor por ser evidente que el edificio no ha alterado su sencilla planta de nave única.

Entre 1847 y 1849 se reedificó la capilla con la ayuda obtenida del vecindario, siendo capellán don José María Valldejuli.[168] Aventuramos la posibilidad de que la bóveda de medio cañón que cubre la nave corresponde a este momento. Despojada hoy de los altares y retablos que la adornaban sólo queda como memoria de su apariencia anterior un lienzo de ánimas de mediados del siglo XIX y retirados en la sacristía cinco óvalos con santos de la orden de la Merced, lienzos todos ellos de José Campeche. Un inventario de julio de 1873 demuestra que el edificio estaba sobriamente decorado con un total de doce grandes lienzos y al parecer se conservaban

---

165. Angel Rivero, *Crónica de la Guerra Hispanoamericana*. San Juan de Puerto Rico. Instituto de Cultura Puertorriqueña, 1972, pp. 396-397.

166. *Supra*, Cap. III, pp. 72-73.

167. Testamento de don Juan Lorenzo de Matos, 4 de julio de 1819. A. G. P. R., Protocolos Notariales, San Juan — Juan B. Núñez, año 1819, fols. 261-273, Ca. 469.

168. Arturo V. Dávila, «Una talla del siglo XVI en la Carolina: ¿el Cristo de los Ponce?». *Revista del Instituto de Cultura Puertorriqueña*, San Juan de Puerto Rico, N.º 26 (enero-marzo 1965), Apéndice XI — Biografía de don José María Valldejuli, p. 55.

aún desde el siglo XVIII las imágenes de los titulares.[169] Todo ello sugiere una cuidadosa programación iconológica que tuvo siempre presente el reducido espacio arquitectónico, valiéndose de los retablos de pintura.

La fachada expresa los modestos recursos con que contó siempre la ermita. Consiste de dos cuerpos, frontón triangular y torres pareadas, cuyos únicos motivos ornamentales son las seis pilastras —dos a cada lado de la puerta y una en los extremos— de los cuerpos principales y las cornisas en los lugares acostumbrados. Aparte de la puerta de entrada formada por un arco muy rebajado y la ventana adintelada del coro alto, no existían más vanos en toda ella. Las hornacinas que hoy apreciamos en las entrecalles y en el tímpano del frontón fueron ejecutadas probablemente a principios del siglo actual pues no aparecen en la fotografía de López Cepero, ca. 1892.[170] En las obras ejecutadas en los años de 1969 a 1970 se derribó el coro sustituyéndose su ventana por un óculo circular con vidriera. Por encima del ápice del frontón se levanta un pedestal de gradas sobre el que descansa una cruz de forja. Este recurso es similar al empleado por don Manuel de Zayas en la portada del arsenal con el propósito de peraltar el escudo y los trofeos que le rodean. ¿Será acaso esta sencilla traza obra del mismo arquitecto? Si a lo expuesto añadimos la coincidencia de las fechas y el parentesco existente entre las torres rematadas en cupulines y las que habría de levantar un poco más tarde para la capilla del convento de las Madres carmelitas, nuestra hipótesis adquiere un carácter aceptable.

La catedral.

Con la llegada del obispo Gil Esteve el 10 de febrero de 1849,[171] se reanudaron las diligencias para terminar la catedral cuyas obras habían quedado inconclusas durante la primera mitad del siglo. En

---

169. «Inventario de las alhajas, hornamento y demas efectos pertenecientes á la Yglesia de Sta. Ana presentado al Gobierno Eclesiástico por el Capellan Don Felix García». A. E., Sec. de Varios.

170. *Album de López Cepero,* A. G. P. R.

171. Jones, *Sínodo...,* p. 151; Blanco, «La catedral...», p. 51.

el ínterin, sólo se habían realizado trabajos rutinarios de mantenimiento, aseo y adorno.[172] Pero antes de ocuparnos del análisis de la última etapa en la construcción de la catedral durante el siglo XIX debemos recordar el estado en que se encuentra para esa fecha. Tiene planta basilical de tres naves dividida por diez gruesos pilares y dos capillas, la de los Dolores del lado del evangelio y la de San Pedro del de la epístola, ambas con una capillita menor y un pórtico anejos.[173] Se habían completado asimismo la bóveda de cañón con lunetos que cubre la nave central y las bóvedas baídas en cada uno de los tramos de las naves laterales.

El primer obstáculo que tuvo que vencer el obispo Esteve fue el de conseguir la cantidad necesaria para cubrir los gastos. A tal fin se vendió a la casa de beneficencia para que edificara allí un mercado, el solar del sur de la catedral que había servido originalmente como cementerio y que estaba en desuso desde que éste se trasladó a su nuevo lugar extramuros de la ciudad.[174] El producto de la venta, unido a las aportaciones voluntarias de los fieles de toda la Isla, produjo las cantidades que se necesitaban.

Para formar el presupuesto, reformar el plano y demás trabajos preliminares se contrató al comandante de ingenieros don Manuel Soriano a quien se pagaron 600 pesos por su labor más 100 pesos mensuales de gratificación por inspeccionar la obra.[175] Este hecho plantea el problema del verdadero autor de los planos. Se trata sin duda de obras de reedificación en las que más bien se completan los trabajos que quedaron sin terminar por falta de fondos en 1811 cuando las dirigían Tomás Sedeño y Luis de Huertas. Es lógico suponer que Soriano aprovechara simplemente los planos dejados por ellos introduciendo algunas variantes menores pues en todo mo-

---

172. A. E.; Catedral, varia: 1835-1837.
173. V. Cap. V, pp. 150-161.
174. Copia de la escritura de venta en el expediente instruido para que conste lo obrado hasta ahora en orden a la conclusión de la fábrica de la catedral. 23 de julio de 1849. A. H. N., Ultr., Leg. 2032, Exp. 8; Blanco, «La catedral...», p. 51.
175. «Estado jeneral [sic] de todas las cantidades invertidas para la reedificacion de la Santa Iglesia Catedral, Altares, Imágenes, Bautisterio y Atrio de la misma». 5 de abril de 1853, El Depositario, Pedro Soler, Pbro. A. H. N., Ultr., Leg. 2032, Exp. 8; «Presupuesto de las obras necesarias para la terminacion total de la Yglesia Catedral de esta Capital segun manifiestan los planos que acompañan». Manuel Soriano, 18 de agosto de 1849. Copia en el expediente instruido..., supra, n. 174; Blanco, «La catedral...», p. 51.

mento se habla de reformas en el plano y no de que trazara uno nuevo. La misma sencillez con que se presenta el presupuesto hace pensar más bien en un complemento para terminar las obras que en uno que se redacta acompañando obras que habrían de iniciarse. La ejecución de los trabajos la ganó en subasta pública el arquitecto, maestro mayor de las obras de fortificación, don Manuel de Zayas.[176]

De acuerdo a la contrata firmada por Zayas el 22 de agosto de 1849, quedaban por realizar las obras de la capilla mayor, las bóvedas del crucero con la media naranja y su linterna así como el recorrido de las paredes interiores y sus elementos que quedarían en disposición de ser estucados. También se ocuparía Zayas de las obras de albañilería, incluidas las que se necesitaran en la torre.[177] Es durante esta etapa de los trabajos de catedral que pierde la capilla mayor su bóveda de crucería pues en la contrata se especifica que los gastos por la demolición de la bóveda de la "capilla vieja" se harían por cuenta de Zayas quien aprovecharía la piedra que de ello resultara. Se sustituye aquélla por una de horno.[178] En menos de ocho meses estuvieron concluidas las bóvedas del crucero, la cúpula con su linterna, el presbiterio y la torre campanario. El 21 de junio de 1850 el obispo hace circular una exhortación pastoral a los fieles solicitando un último esfuerzo que les permitiera terminar el templo. El capitán general y el obispo irían personalmente junto con un grupo de notables para hacer la cuestación por las casas de la ciudad.[179]

Unos días después, el 4 de julio, se firmó con José Sotta, pintor de decoraciones residente en San Juan, el contrato para las pinturas del interior del templo.[180] Son éstas un complemento de arquitec-

---

176. Copia de la contrata de las obras del interior de la iglesia. Manuel de Zayas, 22 de agosto de 1849. Expediente instruido..., *supra*, n. 174; Blanco, «La catedral...», pp. 51-53.

177. «Contrata...» en el Expediente instruido, *supra*, n. 174.

178. *Ibid.*, Art. 2.º. La bóveda de horno es la que consta de un cuarto de esfera y por lo general cubre el espacio del ábside semicircular.

179. Carta circular del obispo Gil Esteve a toda la comunidad de San Juan. 21 de junio de 1850. A. H. N., Ultr., Leg. 2032, Exp. 11.

180. «Presupuesto y contrata firmada por don José Sota, pintor de decoraciones para pintar la Yglesia en los terminos y por el precio que en la misma se espresa». 22 de junio de 1850, José Sotta. Expediente instruido, *supra*, n. 174.

Núm. 52   Fachada de la catedral de San Juan en el siglo XIX. Reproducida del
Album de López Cepero.

Núm. 53 Catedral de San Juan en el siglo XX. Foto Instituto de Cultura Puertorriqueña.

tura fingida (*trompe-l'oeil*) que se incorpora a la estructura real añadiendo aquellos elementos decorativos que los modestos alcances del presupuesto no permitían. Aparte de los asuntos de perspectiva arquitectónica, se incluyeron figuras y relatos como los temas del crucero: los evangelistas de las pechinas, los recuadros con escenas de la vida del Bautista y los personajes bíblicos de la capilla de San Pedro o del Sagrario y la de los Dolores, convertida con la obra nueva en la capilla de la Providencia.[181] Desgraciadamente, encontrándose deteriorada la pintura de la cúpula elíptica del crucero entre 1911 y 1912 se sustituye por otra de menor calidad, obra del decorador Richard Courties.[182] Representaba la original una lograda retícula borrominiana que a juzgar por las fotografías de la época era lo mejor de cuanto se había realizado. La sustituye hoy una galería de arcos de cumplimiento defectuoso y aire efectista mal logrado.

La fachada de la catedral data de principios de siglo. La ausencia total de referencias a su construcción o reforma durante las obras de 1849 a 1852, confirman su hechura temprana en época de Sedeño y Huertas. Se caracteriza por el empleo de la línea recta. Cuatro pares de pilastras toscanas adosadas sobre paramentos lisos, flanquean cada uno de los tres vanos adintelados de las puertas, de los cuales el central sobrepasa un poco en tamaño a los laterales. Pasado el friso liso y la cornisa intermedia, el segundo y último cuerpo se componía de dos pilastras pareadas a los costados de una ventana adintelada como las puertas del cuerpo inferior. El único movimiento de la fachada lo imprimen las curvaturas descendentes de las paredes del imafronte que, aunque lisas, quieren recordar las volutas del Vignola. Complementan la fachada ocho jarrones termi-

---

181. *Loc. cit.*; Blanco, «La catedral...», p. 54. Para los detalles vea en el apéndice documental el documento N.º 7.

182. A. E., Libro de Jornales. Obras de la catedral de San Juan de Puerto Rico, 1911, fols. 30-129; Blanco, «La catedral...», p. 55. Afirma Buschiazzo que las pinturas de Sotta desaparecieron en tiempos del obispo Carrión. Buschiazzo, *op. cit.*, p. 16. Por el contrario, cuanto se hizo fue reparar la bóveda de la nave principal y según el dictamen de la Comisión se procedió simultáneamente a la «...nueva pintura al temple de la misma, con los colores, adornos y lineamientos que actualmente tiene...», encomendándose el trabajo a Juan Bautista Pinottini por la suma de 830 pesos. A. E., Libro 21 de acuerdos del cabildo eclesiástico, 1859-1865, acta del miércoles 11 de enero de 1865, fols. 369 v. y 370.

nados en flámulas y la gran cruz que se erguía en el centro. (Ilustración 52).

Su frente varió considerablemente con las obras del obispo James H. Blenk (1899-1906) quien hizo construir un tercer cuerpo coronado por un frontón triangular, totalmente innecesario [183] y que según voz común, obedeció al deseo de afirmar la prestancia de la fe católica sobre la protestante por haber levantado la comunidad luterana un lucido hastial neogótico en el edificio frontero a la catedral, del otro lado de la plaza. A estas reformas corresponden también las arcuaciones sobre los dinteles de las puertas y ventanas. (Ilustración 53).

La reapertura de la catedral al culto se celebró con solemnes fiestas los días 28, 29 y 30 de agosto de 1852.[184] Se daba así por concluida la obra iniciada por Alonso Manso, primer obispo de Indias, en el siglo XVI.

En 1864, durante el obispado de fray Pablo Benigno Carrión (1858-1871), las malas condiciones en que se encontraba el antiguo pavimento de ladrillos motivó el que se sustituyera por losas de mármol blancas y negras de Carrara y Bélgica respectivamente. Se colocaron un total de 1,800 losas, según el presupuesto formado por el capitán de ingenieros don Manuel Walls y Bertrán de Lis, el 26 de abril de aquel año.[185]

La verja de hierro que cercaba el espacioso atrio por el costado izquierdo de la catedral y que nos describe Ubeda y Delgado en 1878, se hizo probablemente diez años antes, en 1868, en vida del obispo Carrión, puesto que el plano aparece fechado el 27 de diciembre de 1867.[186]

En ese mismo año, 1867, sacudieron la Isla unos temblores que afectaron a la catedral y particularmente a su torre, obligando como

---

183. *Blanco*, «La catedral...», p. 55.
184. *Ibid.*, p. 54; *Sermones predicados con motivo de la solemne bendición de la Sta. Yglesia Catedral de esta Ciudad, Restaurada por el Excmo. e Ilmo. Sr. Dr. D. Gil Esteve, Obispo de esta Diócesis.* Puerto Rico, Establecimiento Tipográfico de P. I. Guasp, 1852, 30 pp.
185. A. E., Catedral, varia: 1864; A. G. P. R., Edificios religiosos, Leg. 63, Ca. 98; Blanco, «La catedral...», p. 54.
186. Ubeda y Delgado, *op. cit.*, pp. 119-120.

medida de seguridad a que se derrumbara el piso superior de ésta.[187] Posteriormente, sin que hayamos podido precisar fecha exacta, se volvió a reconstruir.

Al recapitular cuanto hemos dicho sobre la conclusión de las obras de la catedral al filo de los años medios del siglo XIX, podemos llegar a las conclusiones que siguen.

La obra, inconclusa desde los primeros años del siglo y, sobre todo, la provisionalidad enojosa del área del crucero y la capilla mayor, habían constituido una de las preocupaciones principales del cabildo en la larga sede vacante que siguió a la muerte del obispo don Pedro Gutiérrez de Cos. Sus dos predecesores —Arizmendi y Rodríguez de Olmedo— vieron detenido el empuje de lo realizado por el período de la guerra de la independencia peninsular, la supresión del subsidio de las cajas de México y los azares de la política en el trienio constitucional respectivamente. Durante la etapa final del gobierno de don Miguel de la Torre, hacia 1836, elevó el cabildo eclesiástico una interesantísima instancia al mismo donde le pide que, realizando las reformas y ampliaciones convenientes, incorpore a la catedral al curso general del progreso con que su "ilustrado mando" ha transformado la ciudad. Por lo expresivo de un clima nuevo de ánimo y por sintetizar la actividad urbanista del conde de Torrepando, transcribimos a la letra el texto en el documento número 9 del apéndice documental.

El corto gobierno del obispo de la Puente (1847-1848) impidió que se llevara adelante cualquier empresa de cierto empeño. Pero a la llegada de su sucesor, el activo catalán don Gil Esteve y Tomás (1849-1855), debió ser tal la desagradable impresión que le causó el interior del edificio con su obra mediada que no tardó en emprender las gestiones precisas para terminar lo antes posible una obra que debió considerar inaplazable. Encontró un apoyo decidido en la persona del capitán general don Juan de la Pezuela y su genio práctico lo inclinó a reducir con actitud realista a lo preciso que exigía el decoro la obra emprendida en los años iniciales de la colonización con tan lisonjeras esperanzas. Gracias a su expeditivo

---

187. José María Báez al gobernador eclesiástico. 2 de diciembre de 1867. A. E., Catedral, varia: 1867.

juicio, cuenta Puerto Rico con la sólida estructura de rostro neoclásico que es su catedral primada y aunque lamentemos el desmantelamiento de los vestigios góticos de la capilla mayor se comprende que el cumplimiento del plan iniciado a principios del siglo exigía por aquel tiempo la reestructuración coherente del área.

El convento de las Madres carmelitas calzadas.

El bienestar económico que disfruta la Isla en el período que analizamos favoreció a la comunidad de las Madres carmelitas, quienes pueden al fin iniciar la reforma de su deteriorado convento durante el obispado de don Pedro Gutiérrez de Cos.[188] Del edificio, la parte más interesante fue la iglesia, cuyas obras se comenzaron en noviembre de 1854,[189] después de derribarse la antigua, bajo el priorato de la madre Rosa de Santa María de Ponce de León quien por disposición del señor provisor, doctor don José Oriol Cots, permaneció en el cargo por siete años hasta que se terminó la obra.[190] Demostró particular interés en el éxito de los trabajos el gobernador, teniente general don Fernando de Norzagaray, no sólo acelerando con su diligencia la recaudación de la cantidad estipulada sino convirtiéndose en inspector diario de las obras cuya responsabilidad había asumido.[191]

A pesar de hallarse integrada a un alto muro ciego que corresponde a parte de las dependencias del convento, la fachada logra destacarse del mismo mediante una discreta gradación de volúmenes que distingue netamente su destino. Se compone de dos cuerpos. El bajo tiene dos columnas toscanas a los costados de la puerta mientras que el superior rompe el lienzo central con un medio punto de persianas fijas que sirve de transparente al coro

---

188. Honras fúnebres a la muerte de Gutiérrez de Cos..., p. 25.
189. *Supra,* n. 157.
190. A. M. C., Noticia histórica de las religiosas notables que ha tenido este convento, fols. 29-30.
191. *Sermón que predicó en el convento de las Madres Carmelitas el día de la Virgen del Carmen en que se inauguró el nuevo templo, el Sr. Arcediano Don José Oriol Cots.* Puerto Rico, Establecimiento Tipográfico de D. I. Guasp, Año de 1858, pp. 33-34.

edral,
a Catedral,

San Juan, P. R.

Núm. 54 Iglesia del antiguo convento de las madres carmelitas. Foto Instituto de Cultura Puertorriqueña.

alto. Elevan el conjunto, señalando el recinto sagrado, las torres gemelas. Son éstas de proporciones casi cuadradas con vanos curvos que cierran ventanas de celosías y están coronadas por sendas bovedillas en cuyo diseño se tuvieron en cuenta, probablemente, las cúpulas vecinas de la catedral. La altimetría de esta fachada se ha calculado cuidadosamente con relación a los niveles de fachada y volúmenes —cúpulas, linternas y torres— del templo catedralicio que centra la apretada densidad monumental de la plaza. Las cuatro columnas exentas de fuste liso, las cornisas de amplios vuelos, el empleo de arcos de medio punto en el cuerpo central y la gradación de volúmenes ya descrita producen unos efectos de luz y sombra claramente definidos por el impacto del sol de los trópicos. El friso que separa los dos cuerpos de la fachada se interrumpe en su parte central con una cartela que debió proyectarse para una leyenda que nunca se colocó. (Ilustración 54).

La vecindad inmediata de la catedral impone la comparación, en la que gana sin duda la hermosura de la fachada del convento, gracias al empleo alternado de rectas y curvas, en contraste con el juego casi exclusivo de rectas en la catedral.

Tuvo a su cargo la reedificación del templo hasta el momento de su muerte el arquitecto y maestro mayor de fortificaciones, Manuel de Zayas.[192]

El palacio de la intendencia.

El antiguo presidio convertido en el cuartel de artillería de San Carlos con las reformas dirigidas por Santiago Cortijo en 1841, fue prácticamente reconstruido con las obras realizadas entre 1850 y 1852 para situar allí las dependencias de la Real Intendencia. Hasta entonces, las oficinas de Hacienda se encontraban dispersas por varias casas particulares alquiladas expresamente, lo que significaba un gasto considerable al real erario además de privarle de las ventajas de un local central.[193] El empeño del capitán general don

---

192. *Loc. cit.*
193. Juan de la Pezuela al coronel comandante de ingenieros, 20 de julio de 1850. Copia. A. G. P. R., Obs. Pubs., Edif. Pub., Leg. 144; Diego Angulo Iñíguez, *Planos de*

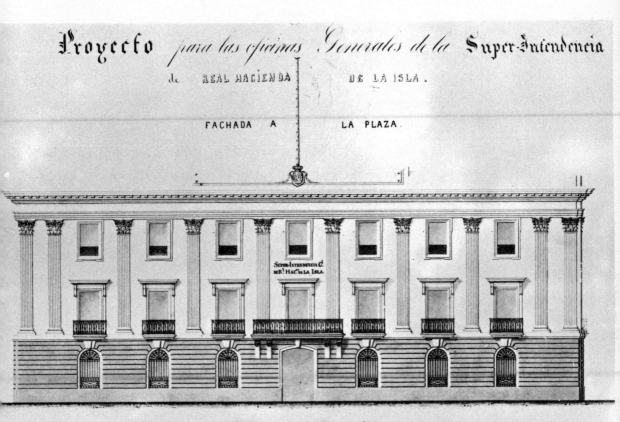

Proyecto *para las oficinas Generales de la Super-Intendencia*
de REAL HACIENDA DE LA ISLA.

FACHADA A LA PLAZA

Super-Intendencia G.ª
deR.ª Hac.ᵈᵃ ᵈᵉ LA ISLA.

Fachada de la calle San Francisco

Núm. 55   Real Intendencia. Detalle de la fachada principal. A.G.I., Mapas y Planos,
Santo Domingo, No. 836.

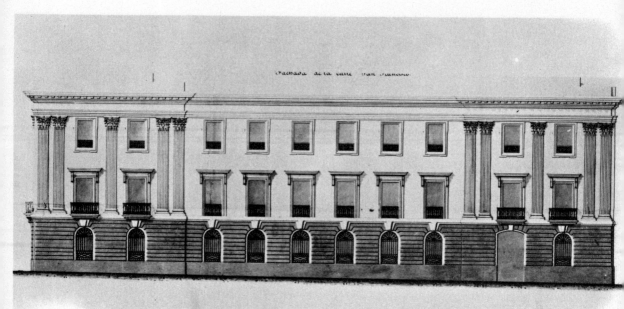

Núm. 56   Real Intendencia. Detalle de la fachada lateral que da a la calle de San Francisco. *Loc. cit.*

Juan de la Pezuela, quien dio las órdenes convenientes para que se pagaran al Cuerpo de Ingenieros tres mil pesos mensuales sobre su consignación hasta completar el presupuesto de dicha obra a fin de que se pudieran ir haciendo los acopios necesarios para comenzar los trabajos el 1 de octubre "...sin levantar mano hasta su conclusión...",[194] hizo posible el nuevo edificio. Para asegurarse las cantidades que se necesitaban solicitó y obtuvo del ayuntamiento que en calidad de préstamo le entregara a las cajas reales los fondos ya existentes del acueducto y los que habrían de recolectarse en los diez meses siguientes. Era ese el tiempo calculado por los ingenieros para realizar la obra. Una vez Hacienda ocupara el nuevo edificio, las cajas reales reintegrarían al fondo del acueducto la cantidad que les hubiera anticipado pero de necesitarse antes los fondos para el acueducto, se les devolvería sin demora.[195] A pesar de las facilidades antedichas, hubo necesidad de abrir un crédito de 7,000 pesos en la Depositaría General de los Fondos de Caminos por resultar los del acueducto insuficientes para terminar la obra.[196]

Formó el proyecto y dirigió los trabajos el comandante de ingenieros Juan Manuel Lombera.[197] Los planos llevan la fecha del 2 de agosto de 1852.[198] La planta del edificio ofrece la típica distribución de oficinas: un área rectangular con las dependencias dispuestas en torno al gran patio central. Al exterior, sin embargo, se convierte en una de las edificaciones de mayor perfección estructural que tiene la ciudad. La nobleza de sus proporciones y el empaque palaciego que imprime a la manzana lo convierten en uno de los valores máximos del diseño decimonónico de San Juan.

La fachada principal, orientada al este, da el frente a la plaza de Armas, superando la belleza de este costado cualquier otro de los

monumentos arquitectónicos de América y Filipinas existentes en el Archivo de Indias. Sevilla, 1933-1939, p. 593, lám. 271.

194. Pezuela al comandante de ingenieros, *supra*, n. 193.

195. Juan de la Pezuela al intendente de Ejército y Real Hacienda. 20 de [julio] de 1850. Copia. A. G. P. R., Obs. Pubs., Edif. Pub., Leg. 144; Otra carta de la misma fecha dirigida al alcalde. *Loc. cit.*

196. Capitán general al corregidor de la capital. 20 de noviembre de 1851. Copia que traslada Nicolás Fernández al Contador General de Ejército y Hacienda el 25 de noviembre de 1851. A. G. P. R., Obs. Pubs., Edif. Pub., Leg. 144.

197. Hoja de Servicios, Exp. personal. A. G. M.; Angulo, *Planos...*, p. 593, lám. 271.

198. A. G. I., Sec. Mapas y Planos/Santo Domingo, Núm. 836.

del rectángulo en el cual también se encuentra, al norte, el ayuntamiento. (Ilustración 55). Paralela en tantos sentidos por su función y directamente relacionada con la capitanía general, es obvio que la traza de la fachada de la intendencia siguió con toda intención las líneas maestras de aquélla. Para el alcalde, el concejal o el pretendiente que desde el interior de la Isla visitaba la ciudad, el mensaje análogo que le transmitía la jerarquía impecable de cuerpos en ambos edificios era claro. La capitanía general y la tesorería se identificaban de esta manera. Incluso la desahogada extensión de la fachada de la segunda, que superaba el frente relativamente angosto del ayuntamiento, volvía a jerarquizar con entera claridad la diferencia entre gobierno municipal y administración general.

Consta la fachada de tres cuerpos. El bajo, claramente diferenciado del segundo, se distingue por el notorio almohadillado horizontal que sólo interrumpen las seis ventanas semicirculares que se distribuyen simétricamente a los lados de la puerta principal. Jugando idéntico papel al que se les atribuyó en la fachada de la Fortaleza volvemos a encontrar el empleo de pilastras que abarcando los dos cuerpos superiores del edificio simplifican notablemente la estructura y le dan en el corazón de la ciudad esa prestancia que le merece a nuestro juicio la calificación de la obra más perfecta de la arquitectura decimonónica de Puerto Rico. Las pilastras, del orden corintio romano, son diez en total, pareadas en las esquinas e interrumpidas las restantes por las puertas y ventanas de ambos cuerpos. Las puertas del cuerpo intermedio con sus cornisas individuales y sus balcones con barandas de hierro, lo señalan como el principal. Sobre las pilastras, entre el arquitrabe y la amplia cornisa, se agrupan una gama de elementos decorativos que hablan del aire de suntuosidad y riqueza que se quiso dar al edificio para hacer evidente su destino. El típico arquitrabe dividido en tres bandas horizontales, los grifos y cabezas de leones que se alternan en el friso corrido, los dentículos, las hojas de acanto que adornan los modillones que sostienen la cornisa, las flores explayadas entre aquellos, las ovas y dardos, en fin, todos los detalles ornamentales propios del orden utilizado alternan sin producir, a pesar de su reiteración, el más mínimo efecto de desmesura. Sobre la cornisa, en el eje del edificio, se encuentra la cartela que narra su

Núm. 57   Fachada de la Real Intendencia hacia 1920. Foto Enrique T. Blanco.

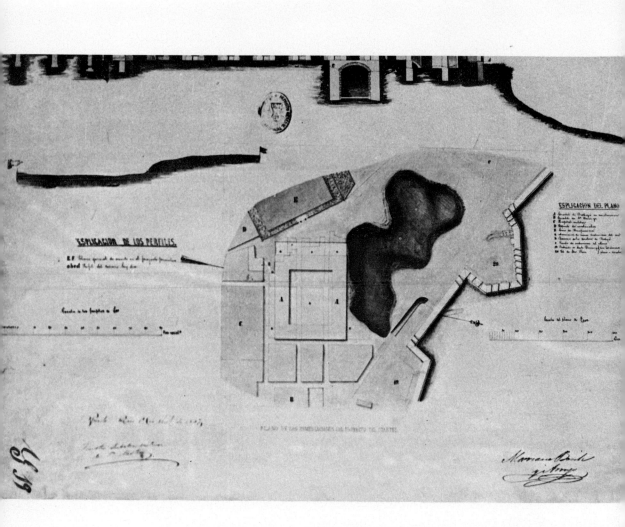

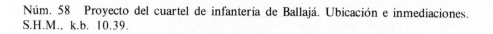

Núm. 58   Proyecto del cuartel de infantería de Ballajá. Ubicación e inmediaciones.
S.H.M., k.b. 10.39.

historia: "Reinando S. M. D. Isabel II y siendo Capitán General de los E. E. S. S. de San Juan D. A. Pezuela, el Marqués de España, y Superintendente de RR. EE. D. Miguel López de Acevedo, se hizo esta obra dirigida por el Tte. Cnel. Comandante de Ingenieros D. J. M. Lombera".[199] Centra la inscripción el precioso escudo que aparece, como tantos otros, sobre banderas y trofeos.

Para la fachada que mira a la calle de San Francisco, el ingeniero logró una fórmula de compromiso entre continuar el estilo utilizado en la principal y subrayar su condición lateral. (Ilustración 56). El cuerpo bajo repite el almohadillado y los vanos de medio punto con la clave enjarjada pero al disponer las pilastras del segundo las concentró en los extremos de forma que sumando el mismo total de diez parecen distintas. Se distribuyen éstas de la forma siguiente en cada extremo: dos a cada lado y una entre los vanos. Realmente casi toda la decoración del costado está concentrada en tales extremos que se acentúan además mediante una suave elevación del plano donde se encuentran. El espacio central repite el esquema de puertas y ventanas, sólo que esta vez aparecen continuos, es decir, sin pilastras intermedias y los balcones volados se han sustituido por antepechos. Se suspendió también en ese tramo central la decoración del friso. Sólo un cambio ha de señalarse entre el plano del edificio y lo que existe hoy: mientras en aquél aparecen todas las puertas del segundo cuerpo con cornisas rectas que descansan sobre mensulones, las dos de los extremos utilizaron frontones curvos lo que destaca aún más los límites de este costado. La distribución particular de los elementos decorativos en la fachada norte ayuda asimismo a disimular su extensión horizontal, mucho más acentuada que en la principal.

Existen en el interior del edificio puertas que reproducen los elementos —cornisas sobre ménsulas y molduras— que adornan y definen los vanos del piso principal. Es imposible contemplarlas hoy en su debida perspectiva por haberse reducido la altura de los techos con falsos plafones. Asimismo en el patio central se ha reducido notablemente el desahogado espacio que lo constituía para colocar, sin otro orden ni concierto que el de la utilidad inmediata,

---

199. Buschiazzo, *op. cit.*, p. 37.

una serie de oficinas que impiden la visión de su orden primitivo. Todavía subsiste la escalera principal, en el eje del zaguán a la derecha. Tiene planta semicircular y es toda ella de hierro.

El edificio de la intendencia mereció los elogios del asturiano don Manuel Fernández Juncos, tan encariñado con Puerto Rico que nos ha dejado una serie inapreciable de artículos costumbristas que rescataron de un olvido seguro tipos y costumbres de nuestro siglo XIX. En un artículo titulado "Las Golondrinas de la Intendencia" describe el edificio como "...el más bello de la ciudad...", al tiempo que narra un sucedido de especial significación directamente relacionado con él. Todos los años, al comenzar la temporada de invierno, llegaba a San Juan una legión de golondrinas pequeñas, de un tipo especial color castaño, y se distribuían por el edificio "...formando grupos y combinaciones simétricas, grecas y arabescos ideales y caprichosos, de lindos efectos decorativos...", que recordaban al poeta las palomitas azules que en ocasiones adornan la fachada del palacio real de Madrid. Como resultado del bombardeo de la ciudad por la escuadra del almirante Sampson en la madrugada del 12 de mayo de 1898, aquellas golondrinas huyeron. Desde entonces no ha regresado a Puerto Rico una sola golondrina de aquella clase; "...ésas, como las golondrinas del amoroso poeta Bécquer, ...no volverán".[200] (Ilustración 57).

El cuartel de Ballajá.

A fin de resolver el problema de acuartelamiento para las tropas de la Plaza se proyectó en 1854 un cuartel de infantería, denominado de Ballajá por estar ubicado en aquel barrio. Se encuentra, pues, en el área de mayor densidad monumental de la ciudad, rodeado por el antiguo convento de los dominicos al este, el hospital militar y el palacio episcopal por el sur, la casa de beneficencia por el oeste y al norte el mar y el campo del Morro donde ya para 1862 se había iniciado la construcción del manicomio. (Ilustración 58). No obs-

---

200, Manuel Fernández Juncos, «Las Golondrinas de la intendencia. Episodio alado». *Galería Puertorriqueña. Tipos y caracteres. Costumbres y tradiciones*, San Juan de Puerto Rico, Instituto de Cultura Puertorriqueña, 1958, pp. 381-383.

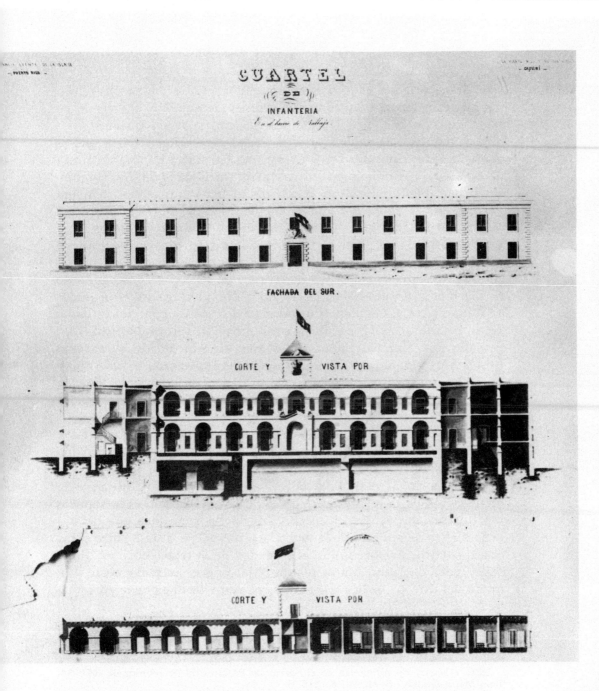

Núm. 59   Cuartel de infantería en el barrio de Ballajá. Antonio María Guitián, 18 de febrero de 1857. S.H.M., k.b. 5.6.

tante la notoriedad de los edificios vecinos, el nuevo cuartel destaca por sus dimensiones sobre los volúmenes de aquéllos cubriendo su rectángulo un área de 7,716 metros cuadrados, según Ubeda.[201]

Los planos originales sufrieron varias alteraciones hasta que se inició la obra. Buschiazzo menciona uno fechado en 1854, sin firma de su autor, custodiado en los Archivos Nacionales de Washington. No hemos podido localizar dicho plano pero suponemos sea una parte o quizás copia del que se encuentra en el Servicio Histórico Militar de Madrid que aparece fechado el 12 de mayo de ese año y firmado por Juan Manuel Lombera, autor del proyecto del nuevo edificio de la intendencia.[202] Tres años más tarde se redacta un segundo proyecto firmado el 18 de febrero de 1857 por el comandante de ingenieros Antonio María Guitián.[203] Tampoco es éste el proyecto definitivo pues no habían transcurrido dos meses completos, cuando se presenta, el 1.° de abril, otro proyecto reformado, esta vez firmado por Timoteo Lubelza Martínez de San Martín y Mariano Bosch y Arroyo, ambos del Real Cuerpo de Ingenieros.[204]

Todos los proyectos mencionados tienen en común la idea de una estructura rectangular con un gran patio central que sirviera de plaza de armas. La alteración fundamental se produce al añadírsele una tercera planta que se refleja exteriormente en fachadas e interiores salvando los desniveles del terreno que no parecen haberse allanado totalmente.

De acuerdo al plano de febrero de 1857 —el de Guitián— la distribución de la estructura para los usos del edificio es la siguiente. (Ilustración 59). En el cuerpo inferior, a siete pies por debajo de la puerta de entrada de la fachada principal se sitúan, entre otras cosas, cuadras para caballos, el comedor de la tropa, cocinas, almacenes, calabozos, etc. En la planta baja todo el extremo norte y la mitad del este se dedica a cuadras; el resto se distribuye en alma-

---

201. Ubeda y Delgado, *op. cit.*, pp. 122-123.

202. Buschiazzo, *op. cit.*, p. 42; «Proyecto de un Cuartel de Infantería para mil hombres con pavellones para oficiales en el Barrio de Ballajá de la Plaza de Puerto Rico». 12 de mayo de 1854, Juan Manuel Lombera. S. H. M., K. b. 10. 39.

203. «Cuartel de Infantería en el barrio de Ballajá». 18 de febrero de 1857, Antonio María Guitián. S. H. M., K. b. 5. 6.

204. «Proyecto del Cuartel de Infantería de Ballajá. Reformado». 1 de abril de 1857. Timoteo Lubelza Martínez de San Martín y Mariano Bosch y Arroyo. S. H. M., K. b. 10. 39.

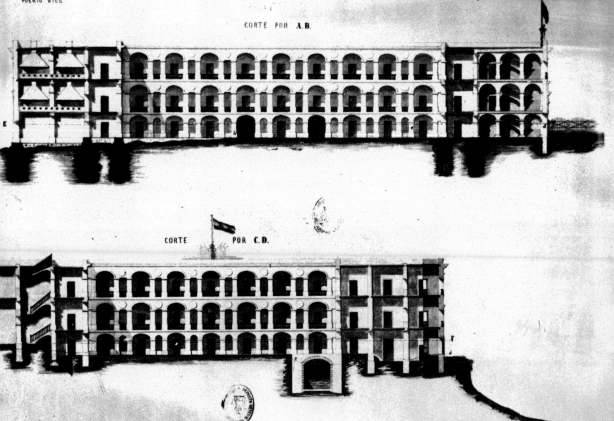

Núm. 60 Proyecto del cuartel de infantería de Ballajá. Timoteo Lubelza Martínez de San Martín y Mariano Bosch y Arroyo, 9 de abril de 1857. S.H.M., k.b. 10.39.

Núm. 61   Patio central del cuartel de Ballajá. Foto de la autora.

Núm. 62   Escalera principal del cuartel de Ballajá. Foto de la autora.

cenes, calabozos, cocina y fregaderos, habitaciones de peones, sargentos, el 2.º Jefe y 11 oficiales. La principal se destina exclusivamente a los oficiales y sus dependencias particulares.

El patio central, cuyas medidas cifra Ubeda en 2,422 metros,[205] utiliza los elementos más simples del neoclásico pero distribuidos con tal mesura y proporción que lo convierten en uno de los más bellos de Puerto Rico. Fue concebido originalmente con bastante sencillez pero los planos subsiguientes fueron enriqueciéndolo hasta terminar con las variantes que introdujo con mucho acierto el comandante de ingenieros José López Bago, quien dirigió las obras.

El plano de Guitián muestra nueve arcos separados por pilares entre los que se abren pequeños vanos rectangulares en el cuerpo bajo y curvos en el superior. En el de Lubelza se conservan los nueve grandes arcos pero éstos no llegan al medio punto y en los vanos que se abren entre los pilares se invierte el orden: curvos en el primer nivel y adintelados en los dos superiores toda vez que se ha añadido la tercera planta. La decoración se enriquece mediante tondos moldurados que se colocan sobre cada uno de los pequeños vanos de los dos cuerpos superiores. En ambos proyectos se utilizan balaústres de maderas tropicales como antepecho de las galerías altas, introduciendo una nota de color.

Al momento de su ejecución se alteró el plano de Lubelza, último que se había levantado. (Ilustración 60). Los nueve arcos se reducen a siete. En la planta intermedia en vez de los vanos rectangulares y los tondos se abren arcos de medio punto entre los pilares, y sobre sus ejes vanos rectangulares. En el tercer cuerpo se invierte el juego de figuras volviendo a emplearse los vanos rectangulares del plano de Lubelza sobre los que se abren óculos circulares. Completan el elemento decorativo del conjunto las molduras definidoras de los distintos cuerpos. Otra variante que al parecer introdujo el ingeniero que realizó el proyecto fue la de empersianar los vanos del costado oriental; motivado posiblemente por la necesidad de amortiguar las inclemencias del sol que por las tardes lo castigaba de frente. Este recurso se utilizó con mucho éxito en el patio de la Fortaleza. (Ilustración 61). Las persianas fueron sustituidas en el

---

205. Ubeda y Delgado, *op. cit.*, pp. 122-123.

siglo XX por enrejillados de madera alterando el efecto visual del patio.

La escalera principal, identificada en el plano de Guitián como de oficiales, está situada en el ala oeste, próxima a la fachada principal. Su estructura es de gran importancia en el contexto de la arquitectura puertorriqueña por ser la única que, al menos hasta ahora, hayamos encontrado en la Isla. Se trata de una sucesión de bóvedas de arista en posición rampante, recurso que se extiende a los arcos laterales creando una impresión de movimiento ascendente. (Ilustración 62).

El edificio se concibió dando el frente a la casa de beneficencia pues su fachada principal se encuentra en el costado oeste. En los planos de Lubelza aparece en los extremos con dos cuerpos en apariencia salientes, efecto que se logra mediante el empleo de retalles. Salvo las ventanas del nivel inferior, enteramente enrejadas, las de los pisos superiores tienen antepechos de balaústres y corona sus vanos adintelados una sencilla cornisa. La portada nada ofrece de singular sobre lo ya conocido en la ciudad. Se resuelve de forma muy simple: cuatro pilastras sostienen un frontón en cuyo tímpano habría de colocarse la identificación del edificio que lee "Cuartel de Infantería". La puerta de acceso es un vano rectangular coronado por arco de medio punto. Sobre el grueso cornisón que recorre todo el edificio, se coloca el escudo de la Monarquía a la manera usual en que aparece sobre todos los edificios públicos de la ciudad, con una base de tres gradas. Este plan se alteró sustancialmente al momento de realizarse. En definitiva se buscó una apariencia más ostentosa por medio de recursos parecidos a los de las fachadas de la Fortaleza y la intendencia, simulando un cuerpo central saliente, labrando un almohadillado en el piso bajo y colocando en los dos superiores cuatro pilastras toscanas que los recorrían flanqueando los vanos centrales de ambos. En el piso principal se distingue el vano del medio, tanto por su medio punto como por la amplia balconada que la centra. Bajo la cornisa se colocó un friso de triglifos y metopas y sobre aquélla el pedestal del escudo que desapareció con el cambio de soberanía. El resto de la fachada, sin embargo, se simplificó al quedar sustituidas las pequeñas cornisas individuales de cada ventana por los sencillos retalles que las enmarcan, destacándolas levemente de los muros en que están inmersas y desaparecer el saliente que definía los extremos.

La fachada norte, que da al campo del Morro, no tenía puerta de acceso pero sí un gran número de ventanas que, al corresponderse con las de los otros costados, igualmente numerosas, aseguraban la circulación del aire, aprovechando la brisa del mar por el sistema de ventilación cruzada. Lubelza proyectó como adornos únicos la definición de los extremos longitudinales mediante retalles y las cornisas individuales de las ventanas. El plano anterior, el de Guitián, abría en ese costado una puerta central señalada con un discreto medio punto sobre la línea del cuerpo inferior. Esta puerta fue suprimida en el de Lubelza.

El edificio tiene su portada lateral por el costado sur, de frente al antiguo Hospital Rodríguez. Lubelza la concibió en forma muy discreta; un vano adintelado flanqueado por dos columnas adosadas y coronada por cornisa. El resto del lado sur repite las formas del norte sólo que los vanos del cuerpo inferior en aquél son más pequeños, cuadrados en vez de rectangulares, como consecuencia del nivel más alto del terreno por este sector.

López Bago introdujo también variantes en la decoración de los costados norte y sur. Mantuvo de los planos de Lubelza la gran cornisa que rodea el edificio, el pretil de la azotea y los balaústres y retalles de las ventanas, eliminando de éstas las cornisas. Hizo desaparecer los salientes de los extremos, reduciéndolos a unos retalles aparentemente almohadillados, como parece adivinarse en la fotografía de López Cepero. Este almohadillado se repitió en las ventanas de la fachada oeste. Añadió una gruesa moldura que rodea el edificio, separando el nivel inferior de los dos superiores y el retalle que limita cada uno de los cuerpos. La puerta lateral del sur mantuvo su sencillez, enriquecida con detalles decorativos del friso neodórico. El "puente" que se añadió en este siglo para comunicar el cuartel con el hospital le ha hecho perder casi totalmente su aspecto original.

No hemos encontrado fotografías ni planos que nos demuestren con exactitud el aspecto de la fachada este pero es de suponer que fuera análoga a la del norte por no haber en ella puertas de acceso.

De lo que se proyectó para los demás costados, aunque no se

hicieran, vale la pena mencionar la terminación almenada con que remata Guitián las fachadas sur y norte así como el almohadillado con que resalta los extremos de ambos lados. Las almenas recordarían, sin duda, el uso militar a que se destinaba el edificio diferenciándolo notablemente de los otros que lo rodeaban además de darle mayor esbeltez al romper la prolongada línea del rectángulo.

↘ Resulta curioso que en ninguno de los expedientes personales de los ingenieros que firmaron planos para el cuartel —Lombera, Guitián, Lubelza o Bosch— se haga mención alguna a su participación en el proyecto. El crédito y reconocimiento por la magna obra recae en la persona que la dirigió, el teniente coronel, comandante de ingenieros de la Plaza, José López Bago. Los trabajos han debido iniciarse con posterioridad a la llegada del ingeniero en mayo de 1857 [206] y estaban terminados en abril de 1863 cuando se recomienda a López Bago por el celo con que los había dirigido. La recomendación de su superior, el comandante exento Rafael Clavijo, pone de manifiesto la admiración que en sus contemporáneos despertaba el nuevo edificio.

> Muchas han sido despues [de las obras de Fortaleza] las que en esta Plaza ha tenido y tiene este Gefe á su cargo; pero entre todas ellas descuella el Cuartel de nueva planta construido en el barrio de Ballajá, que llama la atención general y del que los muchos estrangeros [sic] que lo han visitado han hecho los mas cumplidos elogios solicitando algunos de mí, vistas y si era posible planos, para publicarlos en los periódicos científicos de sus paises.[207]

La destacada labor de López Bago en esta y otras obras de la Plaza le hizo acreedor a la encomienda de la real y distinguida Orden de Carlos III.[208] Con toda seguridad se deben a él los cambios introducidos finalmente en los planos de la obra que nos ocupa.

En julio de 1881 presentó el ingeniero comandante José Laguna un proyecto para la capilla.[209] Situada en el ángulo noreste de la

---

206. Hoja de Servicios hasta el 31 de diciembre de 1864, A. G. M., Exp. Personal.
207. Rafael Clavijo al capitán general. Puerto Rico, 18 de abril de 1868. A. G. M., Exp. personal de José López Bago. Hostos, *Historia...*, p. 241 y Buschiazzo, *op. cit.*, p. 42., indican que la obra se terminó en 1864 pero no indican la fuente de donde toman el dato.
208. Hoja de Servicios, A. G. M., Exp. Personal.
209. «Proyecto de Capilla para el Cuartel de Ballajá». 13 de julio de 1881. José Laguna. S. H. M., P. m. 18. 25.

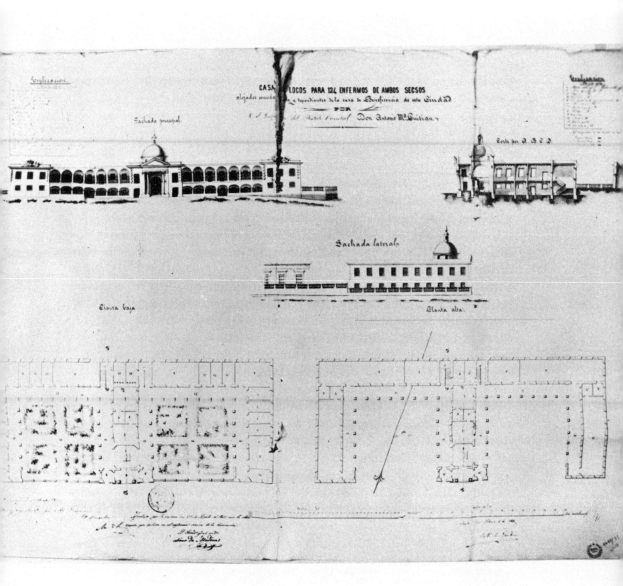

Núm. 63   Casa de Locos para 124 enfermos de ambos sexos alojados cómodamente
y dependientes de la casa de beneficencia de esta ciudad, por el inspector del Distrito
Oriental don Antonio María Guitián. 5 de febrero de 1860. A.H.N., Ultr., Leg. 5086,
Exp. 39, No. 10.

galería baja, se ideó como capilla abierta pudiendo los soldados asistir a los oficios desde las dos crujías laterales.

El manicomio.

Las condiciones de higiene y albergue existentes en la casa de beneficencia, donde el hacinamiento era tal que venía a ser "...el resumen de todos los establecimientos piadosos de otros países...",[210] motivó la construcción de un local especial para dementes. Originalmente se pensó en aprovechar uno de los ángulos del asilo para levantar un segundo piso donde pudieran recluirse los enajenados con mayor independencia y mejor ventilación que lo que entonces tenían. A tal efecto, se encargó en 1858 al teniente coronel de ingenieros e inspector del Distrito Oriental de Obras Públicas, Antonio María Guitián, que propusiera el medio más sencillo para lograrlo puesto que eran limitadas las cantidades disponibles para ello.[211] Al no tener el edificio de beneficencia las condiciones propias que permitieran edificar un departamento especializado con los requisitos precisos y en vista de la reconocida necesidad de éste, propuso el ingeniero como solución más adecuada levantar un nuevo edificio al lado norte del de beneficencia.[212] El proyecto tuvo acogida favorable. Por Real Orden de 28 de septiembre de 1859 se aprobó que se construyera en el solar que hasta entonces estuvo destinado a un nuevo cuartel para la Sección de Cazadores a Caballo, determinándose que la misma tropa continuara en el antiguo convento de Santo Domingo.[213]

---

210. «Proyecto de una casa de locos dependiente de la de Beneficencia de esta Ciudad y capaz de contener de 124 á 200 enfermos». Memoria descriptiva. 1.º de diciembre de 1860. Antonio María Guitián. A. H. N., Ultr., Leg. 5086, Exp. 39, N.º 6. También en el A. G. P. R., Obs. Pubs., Edif. Pub., Leg. 148, Exp. 1.

211. Capitán general al director de Obras Públicas. Puerto Rico, 17 de septiembre de 1858. Expediente sobre proyecto de una casa de locos. 1858-1862. A. G. P. R., Obs. Pubs., Edif. Pub., Leg. 148, Exp. 1. También se encuentra en el A. H. N., Ultr., Leg. 5086, Exp. 39, N.º 8.

212. Antonio María Guitián al director de Obras Públicas. 31 de diciembre de 1858. Expediente sobre construcción del manicomio. A. H. N., Ultr., Leg. 5086, Exp. 39, N.º 8.

213. Real Orden de 28 de septiembre de 1859. *Loc. cit.* El gobernador al director de Obras Públicas, 7 de noviembre de 1859. Exp. sobre proyecto de una casa de locos. A. G. P. R., Obs. Pubs., Edif. Pub., Leg. 148, Exp. 1.

El proyecto lleva la fecha del 1 de diciembre de 1860 [214] y según su autor, tuvo como modelos el texto médico arquitectónico de Max Parchappe y el Hospital de Charenton,[215] prototipos contemporáneos para esta clase de instituciones, si bien ajustándolos a los reducidos límites del proyecto que se le encarga y a las demandas particulares que habría de satisfacer en la Isla. Evidentemente preocupó al ingeniero no haber podido

> ... seguir todos los principios y adelantos reconocidos hasta el dia por convenientes para esta clase de establecimientos... sobre todo en lo que concierne a la completa separación por cuarteles de las diferentes clases de enfermos según su grado de demencia; pero ni el número de dementes que prudencialmente reclaman las necesidades de la Ysla, ni los cortos recursos pecuniarios, ni el espacio de que se dispone, ni finalmente el costoso entretenimiento del numeroso servicio que reclamaría una disposición semejante, permiten hacer más separaciones que las que se proponen, porque vendría a ser ilusoria la realización de cualquier otro proyecto que escediera [sic] de los recursos presumibles para llevar a cabo la obra y sostener la indispensable servidumbre.[216]

La planta del edificio se compone de tres naves aisladas que corren en dirección norte-sur, reunidas al mediodía por otra que corre de este a oeste. (Ilustración 63). El sistema de alas o cuerpos independientes separados por espaciosos patios resultaba el más conveniente para un asilo de este tipo. La relación buscada entre la altura de las crujías y la amplitud de los patios abiertos del lado norte así como la correspondencia de los vanos entre ejes paralelos permitían dirigir el paso del aire produciendo la ventilación más adecuada, tan importante en climas tropicales. Proveía, además, dos partes casi simétricas para garantizar una a cada sexo, subdividiéndose a su vez cada parte y hasta donde lo permitía el espacio dispo-

---

214. Debe tratarse del proyecto definitivo, es decir, en su última presentación, pues se conoce, al menos en forma preliminar, desde 1858. Los planos que lo acompañan llevan una fecha anterior a la del proyecto, febrero de 1860. A. H. N., Leg. 5086, Exp. 39, N.º 10.

215. Proyecto de una casa de locos... Memoria descriptiva. *Supra*, n. 210. El manicomio de Charenton-Le-Pont fue fundado en 1641 y ampliado en 1830-1837 por iniciativa del alienista Juan Esteban Domingo Esquirol, siquiatra francés famoso por sus prácticas de vanguardia en el tratamiento de enfermedades mentales. *Enciclopedia Universal Ilustrada Europeo Americana*. Madrid-Barcelona, Espasa Calpe, 1958, 70 vols., Vols. 16 y 22.

216. Proyecto de una casa de locos... Memoria descriptiva. *Supra*, n. 210.

nible en los distintos cuarteles que separaban los enfermos según su estado. El edificio se proyecta hacia el norte como resultado de su emplazamiento en el campo del Morro. Considera Guitián que hubiera sido preferible para el mejor aprovechamiento de la brisa la orientación de las naves hacia el este pero en tal caso hubiesen surgido impedimentos militares por acercarse demasiado a la fortificación principal que guardaba la entrada a la bahía.[217]

Entre la casa de locos y la de beneficencia quedaba una calle de cerca de 10 m. de ancho y dividida en dos partes por una pared de 3 m., lo que creaba un patio general para solaz de los locos tranquilos o idiotas, separados según su sexo. Los patios interiores del edificio se reservaban para los agitados y sucios. Ambos establecimientos se regían por la misma administración y aunque sus estructuras físicas se habían separado, mantenían elementos comunes como la verja de madera sujeta por pilares de mampostería que se prolongaba desde beneficencia y el uso común de los aljibes de ésta. El ingeniero tuvo, no obstante, el cuidado de disponer en el manicomio las pendientes de las azoteas y la dirección de los bajantes para aprovechar sus aguas en el momento en que fuera necesario construir depósitos en sus patios interiores.[218] Aparecen éstos rodeados por tres de sus lados de una galería de arcos sobre columnas, escarzanos en los bajos, de medio punto en los altos. Aparte el servicio usual, permitía que los enfermos pudieran salir fuera de sus celdas en tiempos de lluvia. La misma previsión que demostró el ingeniero al disponer las facilidades pertinentes para cuando fuera preciso construir aljibes independientes de los de beneficencia, la demostró al diseñar estas galerías. Cada celda tiene en su frente un arco de la galería de forma que en cualquier momento se podía habilitar una "ante-celda".[219]

El número de enfermos para los que se proyectó el edificio hizo necesarias las dos plantas. Dispuso Guitián que la parte baja fuera destinada a los dementes más graves, de ahí que las ventanas exteriores se diseñaran "...apaisadas y altas y... provistas de rejas de hierro...". El piso alto se habilitó para los locos tranquilos y tra-

217. *Loc. cit.*
218. *Loc. cit.*
219. *Loc. cit.*

Núm. 64   Fachada del antiguo manicomio de San Juan. Foto de la autora.

bajadores por lo que se sustituyeron las rejas por persianas fijas. Tanto la galería alta como la baja llevaban verjas de madera en lugar de antepechos.[220]

La nave central estaba destinada a las habitaciones del personal encargado, bastante reducido por su dependencia en los de la casa de beneficencia. Se encuentran en esta nave las entradas del público a los cuarteles de los enfermos, dispuestas intencionadamente a considerable distancia de éstos para evitar encuentros inconvenientes a las personas que visitaban la institución. En el primer tramo, inmediata a la fachada, se encuentra la capilla, "...grupo que anima el edificio en medio de su sencillez...", al decir del propio ingeniero.[221] Ocupaba ésta un pequeño espacio con altar en el centro de forma que las ceremonias religiosas podían seguirse desde las galerías más cercanas. Está cubierta con bóveda sobre tambor, de uso muy poco frecuente en Puerto Rico, con su linterna y sobre ésta un pináculo.

La fachada del edificio está ubicada en el eje básico de la estructura. Un pórtico constituido por dos columnas neojónicas y dos pilastras del mismo orden entre las que se abre la puerta principal con arco de medio punto, termina en un frontón y a ambos lados cuatro vanos simples, dos ventanas en el piso alto y dos puertas de acceso a los visitantes en el bajo. En el cuerpo superior, un almohadillado de esquina es la nota común con la fachada de los cuerpos de los extremos, sobre los que campean sendos escudos rodeados de banderas y emblemas que todavía hoy adornan el edificio. La cúpula, que se proyecta por encima del frontón, ejerce un efecto óptico centrípeta integrando todas las partes de la estructura con su carácter focal. Y siendo con la capilla del cementerio la única cúpula que se levanta sobre un tambor en toda la ciudad, aligera en forma apreciable y proyecta hacia la altura la corta elevación que pudieron dar sus dos pisos al manicomio, que estuvo en parte determinada por la de la casa de beneficencia de forma que la altura de aquél quedara al nivel de la cornisa del edificio principal. (Ilustración 64).

El proyecto fue aprobado por Real Orden del 15 de septiembre

---

220. *Loc. cit.*
221. *Loc. cit.*; V. ilus. 63.

de 1861, debiendo sufragarse el todo del presupuesto, ascendente a $ 62,507.52, con los $ 25,000 de que disponía la casa de beneficencia y los restantes $ 37,507.52 con cargo al presupuesto general de la Isla del año siguiente.[222] Una vez aprobado, dispuso el gobernador, teniente general Rafael Echagüe, que se encargara de dirigir las obras el propio autor del proyecto quien no percibió honorarios por la ejecución de éste y ofrecía continuar sus servicios gratuitamente.[223]

Las obras debieron comenzarse poco tiempo después y en diciembre de 1863, estando aún sin terminar, se dedicó el edificio a hospital provisional para los soldados heridos en Santo Domingo por no resultar suficiente el hospital militar. Esta medida de urgencia y el haberse agotado la cantidad presupuestada, paralizó los trabajos.[224] Cuando se devolvió el edificio el 8 de enero de 1866, el gobernador ordenó que se presupuestaran las obras que faltaban para su terminación y reparaciones necesarias.[225]

Según el presupuesto del maestro de obras José I. Hernández, quedaba por terminar una de las escaleras principales en el departamento de mujeres, era preciso colocar las barandas y pasamanos en la de igual clase en el departamento de hombres, cuatro puertas con rejas para las celdas, y construir los baños para pacíficos y furiosos. Era en la capilla donde habría de realizarse el grueso de las obras pues quedaban, entre otras, por colocar cuatro de las ventanas de luz del tambor, y el piso interior de mármol, concluir la puerta principal y el altar tallado en madera donde se colocaría la imagen de San Rafael.[226] La falta de medios y la nueva aunque corta

222. *Loc. cit.*; Real Orden dirigida al gobernador capitán general. San Ildefonso, 15 de septiembre de 1861. A. H. N., Ultr., Leg. 5086, Exp. 39, N.º 6.

223. Oficio del director de Obras Públicas al gobernador. 7 de enero de 1859. Exp. sobre construcción del manicomio. A. H. N., Ultr., Leg. 5086, Exp. 39, N.º 6; gobernador capitán general Echagüe al director de Obras Públicas. 14 de octubre de 1861. A. G. P. R., Obs. Pubs., Edif. Pub., Leg. 148, Exp. 1.

224. Director de la casa de beneficencia al director de las obras Antonio Guitián. 11 de marzo de 1864. A. G. P. R., Obs. Pubs., Edif. Pub., Leg. 148, Exp. 2; gobernador capitán general al Ministro de Ultramar, 14 de mayo de 1866. Oficio N.º 202. A. H. N., Ultr., Leg. 5090, Exp. 18, N.º 3.

225. Carta del gobernador al Ministro de Ultramar. *Loc. cit.*

226. «Presupuesto para la terminacion de la Casa de Locos de esta Capital. Documento N.º 1. Memoria Descriptiva». 30 de mayo dt 1876. José I. Hernández. A. G. P. R., Obs. Pubs., Edif. Pub., Leg. 148, Exp. 3.

ocupación del edificio por el hospital militar durante los temblores de 1868 retrasaron los trabajos que da por terminados el contratista Lorenzo Escobar el 5 de mayo de aquel año.[227] La vigilancia de las obras estuvo a cargo de Hernández como facultativo de la capital quien, junto al ingeniero Evaristo Churruca, jefe del Distrito Oriental, las recibió el 16 del mismo mes.[228]

El 30 de enero de 1873 se entregaron las nuevas obras ejecutadas en el edificio entre las cuales se incluían los aljibes construidos bajo los patios centrales. Para evitar accidentes, se cubrió el brocal con una verja de hierro.[229] En ese mismo año de 1873 se levantó la pared de mampostería que sustituyó la verja de hierro colocada al principio, con el propósito de ocultar a las miradas de los curiosos el espectáculo de los reclusos y abrigarlos de la fuerza del viento del norte[230] y que duró hasta 1976 cuando al restaurarse el edificio se le devolvió el tipo de verja que originalmente tuvo.

La ampliación y reforma de la capilla se hizo entre los años 1883 y 1886. Su plan, que no reviste complicaciones, consistió en las siguientes modificaciones de la crujía central. Se derribaron los muros transversales originales más dos de las dependencias que quedaban detrás, creándose de esta forma una capilla de nave única lo suficientemente desahogada para albergar en las horas de culto a los reclusos, personal de servicio y a la reducida comunidad de las Hijas de la Caridad que los atendían desde 1863. Invirtióse —y es éste el cambio más notable— la ubicación del altar. Se construyó un muro de cierre al norte, cegando el acceso por la fachada principal y se movió el altar hacia ese tramo, de frente a la nave recién creada. Se colocó éste "...a la romana adelantándolo algún tanto hacia el centro de la crujía de modo que las primeras gradas queden bajo

---

227. Lorenzo Escobar al ingeniero jefe del Distrito Oriental. 4 de mayo de 1868. «Expediente relativo á la terminación de la Casa de Locos de esta Capital». A. G. P. R., Obs. Pubs., Edif. Pub., Leg. 148, Exp. 5.

228. Acta de recepción provisional de las obras. 16 de mayo de 1868. «Expediente...» *Loc. cit.* La definitiva se efectuó el 1 de julio del mismo año. *Loc. cit.*

229. Proyecto de reparaciones para la casa de locos de la provincia de Puerto Rico. 8 de julio de 1871, José I. Hernández. A. G. P. R., Obs. Pubs., Edif. Pub., Leg. 148, Exp. 6. «Presupuesto adicional y reforma de las obras que deben ejecutarse en la casa de locos de esta capital». Enrique Berrocal. 20 de junio de 1872. A. G. P. R., Obs. Pubs., Edif. Pub., Leg. 148, Exp. 4. Acta de recepción provisional. 30 de enero de 1873. *Loc. cit.*

el arco toral".[231] El piso del presbiterio sería de mármol y de la madera existente el resto de la nave. Al lado del nuevo presbiterio se creó una pequeña sacristía mientras que el coro ocupaba el último tramo hacia el sur, en el piso principal, con una barandilla de cierre al frente. Se mantuvo el alzado primitivo a fin de no incurrir en transformaciones difíciles y costosas. Fue autor del proyecto el inspector de obras provinciales, ingeniero Tulio Larrínaga.[232]

En 1894, para evitar "...los actos de desaseo..." que allí solían practicarse, se añadió a la verja de hierro existente en el pórtico de la fachada, frente a la capilla, una reja de madera de ausubo de forma que quedara dicho pórtico completamente cerrado.[233]

El cementerio.

Desde que se cumplieron en San Juan las reales órdenes para enterramientos fuera de poblado con la bendición en 1814 del cementerio de Santa María Magdalena de Pazzis,[234] creció el nuevo camposanto sin que se erigieran de inmediato las estructuras correspondientes que caracterizan tales lugares. Hasta 1841 no se construye el osario y hasta el 1842 la primera capilla, si bien con carácter puramente transitorio esta última.[235] Dicha capilla, construida con madera del país donada por el síndico del cementerio, don Ramón Soler y Puig, terrera y de dimensiones proporcionadas para contener dentro de cuatro a seis cadáveres, se hizo a un costo de

230. José Nicolás Daubón al inspector de Obras Públicas. 10 de marzo de 1873. A. G. P. R., Obs. Pubs., Edif. Pub., Leg. 148, Exp. 4.

231. «Proyecto de reforma y ensanche de la capilla del Manicomio Provincial. 1883». 20 de diciembre de 1883. Tulio Larrínaga. Memoria descriptiva. A. G. P. R., Obs. Pubs., Edif. Pub., Leg. 148, Exp. 8.

232. *Loc. cit.*

233. Expediente sobre proyecto de enverjado de la fachada de la capilla del manicomio provincial. 5 de julio de 1894. Ing. Pedro J. Fernández. A. G. P. R., Obs. Pubs., Edif. Pub., Leg. 148, Exp. 9.

234. V. Cap. V, pp. 197-205.

235. Expediente para la construcción de un osario en el cementerio general de esta ciudad. 1841. A. G. P. R., M.º S. J., Leg. 96, Exp. s. n., Ca. 324; Expediente sobre construcción de una capilla de madera en el cementerio general de esta ciudad y alquiler de una casa inmediata a la puerta de San José, para depósito de personas que fallecen de la fiebre reinante. A. G. P. R., M.º S. J., Leg. 96, Exp. 1.ª, Ca. 325.

637 pesos [236] y se bendijo, junto al crucifijo y un "...retablo de Animas que se hizo nuevo...", en marzo de 1844.[237] Sin embargo, a pesar del relativo adelanto logrado, el cementerio continuó con aspecto de provisionalidad y múltiples defectos hasta que se emprenden las reformas definitivas de 1863.

Decidido el ayuntamiento a impulsar las mejoras precisas e indispensables para salvar de la destrucción al único cementerio que por entonces quedaba abierto en la ciudad, encargó el estudio correspondiente al arquitecto municipal don Manuel Sicardó, quien presentó su proyecto de reformas el 29 de julio de 1862. La memoria descriptiva que lo acompañaba permite hacernos una clara imagen de lo que para entonces era el cementerio. Sus calles sin empedrar estaban continuamente afectadas por las aguas pluviales provenientes de un caño de la muralla que caían con tanta fuerza sobre el arenoso y arcilloso suelo que lo arrastraban a su paso, desenterrando los cimientos de los panteones y amenazándolos de ruina inmediata; la ausencia de un muro de contención del lado del mar, dejaba el campo a merced de los embates de las olas, produciendo el desgaste continuo de sus terraplenes y el azote persistente y directo de los panteones por los vientos marinos; faltaban asimismo una capilla digna del lugar y la ordenación regular por manzanas distribuidas de acuerdo a una avenida principal que convirtiera aquel asimétrico conjunto de tumbas en un espacio armónico y decoroso, propio de su objetivo.[238]

Para solucionar el problema causado por las aguas que descendían de la muralla, propuso el arquitecto construir un tambor desde el caño hasta el suelo y una alcantarilla que condujera las aguas desde el pie de la muralla hasta el mar, recogiendo además

---

236. *Loc. cit.*
237. Carta dirigida al gobernador y capitán general. Puerto Rico, 5 de marzo de 1844. A. G. P. R., Obs. Pubs., Obs. Mun., Leg. 62 D, Exp. 3, Ca. 323.
238. «Reforma del Cementerio de esta Ciudad propuesta por el Sr. Corregidor don Rosendo Mauriz de la Vega y llevada á efecto por acuerdo del Municipio aprobado por el Superior Gobierno en 5 de Setiembre de dicho año. Se hizo por administracion y segun inventario está tasado en 55,014 pesos 50 inclusa la capilla. Tiene 452 nichos propiedad del Municipio divididos en 1.ª, 2.ª, 3.ª y 4.ª fila. Exterior y de la Capilla». A. G. P. R., M.º S. J., Leg. 96, Exp. 1, Ca. 234. También en «Copia del expediente instruido por el Excelentísimo Ayuntamiento de esta Capital sobre reformas del Cementerio». 1862. A. H. N., Ultr., Leg. 379, Exp. 14, N.º 3 y en A. G. P. R., Obs. Pubs., Obs. Mun., Leg. 620, Exp. 8, Ca. 323.

las que corrían por las calles del cementerio. A fin de evitar la obstrucción de la alcantarilla con el lodo de las calles era imprescindible empedrar su superficie, como también era de primera importancia que se construyera un robusto muro sobre el arrecife del norte por encima del cual se levantaría la pared de cerca. La disposición reguladora, en torno a la capilla, la recoge Sicardó en un breve párrafo.

> ...Es una Capilla circular al interior, con su domo esférico, rodeada por su frente y lados de un pórtico dórico y provista con abundancia, de luz y de aire. La cerca esterior y la muralla forman con el frente del pórtico una plaza triangular, como lo exije la irregularidad del terreno. Detrás de esta capilla hay una ancha calle central, y a derecha e izquierda están las manzanas de panteones, que llevarán tres órdenes de ellos superpuestos. Como es muy justo dejar á los particulares ricos la facultad de embellecer las tumbas de sus deudos, con tal de que no perturben el orden de los demás, se han destinado á este objeto los estremos de cada manzana, de modo que así, puedan no solamente llenar sus piadosos fines, sino también contribuir al ornato y armonía de todo el Cementerio.
>
> Sauces llorones, siempre-vivas y otras plantas propias de la triste solemnidad de este recinto caben perfectamente en la plaza que precede a la Capilla y en la ancha calle central que se ha dejado al efecto.[239]

Toda la capilla se construiría en ladrillo de primera calidad, con solerías de Canarias para los pórticos y mármol para el interior, calculándose su costo en 12,203 pesos.[240]

Para el empedrado del centro de la calle principal y alrededor de cada manzana de panteones, se proponían losas de Canarias, chinos para el resto de las calles, aplicados al modo en que se usaban en la ciudad, y hormigón para pavimentar la plaza triangular que quedaría formada frente a la capilla.[241]

El total de las obras presupuestadas ascendía a 31,338 pesos, por lo que Sicardó, previendo las dificultades para atenderlo de una vez, expuso la posibilidad de que se ejecutara por etapas, encargándose una comisión del ayuntamiento, de la cual participaba el propio arquitecto, de establecer las prioridades en términos de urgen-

---

239. *Ibid.*, Memoria descriptiva.
240. *Ibid.*, Presupuesto.
241. *Loc. cit.* y Condiciones facultativas.

cia y fondos disponibles.[242] Se inició, pues, la reforma por el muro
de contención tal cual se había proyectado, pasándose de inmediato
a terraplenar la superficie y regularizar las calles en ángulos rectos;
ambas obras estaban terminadas el 4 de agosto de 1863.[243] Las tuvo
a su cargo el contratista Julián Pagani.[244]

Para erigir la capilla se acudió al viejo recurso de suscripción
voluntaria. En marzo de 1863, reunida ya una cantidad considerable, decide el ayuntamiento iniciar las obras.[245] La enfermedad del
arquitecto autor del proyecto impidió que pudiera dirigir los trabajos, razón por la cual se encomienda dicha labor al maestro de
obras titular, don José I. Hernández Costa. Al aceptar graciosamente la comisión que se le confiere, Hernández expresa su voluntad
de colaborar a una obra tan meritoria así como el deseo de "...servir
a su maestro y amigo el Sr. Sicardó, en momentos que su quebrantada salud le privan ponerse al frente de dicha obra...".[246] Encomiable
actitud la del discípulo agradecido y amigo fiel, a quien debemos
señalar como uno de los facultativos más activos en el desarrollo
de las obras públicas de San Juan por aquellos años. Sobre el
proyecto de Sicardó, dirigidas las obras por Hernández, se hizo en
1863 la capilla del cementerio, única estructura neoclásica de carácter religioso en la ciudad que aparece con entera independencia de
un contexto arquitectónico. Las demás capillas que acompañan los
distintos edificios públicos de la urbe aparecen de un modo u otro
integradas a los muros de aquellos, las más de las veces ocultas al
exterior, como sucede por ejemplo en el seminario conciliar y la
casa de beneficencia. De indudable aire bramantesco, la capilla del
cementerio es de planta circular con arcos de medio punto y pilas-

---

242. Informe de la comisión nombrada por el ayuntamiento para que estudiara
el proyecto de reformas del cementerio y propusiera las mejoras más económicas e
indispensables. Copia, s. f. [agosto 1862]. A. G. P. R., Obs. Pubs., Obs. Mun., Leg. 62 D,
Exp. 8, Ca. 323.
243. *Loc. cit.*
244. *Loc. cit.* Copia del extracto del expediente sobre tasación de las obras
ejecutadas en el cementerio de esta capital. 1866. A. H. N., Ultr., Leg. 379, Exp. 14,
N.º 4.
245. Corregidor Rosendo Mauris de la Vega al gobernador superior. 22 de marzo
de 1863. A. G. P. R., Obs. Pubs., Obs. Mun., Leg. 62 D, Exp. 4, Ca. 323.
246. Expediente sobre autorización a don José I. Hernández para dirigir la obra
de la capilla del cementerio de esta capital. Abril de 1863. A. G. P. R., Obs. Pubs.,
Obs. Mun., Leg. 62 D, Exp. 6, Ca. 323.

Núm. 65   Capilla del cementerio Santa María Magdalena de Pazzis. Foto de la autora.

Núm. 66   Galería de nichos del cementerio de Santa María Magdalena de Pazzis.
Foto de la autora.

Núm. 67   Entrada al cementerio Santa María Magdalena de Pazzis. Foto de la
autora.

tras dóricas rodeando a modo de pórtico la reducida nave. (Ilustración 65). Su elevación sobre un podio bastante alto permite el acceso mediante escaleras en los cuatro ejes principales así como una galería de nichos bajo ella. Está cubierta por una media naranja sobre tambor en el cual alternan óculos con ventanas de medio punto, cerradas entonces por cristales de colores, y remata en linterna con cruz de hierro. La bóveda, que proyecta hacia la altura los muros del espacio central, imprime esbeltez al conjunto a la par que subraya el vuelo de la cornisa moldurada con que termina el pórtico y que ayuda a diferenciar claramente entre éste y el área principal del altar definida por la bóveda. La nave se comunica con el pórtico por tres puertas orientadas al norte, sur y este, quedando el oeste sellado por el altar, que miraba de frente a la gran vía procesional que partía en línea recta desde la puerta principal de acceso. De impecables proporciones, destacan sus gráciles líneas frente a la adustez y formas macizas de la muralla del norte, que avanza sobre el recinto. Ha de valorarse en no poca medida el elemento de sorpresa que despierta el contraste entre los volúmenes rectos y pesados del lienzo defensivo y las curvas que juegan entre los espacios abiertos y livianos muros de la capilla.

A este momento corresponden también la galería de nichos y la puerta monumental de entrada.[247] Se encuentra la primera pegada a la muralla y está levantada, como la capilla, sobre un alto zócalo que se aprovecha para colocar una hilera de sepulturas. Tiene cubierta de azotea y su arquería mantiene el estilo dórico del pórtico de la capilla con la que se integra formando un conjunto armónico. (Ilustración 66).

La puerta de entrada al cementerio se perfila bajo la garita que corona uno de los ángulos de la muralla. Construida a un costo de 2,400 escudos,[248] recuerda el orden casi invariable de las fachadas neoclásicas de los edificios religiosos en la Isla. Su función es la de ennoblecer el sencillo arco de medio punto que se abre en su centro

---

247.　Certificación expedida por Félix Vidal D'Ors y José I. Hernández sobre reconocimiento, medición y valoración de las obras de reforma y nueva construcción ejecutadas por el corregimiento de la capital en el cementerio de Santa María Magdalena de Pazzis. 15 de noviembre de 1865. A. G. P. R., Obs. Pubs., Obs. Mun., Leg. 62 D, Exp. 7, Ca. 323.

248.　*Loc. cit.*

para franquear la vía procesional que conduce a la capilla. Cuatro pilastras a ambos costados forman calles laterales en cuyos centros se abren dos hornacinas. Sobre el sencillo cornisamento se levantan escalonados cuatro merlones y en el centro, donde hoy aparece una cruz, estuvo la estatua de la Fama del ayuntamiento convertida en ángel del juicio.[249] A los costados y encuadradas entre pilastras y cornisas hay dos ventanas, con pura función simétrica la que aparece a la izquierda y destinada a dar luz al cuarto de depósito la de la derecha. (Ilustración 67).

El seminario conciliar.

Durante el obispado de don Gil Esteve y Tomás (1848-1855) se adquirió para el seminario conciliar de San Ildefonso un espacioso terreno situado al oeste del edificio a fin de ensanchar el local existente. Cumplido el propósito inicial que motivó su construcción, se añade ahora un nuevo destino que recoge expresamente el obispo en su carta de 27 de diciembre de 1852 con la que acompaña las resultas de su visita pastoral.

> ...a más de proporcionar la mayor capacidad y ventilación para los seminaristas, tendrá local suficiente para poder alojar los misioneros que a su tiempo nos remita el Gobierno de S. M. para ayudar al Prelado en el importante negocio de moralizar a un pueblo, que es malo, las más veces, sin conocerlo ni quererlo...[250]

Además de dar alojamiento a seminaristas y colegiales, albergaría el edificio una comunidad de misioneros que requeriría la natural autonomía funcional de las dependencias adecuadas a su uso. Coincide la ampliación con la reforma general del programa de estudios [251] que responde a los cambios que hacia mediados de siglo se hicieron en las correspondientes instituciones españolas.

Para la fecha en que escribe Esteve ya se habían emprendido las

---

249. *Loc. cit.;* Tapia, *Mis memorias...*, p. 39.
250. Gil Esteve al presidente del Consejo de Ministros y de Ultramar. 27 de diciembre de 1852. A. H. N,, Ultr., Leg. 2035, Exp. 8, N.º 7.
251. Hostos, *Historia...*, p. 346.

obras, según los planos del arquitecto y maestro mayor de fortificaciones Manuel de Zayas.[252] (Ilustración 68). Proyecta el distinguido
arquitecto del arsenal y el convento de las carmelitas, un edificio
independiente, completo en sí mismo, que une al anterior por un pa-
sillo. De planta rectangular, aprovecha como se hiciera en la estructura primitiva, los desniveles de la calle que se reflejan en la fachada posterior. Sus dependencias se disponen en torno a un patio de
perfectas proporciones con galería porticada en ambos niveles. La
capilla está inscrita en un rectángulo del que pasa al octógono por
medio de nichos achaflanados en las esquinas, solución similar a la
que se emplea en la capilla del arsenal construida entre 1853 y
1854,[253] es decir, por los mismos años que la que ahora nos ocupa.
Tal coincidencia nos hace insistir en la teoría antes expuesta de
que fuera Zayas el autor de la capilla del arsenal. Es probable que
trazara y construyera ésta después de la del seminario o que tal
vez estuvieran en fábrica por los mismos años pero lo que sí es
evidente a todas luces es el estilo particular de quien las proyectara. La bóveda del seminario, como la del arsenal, aparece en los
planos con óculo central protegido por un transparente de forma
prismática que aparentemente fue sustituido al momento de realizarse por la linterna que existe hoy. El escalonamiento de la base
aparece expresado claramente en los planos pero no se tradujo en
la obra con la misma altura, reduciéndose las proporciones de la
media naranja.

La fachada posterior da a la calle del Hospital que se hallaba
por entonces sin pavimentar. Sobre un alto podio en cuya parte inferior se abre el óculo que ilumina el almacén, se levantan dos anchas pilastras que traspasando la cornisa sostienen un frontón a la
altura del arranque de la cúpula. Un medio punto de cristales centrado en su eje, sobre la cornisa, ilumina el interior de la capilla.
Bajo la moldura, existe todavía una tarja que debió recibir la inscripción acostumbrada pero que permanece hasta el día sin título
alguno. (Ilustración 69).

Construida en un momento en que seguramente existían muy

---

252. *Loc. cit.*; «Proyecto de la obra que se ha de ejecutar en el Seminario de
esta Capital». Manuel de Zayas, s. f. A. H. N., Ultr., Leg. 2032, Exps. 9 y 10.
253. *Supra*, Cap. VI, pp. 310-311.

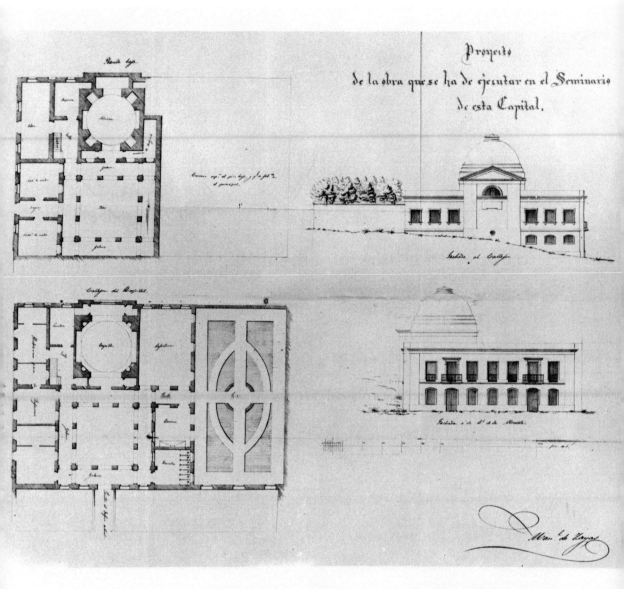

Núm. 68   Proyecto de la obra que se ha de ejecutar en el seminario de esta capital.
Manuel de Zayas (1851). A.H.N., Ultr. Leg. 2032, Exp. 9-10.

Núm. 69   Fachada posterior del seminario conciliar que da a la calle del Hospital
Foto de la autora.

pocas casas en el callejón del Hospital, ennoblece hoy la calle escalonada que preside. Seis ventanas iluminan el cuerpo superior del edificio, tres a cada lado del frontis descrito. La pendiente del terreno impidió abrir luces en el cuerpo bajo del norte pero tres ventanillas con arcos rebajados abren a la calle en el del sur. La fachada lateral que da a la calle de la Meseta (hoy del Sol), se distingue todavía por las proporciones de los vanos en ambos pisos y la discreta simetría de las puertas que interrumpen en los dos cuerpos la serie de ventanas. En el primero cierran en arcos escarzanos, siendo rectangulares los vanos del superior.

Poco tiempo después, en 1858, el obispo fray Pablo Benigno Carrión entregó el seminario a los padres jesuitas quienes lo convirtieron en un centro de educación secundaria. Añadieron ellos en 1865 el cuerpo superior que se levanta sobre la azotea de la obra llevada a cabo en tiempos del obispo Gil Esteve.[254] En vez de perfeccionar el conjunto, este cuerpo rompió la altimetría de los claustros, alterando la pensada integración de ambos sectores, el de 1832 y lo ampliado veinte años más tarde.

La revolución de septiembre de 1868 —La Gloriosa— pone fin al reinado de Isabel II y con ella concluye el período de mayor actividad que en el ramo de la arquitectura civil conociera la ciudad de San Juan durante el régimen español. Los nuevos barrios, el arreglo de plazas y paseos y los monumentos neoclásicos, con acento romántico en algunos casos, han transformado la imagen de la plaza fuerte prevaleciente en términos casi absolutos hasta el siglo XVIII. Sin que pierda o ni siquiera disminuya su importancia militar y respetando en todo momento las exigencias de las zonas tácticas, se desarrollan junto a éstas los edificios que imponen las ideas de una época nueva. El espíritu de reforma ciudadana parece afectar a todos: el gobierno, la iglesia, el ayuntamiento y los vecinos en general. Cada uno contribuye dentro de su jurisdicción y posibilidades particulares a la tarea de reedificar o construir de nueva planta las estructuras destinadas a albergar sus instituciones respectivas. A la unidad de estilo contribuye, entre otros factores

254. Hostos, *Historia...*, p. 347; Buschiazzo, *op. cit.*, p. 4.

que analizaremos en el capítulo final, la activa participación de los ingenieros y arquitectos militares que al trabajar en los distintos edificios imprimen en ellos el carácter neoclásico que corresponde a su formación.

CAPITULO VII

DE "LA GLORIOSA" AL NOVENTA Y OCHO.

LA ULTIMA FASE DEL NEOCLASICISMO.

El año de 1868, precedido por los siniestros presagios de los temblores de 1867 (noviembre a diciembre), que arrojaron fuera de sus murallas a la población aterrorizada de San Juan, señalará al paso de "La Gloriosa" la nueva coyuntura histórica de los últimos treinta años del régimen español en Puerto Rico. Los edificios en apariencia más sólidos se estremecieron en sus fundamentos con la fuerza del seísmo y el vecindario, presa del pánico, acampó bajo tiendas de campaña en el barrio de Puerta de Tierra hasta que convencido de que había regresado la estabilidad, retornó a la ciudad. Coll y Toste cuenta cómo, el día del primer temblor y mientras oscilaba la tierra, salió del colegio seminario de San Ildefonso y al descender la cuesta de la calle del Cristo, vio la torre de la catedral que "...estaba despidiendo ladrillos y bombardeando el extenso atrio..."[1]

El clima de expectación que crea en el ambiente político de la Isla la Junta Informativa de Reformas (1865-1867), el Grito de Lares, el movimiento liberal reformista y, más tarde, el autonomista lo encontramos reflejado en la esperanza del ensanche de la ciudad. Como saldo significativo de unos años de espera, el compás que impuso el lento trámite del derrumbe de las murallas permite enjui-

---

1. Carta de Cayetano Coll y Toste al gobernador Arthur Yager. 20 de noviembre de 1918. *B. H. P. R.*, V, p. 372.

MARÍA DE LOS ÁNGELES CASTRO

ciar las realizaciones del largo reinado de Isabel II. Por una curiosa paradoja, aquella mujer a quien saludara Aparisi en los últimos tiempos con la conocida frase "...adiós..., reina de los tristes destinos..."[2] dejó configurada la fisonomía civil de una de las más antiguas ciudades del mundo nuevo. Realizadas bajo su gobierno las reformas fundamentales y construidos los edificios que definen hoy a San Juan de Puerto Rico, cuanto se construya en el último tercio del siglo no alterará su aspecto hasta el simbólico derribo de las murallas del sur y del este en 1897, determinado por un clamor común del siglo XIX, tanto en la Metrópoli como en Ultramar: el ensanche de los circuitos urbanos.

La Diputación Provincial.

En el solar del antiguo cementerio, en la esquina que forman las calles de San Francisco, Cristo y San José, propiedad desde 1849 de la casa de beneficencia,[3] se construyó entre aquel año y 1851[4] un edificio adecuado para servir de mercado, pero cuya estructura se

---

2. Cristóbal Fernández, C. M. F., *El confesor de Isabel II y sus actividades en Madrid*. Madrid, Editorial Co. Cul., S. A., 1964, p. 484.

3. Gobernador de Puerto Rico, Juan de la Pezuela, al Ministro de la Gobernación del Reino. 21 de junio de 1849. A. H. N., Ultr., Leg. 5077, Exp. 40, N.º 23; Buschiazzo, *op. cit.*, p. 37.

4. El doctor Coll y Toste en «La ciudad...», p. 323 y en «Cómo se convirtió la antigua plaza del mercado en la Diputación Provincial», *B. H. P. R.*, XII, p. 27, señala que el llamado mercado viejo se construyó entre 1856 y 1857. De él ha debido tomar las fechas Buschiazzo, *op. cit.*, p. 37. Confundió el distinguido historiador los años en que se construye el nuevo mercado, sito en el barrio de Santa Bárbara, al norte de la ciudad. El «viejo» se edificó por iniciativa del conde de Cheste y quedó inaugurado el 1.º de febrero de 1851. Acta del ayuntamiento de San Juan, 28 de enero de 1851, A. G. P. R., M.º S. J.; Juan de la Pezuela al alcalde de San Juan, 27 de enero de 1851. A. G. P. R., M.º. S. J., Leg. 24 D, Exp. 796, Ca. 53. La construcción del segundo se inició el 19 de noviembre de 1853 y estaba próximo a abrirse al público en enero de 1857. «Relación de las obras públicas principiadas, concluidas y en ejecución en esta Capital y en toda la Isla durante el periodo de mi mando». Capitán general Fernando de Norzagaray, 31 de enero de 1855. A. H. N., Ultr., Leg. 5074, Exp. 15, N.º 4; Relación del gobierno y superintendencia del teniente general don José Lemery en Puerto Rico. 28 de enero de 1857. A. H. N., Ultr., Leg. 5082, Exp. 1, N.º 16; «Memoria que comprende el estado en que se encuentran los diferentes ramos de la administración de Puerto Rico escrita en 28 de enero de 1857 por el teniente general y superintendente de la misma Isla, don José Lemery, al cesar en el mando de aquella Antilla». Copia. B. N., Mss., 12976.

habilitó poco tiempo después para casa de vecindad.[5] Cuando se recibió en Puerto Rico la Real Orden de 23 de agosto de 1866 que disponía el establecimiento del Instituto de Segunda Enseñanza y escuelas profesionales en la capital, la Junta Superior de Instrucción Pública, deseosa de darle cumplimiento, se apresuró a buscar local conveniente donde establecer dichas instituciones educativas. Después de considerar los escasos lugares disponibles, la Junta solicitó, en noviembre de ese mismo año, que se le concediera el alquiler del antiguo mercado que se encontraba por entonces desocupado. En el edificio podrían establecerse el Instituto, las escuelas profesionales y dependencias para setenta alumnos internos.[6] Al año siguiente de restablecerse por tercera vez en la Isla la Diputación Provincial (1871), se seleccionó aquel lugar como el más apropiado para sus oficinas por lo que se dispuso la reforma del local de modo que la planta baja la ocupara el Instituto y la superior la Diputación.[7] Tuvo a su cargo los estudios correspondientes el ingeniero civil y arquitecto Enrique Berrocal.[8]

El 24 de diciembre de 1872 presentó el proyecto de reforma. La disposición del solar en forma larga y estrecha obligó a alterar la idea original de dedicar una planta al Instituto y la otra para la Diputación pues ello hubiera provocado perturbaciones recíprocas en las actividades de cada una. Se dispuso, en cambio, la división del edificio en dos partes por medio de una crujía central situada de norte a sur, dedicada a biblioteca y clase de dibujo en la planta baja y a salón de sesiones en la alta.[9] La mitad derecha del edificio, con fachada a la calle de San José, sería ocupada por la Diputación

5. Ubeda y Delgado, *op. cit.*, p. 122; «Expediente sobre reparaciones del edificio mercado viejo, propiedad del Asilo de Beneficencia — Capital. 1865-1866». A. G. P. R., Obs. Pubs., Leg. 129, Exp. 3, Ca. 697.

6. J. M. Caracena, vicepresidente de la Junta Superior de Instrucción Pública, al gobernador superior civil. 10 de noviembre de 1866. A. G. P. R., Obs. Pubs., Edif. Pubs., Leg. 129, Exp. 5, Ca. 697.

7. «Expediente instruido a consecuencia de obras en la antigua plaza del mercado con destino a la Excelentísima Diputación Provincial e Instituto. Capital. 1.ª pieza. 1872-1884». A. G. P. R., Obs. Pubs., Edif. Pubs., Leg. 129, Exp. 7, Ca. 697.

8. Enrique Berrocal a la Diputación Provincial. 8 de julio de 1872. «Exp. instruido...», *loc. cit.*

9. «Proyecto de reforma de la antigua plaza del mercado en Diputación Provincial e Instituto. Documento núm. 1. Memoria descriptiva». 24 de diciembre de 1872. Enrique Berrocal. A. G. P. R., Obs. Pubs., Edif. Pubs., Leg. 129, Exp. 6, Ca. 697.

mientras que el Instituto orientaría su fachada hacia la calle del Cristo. Ambas tendrían un frente común a la de San Francisco. La planta del edificio no ofrece mayor interés: sus dependencias se disponen de frente a dos patios con sus galerías respectivas.[10] (Ilustración 70).

En las fachadas los paramentos lisos, interrumpidos solamente por los vanos rectangulares de las puertas y ventanas del antiguo edificio, se transforman ahora, si bien dentro de la sencilla línea que imponía la traza anterior. La fachada sur presenta un cuerpo central que se proyecta ligeramente hacia adelante y divide al edificio que presenta a derecha e izquierda dos frentes armónicos pero claramente diferenciados. La parte de la derecha, correspondiente a la Diputación, tiene en el piso bajo ventanas rectangulares con cornisas y en el alto balcones abalaustrados con cornisas que hacen juego a las inferiores. Pilastras pareadas del orden jónico crean cuatro espacios que incluyen igual número de vanos. El lado izquierdo del edificio, el del Instituto, tiene apariencia aún más modesta pues sus vanos en vez de cornisas tienen sencillos retalles y sobre la gran cornisa que cobija toda la estructura no se elevan los tímidos remates que tiene la Diputación. Carece asimismo de pilastras que alternen con sus vanos por lo que éstos se presentan en forma continua. El cuerpo central une ambas partes: entre dos pares de pilastras pareadas, dos ventanas, la baja con retalle sobre el dintel y la superior con cornisa. Una escultura sobre pedestal de dos escalones con ménsulas en las esquinas se eleva sobre el nivel de la cornisa superior. El deseo de diferenciar claramente las dos instituciones que albergaría el edificio se evidencia aún más con la eliminación de puertas en todo ese costado de forma que tanto el Instituto como la Diputación tendrían sus accesos por sus fachadas respectivas.

La fachada del este se resuelve también de manera bastante sobria. La portada se proyecta moderadamente hacia el frente y presenta una composición común que une ambos cuerpos; la puerta adintelada en el piso bajo se prolonga hacia el superior mediante

---

10. «Reforma de la antigua plaza del mercado en Diputación Provincial e Instituto». 2 de agosto de 1872. Enrique Berrocal. Plano. Hoja única. A. G. P. R., Obs. Pubs., Edif. Pubs., Leg. 130, Ca. 698.

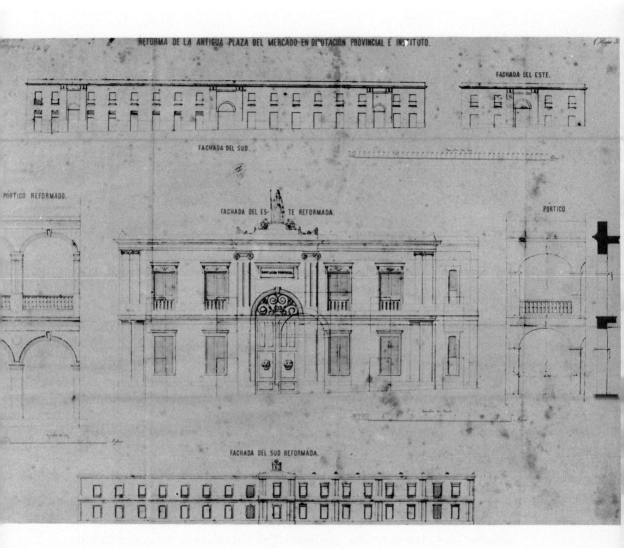

Núm. 70   Reforma de la antigua plaza del mercado en la Diputación Provincial e Instituto. Fachadas del este y el Sur. Enrique Berrocal, 2 de agosto de 1872. A.H.P.R., Obs. Pubs., Edif. Pub. Leg. 130. Ca. 698.

un arco de medio punto enriquecido con obra de hierro en su tímpano. Sobre dicho arco se coloca la tarja con la inscripción que identifica al edificio. La puerta queda estrechamente flanqueada en el cuerpo inferior por retalles que se convierten en el piso superior en pilastras jónicas estriadas. La portada divide simétricamente ese costado del edificio con cuatro vanos a cada lado que se reparten de la manera siguiente: dos ventanas con cornisa en el nivel de la calle y balcones en el piso alto. Se diferencian además los dos pisos por el ligero enriquecimiento que se observa en el segundo. El espacio entre el dintel de las puertas y las cornisas se decora con yeserías en las que se presenta una roseta entre dos ménsulas. En los extremos aparece la superposición de órdenes: pilastras pareadas del orden jónico en el piso superior mientras que en el inferior las tiene toscanas. Sobre la cornisa superior se colocaría una estatua de Minerva con sus atributos y dos leones a sus pies.

El presupuesto de la obra proyectada por Berrocal ascendía a 148,797 pesetas con 50 céntimos [11] y fue aprobado por la Diputación, con ciertas modificaciones, el 4 de marzo de 1873.[12] Un mes más tarde se celebró la subasta que ganó el contratista Eudaldo José Iglesias con una propuesta de 149,990 pesetas y 50 céntimos,[13] iniciándose las obras casi de inmediato.[14] Durante la reconstrucción del edificio tuvo que afrontar el contratista serios problemas, derivándose los mayores de la pobreza estructural y constructiva del mercado viejo que limitaba considerablemente el aprovechamiento de materiales y paredes, y otros de la dificultad para conseguir y transportar los materiales necesarios, especialmente las vigas de ausubo para las extensas crujías.[15] Tal situación y la necesidad de

---

11. *Supra*, n. 9, documento 4, Presupuesto.
12. Acta de la Diputación Provincial. Sesión ordinaria del 4 de marzo de 1873. Copia. A. G. P. R., Obs. Pubs., Edif. Pubs., Leg. 129, Exp. 7, Ca. 697.
13. Acta de la subasta para la obra de reforma del edificio del antiguo mercado en casa de la Diputación e Instituto. 3 de abril de 1873. *Loc. cit.*
14. Enrique Berrocal al diputado comisionado de la plaza del mercado. 12 de mayo de 1873. *Loc. cit.* Las obras se iniciaron el 15 de abril. «Certificaciones expedidas al contratista de la obra de reforma de la antigua Plaza de Mercado». Marzo 1874 a enero 1875. A. G. P. R., Obs. Pubs., Edif. Pubs., Leg. 129, Exp. 11, Ca. 697.
15. Eudaldo J. Iglesias a la Diputación Provincial. 29 de octubre de 1873. A. G. P. R., Obs. Pubs., Edif. Pubs., Leg. 129, Exp. 7, Ca. 697.

añadir nuevas obras no incluidas en el proyecto primitivo provocó un aumento en el presupuesto, elevándose éste a la cantidad total de 289,592 pesetas con 25 céntimos.[16]

De las reformas introducidas la más interesante es la de la fachada este, es decir, la de la Diputación, y fue motivada por la necesidad de dejar pasar más luz al vestíbulo alto que la que permitía el medio punto de la portada diseñada por Berrocal, antes descrita. La nueva fachada, propuesta por el ayudante 4.º de obras públicas e inspector de las obras Pedro A. Bisbal, sustituye la puerta de medio punto para colocar en el piso bajo "...una puerta con cerramento en arco de círculo y en el piso alto la misma puerta de las que ya hay construidas en las otras fachadas..."[17] A juicio nuestro, la reforma alteró adversamente el costado este del edificio reduciendo la fachada de la Diputación a la línea general de las mejores casas de la ciudad.

Los trabajos se terminaron el 20 de abril de 1875, dos años y cinco días después de haberse iniciado, con una valoración final de 291,900 pesetas 56 céntimos moneda oficial.[18] En junio del siguiente año se terminaron de colocar persianas en los arcos de la galería alta de la Diputación para proteger los pisos del efecto de las lluvias[19] y en 1878 se sustituyeron por rejas de hierro las maderas de las ventanas de la planta baja.[20] Cuando se concedió a la Isla la Carta Autonómica en noviembre de 1897, la Diputación Pro-

---

16. Pedro A. Bisbal, inspector de las obras, al comisario de Administración Local. 13 de mayo de 1874. A. G. P. R., Obs. Pubs., Edif. Pub., Leg. 129, Exp. 9, Ca. 697.

17. «Obra de reforma de la antigua plaza de Mercado. Proyecto de variación en el decorado de la fachada del Este y distribución de la crujía del mismo costado». Pedro A. Bisbal al comisario de Administración Local. 31 de julio de 1874. A. G. P. R., Obs. Pubs., Edif. Pubs., Leg. 129, Ca. 697.

18. Obra de reforma de la antigua plaza de mercado. 21 de abril de 1875. Inspector de la obra, Pedro A. Bisbal; el contratista, Eudaldo J. Iglesias. A. G. P. R., Obs. Pubs., Edif. Pubs., Leg. 130, Exp. 12, Ca. 698.

19. «Proyecto para la construcción de persianas en los corredores de la Casa Diputación». Pedro A. Bisbal. 15 de septiembre de 1875. «Expediente relativo a la construcción de persianas para los arcos de la galería alta en la Casa Diputación». 1875-1876. A. G. P. R., Obs. Pubs., Edif. Pubs., Leg. 129, Exp. 13, Ca. 697.

20. «Proyecto para la construcción de veinte y cinco rejas con destino a la planta baja de la Casa Diputación. Año de 1878». A. G. P. R., Obs. Pubs., Edif. Pubs., Leg. 129, Exp. 14, Ca. 697.

vincial, cedió parte de su local para que lo ocuparan las Cámaras Insulares.[21] Tuvo a su cargo las obras de habilitación necesarias el arquitecto del gobierno Patricio de Bolomburu.[22]

El presidio de la Princesa.

El presidio provincial, mejor conocido como cárcel de la Princesa por estar situado en dicho paseo, data de 1837. Desconocemos hasta hoy los pormenores de su construcción, aunque la fecha no deja lugar a dudas por estar fijada sobre su puerta de ingreso. Se trataba de un edificio de planta baja con muros de fábrica y cubierta de azotea sostenida por vigas de ausubo,[23] con capacidad para 240 hombres.[24] La fachada debió ser originalmente muy simple, decorada sólo por el almohadillado que flanquea el vano único. Algunos años más tarde se añadió un cuerpo para colocar el reloj y el templete octogonal que sirve de torre, como indica la inscripción que allí se lee:

> Reynando S. M. Da. Isabel IIa. y Gobernando esta Isla el Escmo. Sor. Teniente General Don Fernando de Norzagaray se edificó la torre y se colocó el reloj. Año 1854.

Cuando en 1865 se destinaron al presidio de Puerto Rico parte de los reclusos de Santo Domingo, se hizo inaplazable el ensanche considerado necesario desde algún tiempo antes.[25] La ampliación consistió en extender cada extremo del edificio hacia los lados un total de 59 metros, distribuidos por la mitad, pero conservando el mismo orden de crujías existente. Se construyó el pabellón para

---

21. «Expediente relativo a designación de local para las cámaras insulares». Marzo-octubre 1898. A. G. P. R., Obs. Pubs., Edif. Pubs., Leg. 130, Exp. 32, Ca. 698.
22. «Liquidación general de los gastos ocasionados en la instalación de las cámaras insulares. Arquitecto don Patricio de Bolomburu. Año 1898». A. G. P. R., Obs. Pubs., Edif. Pubs., Leg. 130, Exp. 34, Ca. 698.
23. «Proyecto de reparación del presidio provincial». 11 de octubre de 1879. Enrique Gadea. Documento 1, Memoria descriptiva. A. G. P. R., Obs. Pubs., Edif. Pubs., Leg. 157, Exp. 7, Ca. 711. También en el A. H. N., Ultr., Leg. 402, Exp. 3, N.ᵒˢ 1-4.
24. «Proyecto de ensanche del presidio de esta Plaza Capital. Año 1865». Manuel Walls y Bertrán de Lis. A. G. P. R., Obs. Pubs., Edif. Pubs., Leg. 157, Exp. 1, Ca. 711.
25. *Loc. cit.* La memoria descriptiva presentada por Gadea en 1879 fija la fecha de la ampliación en 1855. *Supra*, n. 23.

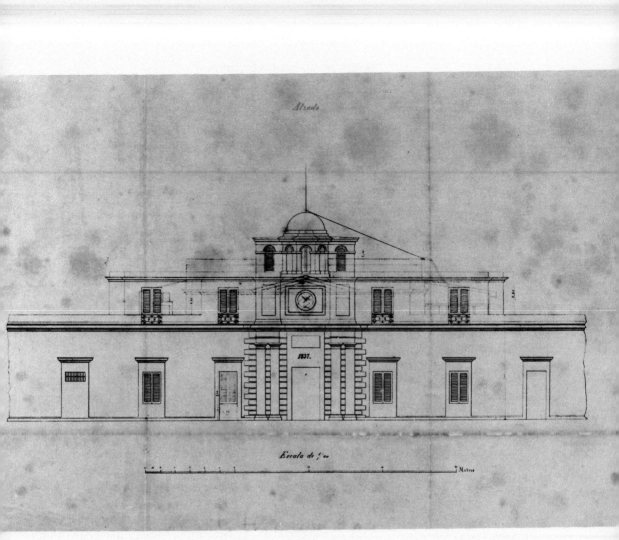

Núm. 71   Proyecto de reparación del presidio provincial; fachada. Enrique Gadea,
24 de octubre de 1865. A.G.P.R., Obs. Pubs., Edif. Pub., Leg. 157. Exp. 1.

el primer jefe de la institución sobre el centro del edificio de forma que creó un segundo cuerpo de reducidas dimensiones y escasa
altura.[26] (Ilustración 71). La fachada mantiene la apariencia original pues nada indica que la hayan alterado. Consiste de un simple
almohadillado a ambos lados de la puerta y sobre la invariable
cornisa que recorre todo el edificio, un cuerpo que se eleva para
destacar el centro y que termina en frontón. La torre añadida en
1854 amplía el marco general de la fachada, ayudándole a guardar
proporción con la línea horizontal de la estructura. Diez años después de que se añadiera la torre, en 1864, se coloca con la misma
disposición el reloj de plaza de Sábana Grande dentro del frontis
que corona la fachada de la parroquia. Sobre el eje del frontón
se eleva un templete que completa el parecido, a nuestro entender
nada casual, con la de la cárcel. Se advierte, a partir de esta fecha,
y según los expedientes de fábrica de iglesias [27] la tendencia gradual pero constante de colocar un reloj público en la fachada de
los templos, allí donde el edificio del ayuntamiento no alcanza la
altura deseada para hacer visible la esfera desde un radio máximo.

Como casi todos los edificios dedicados a albergue, el presidio
tiene su propia capilla. Estaba ubicada en una esquina y quedaba
abierta por dos de sus costados que daban frente a un patio y a
una de las cuadras de manera que los reclusos y el personal encargado de su custodia pudieran seguir los oficios.

A la ampliación realizada en 1865 continuaron una serie de aña-
didos construidos en madera, sin ajuste a un plan determinado y
con carácter más o menos provisional, destinados a servir de desahogo a las reducidas habitaciones del comandante encargado del
presidio. El resultado de las arbitrarias construcciones fue un conjunto de "...feo aspecto, ...escasa solidez y costosa conservación
y tan perjudicial para el resto de las obras, que de no hacerse desaparecer en un breve plazo los perjuicios serían cada vez de mayor gravedad...".[28] Para remediar tal estado, redactó el ingeniero
jefe de segunda clase y jefe interino de obras públicas, Enrique
Gadea, un proyecto de reparaciones, fechado el 11 de octubre de

---

26. *Loc. cit.*, planos.
27. A. G. P. R., Obs. Pubs., Edif. Rel., Legs. 1-78.
28. *Supra*, n. 23.

1879. En dicho proyecto se propone la sustitución de las habitaciones de madera por otras de mampostería, en forma análoga a las del resto del edificio. El plan de Gadea fue aprobado con ciertas prescripciones por Real Orden dada en Madrid el 27 de agosto de 1880 y consistió fundamentalmente en redistribuir el edificio de un modo más adecuado a su uso, particularmente en su espacio central.[29] El presupuesto de ejecución material ascendía a 6,287 pesos 57 centavos y el de contrata a 7,419 pesos 35 centavos.[30]

Propone Gadea en la memoria descriptiva que

> ...se levante la cornisa de coronación del segundo piso hasta enrasar con el arranque del torreón, suprimiendo el frontón central, agrandando verticalmente las pilastras, entrepaños y recuadros, elevando la esfera del reloj la cantidad necesaria para que quede en el centro del rectángulo en que ha de estar situada...[31]

A pesar de estar aprobada la reforma descrita, no se llegó a alterar la obra correspondiente a la fachada pues permanece hoy con el aspecto con que quedó después que se le añadió la torre en 1854.

En 1881 presentó el mismo ingeniero Gadea otro proyecto para ciertas obras en el presidio. Se trataba en esta ocasión de proveer al lugar de tres garitas adicionales a la única existente para la fecha, donde pudieran guarecerse los centinelas encargados de la vigilancia exterior y de otras reformas accesorias de carácter menor. Dos garitas se construirían en ladrillo en los extremos de la fachada principal y la tercera de madera, movible, para que pudiera cambiarse de lugar, a requerimiento de las circunstancias. El modelo a seguirse sería el utilizado en los edificios militares de la Plaza.[32] Las obras estaban terminadas el 13 de julio de 1881.[33]

---

29. *Loc. cit.*
30. *Ibid.*, documento 4, Presupuesto.
31. *Supra*, n. 23.
32. «Proyecto de garitas y reforma de algunas obras accesorias en el Presidio Provincial». Enrique Gadea. 22 de febrero de 1881. Aprobado por su importe de ejecución material el 5 de marzo de 1881. Puerto Rico. Despujol. A. G. P. R., Obs. Pubs., Edif. Pubs., Leg. 158, Exp. 3, Ca. 712. También en el A. H. N., Ultr., Leg. 370, Exp. 24, N.° 9.
33. Ingeniero Manuel Maese al ingeniero jefe de Obras Públicas. 13 de julio de 1881; acta de la recepción provisional. 18 de agosto de 1881. A. G. P. R., Obs. Pubs., Edif. Pubs., Leg. 157, Ca. 711.

Otras reformas de menor carácter fueron realizadas según las exigía la necesidad pero ninguna altera en forma sustancial la estructura básica del edificio, tal como quedó con la ampliación de 1879. Las condiciones del presidio, distaban, no obstante, de ser las más adecuadas a una institución penal, máxime cuando desde mediados del siglo regían en la Península los preceptos de la legislación penitenciaria moderna.[34] El presidio de la Princesa resultaba insuficiente para contener el número de presidiarios allí recluidos —un total de 672 alojados en una sola galera de 3 m. de largo por 12 m. de ancho— no reunía las condiciones de salubridad necesarias, las dependencias para escuela, talleres, cocina y panadería carecían del espacio adecuado y su localización distaba de ser la más conveniente ya que por estar adosado a la muralla sur se reducía considerablemente su ventilación, y por ser parte del populoso y progresivo barrio de la Marina perjudicaba los mejores intereses de aquella comunidad. Era preciso por lo tanto, construir un nuevo edificio "...con la capacidad conveniente y arreglado a los buenos principios de seguridad, higiene y demás circunstancias que debe reunir un establecimiento de esta índole...".[35] El estudio y la propuesta correspondiente se encomendó al arquitecto del estado, cargo ocupado entonces por Pedro Cobreros, y al jefe del presidio, comandante Francisco Ferrer, quienes el 24 de noviembre de 1895 someten el informe que les pidiera el gobernador general veintitrés días antes.

Recomiendan ellos que en el nuevo penal se observe el principio de separación individual de los reclusos en la forma determinada por la ley de 11 de octubre de 1869, cuyo sistema era adecuado al tipo de condena que se cumpliría en dicho local de reclusión temporal, presidio mayor, prisión mayor y presidio correccional. Debería proveer para mil plazas, más una parte para

---

34. Secretario del gobierno general al ingeniero jefe de Obras Públicas. 4 de noviembre de 1895. Francisco Ferrer, comandante del presidio y Pedro Cobreros, arquitecto del Estado al gobernador general. 24 de noviembre de 1895. Expediente sobre construcción de un nuevo presidio. A. G. P. R., Obs. Pubs., Edif. Pubs., Leg. 159, Exp. 27, Ca. 713.

35. Decreto del gobernador general del 1.º de noviembre de 1895. Trasladado por el secretario del gobierno general al ingeniero jefe. 4 de noviembre de 1895. *Loc. cit.*

mujeres, dispuestas en planta parióptica o radial. Tendría unas cuarenta celdas para aquellos confinados que por indisciplina fueran acreedores al aislamiento o a castigos transitorios y para aquellos que esperaban ser trasladados a Ceuta; patios con capacidad suficiente para el número de presidiarios, y locales para enfermería, talleres, escuelas, cocina, panadería, baños, cuadras y lavadero en relación al número de plazas del edificio. En medio del patio central, en el piso alto, se colocaría el altar de forma que pudiera seguirse la misa desde las galerías y verjas de los pabellones y desde las celdas de aislamiento. El pabellón de mujeres tendría servicios análogos al departamento de hombres y con las proporciones adecuadas. El edificio podía construirse en el barrio de Puerta de Tierra, en la segunda línea defensiva con frente a las carreteras de San Juan a Río Piedras, previo permiso y cesión del terreno perteneciente al ramo de guerra.[36]

Los planes para la construcción de un nuevo presidio en San Juan no llegaron a realizarse. Hasta hace apenas unos años se utilizó la antigua estructura, aunque con ciertas reformas hechas en este siglo, como cárcel municipal con el mismo nombre con que se le conoce desde su fundación: la Princesa.

El hospital civil.

El último edificio de grandes proporciones que se construye de nueva planta en San Juan y al mismo tiempo la última obra de carácter asistencial público de empeño que se emprende en la Isla con anterioridad al noventa y ocho es hoy la sede del Archivo y Biblioteca General de Puerto Rico.

El problema de asistencia hospitalaria en San Juan presentaba caracteres dramáticos con la marcha creciente de la población. El censo de almas que en 1856 ascendió a 12,139[37] se calculaba en

---

36. Francisco Ferrer y Pedro Cobreros al gobernador general. 24 de noviembre de 1895. *Loc. cit.*

37. «Estado clasificado del censo de almas de esta Isla, correspondiente al año de 1856». 15 de octubre de 1857. A. H. N., Ultr., Leg. 5076, Exp. 12, N.º 10.

cerca de los 30,000 habitantes en 1876 [38] y todo cuanto tenía la ciudad en materia de hospitales para las clases menesterosas eran 30 camas para hombres en el Militar [39] y 12 para mujeres en el de la Concepción.[40] La idea de un hospital civil fue propulsada por el ayuntamiento que en los presupuestos de 1873-1874, 1874-1875 y 1875-1876 consignó fondos para los estudios y proyectos correspondientes. El lugar designado para la construcción del nuevo edificio fue la plazuela existente antes de la bajada al cementerio frente al antiguo convento de Santo Domingo y el proyecto, redactado por el arquitecto municipal Domingo Sesmero en octubre de 1875, quedó presupuestado en un total de 146,182 pesos 67 centavos, incluidos los 21,392 pesos con 80 centavos que importaba la expropiación de fincas que debían adquirirse.[41] Para completar la cantidad presupuestada acordó el ayuntamiento destinar a ella los fondos existentes en arcas para el acueducto y los que a tal fin continuase abonando la Administración General Económica toda vez que dichos recursos resultaban escasos para que pudiera ejecutarse el acueducto por esas fechas y a reserva de entregar dicha suma en el próximo presupuesto ordinario. La medida recibió el respaldo de la comisión permanente de la Diputación Provincial. El 5 de diciembre de 1875 se colocó la primera y única piedra del edificio porque las obras se suspendieron.[42] No hemos podido precisar las razones por las cuales se detuvo la construcción pero suponemos que han debido pesar bastante los inconvenientes de su localización por la proximidad a las casas contiguas, separadas sólo por estrechas calles del cuartel de Ballajá y la casa de beneficencia, particularmente peligrosa en casos de epidemias y algunas otras fallas que la Jefatura de Obras Públicas encontró al pro-

---

38. *Infra*, n. 48. Esa misma cifra se estima en 1888. Memoria explicativa de las obras públicas de la isla de Puerto Rico con una breve descripción geográgica y metereológica de la misma. Preparado para la Exposición Nacional de Barcelona, a celebrarse el 8 de abril de 1888. Ricardo Ivorra. B. N., Mss., 19253.

39. *Supra*, Cap. III, pp. 62-66.

40. Instancia de un grupo de vecinos al gobernador general. 10 de febrero de 1877. A. G. P. R., Obs. Pubs., Edif. Pubs., Leg. 140, Exp. 3, Ca. 702.

41. Certificado del acuerdo tomado en la reunión extraordinaria celebrada por el ayuntamiento el 24 de febrero de 1877, expedido por el secretario José Aragón y Huerta. 25 de febrero de 1877. A. G. P. R., M.° S. J., Leg. 65.

42. *Loc. cit.*

yecto.[43] Hubiera sido interesante conocerlo, pero sólo hemos podido conseguir referencias indirectas.

El ayuntamiento adquirió entonces un solar extramuros en el barrio de Puerta de Tierra y en sesión del 7 de julio de 1876 acordó la formación de un nuevo proyecto que fue sometido por Sesmero el 8 de diciembre de 1876.[44] La cantidad presupuestada —163,649 pesos 47 centavos— y las medidas propuestas para poder realizarlo, dieron lugar a la queja de varios vecinos quienes consideraban que se debía dar preferencia a la construcción del acueducto y que al exceder el importe de la obra al crédito consignado en el presupuesto se infringía el artículo 14 del Reglamento de Obras Públicas del 11 de febrero de 1874. Favorecían la construcción del hospital pero en una escala menor a la propuesta.[45] La protesta de los vecinos suscitó una agria polémica por celos de jurisdicción entre el gobernador general, la corporación municipal y la Diputación Provincial, que se resolvió por una Real Orden fechada el 14 de agosto de 1877 en la que se determinaba que el asunto era de la incumbencia de la Diputación, la cual resolvería de acuerdo a lo prevenido en el artículo 119 del decreto orgánico municipal.[46] Las fuentes consultadas no expresan con claridad las medidas adoptadas en definitiva para costear el proyecto pero la decisión, sea cual fuere, se tomó con anterioridad al 6 de mayo de 1877 en que fecha Federico Asenjo la ceremonia de la primera piedra del nuevo edificio.[47]

El lugar elegido, un solar contiguo y a la derecha de la carretera de San Juan a Río Piedras, a distancia apreciable —alrededor de dos kilómetros— del núcleo urbano, señala la medida sanitaria

---

43. Informe sobre el proyecto para hospital civil, sometido por el ingeniero Manuel López Bayo al ingeniero jefe de Obras Públicas [noviembre 1875]. Minuta. Expediente sobre el establecimiento de un hospital civil en la capital. Año de 1875. A. G. P. R., Obs. Pubs., Leg. 140, Exp. 2, Ca. 702; Leonardo de Tejada al gobernador general. 27 de noviembre de 1875. *Loc. cit.*

44. *Supra*, n. 41.

45. Expediente sobre un acuerdo de la comisión permanente de la excelentísima Diputación Provincial que suspendía el remate de las obras del hospital civil. Ministerio de Ultramar. 8 de junio de 1877. A. H. N., Ultr., Leg. 5110, Exp. 14, N.º 7. Instancia elevada por un grupo de vecinos al gobernador general. 10 de febrero de 1877. A. G. P. R., Obs. Pubs., Edif. Pubs., Leg. 140, Exp. 3, Ca. 702.

46. Real Orden dada en Madrid el 14 de agosto de 1877. Ministro de Ultramar al gobernador general de Puerto Rico. A. H. N., Ultr., Leg. 5110, Exp. 14, N.º 8.

47. Asenjo, *Efemérides*, p. 69; Hostos, *Historia...*, p. 468.

que aconsejó su preferencia a la par que sirve de indicador del espacio disponible para la expansión de la ciudad por aquellos años. En lo relativo al proyecto, la memoria descriptiva satisface nuestra curiosidad sobre los principios que guiaron al arquitecto en el diseño de la estructura.

La planta del edificio recuerda la del manicomio, sólo que está orientada en sentido contrario a aquél. Una extensa crujía de 110,80 m. de longitud y 6,50 m. de ancho, con fachada al norte, paralela a la carretera, se une en sus extremos y al centro a tres cuerpos que se extienden hacia el sur, creando mediante la separación consiguiente de espacios abiertos, dos amplios patios. A diferencia del manicomio, la crujía del centro, donde se ubican el vestíbulo, la escalera principal y la capilla, es de menor extensión que las crujías laterales que miden cada una 46,50 m. Tal disposición obedeció a la conveniencia de que los hospitales fueran "no solo un edificio con uno o más patios, sino varias edificaciones independientes formando una colonia...", a la manera en que se construían los más modernos hospitales en Europa y principalmente en América.[48] El arquitecto justifica la acusada horizontalidad de la crujía principal como necesaria para lograr "...independencia en los sexos y enfermedades con la mayor ventilación posible, tan necesaria en este ardoroso clima...".[49] Los patios interiores, convertidos en jardines, proveerían abundante aire fresco además de amplios espacios abiertos para paseo y recreo de los convalecientes. En sus centros se situaron los aljibes.[50]

El edificio principal podía albergar con holgura cien enfermos en la planta baja y ciento cuarenta en la segunda. La construcción de los departamentos de los extremos, destinados a enfermos crónicos y casos de epidemias contagiosas, podía diferirse hasta que se hubiera terminado el principal y según lo dictaran las necesidades. Tres escaleras, una al centro y dos a los extremos, comunicaban los dos pisos y la azotea. La del centro la compone un único

---

48. «Proyecto de Hospital Civil para la Capital de Puerto Rico». 8 de diciembre de 1876. Arquitecto municipal Domingo Sesmero. Documento 1, Memoria descriptiva. «Expediente sobre proyecto construcción de un Hospital Civil en el barrio de Puerta de Tierra. 1.ª Pieza». 1876. A. G. P. R., M.º S. J., Leg. 65.
49. *Loc. cit.*
50. *Loc. cit.*

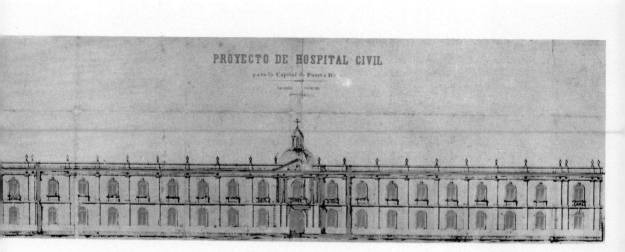

Núm. 72   Proyecto de hospital civil para la capital de Puerto Rico. Fachada principal. Arquitecto municipal Domingo Sesmero, 8 de diciembre de 1876. A.G.P.R., M.S.J. Leg. 65.

tramo de acceso que hacia la mitad de la altura del piso bajo desemboca en tres mesetas separadas por otros tantos peldaños respectivamente, bifurcándose en dos laterales que subiendo por los costados terminan en el piso principal.[51] La balaustrada de ausubo, los arcos y la balconada que señalan el tránsito al segundo piso y las grandes arcadas laterales que abren a las galerías de la crujía central del edificio, crean un conjunto relacionado directamente con el del ayuntamiento. Los pasamanos se proyectaron originalmente en hierro fundido. Las escaleras ideadas para los extremos, de madera pichipén y pasamanos de hierro,[52] nada ofrecen de particular.

Detrás de la escalera principal, en línea con la puerta de acceso al edificio, se encuentra la capilla. Se proyectó, como en el manicomio, en el eje central pero con la notable diferencia de quedar disimulado su acceso por el arranque de la gran escalera. El rectángulo achaflanado de su reducida planta sigue sin variación las líneas que caracterizan a las capillas y oratorios construidos en edificios públicos de la ciudad durante el curso del siglo XIX. Proyectada con mayor altura que la del manicomio, se emplea en el segundo cuerpo el conocido recurso de arcos abiertos que permiten la asistencia a los oficios desde las galerías superiores a las que se les otorga una función pasajera de triforio en las ceremonias. Está cubierta por una cúpula sobre pechinas que cierra una linterna, construida toda de ladrillo. La cúpula sólo se advierte a distancia y desde determinada altura.

Sesmero explica, con términos tan precisos que no admiten glosa, el estilo adaptado para la fachada.

> ...Al fijar la fisonomía del edificio, al darle carácter, hemos procurado que manifieste cuál es su destino; así que hemos rehuido de la ornamentación oriental y minuciosa del estilo árabe, de la arrogancia y graciosa esbeltez del gótico germánico, de la misteriosa lobreguez y sombrío aspecto del romano-bizantino, inclinándonos si nos es dado alcanzar al clasicismo, a la noble magestad del greco-romano.[53]

---

51. *Ibid.*, documento 3, Pliego de condiciones facultativas, Art.º 19.
52. *Loc. cit.*
53. *Supra*, n. 48.

En efecto, la fachada del hospital civil recapitula la nobleza de proporciones y el culto a la medida del estilo neoclásico que tanto ponderaron en sus memorias e informes los arquitectos e ingenieros de la Capitanía General durante todo el siglo XIX. Sesmero ha realizado en esta fachada una concordia de elementos tomados de otros edificios importantes de la ciudad como lo es, por ejemplo, el almohadillado del cuerpo bajo utilizado, entre otros, en el ayuntamiento, la Fortaleza y la intendencia, aunque en el hospital se limitan con muy buen sentido de equilibrio a la portada y los extremos del edificio. Las pilastras, que en Fortaleza y la intendencia recorren los dos cuerpos superiores, se eliminan en el hospital al tener éste sólo dos pisos pero se crea, sin embargo, el mismo efecto de impulso vertical que producen dichas pilastras al tener en el cuerpo bajo, sobre la entrecalle que divide los dos pisos, fajas que se prolongan en forma de pilastras toscanas hasta la altura de la cornisa. La portada centra la fachada y repite el esquema básico tantas veces utilizado, con ligeras variantes, en San Juan. Se divide en dos cuerpos. El bajo es un simple almohadillado con cuatro fajas distribuidas a los lados del arco de entrada. El superior presenta las consabidas columnas toscanas, con fuste estriado en los planos originales, balcón central abalaustrado y sobre la cornisa, el frontón donde se pensó poner un relieve de la Caridad.[54] En los extremos se repite el esquema de la portada sólo que se elimina el frontón y, como aquélla, se proyectan con cierto énfasis sobre el plan general de fachada señalando estructuralmente las tres crujías que se prolongan en dirección contraria. La portada avanza con ritmo más marcado que los extremos, advirtiéndose con claridad sobre el pretil de la azotea. Veinticuatro jarrones, colocados en el eje de las pilastras contrarrestan el énfasis horizontal del edificio. (Ilustración 72). Privado hoy de ese sencillo ornato, se advierte a primera vista la notable diferencia entre la sencilla belleza del modelo y el efecto de desmesura que ha creado su ausencia.

Mediada la obra del hospital, advirtió el cuerpo consistorial que los avisos previsores, emitidos desde que se forjó el proyecto sobre lo desmedido de sus pretensiones, se convertían en realidad. La

---

54. *Ibid.*, documento 3, Pliego de condiciones facultativas, Art.° 19.

desproporción evidente entre las dimensiones, apropiadas al servicio de un vecindario mucho mayor, los gastos de entretenimiento de la ambiciosa fábrica y los limitados recursos de la ciudad determinaron el abandono de la idea del hospital.[55] En 1881 se habían destinado ya las alas de los extremos, a cárcel pública la del oeste y a la escuela de artes y oficios la del este. Hasta esa fecha se llevaban gastados en el edificio 169,935 pesos.[56] En 1883 estaba construido únicamente el cuerpo principal y éste sin concluir del todo.[57] Cuando se terminó, en 1887, se dedicó a cárcel provincial,[58] habiéndose realizado previamente ciertas reformas necesarias para cumplir las funciones propias de su nuevo destino.

El teatro.

El teatro municipal que con tanto entusiasmo se construyera bajo el gobierno de don Miguel de la Torre, se encontraba en un estado de deterioro y casi abandono en los años medios del siglo. El uso limitado que se daba al edificio no proveía ni siquiera para su propio sostenimiento por lo que el gobernador don Juan de la Pezuela propuso que se formase una sociedad dramática y filarmónica, que podría ser continuación de la ya existente en la ciudad, pero aumentada con nuevos socios y mejorada con la posesión del coliseo. La nueva entidad, que recibió el nombre de Sociedad Conservadora del Teatro Español en Puerto Rico,[59] sostendría el local y pagaría una cantidad anual al seminario, para cumplir con lo dis-

---

55. Oficio de la capitanía general al jefe de Obras Públicas trasladando la comunicación que le enviara el ayuntamiento el 30 de noviembre de 1883. N.º 4002, 10 de diciembre de 1883. A. G. P. R., Obs. Pubs., Edif. Pubs., Leg. 140, Exp. 2, Ca. 702.
56. Acta de la reunión ordinaria del ayuntamiento, celebrada el 1 de junio de 1881. «Expediente sobre petición del Gobernador General para que se le conceda la mitad del edificio destinado a Escuela de Artes y Oficios y Cárcel para establecer la Escuela Profesional. 1881». A. G. P. R., M.º S. J., Leg. 58, Exp. 78, Ca. 148.
57. Informe del ingeniero Enrique Gadea al gobernador general sobre el edificio construido para hospital. 21 de diciembre de 1883. A. G. P. R., Obs. Pubs., Edif. Pubs., Leg. 140, Exp. 2, Ca. 702.
58. Hostos, Historia..., p. 474.
59. Notificación de la Sociedad Conservadora del Teatro Español en Puerto Rico al gobernador Juan de la Pezuela. 17 de agosto de 1850. A. G. P. R., Obs. Mun., Leg. 62 F, Exp. 1, Ca. 324.

puesto cuando se construyó el teatro, y a los fondos públicos por vía de arrendamiento.[60] Algunas reparaciones menores debieron ejecutarse entonces para ambientar adecuadamente las representaciones que habrían de fomentarse en adelante. Tenemos noticias de cierta reforma en el palco del gobernador y de la pintura y recomposición de las decoraciones, realizadas entre 1857 y 1858.[61] El escenario que se encontraba en "completo estado de destrucción por los años que…" llevaba de uso, se reparó en 1860, aprovechando la estancia en San Juan del artista Joaquín Ruiz, a un costo de 2,000 pesos.[62]

Otras mejoras se efectuaron en la década de los sesenta, hasta que el 20 de abril de 1868 presenta el arquitecto municipal José I. Hernández un anteproyecto para obras de reforma y ensanche con arreglo a la idea y los planes del ingeniero Antonio María Guitián. Consistía en construir 16 plateas y 2 tornavoces de forma que, sin variar la planta del edificio, se aumentaba su capacidad en 200 entradas con un presupuesto de 23,046 escudos.[63] El ayuntamiento acordó suspender de momento la mejora radial propuesta y que se hicieran obras de reparación que ya habían sido previamente aprobadas.[64] Se proponía arreglar los desperfectos causados por el terremoto ocurrido en 1867 y la reposición de toda la cubierta de armadura que se había deteriorado por efecto del huracán acaecido ese mismo año. Parte de la reforma consistía en sustituir la pizarra del lado este de la cubierta por planchas lisas de hierro galvanizado, prefiriéndose las planchas lisas sobre las acanaladas por razones prácticas pues podían asegurarse con mayor facilidad y los movimientos de dilataciones y contracciones ocasionados por los cambios repentinos de temperatura, ocurrían en áreas más pequeñas.

---

60. Acta de la reunión del ayuntamiento, celebrada el 13 de agosto de 1850 en los salones de la Fortaleza. A. G. P. R., Obs. Mun., Leg. 62 F, Exp. 1, Ca. 324.

61. Antonio María Guitián al director de Obras Públicas. 24 de agosto de 1858. A. G. P. R., Obs. Mun., Leg. 62 F, Exp. 2, Ca. 324.

62. Gobernador don Fernando Cotoner solicita informe de la Dirección de Obras Públicas sobre· acuerdo del ayuntamiento de San Juan para la reparación del escenario del Teatro. A. G. P. R., Obs. Mun., Leg. 62 F, Exps. 2 y 4, Ca. 324.

63. Anteproyecto para las obras de reforma y ensanche del teatro de esta capital con arreglo al pensamiento y planos del ingeniero don Antonio María Guitián. 20 de abril de 1868. José I. Hernández. A. G. P. R., M.º S. J., Leg. 136, Exp. 4, Ca. 328.

64. Acuerdo del ayuntamiento del 23 de mayo de 1868. *Loc. cit.*

El problema del ruido de los aguaceros se atenuaba al colocar sobre la armadura un entablonado general al que se adaptaban las planchas mediante tornillos. La madera a utilizarse sería el pichipén y las planchas de zinc eran inglesas de las fábricas de Birmingham.[65] Las obras se realizaron por partes pues en noviembre de 1870 se aprobó la sustitución de la cubierta de pizarra, pendiente desde 1868.[66]

De que el teatro municipal resultaba arcaico y de que se deterioraba progresivamente dan muestra los continuos intentos de reparaciones y reformas que se suceden hasta el 1878 cuando por fin se logra modernizar la estructura. Son varios los proyectos que se someten, algunos de los cuales presentaban la idea de un edificio completamente nuevo. Nos han parecido interesante los planes propulsados por el ayuntamiento en 1871 para encargar a Europa los modelos y presupuestos de un teatro de hierro y cristal y las condiciones propias de un teatro de verano, que se levantaría en la plaza de Santiago —hoy Colón— con fachada principal a la calle de San Francisco y la posterior al teatro existente. La comisión encargada solicitó del ingeniero José de Echevarría, jefe de Puertos y Caminos de España, estacionado en París por aquellas fechas, el anteproyecto necesario. El ayuntamiento acordó pagarle a Echevarría la cantidad de 8,696 pesetas por el anteproyecto que llegó a someterse sin que pasara de ahí.[67] Otro proyecto para un teatro nuevo, cuyos pormenores desconocemos, fue sometido por el contratista Juan Bertolí en 1875.[68]

La idea de construir un teatro de nueva planta seguía vigente en 1874, dado el reducido espacio y las pocas posibilidades de ensanche que ofrecía el antiguo coliseo. El lugar sugerido por el ayun-

---

65. Proyecto de reparaciones para la cubierta del teatro de esta capital. 21 de agosto de 1870, José I. Hernández. Documento 1, Memoria descriptiva. A. G. P. R., Obs. Pubs., Edif. Pubs., Leg. 164, Exp. 2, Ca. 715.

66. *Loc. cit.*; también se encuentra en el A. G. P. R., M.° S. J., Leg. 136, Exp. 4 A, Ca. 328.

67. Datos principales para encargar los planos y obtener el precio en fábrica de un teatro construido de hierro y cristal capaz para un lleno de tres mil personas. 1871. A. G. P. R., M.° S. J., Leg. 136, Exp. 5, Ca. 328; Ayuntamiento al inspector de Obras Públicas. 4 de diciembre de 1872 y 5 de abril de 1873. A. G. P. R., Obs. Mun., Leg. 62 F, Exp. 6, Ca. 324.

68. Ayuntamiento al ingeniero jefe de Obras Públicas. 3 de mayo de 1875. *Loc. cit.*

tamiento, como en 1871, era el perímetro de la plaza de Santiago, de forma que se pudiera derribar el viejo edificio para aprovechar sus materiales, después de lo cual se acondicionaría el solar para una plaza con su arboleda.[69] Es decir, se proponía el cambio de localización entre la plaza y el teatro. Las objeciones que pusieron a tal cambio[70] provocaron que se sometiera un proyecto para la reparación del teatro existente, redactado por el teniente coronel de ingenieros Francisco Osorio, y un anteproyecto para la construcción de uno nuevo, que estuvo a cargo del comandante de ingenieros José Laguna.[71]

El anteproyecto de Laguna daba al teatro las siguientes dependencias: un pórtico, un vestíbulo, un salón "foyer", un área para confitería y refrescos, y sala distribuida en cuatro pisos con capacidad para 1,142 personas y aunque con posibilidades de extenderse hasta un máximo de 1,200 localidades, escenario y cuartos para actores. Las dependencias del público se colocaban a los costados del vestíbulo, pórtico y "foyer", la de los actores a los del escenario, de forma que quedaban libres los dos lados de la sala por donde entraría la ventilación a través de las ventanas de la galería que circundaba los palcos. El sistema de aireación se completa con mangas que bajan de tragaluces hechos en la cubierta y rosetones calados que adornan el techo de la sala. Los materiales propuestos son la mampostería para los muros y el hierro para los pisos y la cubierta. Para superar la dificultad que ofrecía la falta de operarios diestros, aconseja el ingeniero que al comprar el hierro en el extranjero se exija que los propios empleados de la firma supletoria

69. Certificación del acta de la reunión celebrada por el ayuntamiento el 16 de noviembre de 1874. Expediente sobre la construcción de un nuevo teatro en esta ciudad. A. G. P. R., M.° S. J., Leg. 136 A, Exp. 7, Ca. 328.

70. Las dificultades que podrían surgir fueron expuestas por el síndico de lo contencioso del ayuntamiento, Sr. Daubón. En primer término señala que en el lugar de la plaza de Santiago había existido una cantera que luego se rellenó con basura. La falsa cimentación del lugar aumentaría considerablemente los gastos de construcción del nuevo teatro en dicho sitio. Señala, además, que un edificio en la plaza de Santiago interrumpiría el libre paso de la brisa que bañaba la ciudad por aquel punto. Acta de la sesión del ayuntamiento del 24 de noviembre de 1874. A. G. P. R., M.° S. J., Leg. 136 A, Exp. 7, Ca. 328.

71. «Memoria y presupuestos de dos proyectos; uno reforma del actual Teatro, y otro de nueva planta que se proponen para San Juan de Puerto Rico. Formados por el Teniente Coronel de Ingenieros don Francisco Osorio y el Comandante de ídem don José Laguna». Marzo de 1875. *Loc. cit.*

vinieran a montar las viguerías o bien que se instruyera en la Isla algunos trabajadores. Insiste Laguna en la conveniencia de las viguerías y armaduras de hierro —que hasta la fecha no se habían usado en San Juan y muy poco en el resto de la Isla— porque entre otras cosas, disminuía considerablemente los peligros de incendio. El edificio llevaría dos fachadas: la del norte, de frente a la calle de San Francisco, por ser la entrada para el público y la del sur, porque daría el frente a la plaza que se proyecta en el lugar del antiguo teatro. Como la estructura quedaría exenta por todos lados, era necesario que sus laterales tuvieran un aspecto "...al menos regular...". El presupuesto total ascendía a 917,600 pesetas, cuyo alto costo justifica y recomienda su ejecución por partes.[72]

El plan de reforma proveía el derribo de toda la cubierta, pisos y muro en herradura, aprovechándose las paredes este, oeste y sur y adelantando hacia la plaza de Santiago un nuevo frente. La cubierta se sustituiría por una de hierro al igual que los pisos, que serían sostenidos por columnas y vigas del mismo material. Se aumentaban espaciosas galerías, un salón de descanso, vestíbulo y pórtico correspondiente en la planta baja; el fondo de la sala, donde estaban los palcos, sería de persianas de cedro barnizado. Realmente, aprovechando los materiales del derribo, se hacía casi nuevo el teatro aunque en las fachadas laterales y posterior sólo se cambiaba la disposición de los huecos. El costo se calculaba en 362,800 pesetas.[73]

Justifican los ingenieros el cálculo exagerado de los anteproyectos como reveladores para que el ayuntamiento supiera a qué atenerse y para que no diera lugar a presupuestos supletorios. En el presupuesto de reforma no se incluyen los gastos de arreglo de la plaza de Santiago por lo que a la larga saldría casi en la misma cantidad que se llevaría hacerlo nuevo y habilitarle una plaza al frente. Recomiendan como más oportuno el construir uno nuevo pero dejan la decisión al ayuntamiento.[74]

Además de los anteproyectos de Osorio y Laguna, presentó otro

---

72. *Loc. cit.*
73. *Loc. cit.*
74. *Loc. cit.*

para nueva construcción, Juan Bertolí, a un costo de 84,000 pesos sin incluir el por ciento del contratista si se subastara o el del director facultativo si fuese por administración, gastos de mobiliario, decoraciones ni alumbrado.[75] El ayuntamiento consideró las tres propuestas, prefiriendo la última por su economía y acordó pedirle a Bertolí que ampliara su proyecto presentando los elementos que dejó inicialmente afuera y una cuarta fachada en el lado sur. Debería presentar además por separado otro proyecto para la construcción de una plaza en el lugar del teatro existente.[76]

A pesar de la inclinación que demostrara el ayuntamiento por el proyecto de Bertolí, tampoco logró realizarse esta vez el empeño de construir un teatro nuevo. Un año después, en mayo de 1876, y en vista de la necesidad urgente de ciertas reformas en el interior del teatro, se encargó al arquitecto municipal Domingo Sesmero el proyecto correspondiente,[77] que presenta el 2 de julio de 1877. Encuentra Sesmero que el excesivo espesor del muro circular de la platea hace perder terreno y presenta mejoras internas que significarían un aumento de 234 localidades, pudiéndose admitir hasta 800 personas en casos extraordinarios. El presupuesto de la parte arquitectónica ascendía a 10,394 pesos 62 centavos.[78] El ayuntamiento aprobó el proyecto de Sesmero en la sesión ordinaria del 9 de julio de 1877 [79] y su ejecución se confió en subasta pública al contratista Tomás Ratera quien se comprometió a realizarla a un costo de 10,300 pesos.[80]

Después de comenzadas las obras, se percató el concejal Eduardo López Cepero de las pocas ventajas que se obtendrían de la reforma con la crecida suma que en ellas se iba a invertir pues al presupuesto original se había aumentado el costo de ciertas obras que

75. Certificación del acta de la sesión del ayuntamiento del 12 de abril de 1875. A. G. P. R., M.º S. J., Leg. 136 A, Exp. 7, Ca. 328.
76. *Loc. cit.*
77. Acta de la sesión del ayuntamiento de 29 de mayo de 1876. «Expediente sobre reforma interior del teatro». A. G. P. R., M.º S. J., Leg. 136 A, Exp. 9, Ca. 328.
78. «Proyecto de reforma del teatro de San Juan de Puerto Rico». Arquitecto municipal Domingo Sesmero. 2 de julio de 1877. A. G. P. R., M.º S. J., Leg. 136 A, Exp. 9, Ca. 328.
79. *Loc. cit.*
80. Escritura pública de fianza y contrata, firmada el 8 de agosto de 1877 ante el notario Mauricio Guerra. A. G. P. R., M.º S. J., Leg. 136 A, Exp. 9, Ca. 328.

se consideró necesario añadir. Propone López Cepero nuevas modificaciones que se le someten al arquitecto municipal para que redactara el proyecto y presupuesto correspondiente.[81] El 16 de noviembre de aquel mismo año de 1877, presentó Tulio Larrínaga, quien para la fecha ocupaba interinamente el cargo de arquitecto municipal por ausencia de Sesmero, la memoria descriptiva derivada de lo propuesto por López Cepero. El ayuntamiento, complacido con el nuevo plan, celebró otra subasta que obtuvo el contratista Eudaldo Iglesias por 20,021 pesos.[82]

El proyecto redactado por Larrínaga provocó una acalorada disputa facultativa entre éste y el arquitecto Sesmero, quien al regresar de su viaje a la Península en junio de 1878, encontró paralizadas las obras, según él, a causa del temor que inspiraba el iniciar las difíciles operaciones de sustituir por columnas de hierro el muro circular que formaba la platea del teatro, base de las reformas introducidas en el proyecto que él presentara originalmente. Objeta asimismo las demás alteraciones propuestas por considerar que lo más ventajoso para el arreglo del edificio era continuar las obras de acuerdo a lo que él había dispuesto el año anterior, lo que conseguiría mayor economía y pronta terminación.[83]

López Cepero y Larrínaga contestan a las acusaciones de Sesmero e insisten en la conveniencia de los arreglos que ellos presentaron, rechazando con sólidos argumentos las dificultades que señala Sesmero.[84] Ante la conflictiva situación, el ayuntamiento acordó formar una comisión que practicara las pruebas necesarias sobre el terreno para determinar quién tenía la razón. La comisión quedó integrada por el arquitecto Sesmero, el ingeniero Larrínaga, los concejales Eduardo López Cepero y Francisco Barreras, el contratista Eudaldo Iglesias, el comandante del cuerpo de ingenieros,

---

81. Eduardo López Cepero al ayuntamiento. 5 de noviembre de 1877. A. G. P. R., M.º S. J., Leg. 136 A, Exp. 10, Ca. 328.

82. Las alteraciones en el proyecto y presupuesto habían provocado la rescisión del primer contrato celebrado con Tomás Ratera. «Alteraciones en el proyecto de Teatro. Memoria descriptiva». Arquitecto interino Tulio Larrínaga, 19 de septiembre de 1877. A. G. P. R., M.º S. J., Leg. 136, Exp. 9, Ca. 328. Acta de subasta para las obras de reforma del teatro. 17 de diciembre de 1877. A. G. P. R., M.º S. J., Leg. 136 A, Exp. 10, Ca. 328.

83. Domingo Sesmero al presidente del ayuntamiento. 12 de julio de 1878. A. G. P. R., M.º S. J., Leg. 136 A, Exp. 11, Ca. 328.

Juan Hosta, y el jefe del Negociado de Obras Públicas, ingeniero José Rius. El asunto más importante que tendría que dilucidar el grupo era el de la cimentación donde iban a fijarse las columnas de hierro en que descansarían los pisos y techos del teatro pues Sesmero argumentaba que el terreno no era suficientemente sólido mientras que Larrínaga afirmaba lo contrario.[85] Practicadas las pruebas correspondientes el 3 de agosto, Rius y Hosta emiten su informe escrito dos días más tarde. Justifican ellos el proyecto de Sesmero dadas las limitaciones económicas que se le impusieron y lo consideran "...bueno en casi todas sus partes...". Señalan como su punto vulnerable la apertura de vanos en los muros del edificio antiguo debido a la pobreza de la mampostería que lo componía. Realizar tal trabajo requeriría —añaden los ingenieros— una bondad en los materiales y una esmeradísima mano de obra, difícil de encontrar ambas en la localidad. La excelente vigilancia que requería sólo se logra en obras que se ejecuten por administración y no por contrato. Opinan ellos que el proyecto de Larrínaga podía sustituir al de Sesmero bien que con ciertas modificaciones que sugieren pero advierten que las objeciones que presentara Sesmero son justas aunque no de tanta importancia.[86]

Habiendo renunciado Sesmero a su nombramiento de arquitecto municipal, acepta Larrínaga el encargo del ayuntamiento para que dirigiera las obras del teatro.[87] Para evitar ulteriores complicaciones redacta un nuevo proyecto —con fecha de 7 de octubre de 1878— en el cual se atendía a los puntos que en su informe señalaron Rius y Hosta y que comprendía las reparaciones del edificio hasta su terminación, incluidas algunas partes del decorado y otros accesorios. El presupuesto ascendía a 20,026 pesos con 16 centavos,[88] al que se suma la cantidad de 13,620 pesos con 53 centavos, satisfecha

---

84. E. López Cepero al ayuntamiento. 22 de julio de 1878. *Loc. cit.* Tulio Larrínaga al ayuntamiento. 29 de julio de 1878. *Loc. cit.*

85. Acuerdo del ayuntamiento tomado en sesión del 31 de julio de 1878. Certificación expedida por el secretario José Aragón el 1.° de agosto de 1878. *Loc. cit.*

86. José Rius y Juan Hosta al alcalde corregidor. 5 de agosto de 1878. *Loc. cit.* Hay un segundo informe del día 17 del mismo mes y año. *Loc. cit.*

87. Tulio Larrínaga al presidente del ayuntamiento. 23 de agosto de 1878. *Loc. cit.*

88. «Reparaciones del teatro». Memoria descriptiva. 7 de octubre de 1878. *Loc. cit.*

a los dos contratistas que hasta entonces habían intervenido en las obras para un total de 33,646 pesos con 69 centavos en los gastos de reforma del interior del teatro.[89]

Las obras a realizarse las resume Larrínaga en el artículo primero del pliego de condiciones facultativas que habrían de regir para la contrata.

> Consisten principalmente las obras de reparación del teatro en la apertura de nuevos huecos para dar más luz y aire al local; en el realce de casi todos los existentes con el mismo fin, dando al mismo tiempo esbeltez a estos. Sustitución de la actual herradura que ocupa la mayor parte del área del patio por otra formada de columnas de hierro dándole a la vez mayor ensanche. Renovación de pisos en todo el edificio y formación del patio en tableros movibles; habilitación del pórtico de la fachada principal en galería de desahogo para suplir el área que se pierde al ensancharse la herradura, así como también de las piezas que servían de cantina y gabinete del excelentísimo señor Capitán General en el principal, con igual objeto.[90]

En el segundo piso se procede a habilitar un salón para refrescos en el lugar que ocupaban las habitaciones del conserje; éstas se trasladan al extremo sur de la galería del oeste en el mismo piso. También, se aprovechan las cajas de los tramos de las escaleras en el piso bajo para establecer allí dos pequeños departamentos que se utilizarán para el espendio de billetes; y a los lados del escenario se crean, mediante el recurso de divisiones y pisos de madera, varias habitaciones para el uso de los actores.

El propósito de dar cabida a una cantidad mayor de espectadores se lograría mediante el aumento del número de butacas que habría de colocarse en el patio, con el establecimiento de un orden de palcos a la altura del escenario y finalmente, debido a la mayor capacidad que se logrará en los palcos del principal y las galerías del paraíso con el ensanche que experimenta el perímetro de la herradura.

---

89. Acuerdo tomado en la sesión ordinaria del ayuntamiento del 14 de octubre de 1878. Certificación expedida al día siguiente por el secretario José Aragón. *Loc. cit.*

90. «Pliego de condiciones facultativas que además de las generales aprobadas en 25 de diciembre de 1867 han de regir en la ejecución por contrata de las obras de reparación del teatro de la Capital». 25 de noviembre de 1878. Tulio Larrínaga, arquitecto municipal interino. *Loc. cit.*

Núm. 73 Teatro municipal, plaza de Santiago (hoy Colón) y antigua Puerta de Tierra el día que se comenzó su demolición (1897). Foto Instituto de Cultura Puertorriqueña.

Las escaleras que conducen al principal y al segundo se ubican en los ángulos este y oeste del muro paralelo al de la fachada principal. En cuanto a la cubierta del edificio se introducen también algunas modificaciones importantes: se sustituye el techo de pizarra que entonces existía por otro de hierro galvanizado; se abrirán vanos en los testeros norte y sur para permitir la salida de los grandes volúmenes de aire enrarecido que se formaban en el interior.

Las obras se iniciaron con prontitud habiéndose ya terminado por los meses de marzo y abril las de reforma propiamente dichas, o sea, la montura de la herradura, el techo, los pisos, el portaje, los tableros del patio, el escenario, etc. El importe total de la obra ascendió aproximadamente a la suma de 37,000 pesos.[91] (Ilustración 73).

El notable cambio operado en la conocida estructura al perder aquel grueso muro que le diera aire de fortaleza y a la vez le quitaba capacidad y ventilación, fue acogido con un gran júbilo por los habitantes de San Juan, regocijo que recoge en su justa medida una copla popular aparecida en el *Boletín Mercantil* del 23 de febrero de 1879:

> *¡Murallón que nos robaste*
> *Espacio, frescura y bien,*
> *Te hundiste, te fastidiaste,*
> *Por siempre jamás Amén!*[92]

La casa de beneficencia.

Al hacerse cargo la Diputación Provincial de la casa de beneficencia en 1872,[95] procedió aquélla a la reorganización y reforma del

---

91. «Obras del Teatro. Memoria. 1879». 26 de noviembre de 1879. *Loc cit.*
92. «Gacetillas». *Boletín Mercantil de Puerto Rico*, N.º 24 (23 de febrero de 1879), p. 3. A. H. N., Ultr., Leg. 378, Exp. 12, N.ª 3.
93. *Supra*, n. 81.
94. Comisión de reforma del teatro, Evaristo Chevremont y Gil Gordils, al ayuntamiento. 1 de diciembre de 1879. A. G. P. R., M.º S. J., Leg. 136 A, Exp. 11. En sesión pública ordinaria de 29 de diciembre de 1879, acordó recompensar con 1,000 pesos a Larrínaga por la labor realizada en la reforma del teatro. *Loc. cit.*
95. Hostos, *Historia...*, p. 471.

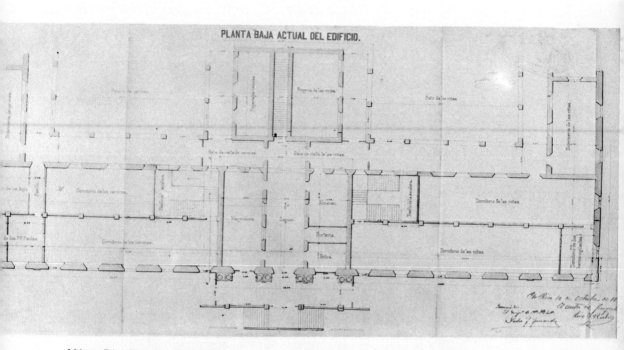

Núm. 74   Planta baja de la casa de beneficencia. Luis G. Rubio. 10 de octubre de
1895. A.G.P.R., Edif. Pub. Leg. 132. Exp. 3. Ca. 699.

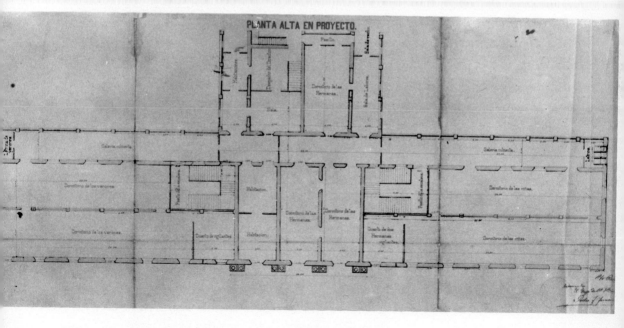

Núm. 75   Planta alta de la casa de beneficencia. *Loc. cit.*

FACHADA PRINCIPAL

Núm. 76 Detalle de la fachada principal de la casa de beneficencia. *Loc. cit.*

asilo, tanto en su fase administrativa como en la de sus facilidades físicas. Ese mismo año se iniciaron los trámites correspondientes para construir una cocina más amplia y "saludable" que la existente, adecuada a un mejor servicio para las dos instituciones que servía: beneficencia y manicomio.[96] Las obras, junto a otras de carácter menor, se terminaron en noviembre de 1874[97] y ayudaron a resolver ciertos problemas de urgencia, pero quedaba en la mente de los administradores del albergue la necesidad apremiante de ensanchar el local. En mayo de 1879 el director, Francisco Delgado, solicitó de la Diputación Provincial la ampliación de la casa.[98] Pasará algún tiempo antes de que pueda fraguar el proyecto, que se somete en octubre de 1895.

El sueño largamente acariciado tuvo oportunidad de realizarse con el ingreso considerable que produjo la rifa de las secciones de billetes de la lotería provincial, a lo cual contribuyó el gobierno cediendo la parte que le correspondía en el producto de dicha rifa.[99] Una comisión compuesta por el encargado de redactar el proyecto correspondiente, el maestro de obras Luis Rubio, el vicepresidente de la comisión permanente, el secretario de la Diputación, el ingeniero de obras provinciales, Pedro Fernández, y el administrador y superior del establecimiento, examinó el edificio a fin de considerar el mejor partido que pudiera sacarse a la distribución ya existente. De ese examen y de las observaciones de los concurrentes salió la idea de un piso alto, aprovechando el espacio disponible

---

96. «Expediente instruido con objeto de construir una cocina entre el asilo de beneficencia y la casa de locos de esta Ciudad». 1872. A. G. P. R., Obs. Pubs., Edif. Pubs., Leg. 106, Exp. 5, Ca. 685; «Proyecto de construcción de una cocina para el servicio de la Casa de Beneficencia y Manicomio de esta Capital y colocación de un tabique de madera sobre la verja exterior en el Departamento de Dementes. Redactado por el ayudante de Obras Públicas, don José I. Hernández. 1874». *Loc. cit.* «Proyecto de construcción de una cocina para el servicio de la Casa de Beneficencia y Manicomio de esta Capital, reformado según lo acordado por la comisión permanente de la excelentísima Diputación en sesión de 31 de marzo último. Ayudante de Obras Públicas don Pedro A. Bisbal. 1874». *Ibid.*, Exp. 12, Ca. 685.

97. Eudaldo Iglesias a la diputación provincial. 23 de noviembre de 1874. A. G. P. R., Obs. Pubs., Edif. Pubs., Leg. 106, Exp. 5, Ca. 685.

98. Tulio Larrínaga al vicepresidente de la Diputación Provincial. 22 de enero de 1881. «Expediente relativo a un proyecto de ensanche para el asilo de beneficencia de esta Capital». A. G. P. R., Obs. Pubs., Edif. Pubs., Leg. 107, Exp. 17, Ca. 686.

99. «Proyecto de ampliación del Asilo de Beneficencia para instalación de una escuela de artes y oficios». 10 de octubre de 1895. Luis Rubio. A. G. P. R., Obs. Pubs., Edif. Pubs., Leg. 132, Exp. 3, Ca. 699.

sobre las azoteas de las tres crujías del frente principal del edificio.[100] La obra no abarcaría, pues, la totalidad del edificio sino que se limitaba a la parte delantera. Consistía en levantar una segunda planta, determinada por la baja, a la cual se trasladarían las habitaciones de los niños, los vigilantes y las hermanas y el despacho del director mientras que el espacio ocupado por ellos hasta entonces en la baja se habilitaría para talleres, salones de clase y otras áreas de servicio.[101] (Ilustraciones 74 y 75).

El autor del proyecto explica en su memoria descriptiva los pormenores de la fachada.

> El estilo arquitectónico adoptado ha sido en cierto modo impuesto por el que predomina en la fachada principal del edificio que hoy existe. Perteneciendo al estilo greco-romano, nos pareció natural no separarnos de él; y ya que primitivamente se elijió el orden Dórico Romano para la mencionada fachada, hemos representa [sic] la fuerza y robustez; permitiéndonos tan sólo la modificación de estriar los fustes de las columnas inferiores y colocar tríglifos y gotas del friso en los dos cuerpos salientes de los extremos.
> El edificio actual tiene en el centro de la fachada y sobre los pretiles un grupo informe y deteriorado hoy, que representa la Caridad: dicho grupo deberá desaparecer, a la vez que los pretiles que le sirven de base, y también los que hay en la azotea; demolición exigida por la nueva construcción. Y como quiera que el edificio presenta un gran desarrollo de fachada en el sentido de su longitud, para evitar la uniformidad y falta de elegancia que presentaría, hemos coronado el frente central con un frontón triangular, y colocado, además, otros dos, triangulares también, sobre los simulados pabellones de los extremos.[102]

Los detalles ornamentales siguen las características propias del orden arquitectónico empleado, si bien se seleccionan entre los más sencillos con el fin de que no se elevara exageradamente el importe total del presupuesto. El módulo para la altura de las columnas del piso superior y la del entablamento y pretiles se toma del semidiámetro superior del fuste de las columnas inferiores, resultando de éste las medidas propias del estilo utilizado. De esta forma, las dimensiones verticales del piso segundo corresponden a las del orden jónico, del mismo modo que el número y la altura de las

---

100. *Loc. cit.*
101. *Loc. cit.*
102. *Loc. cit.*

Núm. 77 Fachada principal corregida de la casa de beneficencia. Pedro J. Fernández, 7 de febrero de 1896. A.G.P.R., Obs. Pubs. Edif. Pub. Leg. 132, Exp. 1, Ca. 699.

luces guardan relación con las ya existentes en el piso inferior. Obedecen dichas luces a las necesidades que imponen las particularidades propias de los climas del trópico y los servicios a los cuales se ha de destinar el edificio.

El decorado del edificio habría de completarse con un relieve en mármol de la "Caridad", que se colocaría sobre el frontón del pórtico central. Asimismo, los escudos de España y de Puerto Rico, también en relieve sobre mármol, lucirían sobre los frontones más pequeños que coronan ambos extremos. El autor del proyecto se permite hacerle a la Diputación la observación de que el relieve de la Caridad debería encomendarse a un artista de méritos y sugiere para ello al escultor Achille Canessa, ya conocido en el país por ser el autor del bello monumento a Colón.

Rubio propone, además, que se traslade la lápida conmemorativa de la construcción del edificio primitivo de su actual localización y se coloque sobre la puerta principal de entrada, interrumpiendo la cornisa, añadiéndole alguna alusión sobre la reforma de 1895 y su iniciador.

Poco nos deja por añadir esta minuciosa descripción de Rubio, como no sean ciertas correcciones que el arquitecto del Estado, don Pedro Cobreros, tuvo a bien ofrecer. Llama éste la atención sobre la conveniencia de reducir la propuesta cornisa que habría de separar las dos plantas, de dimensiones y vuelo tan amplios como la de la terminación del edificio, a fajones con pequeñas molduras y un discreto vuelo. Sugiere asimismo que se elimine la decoración de triglifos y metopas prevista en dicha cornisa para los extremos, por considerar que tal motivo sólo es propio para "...la terminación de los edificios y no para el piso bajo..." y la que ya existía en el cuerpo central de la fachada por "...falta de armonía y enlace entre los triglifos y adornos del orden dórico de la planta baja con las columnas con capiteles jónicos que se proyectan para el piso alto...".[103] (Ilustración 76).

La fachada fue reformada de acuerdo a las observaciones de

---

103. Pedro Cobreros al ingeniero jefe de Obras Públicas. 3 de noviembre de 1895. «Ensanche del Asilo de Beneficencia para instalación de una Escuela de Artes y Oficios. Año 1895». A. G. P. R., Obs. Pubs., Edif. Pubs., Leg. 132, Exp. 1, Ca. 699.

Cobreros y se eliminaron, además, las estrías de los fustes de las columnas. (Ilustración 77). En los extremos del cuerpo inferior que, como el centro de la fachada, sobresalen hacia el frente, no podía faltar el almohadillado, colocado esta vez en posición vertical, a modo de fajas. Ayuda a evitar la "uniformidad" que temía Rubio, causa de monotonía arquitectónica si no se cuida, el criterio adoptado para las ventanas; a diferencia de los vanos adintelados con discretas cornisas individuales ya existentes en la planta baja, se prefieren arcos de medio punto para las del piso superior. Este deseo de novedad, dentro de la mesura que imponía el estilo neoclásico, debió motivar también la leve alteración operada en los vanos del centro de la fachada. La fotografía de López Cepero, fechada hacia 1892, que nos ha permitido conocer la antigua fachada de beneficencia, deja ver un arco central de medio punto y dos laterales con arcos escarzanos. La reforma de Rubio iguala el vano central con los dos que lo flanquean y dejan el medio punto para los tres del cuerpo segundo. Aparentemente nunca llegó a colocarse el relieve de la Caridad sugerida por Rubio pero los escudos de España y Puerto Rico pueden admirarse todavía hoy en los frontones de los extremos.

Las obras, cuyo costo de contrata se había presupuestado en 41,092 pesos 85 centavos,[104] fueron concertadas con Pedro Alonso en 32,680 pesos provinciales, comprometiéndose éste a utilizar todos los brazos disponibles que tuviera el asilo en las labores de carpintería, albañilería, herrería, pintura y otras faenas, de forma que resultara en beneficio para la institución.[105] Los trabajos se iniciaron el 12 de marzo de 1896 [106] y se inauguraron un año después, el día 17 del mismo mes.[107]

---

104. *Supra*, n. 99.
105. Pedro Fernández, inspector de Obras Provinciales, al vicepresidente de la Diputación Provincial. 7 de febrero de 1896. A. G. P. R., Obs. Pubs., Edif. Pubs., Leg. 132, Exp. 2, Ca. 699. Las obras concluidas ascendieron a 38,924 pesos 13 centavos, moneda mejicana. «Obras públicas provinciales. Liquidación de las obras de ampliación del Asilo de Beneficencia». A. G. P. R., Obs. Pubs., Edif. Pubs., Leg. 107.
106. Certificación de la contrata de Pedro Alonso Ruiz. 11 de marzo de 1896. «Obra de ampliación del Asilo de Beneficencia. Certificaciones». A. G. P. R., Obs. Pubs., Edif. Pubs., Leg. 107, Exp. 29, Ca. 686.
107. Felipe Cuchí a la Diputación Provincial. 27 de marzo de 1897. A. G. P. R., Obs. Pubs., Edif. Pubs., Leg. 132, Exp. 2, Ca. 699.

A propuesta del diputado Juan Hernández López y con la aprobación unánime de los concurrentes a los actos inaugurales, se acordó la colocación de una lápida conmemorativa en el frontispicio del edificio. Don Felipe Cuchí sugirió el texto, que es el mismo que hoy puede leerse en el friso intermedio entre los dos cuerpos de la fachada.

> Comenzaron las obras de este Asilo en 1841, siendo Gobernador y Capitán General el Exmo. Sor. Don Santiago Méndez Vigo. Se terminaron en 1847, bajo el Gobierno del Teniente Gral. Exmo. Sor. Conde de Mirasol. En 1897 y con la dirección del Vice Presidente de la Comisión Provincial, Exmo. Señor Don Manuel Egozcue, se construyó la planta alta del edificio, apadrinando la bendición del local hecha por el Illmo. Sor. Don Fray Toribio de Minguella, los Exmos. Sres. Don Sabas Marín, Gobernador Gral. de esta Provincia y su distinguida esposa, Da. Matilde de León de Marín.[108]

La extensión horizontal del edificio y el apego al estilo seleccionado nos lleva a relacionarlo con el hospital civil, construido pocos años antes. Su fachada principal representa, a juicio de Buschiazzo, "...un excelente ejemplo de la arquitectura neoclásica en tierras de América...".[109]

El ensanche del cementerio.

El solar que desde 1814 ocupaba el cementerio de la ciudad,[110] resultaba insuficiente para las necesidades de una población en aumento constante. En 1866, apenas tres años después de inauguradas las obras de reforma que nos dejaron entre otras cosas, la capilla circular, se queja el ayuntamiento de la falta de espacio para fosas en el suelo y la necesidad imperiosa de que se les concediera un lugar hacia donde ensanchar el camposanto. Sugiere como el más conveniente el terreno baldío que precedía al cementerio, entre éste y la muralla.[111] Empieza aquí una larga polémica

---

108. *Loc. cit.;* Buschiazzo, *op. cit.,* p. 41.
109. *Ibid.,* p. 42.
110. V. *supra,* Cap. V, pp. 197-205 y Cap. VI, pp. 357-365.
111. Acuerdo del ayuntamiento de San Juan tomado en la sesión de 3 de septiembre de 1866. A. G. P. R., Obs. Mun., Leg. 62 D, Exp. 4, Ca. 323.

entre las autoridades militares y civiles por la disponibilidad de dichos terrenos para el fin que se proponía. El ramo de guerra se mostró inflexible en ceder el espacio por considerar que el ensanche del cementerio por aquel costado podría entorpecer las defensas de la costa norte en caso de ataque [112] y mantendrá su posición hasta 1880, cuando, como resultado de la aprobación del nuevo plan de zonas polémicas (17 de agosto de 1880), una Real Orden del 5 de mayo de 1881 dispuso la entrega a la Hacienda Pública de los terrenos situados frente a la muralla norte, a excepción de una faja de terreno de 10 m. de anchura al pie de ella.[113] El ayuntamiento compró el solar a un costo de 482 pesos 37 centavos, recibiendo los terrenos —una faja de 140 m. de longitud y 40 m. de latitud media— el 1 de octubre de 1884.[114] Colindaba la extensión por el norte con la playa, al sur con la muralla, al este con otros terrenos de propiedad particular y al oeste con el cementerio. La superficie conseguida resultaba aún reducida para las necesidades de la población y su índice de mortandad, pues sólo bastaría para cubrir los enterramientos dentro de los cinco años siguientes, pero era el único espacio adecuado y disponible para hacer frente a la urgencia vigente. El arquitecto municipal, Patricio de Bolomburu, presentó el proyecto de ensanche con fecha de 13 de mayo de 1891.[115]

Una vez nivelado el terreno y subsanadas las servidumbres con que se adquirió el solar, distribuye Bolomburu el espacio por medio de paseos generales, "...en zonas que afectan la forma de una cruz... [por ser ésta] la más característica tratándose de un cementerio

---

112. José María Marchesi al gobernador superior civil. 3 de noviembre de 1866. *Loc. cit.* V. también el «Expediente sobre ensanche del de esta Capital y orden del gobernador para que se construyan cementerios en los barrios con destino a variolosos». A. G. P. R., M.º S. J., Leg. 96, Exp. 6, Ca. 235 y el expediente que se encuentra en el A. G. P. R., Obs. Mun., Leg. 62 E, Exp. 5, Ca. 324.

113. Segundo de la Portilla al alcalde. 12 de noviembre de 1881. Expediente sobre ensanche del cementerio con arreglo a lo dispuesto por Real Orden de 17 de agosto de 1880. A. G. P. R., M.º S. J., Leg. 96, Exp. 11, Ca. 235.

114. Ayuntamiento al intendente general. 10 de abril de 1888. *Loc. cit.*; A. G. P. R., Obs. Mun., Leg. 62 E, Exp. 5, Ca. 324.

115. «Obras del Excelentísimo Ayuntamiento de San Juan de Puerto Rico. Proyecto de ensanche del Cementerio». Documento número 1. Memoria y pliego de cubicaciones. 13 de marzo de 1891. Arquitecto municipal Patricio de Bolomburu. A. G. P. R., Obs. Mun., Leg. 62 E, Exp. 10, Ca. 324. También en el A. G. P. R., M.º S. J., Leg. 96, Exp. 16, Ca. 236.

católico: los brazos de la cruz, convergen a una plazoleta central, en la que podrá en su día colocarse algún mausoleo notable".[116]

Todos los enterramientos se harían en la tierra, no se construirían nichos. Al extremo este, se separa una faja para cementerio civil y al norte, a lo largo de todo el muro de cerca que protege el recinto, entre éste y el mar se provee espacio para cementerio de epidemias. El camposanto estaría rodeado de una tapia de 3 m. de altura, a excepción del lado sur y parte del este y oeste para así evitar el callejón que se formaría con la muralla. En su lugar se cierra el espacio con una verja de 1 m. de alto que descansa sobre un zócalo y se sostiene mediante pequeños pilares. La entrada al cementerio católico la forman dos sencillas pilastras donde entronca una puerta de hierro calado. En esta ocasión no se proyecta ningún edificio de importancia toda vez que se utilizarían los del cementerio existente. Unicamente se provee para la construcción de dos pequeñas dependencias, enteramente iguales, destinadas a casa-administración y depósito de cadáveres del cementerio civil. El presupuesto total era de 15,931 pesos 92 centavos, que se redujo luego a 11,492 pesos con 66 centavos, moneda corriente.[117]

Sacadas las obras a subasta pública, se otorgaron a Ricardo Serrano y Santos quien se comprometió a realizarlas a un costo de 8,895 pesos con 85 centavos. Los trabajos se iniciaron el 27 de enero de 1892 [118] y terminaron el 17 de diciembre del mismo año, si bien quedaban algunas partes sin concluir, entre las cuales estaba el muro del norte.[119] La realización de las obras que no se ejecutaron en 1892, un sencillo osario y otras adicionales, retrasó la bendición del cementerio hasta el 15 de agosto de 1894.[120]

El ensanche del cementerio forma hoy la parte anterior al antiguo, de manera que es la primera que encontramos cuando se entra

---

116. *Loc. cit.*
117. *Loc. cit.*
118. Patricio de Bolomburu al alcalde. 27 de enero de 1892. *Loc. cit.*
119. Ricardo Serrano al alcalde. 21 de diciembre de 1892. *Loc. cit.*; Bolomburu al alcalde. 28 de diciembre de 1892. *Loc. cit.*
120. Proyecto para la construcción del osario. 30 de noviembre de 1893. Tulio Larrínaga. Expediente sobre las obras de reparaciones en el cementerio de esta ciudad y construcción de un osario. A. G. P. R., M.º S. J., Leg. 96, Exp. 21, Ca. 236; Expediente sobre subastas de las obras adicionales que han de terminar las de ensanche del cementerio. 1893-1894. *Ibid.*, Exp. 19.

Núm. 78 Ensanche del cementerio de San Juan. Foto de la autora.

al recinto. (Ilustración 78). Si llegó a realizarse la distribución de tipo urbano que ideara el arquitecto, ha debido perderse muy pronto, modificada probablemente por la necesidad de ganar espacio para los enterramientos, lo que ha hecho desaparecer, como en el primero, los paseos que creaban las distintas zonas.

La casa en San Juan.

La notable transformación que experimenta la ciudad de San Juan durante el reinado de Isabel II, deja su impronta no sólo en los edificios de carácter público sino también en el crecimiento urbano y con ello, como es natural, en la vivienda. Del aspecto general que presentaban las casas hace una acertada descripción el poeta y crítico español Carlos Peñaranda y Escudero, quien en una serie de cartas dirigidas a Ventura Ruiz Aguilera entre 1878 y 1880 cuenta sus impresiones de la ciudad que visita.

> Dije a Ud. en mi carta anterior que se parecía esta ciudad mucho a Cadiz, y así es lo cierto, aunque las constantes lluvias y humedades no permiten el esmerado cuidado que en la apariencia de las casas se observa en la antigua Gades. Pero las casas de ésta, tienen, como las de aquélla, azoteas o terrados espaciosos, y aunque su altura es bastante menor, la cuesta que la ciudad hace la presenta como de altos edificios.
> Son muchas las casas de uno y dos pisos; pero más de la mitad son, según las llaman aquí, terreras, y en mi concepto las que más comodidades tienen, si bien en las horas de brisas son las menos favorecidas. Todas con pocas pero extensas habitaciones, de altos techos; suelo de ladrillos o bien de ajustadas tablas, patios grandes con profundos aljibes, y persianas en ventanas y puertas, puesto que el calor sofocante no permite el uso de cristales.[121]

Peñaranda menciona algunos de los rasgos más característicos de las casas, varios de los cuales están precisamente en proceso de cambio cuando él escribe. El dominio de las terreras, que ya hemos visto se produjo en un principio por el temor a los huracanes y

---

121. Carlos Peñaranda, *Cartas puertorriqueñas. 1878-1880.* San Juan de Puerto Rico, Editorial El Cemí, 1967, Carta II, pp. 25-26.

terremotos,[122] reafirmado con el tiempo por las tácticas defensivas de la Plaza, empieza a ceder ante el impulso vertical que impone el desmedido aumento de la población dentro del apretado cinturón de sus muros. En 1861, el vecino Mariano Durán solicita del ayuntamiento el permiso correspondiente para construir una casa de tres pisos —66 pies de altura— en la calle de la Fortaleza, números 37 y 39, la primera de su clase en la capital, según se alega en el expediente.[123] La Dirección de Obras Públicas se pronunció en contra de la edificación por considerar que contribuiría a debilitar las ya precarias condiciones de salubridad en la Plaza al facilitar un mayor número de inquilinos que se sumaría a la promiscuidad cada día mayor de habitantes, a entorpecer la libre circulación del aire que pudo mantenerse mientras las casas fueron todas terreras pero que había empezado a desaparecer desde que se les añade un primer piso y que se agudizaba con la creciente disminución de los paseos y jardines dentro de los solares. Insiste en que la altura de los edificios debía estar proporcionada a la anchura de las calles, razón por la cual considera inadmisible la ya costumbre de fabricar casas de dos pisos altos, y mucho más inadmisible, desde luego, las de tres pisos. El informe favorable de la Junta Municipal de Sanidad que no veía ninguna amenaza a la higiene pública en la construcción que se proyectaba y el haberse redactado el plano de la obra con anterioridad a que se conociera en la Isla el Real Decreto de 19 de julio de 1860, en que se previene el número de pisos que debían tener los edificios particulares que se construyeran en Madrid, permitieron que el gobernador accediera a lo que se solicitaba.[124]

El Real Decreto de 19 de julio de 1860 mediante el cual se apro-

---

122. *Supra*, Cap. III, p. 79.
123. «Expediente sobre solicitud de don Mariano Durán para construir una casa en esta Capital». 1861. A. G. P. R., Obs. Mun., Leg. 62 H, Exp. 36, Ca. 325. No podemos precisar si efectivamente fue ésta la primera casa que se hizo de tres pisos en San Juan. Poinsett, *supra*, Cap. V, p. 173, al describir la ciudad en 1822 indica que las casas son de dos y tres pisos, impresión que pudo haber adquirido dependiendo de su punto de observación pues nada dice de las terreras. Aunque se habla de tres pisos, el dibujo de la fachada demuestra que son en realidad cuatro, contando el bajo.
124. «Expediente... Durán. 1861». A. G. P. R., Obs. Mun., Leg. 62 H, Exp. 36, Ca. 325.

bó el anteproyecto de ensanche de Madrid, disponía en su artículo
cuarto que el número de pisos en los edificios particulares no podría exceder de tres: bajo, principal y segundo.[125] Las circunstancias especiales de San Juan, en atención a su clima y densidad de
habitantes, exigía que fuera menor la elevación de sus casas que
la que se permite para Madrid en el decreto. El ayuntamiento demostró su conformidad con el referido artículo en acuerdo del 21
de septiembre del 1867.[126]

En 1863 el director de Obras Públicas recalca la importancia de
conservar la armonía entre la altura de las casas y el ancho de las
calles, equilibrio que se estaba rompiendo no sólo con las proporciones de las casas sino incluso con los pretiles de las azoteas y
los balcones corridos de la fachada alta. Todo ello concurría a es-
trechar reducir la renovación del aire en la vía pública.[127] Todavía
en 1867 insisten las autoridades locales en la necesidad de evitar
las construcciones altas y se ordena al corregidor que no conceda
ninguna licencia para edificar casas de más de un piso y que se
informe al público de lo dispuesto.[128] La medida ha debido frenar
por cierto tiempo, aunque corto, el desarrollo de la vivienda en vertical. Y afirmamos que corto porque en 1878, Ubeda presenta la
siguiente distribución de casas: 511 de un solo piso, 398 de dos y
171 con más de dos pisos, sin incluir en éstas últimas los miradores
de una o más habitaciones que se construían sobre las azoteas.[129] La
altimetría que hasta mediados del siglo XIX dominó en San Juan,
empieza así a alterarse.

Los patios y huertos que tanto llamaron la atención de Abbad
en el siglo XVIII,[130] se iban suplantando paulatinamente con nuevas

---

125. Copia del Real Decreto dado en San Ildefonso el 19 de julio de 1860. *Loc. cit.*
126. *Loc. cit.*
127. Informe en minuta del director de Obras Públicas. 7 de diciembre de 1863.
«Expediente sobre solicitud de don Bartolomé P. Marques para construir una casa
en la calle de Tetuán de esta Ciudad». A. G. P. R., Obs. Mun., Leg. 62 I, Exp. 13,
Ca. 325.
128. Minuta sin firma [¿Jefatura de Obras Públicas?] dirigida al corregidor de
la Capital. 8 de febrero de 1867. A. G. P. R., Obs. Mun., 62 I, Exp. 17, Ca. 325.
129. Ubeda y Delgado, *op. cit.*, p. 119. En 1881 se distribuyen de la manera siguiente: 520 casas de un piso, 343 de piso bajo y principal, 15 de piso bajo, principal
y segundo y 41 edificios públicos de todas clases. *Infra*, n. 185.
130. *Supra*, Cap. III, p. 80.

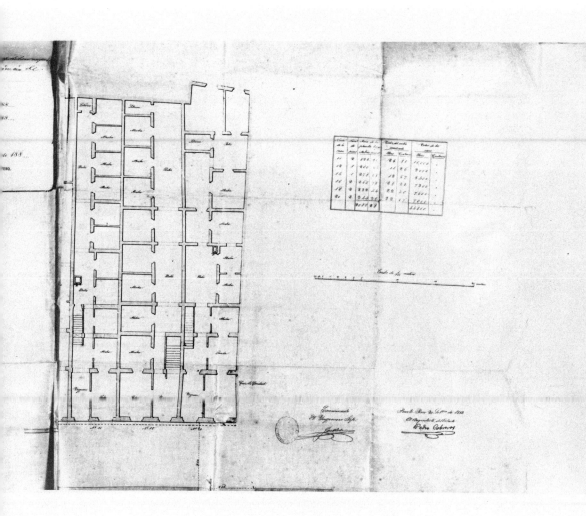

Núm. 79   Plano de tres casas en la calle de San Sebastián. Pedro Cobreros, 20 de septiembre de 1883. A.H.N. Ultr., Leg. 372, Exp. 10. No. 5.

Núm. 80   Escalera de la casa de los dos zaguanes en la calle de San José esquina Luna. Foto de Cultura Puertorriqueña.

casas o en su defecto, con fracciones domiciliarias que reducían sensiblemente el área del patio pero que imponía el hacinamiento que ahogaba a la población. Su número era ya escaso en 1887 cuando escribe Jiménez de la Romera, pero aún así quedaban

> ...suficientes para matizar el conjunto de espacios de verdura que rompen la monotonía de la construcción puramente urbana, y que dan a la ciudad un carácter variado y pintoresco...[131]

Resulta difícil estudiar los caracteres generales de la distribución interior de la vivienda en San Juan cuando apenas se conservan planos. Mucho menos se puede trazar con exactitud y certeza la evolución que ha experimentado desde el siglo XVI hasta los cambios mayores que han debido ocurrir en el XIX. Sólo podemos señalar algunos rasgos que por repetirse en un número considerable de casas podrían catalogarse como típicos, sin que esto quiera decir que tengan exclusividad en la ciudad y mucho menos en la Isla. Suelen coincidir, el desarrollo en profundidad más que en anchura, lo que crea una planta en rectángulo donde las paredes medianeras son los lados largos y las fachadas los cortos, el zaguán a la entrada; el patio, al que muchas veces rodea una galería o un corredor, en el cual está el brocal del aljibe y cuyo tamaño y lugar dentro de la casa varía con la distribución de ésta; la cisterna o aljibe, impuesta por la ausencia de agua en la isleta y el no haberse concluido hasta 1898, muy poco antes de cesar la soberanía española en Puerto Rico, el acueducto que conduciría el agua corriente a la ciudad.[132] (Ilustración 79). Unas disposiciones de policía municipal emitidas por el capitán general Santiago Méndez Vigo en junio de 1841, no sólo forzaba a mantener los aljibes en condiciones apropiadas al uso sino a que se construyeran en aquellas casas donde no los hubiera, para lo cual daba un plazo conveniente.[133]

Parte importante de las casas debió ser la escalera a juzgar por el espacio que suelen ocupar y la atención que se les presta, con sus barandas de ausubo o forja de hierro, contrahuellas de azule-

131. Jiménez de la Romera, *op. cit.*, pp. 488-490.
132. Hostos, *Historia...*, p. 482.
133. Disposiciones de policía municipal del capitán general Santiago Méndez Vigo. 17 de junio de 1841. A. G. P. R., R. S. G. P. R., E. 300, Ca. 568.

jería y mamperlanes de madera.[134] Entre ellas destacan, la de la
casa de la familia Alegría Pons (casa Berrocal o de los Azulejos)
en la calle de San José 101, y la de la casa de los dos zaguanes en
la esquina que forman las calles de la Luna y San José, ambas del
siglo XVIII. La primera tiene en el frente de los peldaños azulejos
holandeses, probablemente de Delft, de hacia 1700, en los cuales se
representan temas bíblicos, del Nuevo Testamento en su mayor
parte.[135] La segunda es única en la ciudad y creemos que en toda
la Isla. Se sitúa en el centro del zaguán que al quedar dividido
forma dos corredores que han dado el nombre a la casa. Es una
escalera empinada, de dos tramos, con un cómodo descanso intermedio que se prolonga hacia los lados para llevar al entresuelo.
Esta prolongación lateral del descanso de la escalera forma una
especie de puente elevado sobre los pasajes inferiores. (Ilustración 80).

Las escaleras del último tercio del XIX pierden la amplitud de
las dieciochescas. La caja se reduce prácticamente a la mitad. Al
estrecharse el zaguán, la elegancia de las anchas gradas del siglo
anterior desaparece aunque el barandal de balaustres o de forja
disimula lo angosto de la huella. Pierde también en luz como puede
apreciarse a simple vista al paso por calles de tránsito animado
como San Francisco o Tetuán. Sus abiertos portales dejan ver en
la penumbra el arranque de sus lóbregas escaleras.

Muy pocas casas de madera, si alguna, debían quedar en el recinto intramuros durante el último tercio del siglo XIX.[136] A ello
contribuyeron no sólo la prosperidad económica de los vecinos sino
además y quizás en mayor grado, la insistencia de los gobernantes
para que se edificara de mampostería, preocupación que, como ya
hemos visto, estuvo presente desde los primeros colonizadores que
pisaron tierra borinqueña.[137] En 1849 el Bando de Policía y Buen
Gobierno de Juan de la Pezuela prohibe, en su capítulo 7, artículo

---

134. Buschiazzo, *op. cit.*, p. 52.
135. *Ibid.*, p. 50; Angulo, *Gótico...*, p. 48.
136. En un padrón de viviendas formado hacia mediados del XIX, figuran 7 casas
de madera en la calle de San Sebastián. «Padrón General de las casas de esta
Ciudad, formado para rectificar su numeración». A. G. P. R., M.º S. J., Leg. 49,
Exp. 11, Ca. 131.
137. *Supra*, Cap. I, p. 36, n. 12.

Núm. 81   Casa con medios puntos sobre los dinteles y balcón corrido. Calle de la Cruz 100. Foto de la autora.

Núm. 82   Casa de múltiples vanos y antepechos. Calle de San Justo esquina a la calle de la Tranquilidad. Foto de la autora.

Núm. 83   Casa con balcones corridos y sin tejadillo. Calle de la Cruz 152. Foto de la autora.

Núm. 84   Casa con balcones pareados. Calle de O'Donnell 100. Foto de la autora.

227, la fabricación de casas de tabla, paja o yaguas en San Juan, Mayagüez y Ponce. El artículo siguiente se opone a las reparaciones y mejoras en dichas casas a no ser para corregir goteras en el techo y esto con teja o argamasa,[138] medida encaminada a facilitar la desaparición de las que desde antaño existían, particularmente en los pisos altos. El empleo sistemático y constante de la mampostería en la fabricación de casas de nueva planta o en la remodelación de las antiguas así como la supervisión directa de las autoridades municipales y superiores sobre la apariencia exterior de dichas casas, como lo evidencia la cantidad considerable de dibujos de fachadas que en solicitud de los permisos requeridos se sometían al ayuntamiento, hacen convergir en dichas fachadas una serie de elementos que, en medio de las diferencias individuales, crearon una cierta uniformidad y forjaron lo que podríamos llamar el "estilo de las casas de San Juan".

Las disposiciones oficiales ayudaron en no poca medida a crear esta cierta unidad. Méndez Vigo, entre las normas que establecía para policía de ornato y comodidad (1841), obligaba a los dueños de solares sin edificar a que lo verifiquen

> ...o levanten al menos la pared exterior a la altura que comunmente tienen las casas bajas o terreras, dando a dicha pared la forma y decoración que generalmente tienen los demás edificios; y a los dueños de casas ruinosas se obligará a reedificarlas o a demoler la parte aún restante del edificio, levantando en este caso la pared exterior en los términos expuestos...[139]

El Bando de Pezuela (1849) en su capítulo 6.º, correspondiente a comodidad y aseo público, insiste en que las ventanas bajas deberían estar "embutidas en la pared" y las que estuvieran fabricadas sin este requisito debían arreglarse conforme a lo dispuesto en el término de seis meses.[140] Tal ordenanza iba dirigida a eliminar obs-

---

138. Juan de la Pezuela, *Bando de Policía y Buen Gobierno de la Isla de Puerto Rico.* Imprenta del Gobierno. Año de 1849, p. 33.

139. *Supra,* n. 133, artículo 4.

140. Pezuela, *Bando...,* Cap. 6, artículo 205, p. 31. Lo mismo disponía ya el de don Miguel López de Baños, emitido el 20 de enero de 1838, artículo 95. A. H. N., Ultr., Leg. 5062, Exp. 25, N.º 23.

táculos en la vía pública al paso que regularizaba los alineamientos de las fachadas.

Las características predominantes de las fachadas de San Juan son la amplia cornisa, el pretil de la azotea, los vanos adintelados, aunque no faltan arcos, y los resaltes que suelen enmarcar los extremos, tanto verticales como horizontales. Es práctica frecuente el colocar sobre los dinteles medios puntos que se cierran con celosías o en ocasiones con cristales y que localmente reciben el equívoco nombre de "soles truncos". (Ilustración 81). El número de vanos puede variar de acuerdo a la anchura de la fachada pero es más común el empleo de tres. Con mucha frecuencia forman puertas que con el recurso del antepecho, hacen las veces de ventanas a la par que dejan entrar más luz y aire. La multiplicidad de puertas y ventanas ha sido uno de los elementos más consistentes en la arquitectura isleña, impuesta, qué duda cabe, por las consideraciones climatológicas del trópico y acentuada en San Juan durante la segunda mitad del siglo pasado por la necesidad de garantizar luz y aire a través del sistema de ventilación cruzada, a unas viviendas que se apiñaban cubriendo todos los solares vacíos y crecían hacia lo alto, sombreando las estrechas calles trazadas en el siglo XVI con justa proporción a las casas de entonces. (Ilustración 82).

En las casas "dobladas" destacan los balcones de los pisos altos que arrojan hacia la calle la parte superior de la fachada, proyectando su sombra hasta la mitad de la acera. Aparentemente los balcones empiezan a generalizarse desde el siglo XVIII pero en el XIX, con la multiplicación de la vivienda de dos y tres pisos, se desarrollan a plenitud. Los balcones volados tienen su origen en los ajimeces árabes que una vez difundidos por la baja Andalucía pasan a Canarias desde donde irradian con gran éxito hacia las regiones tropicales de la América hispana, particularmente las zonas costeras.

En San Juan, los balcones pueden ser corridos, uniendo todos los vanos de la fachada (Ilustración 83); alternos, que agrupen dos vanos y dejen uno fuera; pareados, dos en una fachada de cuatro o más vanos (Ilustración 84); o individuales, uno para cada vano. (Ilustración 85). Sostienen el vuelo del balcón, canecillos, cabezas de vigas, ménsulas o palometas de hierro forjado. Cuando el bal-

Núm. 85 Casa con balcones individuales por un costado y pareados por otro. Calle
Fortaleza esquina a Cruz. Foto de la autora.

Núm. 86 Casa cuyo balcón tiene balaustres que ocupan toda la altura del antepecho. Calle de San Justo 6. Foto de la autora.

Núm. 87 Casa cuyo balcón tiene balaustres que ocupan la parte superior del antepecho. Calle de San Justo 10. Foto de la autora.

Núm. 88 Casa con balcón de hierro. Calle del Cristo 208. Foto de la autora.

Núm. 89   Casa con balcón de hierro y palometas para ayudar a sostener el tejado.
Calle de la Cruz 106. Foto de la autora.

Núm. 90   Casa de la calle de la Cruz 100. Detalle del tejado. Foto de la autora.

Núm. 91   Casa de Campeche. Calle de la Cruz esquina a San Sebastián. Detalle de un capitel. Foto de la autora.

Núm. 92   Casa con almohadillado en el muro de fachada. Callejón del Hospital 56.
Foto de la autora.

cón es de madera, ausubo casi, siempre los balaustres pueden ocupar toda la altura del antepecho (Ilustración 86) como también sucede, por ejemplo, en la antigua factoría de la Compañía Guipuzcoana de La Guaira, en la casa de los Arcaya en Coro y en las casas costeras colombianas.[141] En otros casos sólo ocupan la parte superior del antepecho. (Ilustración 87). Si el balcón es de hierro, el diseño cubre todo el antepecho. (Ilustración 88).

Los tejados de estos balcones son más bien rectos aunque se observa en algunos una ligera inclinación hacia el frente. Se sostienen, como la parte del balcón propiamente, con canecillos, vigas, ménsulas o palometas de hierro, a los que refuerzan las columnillas o los pies derechos que los unen al antepecho. (Ilustración 89). En algunos casos, el interior del tejado presenta finos trabajos de madera como sucede en la casa de la calle de la Cruz N.º 100 (Ilustración 90) donde se logra un calado nada mediocre, que recuerda más bien obras en yeso o hierro. Entre las columnillas sobresalen por la particularidad de su forma que recuerdan temas vegetales, las de la casa de Campeche, así llamada porque en ella nació y vivió el pintor puertorriqueño. (Ilustración 91). ¿Se tratará acaso de una ingenua interpretación del capitel corintio? Existen casas con el balcón en hierro donde las columnas o pilares sirven de apoyo a los arcos que reciben el tejado a la manera de los balcones de Puerto Cabello.[144] Hay además balcones descubiertos.

Los muros de fachada pueden ser lisos, tener resaltes en los extremos o, lo que es menos frecuente, tener almohadillado el cuerpo bajo (Ilustración 92) influencia que reciben estas últimas casas de los edificios públicos. Merece destacarse por su particularidad en San Juan, la casa de la calle de la Fortaleza N.º 203 donde desde 1891 está establecida la ferretería "Los Muchachos". Una fotografía de 1893 deja ver el almohadillado de forma piramidal que tenía su cuerpo bajo; nos trae a la memoria la "casa de los picos" de Segovia.

---

141. Graziano Gasparini, *La casa colonial venezolana*. Caracas, Centro de Estudiantes de Arquitectura, Universidad Central de Venezuela, 1962, pp. 114.
142. *Ibid.*, p. 111.
143. *Ibid.*, pp. 111 y 114.
144. *Loc. cit.*

El adorno principal de la fachada lo constituyen las puertas y ventanas. Suelen ser aquéllas macizas, de tablones de ausubo con pequeños postigos protegidos con rejas y que permiten la entrada de aire y luz sin necesidad de abrir la puerta en su totalidad. Como las puertas, las ventanas se extienden en vertical formando rectángulos y suelen descansar sobre repisas que pueden ir acompañadas o no de guardapolvos en la parte superior. Con frecuencia éstos adoptan la forma de pequeñas cornisas. Pueden tener rejas voladas o embebidas, de hierro o de madera, formando barrotes sencillos, con diseños o balaustres torneados y es característico el uso de celosías. Aunque más sencilla aún y con menores variantes, hemos de relacionar también las ventanas descritas con las de las casas coloniales de Venezuela, parentesco nacido del tronco común sevillano.[145]

Contrario a lo que sucede en otros lugares de América, como por ejemplo, Venezuela, Tunja o Lima, las portadas de la vivienda no recibieron, como norma general, un tratamiento mucho más elaborado que la destacara en forma especial del resto de la fachada. La puerta de ingreso puede confundirse por su uniformidad con cualquiera de los vanos que la flanquean (Ilustración 93) o puede señalarse de alguna manera que por lo regular es bastante discreta como por ejemplo, la elevación algo mayor del vano, encuadrarla en un almohadillado, arquear —aunque sea ligeramente— el vano cuando las laterales son adinteladas, dotarla de algún motivo decorativo como las guirnaldas y coronas de gusto neoclásico que con tanta frecuencia se repiten sobre los dinteles, o cualquier otro recurso por el estilo de los mencionados. (Ilustración 94).

Con excepción de contadas casas esparcidas por las calles de la ciudad, han desaparecido hoy los remates curvilíneos, bolas y pináculos que decoraban los pretiles de las azoteas, según muestran el célebre retrato de don Miguel de Ustáriz (1789) (Ilustración 95) y la vista de la ciudad de 1797, pintados ambos por José Campeche. Las reformas y adiciones de pisos en el curso de los dos últimos siglos y los fuertes temblores de 1868 y 1917 contribuyeron sin duda a eliminar estos elementos que embellecían las casas y la ciudad.

---

145. *Ibid.*, pp. 104-108.

Núm. 93 Casa cuya puerta principal es igual a las laterales. San Sebastián 219. Foto de la autora.

Núm. 94   Casa que destaca su puerta principal. Calle de San José 107. Foto de la autora.

Ofrecían las azoteas lugar de reuniones y tertulias en las cuales se disfrutaba de uno de los entretenimientos favoritos de jóvenes y adultos: el juego de los volantines.[146]

Es en el gusto con que se emplean o combinan los elementos descritos que encontramos, dentro de esa uniformidad de que hemos hablado, las variantes que dan a cada casa su encanto particular.

El palacio arzobispal. Entre las casas que merecen destacarse en San Juan, se encuentra la residencia del hoy arzobispo y cardenal de Puerto Rico. Durante la tercera década del siglo XVIII,[147] el obispo Sebastián Lorenzo Pizarro compró las casas que pertenecían a doña María de Amézquita y Ayala y las convirtió en vivienda del obispo, gastándose en los arreglos cuatro mil pesos.[148] No sabemos cómo quedó esta primera reforma pero ha debido ser poco conveniente porque muy poco tiempo después, en 1775, las hizo reedificar fray Manuel Jiménez Pérez. El palacio, dice Abbad, a pesar de ser "...muy bueno, excede en poco en su extensión y perspectiva a la casa de un caballero particular..." pero lo considera muy apropiado para recomendar la virtud y modestia del prelado.[149]

El estado de abandono en que estuvo durante la larga sede vacante ocurrida a la muerte de Gutiérrez de Cos, abril de 1833 a enero de 1847 (catorce años y 8 meses) y el uso inmoderado que del edificio hizo la tropa desde que se les prestara en 1840 para que lo usaran como almacén,[150] provocaron un estado de ruina en la estructura. Cuando llegó el obispo fray Francisco de la Puente encontró el palacio en tan malas condiciones que no pudo habitarlo, teniendo que alquilar una casa particular para alojarse en lo que se hacían

---

146. Jiménez de la Romera, *op. cit.*, p. 490.
147. Coll y Toste indica en *B. H. P. R.*, XIII, p. 72, que la compra se realizó el 13 de febrero de 1738. No pudo ser esa la fecha de la transacción porque Pizarro cesa en el obispado de la Isla en 1736. Hostos, *Historia...*, p. 355, menciona una Real Cédula de 8 de abril de 1737 que demuestra que ya se había realizado la compra. Hemos podido constatar este dato en el A. G. I., Sto. Domingo, Leg. 539. Buschiazzo, *op. cit.*, p. 43, indica que fue en 1733 pero no informa la fuente de donde toma esta fecha.
148. *B. H. P. R.*, XIII, p. 72.
149. *Abbad., op. cit.*, p. 103.
150. Gobernador de Puerto Rico al intendente interino, Manuel J. Cerero. 9 de enero de 1845. A. G. P. R., Obs. Pubs., Edif. Pubs.. Leg. 155, Exp. 1; Informe del delegado de Hacienda. 16 de septiembre de 1845. *Loc. cit.*

las obras necesarias para ponerlo en uso.[151] Los trabajos debieron iniciarse en mayo de 1847, bajo la dirección del maestro mayor de fortificaciones Manuel Sicardó [152] y duraron, entre unas cosas y otras, por más de una década.

Además de la soberbia escalera dieciochesca y el amplísimo vestíbulo, destaca en el ámbito de la ciudad la mesurada portada neoclásica que da el frente a la calle del Cristo. (Ilustración 96). Dos medias columnas del dórico-romano y un friso con triglifos y metopas decoradas con círculos concéntricos constituyen todos los elementos que la integran. La portada avanza en dos planos y está protegida por el balcón de la planta alta. Sigue éste el modelo corriente de los balcones sin tejadillo. Nos inclinamos a pensar que la fachada data de la reforma de mediados del XIX aunque no podríamos afirmarlo de modo absoluto. El hecho de que las ventanas, los balcones y la cornisa terminal se hicieron nuevas entonces [153] hace, al menos, considerar que la portada haya corrido la misma suerte.

Colegio asilo de párvulos. En 1861 el obispo fray Pablo Benigno Carrión, compró las casas números 64 y 66 de la calle de San Sebastián para reedificarlas y establecer en ellas una escuela de párvulos. El dibujo de la fachada aparece firmado por el ingeniero Rafael Clavijo el 7 de septiembre del mismo año.[154] El aula abrió sus puertas en 1865 y desde entonces, sin interrupción, ha ofrecido la enseñanza elemental bajo la cuidadosa tutela de las Hermanas de la Caridad.[155]

---

151. Obispo de Puerto Rico al superintendente de Hacienda. 4 de enero de 1847. *Loc. cit.*

152. Capitán General de Puerto Rico al comandante del arsenal. 7 de mayo de 1847. *Loc. cit.* Intendente al conde de Mirasol. 26 de mayo de 1847. *Loc. cit.*

153. «Presupuesto de lo que necesita el edificio denominado Palacio Episcopal para componer sus deterioros y dejarlo en estado de útil servicio». Comandancia de Ingenieros de la Plaza, 21 de septiembre de 1845. *Loc. cit.*; «Expediente sobre recomposición del palacio episcopal de esta Plaza por cuenta de las Reales Cajas». Intendencia, 1845. *Loc. cit.*

154. «Don Eusebio Larrínaga, a nombre del Excelentísimo e Ilustrísimo Señor Don Fray Pablo Benigno Carrión de Málaga, Obispo de esta Diócesis, solicitando permiso para reedificar las casas números 64 y 66 de la calle de San Sebastián; las cuales ha comprado con el fin de establecer en esta Capital una escuela de párvulos o clases maternales». Septiembre de 1861. A. G. P. R., Obs. Mun., Leg. 62 I, Exp. 4, Ca. 325.

155. Coll y Toste, «La ciudad...», p. 324; Hostos, *Historia...*, p. 376; Buschiazzo, *op. cit.*, p. 44.

Núm. 95   Retrato de don Miguel de Ustariz, de José Campeche. Detalle de la vista a través de la ventana. Foto de José Melero.

Núm. 96   Fachada del palacio arzobispal. Foto de la autora.

La fachada presenta cinco puertas de las cuales cuatro tienen persianas, antepechos y cornisas individuales mientras que la de acceso se diferencia de las demás por tener un arco muy rebajado, doblado, con una gruesa voluta señalando su clave. En los planos aparece un corto almohadillado pegado al retalle vertical de los extremos que aparentemente no llegó a realizarse. El eje del edificio está señalado por un gracioso frontón en cuyo tímpano se pensó colocar al relieve los símbolos de las virtudes teologales: Fe, Esperanza y Caridad, que fueron finalmente sustituidos por un Corazón de María y el letrero que identificaba el lugar. Una baranda de hierro sustituyó el tradicional muro de la azotea formando en ésta un pequeño balcón que antecede a la segunda planta, cuya pared frontera, retirada discretamente del eje de fachada, no altera las proporciones ni la visión de ésta última. La parte posterior del edificio, que da al Boulevard del Valle, es simplicísima: cuatro ventanas rectangulares y puerta de acceso con arco muy rebajado.

El ensanche de la ciudad.

En los capítulos anteriores hemos visto cómo se fueron desarrollando los barrios extramuros de San Juan y las condiciones que impuso al crecimiento de cada uno la servidumbre militar a que estaba sometida toda la Plaza. Al llegar el siglo a su último tercio, la ciudad siente la necesidad de propulsar el derrame de sus habitantes hacia los barrios limítrofes de la Marina y Puerta de Tierra. El aumento consistente de la población intramuros; el hacinamiento de las viviendas; las condiciones insalubres en que se veían obligadas a vivir las clases más pobres de la sociedad, cobijadas en sótanos húmedos y oscuros a los que apenas llegaban el aire puro y la luz solar, en las cuales se llegó incluso a aprovechar como cuarto hasta el espacio bajo el primer tramo de las escaleras por el cual se pagaban dos y hasta tres pesos mensuales de renta; el alto costo de los alquileres sin otra justificación que la demanda; los peligros a que estaban expuestos los habitantes en casos de enfermedades y epidemias; la imposibilidad absoluta de nuevos edificios intramuros aunque fueran de interés público por falta de espacio, como lo demuestra, por ejemplo, el lugar donde hubo que levantar el que se proyectara para hospital civil; el escaso número de plazas y áreas de desahogo y la ausencia total de espacios para establecerlos son algunos de los argumentos que esgrimen los que favorecían el ensanche hacia los únicos lugares disponibles.[156]

Barrio de la Marina. En 1878, la población del barrio de la Marina se estima en cerca de 2,000 habitantes y en 98 el número de casas de madera, además de los almacenes comerciales y de depósito y de los edificios del Estado como el arsenal y la Princesa, todo distribuido en once calles con afirmado de mampostería.[157] Las cortapisas del ramo militar retrasaban la urbanización permanente del área. Una línea roja marcada en la muralla sur limitaba la altura superior —5 metros— a la cual podían elevarse las construcciones y las mismas consecuencias de la zona polémica de la Plaza se sentían al momento de ganar terrenos al mar para fabricar en ellos.[158]

Tales restricciones afectaban de manera particular a las actividades comerciales y amenazaban con dilatar los beneficios que se esperaba rindieran, una vez puestos en marcha, los proyectos del tranvía de San Juan a Río Piedras, inaugurado en 1880,[159] el ferrocarril de circunvalación y la limpieza y balizamiento del puerto.[160]

---

156. «Memoria de la visita política pasada a la Isla por el excelentísimo Señor Gobernador General y Superintendente Delegado de Real Hacienda». 1 de noviembre de 1859. Fernando Cotoner. A. H. N., Ultr., Leg. 5082, Exp. 37, N.º 1; Informe del Consejo de Administración de Puerto Rico sobre que se hiciera extensiva a Puerto Rico la Ley de Inquilinatos de 1842. A. H. N., Ultr., Leg. 5088, Exp. 16, N.º 8; Expediente sobre ensanche de la ciudad. Ayuntamiento de San Juan. 1872-1873. A. H. N., Ultr., Leg. 371, Exp. 9, N.º 5; Expediente sobre ensanche de la ciudad. Ayuntamiento de San Juan. 1875-1876. A. H. N., Ultr., Leg. 371, Exp. 10, N.º 2; «Expediente instruido en este Gobierno General para el ensanche de la población. 1877-1881». A. H. N., Ultr., Leg. 371, Exp. 11, N.º 13.

157. Ubeda y Delgado, *op. cit.*, p. 127. Las calles se llamaban: Isabel II, Nueva, Justa, Luisa, Princesa, General Camba, Presidio, Depósito, Puntilla, Comercio, Santo Toribio y del Arsenal.

158. Informe del acuerdo de la Junta de las Obras del Puerto al gobernador general de Puerto Rico. 20 de febrero de 1883. A. H. N., Ultr., Leg. 407, Exp. 18, N.º 4.

159. Hostos, *Historia...*, p. 89; Juan R. González Mendoza y Héctor E. Sánchez Sánchez, «Los orígenes del tranvía de San Juan a Río Piedras, 1878-1885». *Anales de Investigación Histórica*, Universidad de Puerto Rico, Recinto de Río Piedras, Vol. I, Núm. 2 (octubre-noviembre diciembre 1974), pp. 16-17.

160. *Supra*, n. 158; Informe de la Comandancia de Ingenieros. 6 de marzo de 1883. A. H. N., Ultr., Leg. 407, Exp. 18, N.º 3.

Al solicitar de las autoridades la anulación de las servidumbres militares que imponía el lienzo sur de las murallas "...como único medio de que las obras del puerto den el resultado que le corresponde en provecho de la riqueza general y por tanto de la prosperidad del tesoro público", la Junta de Obras del Puerto recordó el "...hecho análogo de Barcelona, en donde para completar las obras del puerto, se llevó a cabo la destrucción del fuerte de Atarazanas y de todo el lienzo de muralla que se hallaba en iguales condiciones respecto a aquel puerto que las de la muralla sud de que se ha hablado respecto a este...".[161]

Barrio de Puerta de Tierra. En situación muy parecida a la del barrio de la Marina, algo más crítica, se encontraba el de Puerta de Tierra. Ubeda calcula su población alrededor de las 1,500 almas, el número de casas en 130 y de bohíos en 74.[162] También estaba sometido éste a una estricta reglamentación militar, pues en 1880 se hicieron extensivas a la Isla todas las prescripciones que regían en la Península sobre las zonas polémicas de las plazas de guerra, lo que dio aún más fuerza a los argumentos de la Comandancia de Ingenieros para mantener bajo control las construcciones en las tres líneas defensivas que se extendían desde el castillo de San Cristóbal hasta el fortín de San Antonio, en el puente del mismo nombre.[163]

Otra circunstancia había demorado la edificación, dentro de las normas fijadas,[164] en dicho barrio. Entre las obligaciones que se impusieron a los que adquirieran solares en aquella zona estaba el de empezar a construir en el término de seis meses, contados desde la fecha en que se tomara posesión de ellos.[165] El plazo resultó insuficiente para que el dueño pudiera obtener el permiso real indispensable y cumplir con todos los trámites necesarios. Por Real Orden de 13 de agosto de 1884 se derogó la disposición anterior,

---

161. *Supra*, n. 158.
162. Ubeda y Delgado, *op. cit.*, p. 128.
163. Ministerio de la Guerra al de Ultramar. 17 de agosto de 1880. A. H. N., Ultr., Leg. 370, Exp. 3, N.º 19.
164. *Supra*, Cap. VI, pp. 211-212.
165. Fue aprobado por Real Orden del Ministerio de la Guerra de 4 de febrero de 1869. Capitanía General de Puerto Rico al gobernador general. 20 de septiembre de 1884. A. H. N., Ultr., Leg. 370. Exp. 3, N.º 21.

otorgándose al gobernador superior civil la autoridad para prorrogar la caducidad del plazo cuando así lo creyera conveniente.
Esta medida, unida al auge que adquiría todo aquel sector con la
construcción del hospital civil, el tranvía de Ubarri (San Juan a Río
Piedras), y el crecimiento que también experimentaba el barrio de
Cangrejos, intermedio entre la capital y Río Piedras, atrajo un mayor número de vecinos a Puerta de Tierra. En 1887, se solicita la
creación de una parroquia independiente de la de San Francisco de
Asís, con sede en la pequeña iglesia de San Agustín,[166] construida
de madera el año anterior.[167] La totalidad de habitantes entre la iglesia de San Francisco y el puente de San Antonio —2,500 personas—
y la dificultad de comunicaciones por estar en un barrio extramuros, fueron las bases sobre las cuales se cimentó la solicitud.[168]

La dificultad en las comunicaciones que alegaban los vecinos al
solicitar una parroquia para su barrio, era una de las razones principales que dilataba sin duda el que un mayor número de pobladores se asentara en Puerta de Tierra. Una gran parte de las casas
construidas se habitaban únicamente durante el verano y el resto
del año lo pasaban desocupadas. El lugar donde se permitía fabricar dentro de la segunda línea defensiva no invitaba a los vecinos
de la Plaza a trasladarse por temor, sobre todo de noche, a la gran
distancia en despoblado que había que recorrer —todo el paseo y
carretera de Puerta de Tierra— entre aquella línea y la puerta de
Santiago. Este inconveniente desaparecía si se permitía construir
en la primera zona, es decir, desde la puerta hasta la tercera glorieta del paseo, de forma que toda la extensión de Puerta de Tierra
fuera hábil para la edificación, inclusive los manglares del sur, susceptibles de ser rellenados y convertidos en terrenos aprovechables. Podrían regir para esta área las mismas prescripciones que
regían para el barrio de la Marina.[169] Tocaba la última palabra a las
autoridades militares.

---

166. «Expediente sobre creación de una Parroquia en el barrio de Puerta de
Tierra». 1887. A. G. P. R., M.° S. J., Leg. 58, Exp. 123, Ca. 149.
167. Coll y Toste, «La ciudad...», p. 329.
168. *Supra*, n. 166.
169. Ignacio Llompart al ayuntamiento. 14 de junio de 1875. Expediente sobre
ensanche de la ciudad. Ayuntamiento de San Juan. 1875-1876. A. H. N., Ultr., Leg. 371
Exp. 10, N.° 2. También en el A. G. P. R., M.° S. J., Leg. 57, Exp. 49, Ca. 147.

Barrio de Cangrejos. El barrio de Cangrejos, más alejado de las murallas para sentir su efecto con la misma fuerza que la Marina o Puerta de Tierra, iba adquiriendo un matiz diferente del que tuvo en sus orígenes.[170] En 1878, Ubeda lo describe como "...casi una calle, en donde se encuentran alegres casas de campo que muchas familias de la ciudad habitan regularmente y otras ocupan en los rigores del verano...". Cifra en 1,600 sus habitantes, en 180 las casas y en 169 los bohíos.[171] Dos años más tarde, un grupo de 34 vecinos y propietarios de Cangrejos solicitaron del ayuntamiento que se le cambiara el nombre por el de distrito de Santurce, en recuerdo del pueblo de Vizcaya donde había nacido don Pablo Ubarri, concesionario del tranvía entre San Juan y Río Piedras. Se llamaría además calle de Ubarri a la parte de la carretera entre los puentes de San Antonio y Martín Peña, y Despujol, en memoria del gobernador, a la rampa que sube a la iglesia de San Mateo. A ello accedió el cuerpo municipal en sesión de 9 de junio de 1880, ratificando así el nombre con que hoy se le conoce.[172] El de Cangrejos no desapareció, sino que se limitó al extremo este del barrio, habitado mayormente por gente de color.

Para el distrito de Santurce no existían las limitaciones que tenían fijados los barrios de la Marina y Puerta de Tierra por estar alejado de las zonas tácticas pero esa misma distancia que lo liberaba de las servidumbres militares ocasionaba, en cambio, que su población creciera a ritmo lento. No obstante, había adquirido el desarrollo urbano suficiente como para que se encauzaran las construcciones en base a ciertas reglas. El proyecto para la urbanización de Santurce estuvo a cargo del agrimensor y maestro de obras Armando Morales y del arquitecto municipal Arturo Guerra, quienes lo firman el 3 de enero del 1893.[173] El tranvía que facilitaba la comunicación del barrio con Río Piedras y la Plaza, y el nuevo edi-

---

170. *Supra*, Cap. VI, pp. 254-257.
171. Ubeda y Delgado, *op. cit.*, pp. 128-129.
172. «Expediente sobre sustitución del nombre del barrio de Cangrejos por el de Santurce y aplicación de nombre a dos calles de dicho barrio y a parte de la carretera». 1880. A. G. P. R., M.º S. J., Leg. 58, Exp. 68, Ca. 148.
173. «Proyecto de urbanización del distrito de Santurce. Memoria descriptiva». 3 de enero de 1893. Armando Morales y Arturo Guerra. A. G. P. R., Obs. Mun., Leg. 62 K, Ca. 325 A.

ficio para el Instituto de Segunda Enseñanza (1877-1881) que señalaba el área natural hacia donde habría de extenderse la ciudad, garantizaban su próximo desarrollo.

El derrumbe de las murallas. Desde mediados del siglo se experimentaban en San Juan las condiciones críticas que aconsejaban buscar una salida para el crecimiento demográfico constante dentro del recinto murado.[174] El 3 de marzo de 1865, el corregidor Rosendo Mauris de la Vega, después de describir la situación prevaleciente, presenta al ayuntamiento una moción para que se derribe la muralla este, entre San Cristóbal y el ángulo detrás del teatro, y se extienda la ciudad por Puerta de Tierra.[175] El ayuntamiento hizo suya la propuesta y se inicia así el largo trámite para hacer desaparecer el "estorbo" que impedía el derrame de la población por el único lugar que le era viable. La historia del derrumbe de parte de las centenarias murallas podría resumirse como la lucha entre las autoridades municipales, presionadas por los múltiples problemas que ocasionaba el continuo crecimiento de la población dentro de un espacio invariable y sin otra alternativa que buscar horizontes hacia donde encauzar ese excedente, y las autoridades militares que insistían en la necesidad de mantener intactas cada una de las defensas que convertían la Plaza en una de primer orden. "...Si en época lejana la Madre Patria se gastó muchos millones en fortificar esta Plaza, entonces que no tenía la importancia actual y con el próximo continente también suyo, compréndase hoy que es una Provincia lejana y con el mismo próximo continente, si no hostil al menos extraño...", argumentaba el comandante de ingenieros.[176] Transaba la Comandancia en permitir lo que se había tolerado para el barrio de la Marina —obras de mampostería con alturas determinadas y alineaciones dadas— pero hasta que no se construyesen fortificaciones del otro lado del puente de San Antonio y se moder-

---

174. *Supra*, n. 156.
175. Certificación de la moción presentada por el corregidor Rosendo Mauris de la Vega y el primer teniente alcalde Eusebio Hernández Costa, el 3 de marzo de 1865. Expediente sobre ensanche de la ciudad. Ayuntamiento de San Juan. 1872-1873. A. H. N., Ultr., Leg. 371, Exp. 9, N.º 5.
176. Capitanía General de Puerto Rico al gobernador superior civil. 11 de junio de 1872. *Loc. cit.* Comandancia Principal de Marina al gobernador superior civil. 4 de julio de 1872. *Loc. cit.*

nizara el fuerte de San Jerónimo de acuerdo con los últimos sistemas de guerra, no se podrían derribar las murallas.[177] Las murallas deberían conservarse hasta tanto se organizaran nuevas defensas que permitieran hacer frente a un ataque por tierra.

Todas las entidades de la administración civil se mostraron conformes con que se derribara un trozo de muralla para los fines que solicitaba el ayuntamiento. La Administración General Económica de la Provincia indicó no tener nada que oponer desde el punto de vista económico y hasta reconoce que es el momento propicio para llevar adelante el proyecto aunque advierte que debe conciliarse el beneficio económico que rendirían los nuevos solares con el costo de las obras de defensa, bien fuera de su construcción o reforma.[178] La Inspección General de Obras Públicas, a través de su jefe, ingeniero Evaristo de Churruca, demuestra su conformidad e incluso señala las razones de salud e higiene pública que recomiendan la medida como una necesaria.[179] La Comisión Permanente de la Diputación Provincial apoya "decididamente" el proyecto e insiste en la conveniencia de que se realizara cuanto antes.[180]

Realmente, el derribo de un lienzo de muralla por sí solo no resolvía el problema, pues con ello se conseguiría únicamente que la ciudad no quedara tan encerrada y que se desahogara la carretera que de allí salía mediante la formación de un buen paseo. Lo que permitiría el ensanche por aquel sector era el que, una vez destruidos los muros, se autorizara la edificación en los terrenos inmediatos que formaban la primera línea defensiva. Esto garantizaría la urbanización de todo el frente de tierra pues no se interrumpía la línea de viviendas. Era mucho pedir para que las autoridades militares cedieran al momento. Presentan ellas sus alternativas, algunas de las cuales estaban en franco conflicto con lo que aconsejaban los ingenieros civiles y arquitectos urbanos, como la de que se levantaran pisos altos sobre las casas terreras que aún quedaban

---

177. *Loc. cit.* Informe de la Comandancia de Ingenieros. 28 de octubre de 1872. *Loc. cit.*

178. Informe de la Administración General Económica de la Provincia de Puerto Rico. 5 de julio de 1872. *Loc. cit.*

179. Informe de la Inspección General de Obras Públicas. 6 de julio de 1872. *Loc. cit.*

180. Informe de la Diputación Provincial. 24 de octubre de 1872. *Loc. cit.*

intramuros. Otras, sin embargo, no carecían de lógica, como la de que el ayuntamiento construyera un número de casas para venderlas a largo plazo y así hacerlas asequibles a los menos pudientes; dejar que la zona de cerca de 100 metros que quedaba sin edificar por constituir la primera línea, se convirtiera en parque central en el momento en que se pudiera derribar la muralla; y enlazar con buenas comunicaciones las áreas más distantes como Cangrejos y Cataño por donde también podría extenderse la población.[181] La Comandancia de Ingenieros insiste en que la ciudad puede crecer sin necesidad de alterar su sistema de fortificaciones y que el capital que habría de emplearse en el derribo podría tener mayor utilidad si se aplicaba, por ejemplo, a la construcción del acueducto. Incluso las razones sentimentales se unían a las político-militares que favorecían la conservación de las murallas.

> ...demoler es sin duda más fácil, pero es más digno, más inteligente, conservar ese recuerdo que para nuestra defensa nos legaron nuestros padres, que quizás en vista del estado político y social de Europa y América puedan necesitarse en un plazo no lejano y utilizar los recursos de que hoy podemos disponer en mejorar las condiciones morales, intelectuales y materiales de estos habitantes...[182]

Los precedentes de derribos en otras poblaciones muradas como Barcelona (1854) y la Habana (1863) para facilitar el ensanche urbano, apoyaba el clamor pronto generalizado en San Juan.[183] El ayuntamiento agotará todas las posibilidades a su alcance para lograr lo que se había propuesto, incluida la apelación directa al Gobierno Supremo a través de sus diputados, en vista de que veía fracasar sus gestiones ante las autoridades de la Isla.[184]

El proyecto para el ensanche fue sometido por el arquitecto municipal Pedro Cobreros el 7 de julio de 1881 y tenía como base el supuesto de que se permitiría construir en la primera línea y que

---

181. Informe de la Comandancia de Ingenieros. 28 de octubre de 1872. *Loc. cit.*
182. *Loc. cit.*
183. Juan Antonio Gaya Nuño, *Arte del siglo XIX. Ars Hispaniae. Historia Universal del Arte Hispánico*, Madrid, Editorial Plus Ultra, 23 vols., T. XIX, pp. 159-161.
184. Sesión ordinaria del ayuntamiento, de 23 de julio de 1877. A. G. P. R., M.° S. J., Leg. 57, Exp. 49, Ca. 147; Instancia del ayuntamiento. 16 de octubre de 1877. A. H. N., Ultr., Leg. 371, Exp. 9, N.° 3.

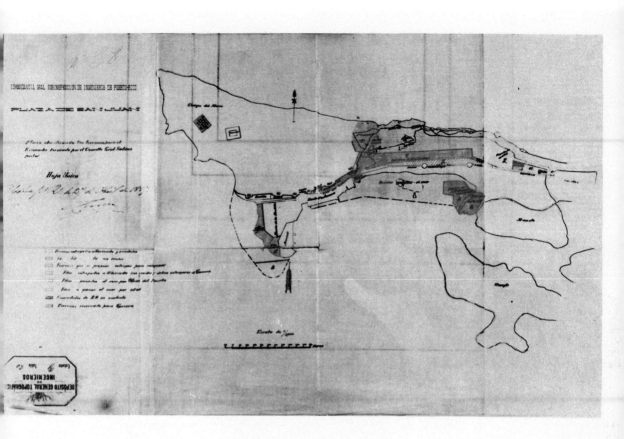

Núm. 97 Plano clasificando los terrenos para el ensanche formado por el comandante general subinspector José Laguna. 30 de septiembre de 1896. S.H.M., P.m. 18.13.

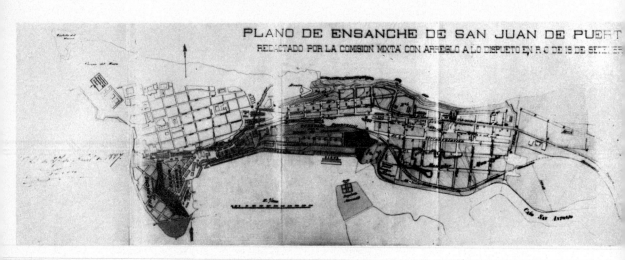

Núm. 98   Plano de ensanche de San Juan de Puerto Rico. Redactado por la Comisión Mixta. Aprobado por Real Orden de 27 de abril de 1797. S.H.M., P.m. 18.4.

se derrumbaría la muralla entre San Cristóbal y la calle del Comercio.[185] La traza urbana del nuevo barrio estaría sujeta a las exigencias de la población construida y una orientación conveniente, ejemplarizada en la de la Plaza. Las calles principales se orientarían de este a oeste para aprovechar al máximo las brisas refrescantes del este y nordeste y porque de esa manera ocuparían las más largas el terreno que presentaba las menores pendientes y las más cortas, las que correrían en dirección norte a sur, las de cuestas más empinadas, tal cual sucede en la vieja ciudad. Las calles centrales serían una prolongación de las de Tetuán, Fortaleza y San Francisco. Las casas podrían ser de uno o dos pisos y la construcción y adorno de los edificios se dejaría a la iniciativa individual siempre y cuando no se opusiera a la seguridad y al ornato público.[186] Otros proyectos siguieron al de Cobreros pero a juzgar por los planos que se conservan, mantienen las directrices básicas del trazado a cordel presentes en el primero.

Una Real Orden de 28 de marzo de 1882 dispuso el nombramiento de una comisión encargada de estudiar y proponer las resoluciones más convenientes a los intereses del ensanche, armonizándoles con los de su defensa. La comisión quedaría compuesta por el alcalde residente, dos concejales del ayuntamiento, el comandante de ingenieros, el capitán del puerto, el ingeniero jefe de Obras Públicas y el jefe de la Sección de Fomento y se reuniría bajo la presidencia del gobernador general.[187] Otra del 5 de julio del año siguiente, 1883, autoriza el derribo de las murallas de San Juan.[188] De la ley a la acción habría de transcurrir todavía poco más de una década.

Entre las obras que más urgía realizar estaban las de facilitar el acceso al muelle a través de la puerta de San Justo por la cual se verificaba la mayor parte del tráfico comercial. Se trataba de

---

185. Memoria del proyecto de ensanche para la ciudad de San Juan de Puerto Rico. 7 de julio de 1881. El arquitecto municipal Pedro Cobreros. Expediente instruido en este gobierno general para el ensanche de esta capital. A. H. N., Ultr., Leg. 371, Exp. 11, N.º 13. V. *supra*, Cap. VI, pp. 218-219.

186. *Loc. cit.*

187. Real Orden de 28 de marzo de 1882. A. H. N., Ultr., Leg. 371, Exp. 12, N.º 3.

188. Ministro de Ultramar al gobernador general de Puerto Rico. 7 de julio de 1883. A. H. N., Ultr., Leg. 371, Exp. 12, N.º 18 y A. H. N., Ultr., Leg. 407, Exp. 18, N.º 9.

sustituir la puerta abovedada por una cortadura de mayor amplitud, de la misma forma que se había hecho poco antes en la puerta de España (en el extremo sur de la calle de la Tanca) para dar acceso a la barriada de La Carbonera, al este de la Puntilla. Se sustituirían también las rasantes de las avenidas que conducían a la puerta de San Justo por otras más suaves para disminuir las considerables pendientes que presentaban y que ocasionaban grandes dificultades al paso de vehículos, haciendo que éstos se concentraran en la puerta de España. Para lograrlo se construirían dos rampas que partiendo de la línea exterior de la muralla se extenderían simétricamente a derecha e izquierda. El espacio comprendido entre las dos rampas podría jardinarse, dejando al centro un paso que conduciría a una escalinata. El proyecto se redactó tomando en consideración las condiciones impuestas por la Comandancia de Ingenieros de que afectaran lo menos posible a las murallas. Estos planes, cuya promoción se inicia en 1885 con la solicitud de un grupo de comerciantes, no se verán realizados hasta diez años más tarde.[189] En mayo de 1895 se estaban practicando los derribos necesarios y dos meses después se había demolido la puerta.[190] Por el gran interés que demostró el gobernador general en el proyecto, acordó el ayuntamiento darle al ensanche el nombre de "Avenida de Dabán"[191] con que todavía hoy se conoce.

A pesar de estar aprobada desde el 5 de julio de 1883 la demolición de las murallas del este, nada pudo hacerse de inmediato por las prescripciones restrictivas que acompañaron el permiso.[192] Des-

---

189. «Proyecto de rasantes de las avenidas de la Puerta de San Justo». 13 de junio de 1891. Patricio Bolomburu. «Expediente formado para el ensanche de la Puerta de San Justo. 1885». A. G. P. R., M.º S. J., Leg. 58, Exp. 109, Ca. 149; «Memoria explicativa del anteproyecto de rasantes modificado para las avenidas de la Puerta de San Justo». 6 de junio de 1883. Arquitecto municipal interino, Arturo Guerra. A. G. P. R., M.º S. J., Leg. 58, Exp. 108, Ca. 149; «Memoria explicativa del anteproyecto de rasantes modificado para las avenidas de la Puerta de San Justo». 18 de marzo de 1895. Arquitecto municipal Román Loredo. Loc. cit.; comerciantes de San Juan al alcalde. 24 de abril de 1885. Loc. cit.

190. «Expediente sobre ensanche de la Puerta de San Justo». 1894-1896. A. G. P. R., Obs. Mun., Leg. 62 B.

191. Sesión ordinaria del ayuntamiento de 18 de marzo de 1895. A. G. P. R., M.º S. J., Leg. 58, Exp. 108, Ca. 149.

192. Pablo Ubarri al Ministro de Ultramar. 10 de enero de 1893. A. H. N., Ultr., Leg. 371, Exp. 12, N.º 21.

pués de nuevas diligencias, el 27 de abril de 1897, aprobó la reina regente el proyecto definitivo para el ensanche.

Estipulaba la Real Orden que el Ramo de Guerra debía entregar al ayuntamiento el recinto fortificado desde el baluarte de San Justo, siguiendo hacia el este, los de San Pedro Mártir, el de Santiago y la parte de la cortina que llegaba hasta San Cristóbal, inclusos la media luna de Santiago, camino cubierto y accesorios, con los caminos de servicio, fosos, rampas, puentes y terrenos ocupados por dicho recinto. (Ilustración 97). La corporación municipal correría con los gastos del derribo y recibiría gratuitamente los solares necesarios para calles y vías públicas de acuerdo al plan de ensanche. (Ilustración 98). Aunque se verificara el derribo, subsistirían la primera y segunda zona de la primera línea y de las baterías de San Antonio y fuerte de San Jerónimo, no permitiéndose en ellas edificación alguna. Una comisión mixta integrada por el comandante de ingenieros de la Plaza, el arquitecto del Estado y el del municipio y el personal competente que nombrara la Junta de Autoridades, estaría encargada de marcar sobre el terreno las calles, plazas y áreas para jardines que se entregaran al ayuntamiento, los solares que Hacienda habría de vender en subasta pública y los reservados al Ramo de Guerra.[193]

Toda la población, sin distinción de clases, acogió jubilosa la Real Orden. El acto del derribo de la primera piedra se celebró con gran pompa y festividades el 17 de mayo a las 9:00 A.M., día del cumpleaños del Rey.[194] Jóvenes de "la buena sociedad" formaron brigadas de honor que, armadas de picos y palas y uniformadas con un sombrero de jipi-japa y de una camisola, se prestaban a contribuir a la acción. También asistió el sexo femenino al organizarse en grupos de aguadoras, para las cuales fue preciso improvisar una

193. Ministro de la Guerra al de Ultramar. 27 de abril de 1897. A. H. N., Ultr., Leg. 371, Exp. 12, N.º 23. El texto íntegro de la Real Orden aparece publicado en la *Gaceta del Gobierno de Puerto Rico*, Núm. 114 (14 de mayo de 1897), pág. 1, y en Hostos, *Historia...*, pp. 258-259.

194. Invitación impresa para el acto circulada por el ayuntamiento. 15 de mayo de 1897. A. G . P. R., M.º S. J., Leg. 54 A, Exp. 20 ½, Ca. 143. Hostos, *Historia...*, p. 259, indica que la tarea comenzó el 27 de mayo.

serie de tiendas de campaña en la calle de San Francisco, frente a la Plaza de Santiago.[195] (Ilustración 99).

Con las murallas del este se fueron muchas otras cosas. Un año más tarde, frescos aún los recuerdos de las fiestas con que se celebró el derribo y apenas otorgada la tan esperada Carta Autonómica (Decreto del Consejo de Ministros de 25 de noviembre de 1897) que garantizaba a los puertorriqueños su propio gobierno, estalló la Guerra Hispanoamericana y a su término, se impuso el cambio de soberanía. Nada hubieran podido hacer las murallas frente a la poderosa escuadra norteamericana, como lo demostró el bombardeo a San Juan, pero su derrumbe se nos presenta como un símbolo. San Juan despide con la desaparición del recinto este, el carácter que le dio vida durante cuatro siglos y abre sus puertas a todo un acontecer histórico que traerá con el tiempo cambios radicales. (Ilustración 100). Todavía hoy, no empece haber perdido parte del abrigo que por más de doscientos años la protegiera, la antigua ciudad de Puerto Rico es testigo imperturbable del pasado hispánico que no muere y nos habla con muda elocuencia desde la imponente soledad de los monumentos que hoy conservan para ella su estampa señorial.

*   *   *

Consideraciones finales.

El conjunto monumental del "viejo San Juan", como se le llama popularmente a lo que fuera hasta 1897 el recinto murado, constituye, por su cerrada unidad, una página interesante dentro de la historia de la arquitectura hispanoamericana. Paralela a Cartagena de Indias en su condición de plaza fuerte, presenta un rostro único en la homogeneidad neoclásica de los edificios públicos construidos o reformados durante el reinado de Isabel II. Ni en los países hermanos de la América hispana, inmersos en la problemática de nuevos estados y vueltos hacia las corrientes artísticas de vanguardia,

---

195. Hostos, *Historia...*, pp. 259-260.

Núm. 99   Puerta de Santiago, desde la plaza del mismo nombre, hoy Colón. Foto de
1897, cortesía de la familia Power Moreira.

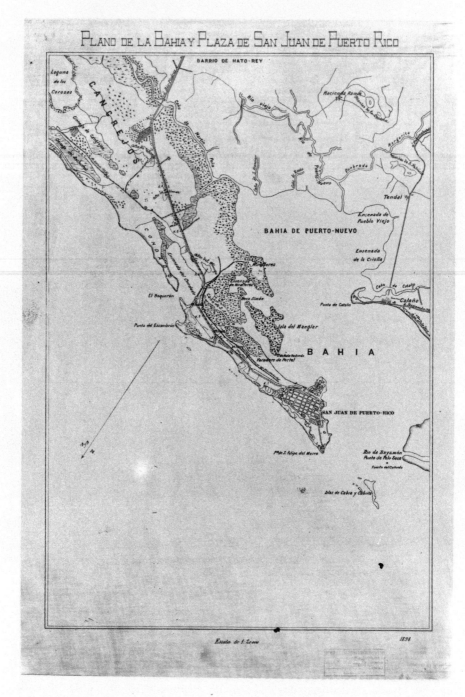

Núm. 100   Plano de la bahía y plaza de San Juan de Puerto Rico. 1898. M.E., A.P., A.O.T., No. 64.

ni en España, donde la Academia de San Fernando dicta normas academicistas que muy pocos siguen,[196] se encontrará una consistencia estilística como la que se da en Puerto Rico, puesto que no es exclusiva de San Juan aunque sea en ella más evidente. La Academia ejercía en cambio cierta jurisdicción sobre los edificios de Ultramar y hemos encontrado varios ejemplos en los cuales se requiere y obtiene su aprobación para los proyectos presentados.

En San Juan, donde a principios del siglo XIX apenas existían otros edificios públicos que los propios de su función castrense, pudieron llevarse a cabo obras municipales y estatales conformes a una norma de estilo, a diferencia de otras capitales hispanoamericanas que amparadas en mejor fortuna, crearon su monumentalidad en forma gradual.

El estilo neoclásico que se desarrolla en San Juan tiene una serie de elementos que aparecen en forma constante en sus edificios públicos, extendiéndose la influencia de éstos, en algunos casos, hasta la fachada de las casas. Podemos señalar en primer término el concepto monumental que inspira su arquitectura; sus edificios no sólo sobresalen por su tamaño, sino por la majestuosidad que se consigue a través del esmero que ponen los artistas en alcanzar la medida justa y proporcionada. Debemos recordar, además, que muchos de estos edificios se construyeron con carácter provincial, es decir, para servir a toda la población isleña y no exclusivamente a la de San Juan. Tal es el caso, por ejemplo, de la casa de beneficencia, el manicomio y el hospital militar. Los detalles decorativos, dentro de esta misma línea de mesura, se utilizan y distribuyen con gusto de manera que siendo los mismos, evitan lo rutinario y la fatiga que provoca una repetición indiscernida. No nos cansan los edificios de San Juan; podemos recorrerlos y a la par que señalamos las invariantes, disfrutamos sus particularidades. En ellos encontraremos los oratorios dispuestos como capillas abiertas —cuartel de Ballajá, manicomio, hospital civil, la Princesa, cementerio— colocándose en varias ocasiones detrás de la fachada principal cual sucede en el manicomio y hospital civil y cubiertos con bóvedas sobre pechinas. Los desniveles del terreno se aprovechan en estruc-

---

196. Gaya Nuño, *op. cit.*, p. 155.

turas de varios niveles —como en el seminario y casa de beneficencia— y no pueden faltar en una ciudad neoclásica estructuras
que nos recuerden los arcos de triunfo o las puertas monumentales,
como los que forman los accesos al arsenal y al cementerio de Santa
María Magdalena de Pazzis. Sobre los recursos ornamentales nos
hemos expresado ampliamente al ocuparnos de cada edificio. Todo
se cuidaba hasta el detalle, incluso la pintura, de lo que dan fe los
pormenorizados pliegos de condiciones facultativas que acompañan
cada proyecto.

Los materiales de construcción ayudan a crear esta uniformidad.
La piedra escaseaba en las cercanías de la Plaza y siempre tendrá
prioridad su uso en las fortificaciones y demás obras defensivas.
En ciertas ocasiones en que se hubiera podido adquirir, el precio
de su traslado o incluso la ausencia de buenos canteros que pudieran trabajarla, hizo que se prescindiera de ella.[197] Esta dificultad
generaliza el empleo de la mampostería y sobre todo del ladrillo
que nunca se deja en su color sino que oculta su pobreza mediante
el enlucido de cal, al tiempo que lo salva de la acción del salitre
y el viento. Tiene Puerto Rico excelentes maderas que se aprovechan de acuerdo a su naturaleza, en las vigas de los techos y suelos,
puertas y ventanas, balcones, rejas, ebanistería, etc. (V. documento
9 del apéndice documental). El alto costo de su extracción y traslado hasta el lugar de las obras por las malas condiciones de los
caminos, es una de las razones que explican que empezara a impor-
tarse de los Estados Unidos a precios más módicos el pino resinoso
que conocemos como *pichipén* por la corrupción de su nombre en
inglés: "pitch pine". El amplio uso de la madera, sobre todo en las
casas particulares, imprime a San Juan una de sus notas más características.

Creemos de justicia destacar la labor de algunos de nuestros
gobernadores y capitanes generales que si son de triste recordación
por la particular coyuntura histórica del tiempo de su mando, dieron en cambio un gran estímulo al desarrollo urbano y contribuyeron en forma activa y decidida a la transformación de la ciudad

---

197. Proyecto de construcción del hospital civil. Memoria descriptiva. 8 de diciembre de 1876. Domingo Sesmero. A. G. P. R., M.º S. J., Leg. 65.

en urbe civil. Tales son, entre otros, don Miguel de la Torre, conde de Torrepando (1822-1837) y don Juan de la Pezuela y Cevallos, conde de Cheste (1848-1851).

En resumen, podemos afirmar que el eclecticismo estilístico de los ingenieros y arquitectos activos durante el siglo XIX, en su mayoría pertenecientes al Real Cuerpo de Ingenieros Militares, permitió la convivencia de la sinceridad estructural del neoclásico, racional y sublime, portadora tardía de los principios de la Ilustración, con la emoción romántica de los arabescos y elementos neogóticos. Es curioso el paralelismo que se crea entre la permanencia de un estilo arquitectónico que se resiste a desaparecer y la inmovilidad política de unas reformas al sistema que prometidas desde 1837 no llegan hasta 1897.

La ciudad de San Juan, que ha sobrevivido tantos embates a través de los siglos, debe permanecer siempre como un recuerdo imperecedero de nuestra estirpe y un testimonio continuo del histórico destino común de pueblo hispanoamericano que corresponde a Puerto Rico.

Apendices Documentales

DOCUMENTO 1

Declaraciones acerca del estado en que quedó la catedral después de los terremotos ocurridos el 2 de mayo de 1787.*

Informe sobre el reconocimiento practicado en la catedral por los arquitectos y maestros mayores de las reales obras. 11 de junio de 1787.

"Copia. Los maestros mayores de reales obras, con el de carpintería, irán hoy por la mañana a reconocer la Iglesia Catedral particularmente en sus techos y con especialidad la crujida [sic] que cae sobre el coro, que según noticias extrajudiciales ha causado mucho daño el segundo temblor de tierra acaecido la noche del diez y ocho del pasado, de cuyo reconocimiento me informarán a continuación. Puerto Rico, nueve de junio de mil setecientos ochenta y siete = Masdeu = En cumplimiento de la anterior orden, decimos nosotros los arquitectos y maestros mayores don Bartolomé Famy y don Juan de Santaella, acompañado del maestro mayor de carpintería Josef González, que hemos pasado al reconocimiento de la iglesia catedral y habiéndola examinado con toda prolijidad decimos: que conforme tenemos informado verbalmente en el que practicamos el día tres de mayo pasado al señor Teniente Coronel y Comandante de Ingenieros don Juan Francisco Mestre, no encontramos en el presente reconocimiento novedad alguna que amenace una pronta ruina (como algunos quieren decir) y que ésta no es tan próxima como la suponen, según uso del arte; y para evitar en lo subsesivo [sic] algún daño, y asegurar en un todo el primer techo de madera, se deberán colocar de un arco a otro dos vigas para sostener los cabalcones

---

* «N.º 5.º. Comprehende el expediente obrado el año de 87 sobre reconocimiento del techo de la Santa Iglesia Catedral que se temió amenazar próxima ruina con motivo de los temblores de aquel año: lo ocurrido con el Cabildo resistiendo éste la jurisdicción ordinaria; aprobación que dio el Prelado a lo ejecutado por el Deán, su Provisor: multa y comminación al Cabildo; con las cartas de correspondencia confidencial del Prelado con su Provisor. Puerto Rico. Año de 1803». A. H. N. Ultr., Leg. 2005, Exp. 1, fols. 3v. a 17v. y 29v. a 30v.

[sic] a causa de que las maderas de sus techos se hallan bastante destruidas, con cuyo auxilio podrán aguantar algún tiempo más. Y por lo
que toca a mampostería, arcos, y bóvedas, se han encontrado algunas
aberturas de poca consideración. Y por sentirlo así, lo firmamos en
Puerto Rico a once de junio de mil setecientos ochenta y siete. = Bartolomé Famy = Juan de Santaella = José González = Don Juan Francisco Mestre, Teniente Coronel e Ingeniero en Segundo de los Reales
Ejércitos y director de las obras de fortificación de esta Plaza...".

> Declaración hecha el 18 de junio 1787 por los alarifes de la ciudad
> Diego González y Domingo Alvarez.

"En diez y ocho del mismo mes y año comparecieron, siendo citados
en este Tribunal don Diego González y Domingo Alvarez, maestros de
alarife de esta Ciudad, de quienes Su Señoría por ante mí recibió juramento que hicieron por Dios Nuestro Señor y una señal de cruz so cuyo
cargo prometieron decir verdad en lo que se les pregunte y sepan y
siéndolo sobre el reconocimiento que de orden de este Tribunal practicaron el quince del corriente para indagar el estado en que se hallan
las paredes, arcos, bóveda y techos de la santa iglesia catedral de esta
Ciudad, arreglados al auto que a este efecto se les intimó en seis del
mismo, dijeron: que según su leal saber y entender por lo especulativo
y práctico de su oficio han reconocido en dicha santa iglesia lo siguiente:
En la bóveda de la capilla mayor tres pelos, uno en el luneto del centro, y sube perpendicular desde dos varas arriba de la cornisa hasta la
clave de su arco apuntado, y sigue de allí culebreando hasta el florón;
otro en el luneto del costado del norte, el cual sube también perpendicular desde cuatro varas debajo de la cornisa hasta su cerramiento y
del mismo modo sigue culebreando hasta el florón, y traspasa a la parte
exterior; y el tercero de norte a sur arrimado al arco toral en cuyos
arranques tiene dos pelos perpendiculares en su ángulo que bajan hasta
las tribunas. En la pared del norte colateral de la capilla del Sagrario,
se ven tres pelos que corren horizontales por sobre el arco de la puerta
de dicha capilla en los que comprehende su longitud hasta llegar a la
esquina del martillo, estando igualmente rajado dicho arco por su clave,
y pasa a la pechina rematando en la cornisa; y en la otra pared del sur
que la acompaña se encuentran los mismos pelos horizontales sobre el
arco de la capilla de San Antonio. Primera = En la primera danza de
arcos luego que se baja del presbiterio, donde está el púlpito, hay dos
rajaduras perpendiculares en el martillo de la parte del norte, y en el del
sur tiene otra raja desde el techo hasta el mismo arranque del arco. En
la clave del del medio hay otra abertura perpendicular que llega hasta
la madera partiendo el óvalo. En el arco de la capilla de Dolores hay
otra rajadura en su clave, y en la de San Pedro otro horizontal por

encima de la rosca. 2 = En la segunda danza de arcos se hallan todos tres rajados; el colateral del sur por sus tercios hasta la madera; el del norte y el del medio por sus claves perpendiculares hasta su macizo. 3 = En la tercera danza están igualmente rajados todos; el del lado del sur por su tercio hasta arriba y por su arranque hasta el macizo; el del medio rajado perpendicular como dos varas por la clave y el de la parte del norte rajado también por la clave y por encima del arco demuestra otra abertura horizontal. 4 = En la cuarta danza se hallan rajados el del medio por su clave hasta la madera y el colateral del sur por su tercio y en el arranque dos aberturas hasta el techo. En la pared del frontis se hallan tres aberturas, una en cada ángulo, y otra en el medio que parte el arco de la puerta mayor, y suben todas hasta el techo. Por lo tocante a dicho techo dijeron: que reconocido el primer tramo del almizate que cae sobre la referida puerta principal se halla su cumbrera partida por tres partes, sostenida únicamente sobre dos tornapuntas, con una cuarta de cimbra y una castañuela a distancia de media vara. Por la parte del sur cinco alfadas podridas, la 3a., 9a., 11a. y 17a., y corridas la 10a., 12a. y 13a. y está desunida de su copete y sostenida con una cuña. Por la parte del norte hay otras cuatro podridas, la 3a., 9a., 11a. y 17a., la primera también desprendida de su copete pulgada y media y la segunda una pulgada; y las piernas de todas las alfaldas de este tramo tienen una cuarta de cimbra por los nudillos, de los que hay algunos desunidos. La tijera que sostiene la cumbrera de dicho tramo está podrida enteramente y es la que cae sobre la silla del señor obispo y demás de los señores prebendados. La madre que sostiene los nudillos del mismo tramo se halla con cuatro clavos sueltos, por razón de la cimbra que ha hecho de más de una cuarta, por lo que está expuesta a rendirse de uno a otro momento como lo están otras que se dirán, y las tablas de su piso desprendidas ocho pulgadas. 2 = En el segundo almizate que cae sobre el coro por la parte del sur tiene dos alfaldas podridas, la 8a. y 13a.; por la parte del norte, cuatro, 4a., 7a., 12a y 14a. con una cuarta de cimbra todas ellas. La cumbrera se halla podrida en su medio y de cimbra una cuarta, y cuatro nudillos reparados con castañuelas. La madre que sostiene los nudillos, a más de podrida, está partida con doce pulgadas de cimbra y ocho clavos sueltos. 3 = En el tercer almirante [sic] por la parte del sur hay cinco alfaldas podridas, 6a., 7a., 10a., 16a. y 17a., dos corridas por su copete una pulgada, y acuñadas con una cuarta de cimbra todas ellas; la cumbrera de este tramo podrida y rendida por el empalme, también con una cuarta de cimbra y la madre que sostiene los nudillos tiene sueltos cuatro clavos y reventada por su tercio con doce pulgadas de cimbra. Por la parte del norte hay ocho alfaldas podridas, la 1a., 2a., 4a., 6a., 7a., 9a., 13a. y 17a., también cimbradas una cuarta. 4 = En el cuarto, por la parte del sur hay cinco alfaldas podridas, la 6a., 7a., 10a., 16a. y 17a., dos

corridas y acuñalada una, y por el norte hay podridas ocho, la 1a., 2a.,
4a., 6a., 7a., 9a., 13a. y 17a. y todas con cuatro pulgadas de cimbra; la
cumbrera podrida y rendida por su mitad. La madre que sostiene los
nudillos de su piso tiene otras cuatro pulgadas de cimbra. 5 = El quinto
que es el primero bajando del presbiterio se halla de media vida según
lo demuestra su maderaje. En el losano [sic] de la pared del sur se
descubrió el ancho de cuatro alfaldas, a buscar sus barbillas y soleras,
que unas y otras se encontraron hechas polvo sobre que nadan los clavos sueltos y pasados, descansando solamente las cabezas de dichas alfaldas sobre la viga corredera con que se repararon ahora [sic] tres o
cuatro años y todas llenas de muchísima polilla viva o especie de gusanos blancos que las van devorando continuamente. Y en consideración
al estado en que resulta hallarse dicho edificio, según el por menor referido, dijeron: Que por lo que respecta a la bóveda de la capilla mayor
no juzgan amenace ruina aunque repitan temblores, no siendo desco-
munales. Que las paredes y arcos no volviendo temblor tampoco la ame-
nazan, pero si repiten algo violentos es indispensable según el quebranto
presente. Que de la armadura del techo las cuatro luces que siguen del
púlpito a la puerta principal la están amenazando, aunque no repitan
temblores, por la corrupción general de maderas, el vencimiento de
éstas, expuestas de uno a otro instante a partir por el medio, a más de
su dislocación y falta de hombres que las sostengan; pues las vigas
correderas que están de la parte interior de la iglesia aunque nuevas,
como que trabaja todo el peso sobre los canecillos que las reciben, no
son de confianza. Que cuanto han expuesto y declarado es la verdad, en
que se afirman y ratifican so cargo de sus juramentos hechos. Leyóseles
su declaración y dijeron estar bien escrita, que no se les ofrece que añadir ni quitar, que son naturales uno y otro de la ciudad de Córdo[va]
en los reinos de España, de sesenta años de edad el don Diego, y Alvarez
de treinta y siete, y lo firmaron junto con Su Señoría de que doy fe. =
Matos = Diego González = Domingo Alvarez = Ante mí = Antonio García Casuela, Notario Público."

Declaración hecha el 19 de junio de 1787 por los maestros carpinteros Juan de la Puerta, Pedro de Amésquita y Vicente de Frometa.

"En diez y nueve del propio mes y año comparecieron en este Tribunal
siendo citados los maestros carpinteros Juan de la Puerta, Pedro de
Amésquita y Vicente de Frometa, vecinos todos de esta Ciudad, de quienes Su Señoría por ante mí recibió juramento que hicieron según derecho so cuyo cargo prometieron decir verdad en lo que se les pregunte
y siéndolo sobre la diligencia de reconocimiento que practicaron el
quince del corriente para averiguar el estado en que se halla esta santa
iglesia, arreglados al auto que a este efecto se les intimó en seis del

mismo, dijeron: Que según su leal saber y entender por lo tocante a su oficio han reconocido en dicha santa iglesia los daños siguientes: 1 = En el primer cuerpo del frontis se halla su cumbrera con una cuarta de cimbra por los medios y reventada a distancia de una vara de la pared de dicho frontis, cuya rotura tiene cinco cuartas de largo y reparada con dos tornapuntas que nada la sostienen y más adelante, como a distancia de una vara, tiene otra reventadura reparada con una castañuela y a más un empalme dislocado en la misma cumbrera. Las alfaldas de la parte del sur están todas desunidas de la cumbrera como una pulgada a causa de faltarles las soleras que estarán entre paredes y se hallan hechas tierra, y era donde estaban embarbilladas y clavadas dichas alfaldas. También se encuentran en dicho lado del sur cinco carcomidas, perdida ya su resistencia y son las 3a., 9a., 10a., 11a. y 17a. Por el costado del norte se hallan las cuatro alfaldas primeras desunidas de la cumbrera como una pulgada y otras cinco carcomidas, perdida ya su fuerza que son las 1a., 6a., 8a., 15a. y 16a. cuyas soleras igualmente están hechas polvo como las de la parte del sur, y todas tienen una cuarta de cimbra. La madre que sostiene los nudillos tiene cuatro clavos sueltos por la cimbra de una cuarta que ha hecho y reventada por su tercio hacia el oriente. La primera tijera que se halla en el centro y cae sobre la silla episcopal y demás de los señores prebendados se halla enteramente podrida. Las tablas del piso están desencajadas de su centro ocho pulgadas por causa de la cimbra que ha hecho la armadura. 2 = En el segundo cuerpo, que es el que cae sobre el coro, se halla la cumbrera podrida enteramente y reventada por tres partes. Por el lado del sur tiene tres alfaldas picadas de la polilla que han perdido su mayor fuerza y son la 8a., 11a. y 13a. y todas ellas con una cuarta de cimbra que la ha causado asimismo la falta de soleras sobre que apoyaban, por estar todas podridas como también sus barbillas. Por la parte del norte hay cuatro alfaldas llenas de polilla y perdida su fortaleza y son la 4a., 7a., 12a. y 14a. Las piernas de alfaldas de este costado se hallan también con una cuarta de cimbra y cuatro nudillos reparados con sus castañuelas y éstos caen sobre el mismo coro. La madre de dicho piso se halla carcomida de la polilla, rompida [sic] y perdida toda su fuerza con doce pulgadas de cimbra y ocho clavos sueltos de sus nudillos, y las tablas del piso acompañando la misma cimbra. 3 = En el tercer tramo se encuentra la cumbrera podrida enteramente y rendida por el empalme. Por la parte del sur se hallan cinco alfaldas carcomidas y perdida más de la mitad de su fuerza, y éstas son la 6a., 7a., 10a., 16a. y 17a. Por la parte del norte se encuentran ocho alfaldas carcomidas y perdida su fuerza que son las 1a., 2a., 4a., 6a., 7a., 9a., 13a. y 17a. y las de uno y otra lado vencidas con la cumbrera ocho pulgadas por habérseles podrido también las soleras donde estaban embarbilladas. La madre que sujeta los nudillos se le encuentra la misma cimbra que su cumbrera con cuatro clavos sueltos y reventada por su tercio al poniente, y las tablas del piso acompañan la cimbra. 4 = En el cuarto se encuentra la cumbrera toda podrida con una cuarta de cimbra y partida por su mitad. Por la parte del sur se hallan carcomidas cinco alfaldas y podrida toda su fuerza y son la 6a., 7a., 10a , 16a. y 17a. Por la parte del norte se hallan carcomidas y perdida la mitad de su fuerza ocho alfaldas que son las 1a., 2a., 4a., 6a., 7a., 9a., 13a. y 17a. La madre de este cuerpo y su piso se halla con el mismo vencimiento o cimbra que el anterior por las mismas causas. 6 = En el quinto tramo se halla su cumbrera con cuatro pulgadas de cimbra. Por la parte del sur se encuentran siete alfaldas picadas de la polilla y son 5a., 8a., 12a., 16a., 20a., 21a. y 23a. Por la parte del norte se encuentran seis alfaldas picadas y carcomidas que son las 4a., 7a., 13a., 18a., 20a. y 27a. Este cuerpo se considera estar de media vida por no hallarse con tanto quebranto como los demás. Y en consideración al estado en que han hallado las referidas maderas, según el pormenor de su reconocimiento, la general corrupción de ellas, su quebrantamiento y cimbra desproporcionada, consideran que amenaza ruina, porque de día en dí[a] irían perdiendo su poca fuerza por la gravedad del peso que sostienen y cuando menos se espere se vendrá abajo y mucho más pronto siempre que venga tempestad de viento, o agua, o un temblor de tierra. Que cuanto han dicho y declarado es la verdad en que se afirman y ratifican so cargo de los juramentos que han hecho: Leyóseles, y dijeron estar bien escrita, que no tienen que añadir ni quitar, que es natural el Frometa de la ciudad de Santo Domingo, y Puerta y Amézquita de ésta, de treinta y seis años de edad estos dos, y aquél de treinta y dos y la firmaron con Su Señoría, de que doy fe. = Matos = Juan de la Puerta = Pedro de Amézquita = Vicente Frometa = Ante mí = Antonio García Casuela, Notario Público.

Declaración hecha el 20 de junio de 1787 por el presbítero don Joaquín Urquisu.

"En veinte de dicho mes y año compareció en este Tribunal siendo citado el presbítero don Joaquín Urquisu, sacristán mayor de esta Catedral de quien Su Señoría por ante mí recibió juramento que hizo *in verbo sacerdotis tacto pectore et corona*, so cuyo cargo prometió decir verdad en lo que supiere y se le pregunte y siéndolo sobre la diligencia de reconocimiento hecho por peritos del estado de dicha santa iglesia y que se mandó presentar al declarante en compaña de otros eclesiásticos, dijo: Que es cierto presenció dicho acto y reconoció, así en él como de antemano, que en la bóveda de la capilla mayor hay tres pelos o aberturas y de éstas la que está de norte a sur arrimada al arco toral baja hasta las tribunas de la epístola y evangelio por sus junturas. Que en la pared colateral de la capilla del Sagrario que cae al lado del norte se ven tres o cuatro pelos que llaman horizontales y éstos empiezan desde sobre la tribuna del evangelio hasta el martillo de la primera danza de arcos; que el arco de la puerta de dicha capilla está también abierto por el centro. Que la pared del lado del sur en que está la capilla de San Antonio tiene también otros tres pelos horizontales que comprehenden toda su longitud. 1 = Que en los primeros arcos luego que se baja del presbiterio hay dos aberturas de alto abajo en el martillo de la parte del norte, y en el del sur hay otra desde el arranque del arco hasta el mismo techo; y el arco del medio está abierto por el centro y sube hasta el zaquizamí rompiendo el óvalo. Que el de la puerta de la capilla de Dolores está rajado por el medio, y el de San Pedro tiene otra abertura horizontal por encima de la rosca. 2 = Que la segunda danza de arcos están todos rajados, el del sur por un costado hasta el techo, y los otros dos por el medio. 3 = Que en la tercera están también rajados todos tres, el del sur por un lado hasta arriba y los otros dos por el centro aunque el del lado del norte muestra otro pelo horizontal por encima. 4 = Que en la cuarta danza de arcos se encuentra abierto el del medio por el centro hasta el techo y el del costado del sur por un lado, y éste en su arranque tiene dos aberturas hasta arriba. Que en la pared de la puerta principal hay tres aberturas de alto abajo y la una parte el arco de la misma puerta por el medio. Que por lo que respecta al maderaje del techo, y los demás zaquizamís, no vio el declarante sino el primero que está sobre las bancas capitulares y escaños de guerra que al parecer no está muy bueno pues yendo caminando por él en compaña del presente Notario y don Juan Roldán, dió dos estallidos con lo que se sobresaltó el que declara y no se atrevió a bajar a los demás, pero que oyó a todos los maestros y demás cuando suveron [sic] de ellos que venían ponderando lo malo que estaban; que también le causó más temor para no bajar a dichos zaquizamís el haberle dicho el presbítero don Silvestre Echeverría al tiempo de bajar al segundo que no bajara porque estaba muy malo. Que cuanto ha declarado es la verdad en que se afirma y ratifica so cargo de su juramento hecho: leyósele su declaración y dijo estar bien escrita, que se le ofrece que añadir haber también visto cuando los maestros descubrieron las cabezas de las alfaldas que caen sobre el pórtico de dicha santa iglesia como dos varas y se encontraron todas aquellas maderas podridas, y los clavos que las sujetaban sueltos porque no tenían donde agarrar, y ellos también pasados, que en los pedazos de madera podrida se encontraron los gusanos vivos de carcoma que hervían entre aquellos fragmentos. Que no tiene otra cosa que añadir ni quitar y la firmó con Su Señoría de que doy fe. = Matos = Joaquín Urquizu = Ante mí = Antonio García Casuela, Notario Público.

Declaración hecha el 20 de junio de 1787 por el presbítero don José Antonio Espeleta.

"Dicho día compareció para el mismo efecto siendo citado el presbítero don José Antonio Espeleta, Teniente de Cura de esta santa iglesia de quien Su Señoría por ante mí recibió juramento que hizo *in verbo sacerdotis tacto pectore et corona* so cuyo cargo prometió decir verdad en lo que supiere y se le preguntare, y siéndolo sobre el reconocimiento hecho por los peritos del estado de dicha santa iglesia que presenció el declarante, dijo que en cumplimiento de lo mandado por Su Señoría fue a ver practicar dicho reconocimiento y advirtió en aquel acto (aunque también antecedentemente había visto algunos) los daños que hay en la catedral y son los siguientes. Que en la bóveda de la capilla mayor hay tres pelos y el uno coge todo el arrimo del arco toral de norte a sur y baja hasta las tribunas de la epístola y evangelio pegado a las paredes de uno y otro lado. Que en la pared colateral del norte sobre la puerta de la capilla del Sagrario hay tres pelos horizontales que cogen toda su longitud hasta el martillo que llega a la primera danza de arcos, y el de dicha puerta está abierto por el medio. Que en la pared del sur que cae enfrente hay otros tres pelos también horizontales por sobre el arco de la puerta de la capilla de San Antonio que comprehenden toda la pared. 1 = En la primera danza de arcos que es donde está el púlpito, hay en el martillo de la pared del norte dos rajaduras de arriba abajo y el del sur tiene otra desde el techo hasta el arranque del arco de aquel lado. En la clave del del medio hay otra raja que llega hasta arriba y rompe por sobre el óvalo. En el arco de la puerta de la capilla de Dolores hay una abertura por el medio y sobre el arco de la de San Pedro se ve otra horizontal. 2 = En la segunda danza están todos tres arcos abiertos, el del sur por un lado y los otros dos por el medio, y aquél llega su abertura hasta la madera. 3 = En la tercera danza de arcos se encuentran también rajados todos tres; el de la parte del sur por un costado hasta el techo y sigue por abajo la rajadura hasta la pared, y los otros dos abiertos por sus medios, y en el del norte se manifiesta otra abertura horizontal. 4 = En la cuarta danza se ve rajado el del medio por la clave hasta arriba, y el del sur por un lado y en su arranque dos aberturas hasta el techo. En la pared de la puerta principal hay tres rajaduras que cogen de alto abajo, y la del medio parte del arco de la misma puerta. Que por lo que toca al techo entró en todos los zaquizamís y advirtió que las más de sus maderas están enteramente corrompidas según que iban los maestros probándolas, que todos los pisos tienen unas cimbras considerables y en algunas maderas muchos clavos sueltos y están partidas las de sobre el coro y antecoro, y las cumbreras enteramente arruinadas, de modo, que causa miedo ver el deplorable estado de todas ellas y mucho más cuando se descu-

brieron las soleras que caen sobre el pórtico, que se encontraron todas
hechas tierra y los clavos que sujetaban las alfaldas sueltos por no
tener donde agarrar, a más de que ellos también estaban podridos; que
en algunos pedazos de madera podrida que sacaron se encontró muchísima carcoma viva o gusanos blancos que hervían entre la misma madera. Que cuanto ha declarado es la verdad en que se afirma y ratifica
so cargo de su juramento hecho: leyósele su declaración y dijo estar
bien escrita, que no tiene que añadir, ni quitar, y la firmó con Su Señoría de que doy fe. = Matos = José Antonio Espeleta = Ante mí = Antonio García Casuela, Notario Público.

Declaración hecha el 20 de junio de 1787 por el clérigo don Juan
Roldán.

"En el mismo día compareció siendo citado don Juan Roldán, clérigo
tonsurado y sacristán menor de esta santa iglesia, de quien Su Señoría
por ante mí recibió juramento que hizo según derecho so cuyo cargo
prometió decir verdad en lo que supiere y se le preguntare, y siéndolo
sobre el reconocimiento a que se le mandó asistir y practicaron los
peritos del estado de dicha santa iglesia en su edificio dijo: Que cumpliendo con el mandato de Su Señoría presenció dicho reconocimiento
y vio, como anteriormente también los había visto, los daños siguientes.
En la bóveda de la capilla mayor tres pelos, pero el uno arrimado al
arco toral que coge de norte a sur y baja por las junturas de la pared
hasta las tribunas del evangelio y epístola. En la pared del norte hay
tres o cuatro rajaduras horizontales por sobre la puerta de la capilla
del Sagrario en toda su longitud y el arco de dicha puerta abierto por
el medio. En la pared del sur se encuentran otros tres pelos horizontales por sobre la puerta de la capilla de San Antonio que la comprehenden toda. 1 = En la primera corrida de arcos, luego que se baja del
altar mayor, hay en el martillo de la pared del norte junto a la capilla
de Dolores dos pelos que cogen de arriba hasta abajo; y en el martillo de
la del sur otro pelo desde el techo hasta el arranque del arco de aquel
lado. En el del medio hay una abertura por la clave que llega hasta la
madera y parte el óvalo; en el arco de la puerta de la capilla de Dolores
hay otra abertura por su clave, y por sobre el de la de San Pedro hay
una horizontal. 2 = En la segunda danza de arcos se encuentran todos
tres rajados, el del sur por el tercio hasta el techo y los otros dos por
el medio hasta la pared. 3 = En la tercera danza se hallan también
todos tres arcos abiertos, el del sur por un lado hasta arriba y por el
arranque hasta la pared y los otros dos rajados por el medio aunque
el de la parte del norte manifiesta por encima una abertura horizontal.
4 = En la cuarta danza se hallan rajados el del medio por su centro y
el del sur por un lado y en el arranque dos pelos hasta el techo. En la

pared de la puerta mayor hay tres rajaduras de arriba abajo y la del medio parte el arco de la misma puerta subiendo hasta arriba. Que por lo respectivo a las maderas del techo de dicha santa iglesia y sus zaqui-zamís, entró en ellos cuando se estaban reconociendo por los peritos y reparó que todas sus maderas estaban podridas, principalmente las cum-breras y tijeras, que todas las madres estaban cimbradas considerable-mente y algunas rendidas, y muchos clavos sueltos con la fuerza de la cimbra; que también advirtió muchas tablas del piso fuera de sus luga-res como que había hecho vencimiento. Que al tiempo de entrar en el primer zaquizamí que cae sobre las bancas capitulares en compaña del presente notario y el presbítero don Joaquín Urquisu, sintió el decla-rante por debajo de sus pies dos estallidos de la madera que le causó bastante temor y fue causa de que dicho presbítero se resistiera a ba-jar a los otros pisos. Que también vio cuando abrieron los maestros un pedazo del tejado que cae sobre el pórtico y se encontraron todas las soleras hechas polvo, y las cabezas de las alfaldas podridas con los cla-vos sueltos porque no tenían en qué agarrar y ya pasados; que algunos fragmentos podridos de dichas alfaldas que sacaron traían dentro mul-titud de carcoma o especies de gusanos vivos; que hace memoria que las principales maderas rendidas son las madres de los pisos que corren desde el púlpito hasta la puerta principal y especialmente las de sobre el coro porque están todas rendidas, como también las tijeras que aguan-tan las cumbreras y las cumbreras mismas. Que cuanto ha declarado es la verdad en que se afirma y ratifica so cargo de su juramento hecho: leyósele su declaración y dijo estar bien escrita, que no tiene que añadir ni quitar, que es natural de esta ciudad, de veinte y siete años de edad, y la firmó con Su Señoría de que doy fe. = Matos = Juan Roldán = Ante mí = Antonio García Casuela, Notario Público."

DOCUMENTO 2

Informe sobre el reconocimiento practicado en catedral por el coronel comandante de ingenieros Tomás Sedeño. 20 de abril de 1801.*

"Señor Capitán General. = Instruido como Vuestra Señoría me manda del oficio que precede de su Señoría Ilustrísima y actas capitulares

---

* Copia que aparece en: «Primera Pieza. Testimonio del Expediente formado por el Ilustrísimo y Reverendísim Señor Obispo difunto don fray Juan Bautista de Zengotita Bengoa, sobre la reedificación de la Santa Iglesia Catedral de Puerto Rico: su principio en abril del año de 1801». A. H. N., Ultramar, Leg. 2005, Exp. 1, fols. 7-7v.

que lo acompañan, he practicado yo mismo con los facultativos del ramo de arquitectura y carpintería el más menudo y prolijo examen del techo de la Santa Iglesia Catedral, interior y exteriormente, y resulta que todas las maderas están podridas por sus cabezas, defecto que notado una porción de años hace, lo habían reparado provisionalmente poniendo una madre general sostenida por canecillos metidos en las paredes; con el discurso de este tiempo las maderas se han ido deteriorando de tal manera que todos los tramos de que se compone el expresado techo, sin embargo de dicho auxilio, han tomado tan considerable pandeo que en algunos parajes pasa de media vara; y a no ser otras madres que tiene por la parte en donde están clavados todos los pares se hubiera arruinado tiempos hace; pero verificándose también en éstas igual pandeo, muchas de ellas rotas y desunidas por las cabezas, amenaza el todo una inminente ruina, por lo que soy de parecer que para evitar desgracias no deben continuarse los Divinos Oficios en dicha Santa Iglesia y mandar derribar con la mayor prontitud toda su armadura, para que con la disposición de Vuestra Señoría se pueda volver a hacer del modo más adaptable: que es lo que debo informar sobre el asunto en cumplimiento del superior decreto de Vuestra Señoría. Puerto Rico, veinte de abril de mil ochocientos y un años. = Tomás Sedeño."

DOCUMENTO 3

Edicto emitido por el obispo fray Juan Bautista de Zengotita el 8 de julio de 1801.

"Nos Don Fray Juan Bautista de Zengotita Bengoa del [sic] Real y Militar Orden de Nuestra Señora de la Merced, por la gracia de Dios y de la Santa Sede Apostólica Obispo de Puerto Rico, del Consejo de su Majestad, etc. = A nuestro muy venerable Deán e Ilustrísimo Cabildo, a nuestro[s] muy amados curas párrocos, sus tenientes, eclesiásticos, particulares y demás personas de ambos sexos de este nuestro obispado, salud en el Señor. = El estado poco seguro en que se hallaba el techo o bóveda de nuestra Santa Iglesia, que a cada paso amenazaba próxima ruina, e inminente riesgo de que desplomándose repentinamente causase en espantoso estrago, nos obliga a tomar las convenientes providencias para prevenir dicho peligro, pasando al señor Vice-Patrono Real el correspondiente aviso de todo, a fin de que haciéndose inmediatamente con su autoridad por los facultativos el debido reconocimiento, pudiésemos obrando de acuerdo tomar la resolución conveniente, o de reparar prontamente si era posible dicho templo, o de tratar, si no había otro arbitrio, hacerlo de nuevo como parecía inevitable y necesario. Y tal ha sido el resultado de las indicadas previas diligencias, de ma-

nera que procediendo con la mayor madurez y meditación en el asunto,
y visto que no hay otro arbitrio, se ha resuelto finalmente, de común
acuerdo y en conformidad del dictamen del señor facultativo o ingeniero,
que se trate de fabricar de nuevo dicha bóveda o techo con la seguridad y solidez que corresponde a la majestad, decoro y firmeza que
debe tener una iglesia que siendo la matriz y primera debe servir de
modelo, norma y exemplo a todas las demás iglesias de este nuestro
Obispado. Verdad es que las circunstancias del día favorecen poco a
esta grande empresa y que el corto fondo que hay procedente de la
renta consignada a la fábrica de dicha Santa Iglesia, y la escasez en
que igualmente se hallan de facultades las reales cajas de esta Capital,
nos prometen muy cortos socorros y auxilios pecuniarios como se necesitan para emprehender y hacer una obra de tanta consideración y costa. = Sin embargo, la generosidad, la religión y grande interés por el
esplendor y decoro de la casa de Dios que manifiesta tener el señor
Gobernador y Capitán General en los muchos arbitrios que nos ha ofrecido y franqueado lleno de piedad y celo, nuestra resolución obligatoria
de dedicar a dicha santa obra todo el sobrante (después de nuestra
precisa manutención) de todos los ingresos y dotación de nuestra Mitra,
y sobretodo, la notoria y conocida piedad y acreditada generosidad de
todos nuestros amados hijos, así eclesiásticos como seculares, singular-
mente en la materia de que tratamos, es tan poderosa y tan grande que
nos inspira animosidad, valor y espíritu para emprehender dicha obra
con tan fundadas y seguras esperanzas que creémos firmemente que no
sólo hemos de tener caudales y arbitrios para concluir dicho magnífico
edificio sino también para emprehender después otros no menos útiles
e interesantes a todos nuestros amados hijos: tan ventajosos es (hijos
nuestros) el juicio y concepto que tenemos hecho de vuestra religión,
generosidad, piedad y celo; y creémos que en esta parte no nos engaña-
mos. En efecto, en el mismo día en que resonó y corrió por la Ciudad la voz de que se había resuelto últimamente hacer nueva bóveda
en la indicada Nuestra Santa Iglesia, nos envió para dicha obra por
medio de una hijita suya un real de plata (que se ha sabido después era
todo su caudal) una pobre mujer de las que en la Ciudad se mantienen
de limosna, tal vez con más piedad y religión que aquella pobre viuda
que mereció tantos elogios de Jesucristo por haber echado en el Gazo-
filacio de Jerusalén una pequeñísima moneda que equivalía a una drac-
ma; cuasi al mismo tiempo y para el mismo efecto, nos franqueó y
entregó trecientos pesos efectivos un honrado y distinguido oficial que
no tiene más que el sueldo de su grado y destino, ofreciéndose al mismo tiempo con la mayor generosidad y bizarría a dirigir y sobreestan-
tear sin interés alguno dicha obra; y fueron tantos y tan generosos los
ofrecimientos que en los mismos días nos hicieron otros muchos vecinos de la Ciudad que nos vimos en la sensible necesidad de contener

por entonces (por decirlo así) su ardor, su piedad, religión y celo hasta que formásemos un plan arreglado, así para pedir como para recibir dichas limosnas con conocimiento, con orden y método. = Con este objeto hemos ya hecho una arca de tres llaves (que se conservarán en poder del señor Vice-Patrono, del Nuestro y del señor Deán) para que en ella se depositen con su razón y cuenta todas las limosnas y caudales que se ofrezcan y se recojan para dicha obra. Y así mismo se han formado dos libros, el uno para asentar y anotar en él para constancia perpetua los nombres de los contribuyentes y sus limosnas en la única petición general que se hará por ahora; y el otro para que igualmente se anoten en él las personas y limosnas de los que por meses, semanas, días o años tuvieren la devoción de contribuir con alguna cantidad, según sus facultades y voluntad: advirtiendo por punto general que se admitirá y aún se agradecerá por nuestra parte la más pequeña y corta limosna y de la misma manera otra cualquiera oferta y dádiva que conduzca al fin propuesto de la indicada obra. = Y deseando contribuir en cuanto está de nuestra parte en cumplimiento de las sagradas obligaciones de nuestro ministerio a tan santa obra, no sólo declaramos que ganan los cuarenta días de perdón que en la constitución ciento y catorce concede la Santa Sínodo [sic] de este obispado a todas las personas que pidiesen o diesen alguna limosna para la predicha fábrica, sino que también Nos concedemos en virtud de nuestras facultades otros cuarenta días de indulgencia a todas las personas de ambos sexos por cada limosna grande o pequeña que dieren o pidieren y por cada vez, hora, día o semana en que hiciesen o concurriesen a tan santa obra; previniendo para su inteligencia y seguridad de sus conciencias, que desde ahora quedan dispensados y habilitados para el trabajo, oyendo misa primero todos los domingos y días festivos del año. = En su tiempo oportuno nombraremos las personas condecoradas de uno y otro Cabildo para que tengan el mérito de pedir recoger y anotar las limosnas que dieren y ofrecieren los vecinos de la Ciudad y por lo que respecta a la Villa de San Germán y partidos de la Isla, nombramos por estas nuestras letras a los señores vicarios foráneos y curas párrocos para que de acuerdo con los señores tenientes a guerra en consecuencia de la orden (que esperamos de la protección decidida del señor Vice-Patrono Real) corran con la indicada petición y recolección de las limosnas en los mismos términos ya expresados; exhortando desde el púlpito a los fieles con la mayor eficacia a que concurran con sus socorros a tan santa y piadosa obra, después de haber dirigido por los acostumbrados derroteros éstas, nuestras letras, de que deberán sacar copia para su cumplimiento y para darnos de todo el correspondiente aviso. = A la verdad, amados hijos nuestros, esta obra es tan justa, tan del agrado de Dios Nuestro Señor y tan recomendable por sí misma, que entendemos que seguramente ofenderíamos vuestra piedad, religión, liberalidad y celo si emprendiésemos ahora inclinaros y moveros a ella con las finuras y sutilezas de la retórica. ¿A qué propósito, pues, consumir ahora supérfluamente el tiempo, sin utilidad, sin necesidad, ni provecho alguno?

Dado en nuestro Palacio Episcopal de Puerto Rico, a ocho de julio de mil ochocientos y uno. = Fray Juan Bautista, Obispo de Puerto Rico. =

Por mandado de su Señoría Ilustrísima, el Obispo, mi Señor = Juan Antonio Uirbe y Zengotita = Secretario."

DOCUMENTO 4

Oficio del señor comandante de ingenieros de 12 de febrero de 1803, informando de todo lo ocurrido y estado presente de la obra, en contestación al de los señores comisarios de fábrica del 8 del mismo.

"Señores Canónigos Comisionados = Siendo para mí de singular satisfacción el complacer al Ilustrísimo Cabildo en todo lo que se ofrezca y con particularidad en lo relativo al reedificio de la Santa Iglesia Catedral que tan debidamente le interesa, debo decir, en contestación del oficio de Usía de ocho del corriente que por comisión y a nombre del Ilustrísimo Cabildo se sirven pasarme, que bien impuesto el Señor Capitán General por mis repetidos informes del estado deplorable de la fábrica de la santa iglesia catedral, de la precisión de reedificarla para evitar desgracias y del ahorro venidero, utilidad y mayor decencia al Divino culto que resultaría en cubrirla de bóveda, me mandó formar el correspondiente plano, perfiles y cálculo de la idea que me proponía seguir, aprovechando las cuatro paredes que encierran su ámbito, la capilla de San Pedro, la del baptisterio y pórtico contiguo por su reciente y costosa construcción; efectivamente, en cumplimiento de dicha superior orden, no adoptando jamás la de construirla de una sola nave por no haber sido en otras dos veces de la Real aprobación, por ser su costo mucho más crecido y no considerarla la más propia a una Iglesia Catedral, y finalmente para obviar los defectos y sentimientos que podían resultar en una bóveda de un desmesurado diámetro apoyada sobre la unión de paredes viejas y nuevas, trabajé con mucha complacencia

---

Copia que aparece en: «Primera Pieza. Testimonio del Expediente formado por el Ilustrísimo y Reverendísimo Señor Obispo difunto don Fray Juan Bautista de Zengotita Bengoa, sobre la reedificación de la Santa Iglesia Catedral de Puerto Rico: su principio en abril del año de 1801». A. H. N., Ultramar, Leg. 2005, Exp. 1, fols. 33-37v.

y desvelo una nueva planta de tres naves con el cálculo de su costo y con toda la posible economía, con particularidad encargada por el Señor Vice-Patrono Real y por el Ilustrísimo Señor Obispo (que en paz descance) cuando se sirvieron confiarme tan importante asunto. Concluido el expresado diseño y cálculo lo pasé a manos del Señor Capitán General el día ocho de junio del año mil ochocientos uno. No volví a saber cosa alguna sobre el asunto hasta que en fecha de diez y ocho de agosto de mil ochocientos dos me remitió dicho Señor una Real Orden de cuatro de junio del mismo año en que Su Majestad mandaba el apeo y reedificio de la Santa Iglesia encargándome de la dirección de ambas cosas. En consecuencia de esto y del acuerdo del Ilustrísimo cabildo, empecé el apeo el día veinte y ocho de septiembre del año próximo pasado y se concluyó el veinte y siete de octubre siguiente, a mucha menos costa de la que se pensaba. Finalizada esta operación y preparado el terreno, procedí a la traza del plano presentado al Señor Capitán General naturalmente aprobado por su Señoría y el Ilustrísimo Señor Obispo, cuando no se me prevenía al mismo tiempo que el reedificio alteración alguna sobre aquella idea, sin duda bien vista y examinada por los mismos. Ejecutada la traza y hechas las excavaciones para los cimientos de los machos o pilares que dividen las naves y deben sostener los arcos y bóvedas, habiendo el mismo Señor Deán avisado al Señor Capitán General para que, como Vice-Patrono, se sirviera asistir al acto de poner la primera piedra del reedificio interior de la Santa Iglesia y no pudiendo concurrir dicho Señor por indisposición de su salud, comisionó en su lugar al Mariscal de Campo de los Reales Ejércitos y Teniente de Rey de esta Plaza, el Señor Don Joaquín de Cabrera, quien con el mismo Señor Deán el día nueve de noviembre del año próximo pasado, a las once del día, colocaron la primera piedra a nombre de Su Majestad, el Señor Don Carlos Cuarto, con todas las formalidades que pide un acto tan serio. Sucesivamente se trabajó hasta el enrás [sic] de dichos cimientos. Advirtiendo después que las paredes delanteras de las capillas de San Bernardo y San Antonio, colaterales a la Mayor, eran de mala tapia y por consiguiente incapaces de sufrir carga alguna, me ví en la precisión de mandarlas derribar, lo que ejecutado me hizo patente que dejando aquellos dos huecos para crucero resultaba mayor ensanche a la iglesia, comodidad al pueblo y considerable ahorro de gastos, pudiendo en los testeros de este crucero colocar los altares dedicados a dichos Santos, cuyas notorias ventajas me hicieron adoptar este pensamiento, adhiriendo a él gustoso el Ilustrísimo Deán y Cabildo. Seguidamente se sentaron en todos los pilares las piedras que componen el zócalo y en los primeros, contados desde los pies de la iglesia, las piedras que constituyen la basa ática, habiéndose elevado de ladrillo hasta la altura de la imposta de los dos dichos el de la derecha, haciendo la misma operación en el de la izquierda y sigue poniéndose las piedras de la basa en los dos machos que deben sostener el arco toral del presbiterio. = Finalmente, para que Usías y el Ilustrísimo Cabildo puedan formar una cabal ideal del orden y distribución que me he propuesto seguir en el reedificio de la Santa Iglesia, debo advertir que ésta se compone de tres naves desde el crucero hasta sus pies. La nave principal consta de veinte y cinco pies de ancho y ciento y veinte de largo; las colaterales del mismo largo y doce pies y medio de ancho; los cinco pilares o machos que las dividen en cada costado van adornados de pilastras pareadas del orden jónico compuesto, de tres pies y un cuarto de diámetro; el medio de los nuevos arcos va dirigido perfectamente a los de las capillas ya hechas y arriba expresadas, e igualmente a los de las capillas que deben construirse en el lado opuesto. El crucero, que consta de cien pies de largo y treinta de ancho, lo adornan igualmente pilastras del mismo orden. La cubierta de la nave principal y crucero será de bóveda semicircular de rosca de ladrillo de un pie de dovela y la de las dos naves colaterales de la misma clase de bóveda pero de medio pie de dovela. Sobre los cuatro arcos torales del crucero seguirá un media naranja elíptica cuyo diámetro mayor será de treinta y cuatro pies y de veinte y ocho el menor; sobre ésta se colocará su linterna. A fin de que quede toda la principal nave desocupada y de más comodidad y cabida, será muy del caso como se estila en varias partes de Europa, y con particularidad en la cabeza de la Iglesia, colocar debajo del arco toral de la capilla mayor la mesa del altar exenta por todas partes con sólo el tabernáculo, cruz y seis candeleros y delante el presbiterio, quedando de coro lo que era antes capilla mayor, cuyo piso con este arreglo se ensancha siete pies y medio. = Con este informe que Usías a nombre del Ilustrísimo Cabildo solicitan, me parece quedarán impuestos completamente de todo lo operado en virtud de superiores órdenes y del estado de magnificencia y lucimiento con que se va a poner en lo que cabe la Santa Iglesia Catedral de Puerto Rico, no admirándome que por lo mismo de ser obra de Dios esté sujeta a la censura de algunos pocos inteligentes bajo la capa de celo religioso. Nuestro Señor guarde la vida de Usías muchos años. Puerto Rico, doce de febrero de mil ochocientos tres. Thomás Sedeño. = Señores canónigos comisionados, Doctor don Juan de la Encarnación Andino y don Joaquín Urquizu".

Copia que aparece en: «Segunda Pieza. Testimonio del Expediente formado por el Ilustrísimo Cabildo de Puerto Rico Gobernador del Obispado Sede Vacante sobre la reedificación de su Santa Iglesia Catedral: su principio en septiembre del Año de 1802». A. H. N., Ultramar, Leg. 2005, Exp. 1, fols. 25-27v.

DOCUMENTO 5

Certificación del gobernador de Puerto Rico don Salvador Meléndez y Bruna sobre el coronel don José Navarro y Herrera. 22 de marzo de 1820.*

"Certifico: que el Coronel don José Navarro, Comandante de Ingenieros de esta Plaza e Isla desde' el mes de febrero [1] de mil ochocientos diez y seis hasta la fecha, ha desempeñado con el mayor cuidado y esmero todas las obligaciones que tocan y corresponden a su empleo, sosteniendo y adelantando las obras de fortificación y edificios militares de la manera más exquisita y ventajosa al Real Servicio. Que muy penetrado de los conocimientos poco comunes que posee este jefe, le encargué el interesante trabajo de la Exposición mandada formar por la Junta de Guerra reunida en esta Plaza a consecuencia de la Real Orden de seis de julio de mil ochocientos diez y ocho sobre el sostenimiento de ésta y de toda la Isla, arreglo de sus guarniciones y fuerza sutil en los varios puntos en que está determinado, y según los principios del día y las Reales disposiciones vingentes [sic], cuyo trabajo además del mérito particular que en sí tiene ha ofrecido extraordinarias ventajas al Real Servicio, a la defensa y seguridad de la Isla y a la economía del Real Erario. Ha formado igualmente una memoria sobre el aprovechamiento, ventajas y utilidades que resultarían del beneficio de las salinas de esta Isla y cuyo trabajo ejecutó en informe a pedimento de la Intendencia. También ha contribuido con sus informes, reconocimientos y arreglo de contratas al restablecimiento de la reedificación de los templos de Caguas, Gurabo, Juncos, Fajardo, Humacao, Patillas, Guayama, Ponce, Toa-Alta y Arecibo, habiéndome acompañado en mi visita a estos dos pueblos para terminar las diferencias y trabas que impedían la realización de sus obras, lográndose éstas a beneficio de sus conocimientos, de su carácter y de su bella disposición. Durante la época de mi mando he puesto a su cargo la dirección de los caminos de la Isla cuya comisión ha evacuado con el mayor tino, formando entre aquéllos el alineamiento, traza y método del paso de la media luna en Toa-Baja, cuyo proyecto mereció en todas sus partes la aprobación de Su Majestad, quedando interviniendo en el día en el camino de Ponce a la Capital por un atrecho ventajoso, y en el de Juana Díaz. Que igualmente ha construido el puente del caño de Martín Peña bajo todas las reglas del arte y cuya obra ha merecido la aprobación pública por ser de aquellas

---

* A. G. M. Expediente personal del mariscal de campo D. José Navarro y Herrera.
[1] Su hoja de Servicios da la fecha exacta de su llegada a Puerto Rico: 13 de enero de 1816. *Loc. cit.*

extraordinarias que forman época en todos los pueblos. Lo nombré también director para la edificación de la torre de las Casas Capitulares y colocación en ella del reloj público, encargándole la formación de los planos, perfiles, elevaciones y presupuesto y la ejecución de una empresa tan delicada en vista del buen gusto de su arquitectura, a la que se prestó y en la que sigue sin obención [sic] alguna. Penetrado de los conocimientos de este jefe, de su utilidad y de sus particulares circunstancias, le he pasado constantemente a su informe cuantos expedientes se han instruido en el Gobierno durante mi mando sobre demarcación de los límites de los partidos, situaciones de los pueblos y otros particulares civiles que ha desempeñado con el mayor acierto y utilidad pública. Me acompañó también en la visita que a principios del año de mil ochocientos diez y ocho hice a varios pueblos de esta Isla, en la que fue encargado del reconocimiento y restablecimiento de las iglesias y edificios públicos, demarcaciones, delineaciones y señalamientos de los límites de los pueblos y sus distritos, habilitación y composición de caminos, parte descriptiva del país, establecimiento de las baterías de costa; nociones relativas a la ofensión y defensión de la Isla y el diario de todos estos particulares, cuyo trabajo si se tuviese concluido hubiera producido la historia político-militar de Puerto Rico. Por último, este jefe ha manifestado los mayores deseos no sólo en el cumplimiento de las obligaciones peculiares a su destino sino en todo lo concerniente al bien público, tanto en materias científicas y de instrucción como en lo perteneciente a artes, agricultura, industria y comercio, informándome en estas materias en los casos que le he consultado y ampliando sus conocimientos con la mayor claridad y exactitud, a que siempre ha añadido un interés, propio de su carácter y particulares circunstancias. Por todo lo cual me he valido generalmente de sus conocimientos e instrucción, confiando en dicho jefe las materias más arduas, y manifestándolas a la Real clemencia en cuantas ocasiones he debido hacerlo en justicia y en obsequio al mejor servicio de Su Majestad; todo lo cual certifico a pedimento del interesado y para que haga el uso que tenga por conveniente en comprobación de cuanto contiene este certificado que doy en Puerto Rico, el día 22 de marzo de 1820. Salvador Meléndez. [firma y rúbrica]

DOCUMENTO 6

Carta No. 67 del gobernador, teniente coronel Felix M. de Messina, al Ministro de la Guerra y Ultramar notificándole la supresión del pueblo de Cangrejos y la anexión de sus territorios a los de la Capital, Río Piedras y Carolina. 23 de agosto de 1862.*

---

* A. H. N., Ultr., Leg. 5082, Exp. 52, N.° 2.

"La dificultad en que constantemente se encuentra la autoridad local del pueblo de Cangrejos para cumplir debidamente las disposiciones de este Gobierno Superior por la falta de personas blancas que componiendo la Junta Municipal del mismo, cuadjuven [sic] con ella al expresado objeto, y la imposibilidad de reunir en aquel territorio las cantidades que anualmente se necesitan para sostener sus cargos públicos, a causa de que la mayor parte del vecindario se compone de jornaleros que apenas tienen con que atender a su propia subsistencia, tanto porque en la localidad no existe industria de ningún género ni aún las puramente agrícolas, cuanto porque la aridez del terreno en aquella jurisdicción no permite que la agricultura dé un solo paso hacia delante [sic], son causa, Excelentísimo Señor, de que Cangrejos presente el extraño espectáculo de retrogrador relativamente a la prosperidad que se ve desarrollar en el resto de la Isla, no obstante que por su situación sobre la primera carretera de la Provincia, y su proximidad a esta Capital, está llamada a gozar de los beneficios que el adelanto material brinda a los pueblos.

Estas razones, Excelentísimo Señor, y la no menos atendible de que el creciente engrandecimiento de esta Ciudad y el aumento constante de su población, exigen que su territorio se extienda progresivamente, lo cual no puede realizarse en los límites que tiene por no contar con más terrenos que el que ocupan las zonas tácticas de la Plaza, que no pueden por esta razón utilizarse, hicieron que un antecesor en el mando de esta Isla, dispusiese la instrucción del oportuno expediente para justificar la conveniencia y utilidad de que el territorio de Cangrejos se anexara al de esta Capital, de cuyo modo no sólo se conseguirían los fines indicados, atendiéndose más cumplidamente al servicio en general y haciéndose las cargas públicas menos onerosas para el vecindario de aquel distrito y más efectivas para los fondos, sino que podría ir a él y fomentarse allí la población blanca, llevando con ello riqueza y trabajo, gérmenes fecundos e inagotables del adelanto; se levantaría sin duda un caserío, decoroso si no rico, lo que no ha podido conseguirse hasta hoy ni aun en el centro mismo indicado para población en el que sólo existen malos bohíos de yaguas; el municipio de esta Ciudad podría disponer de terrenos ejidos de que en la actualidad se carece; y por último, se beneficiarían otros muchos hoy desiertos, áridos e incultos, creando bosques artificiales tan necesarios en aquel territorio y aún en toda esta zona para evitar las sequías que por desgracia se repiten con mucha frecuencia, ocasionando graves perjuicios a la agricultura.

Oídas con tal motivo las autoridades y corporaciones de esta Ciudad y las municipalidades de los pueblos limítrofes, todas han informado favorablemente al pensamiento del Gobierno, incluso el Excelentísimo

Consejo de Administración cuyo dictamen se pidió últimamente. En este estado, pues, convencido de la utilidad de la reforma que se proyecta me dirijo a Vuestra Excelencia suplicándole se sirva elevar al soberano conocimiento de S. M. la necesidad de que se suprima el municipio de Cangrejos y que el territorio de su jurisdicción se divida entre las de esta Capital y la de los pueblos de la Carolina y Río Piedras, dando a la primera la isleta existente entre ella y el caño de Martín Peña; al segundo, el barrio conocido con el nombre de Cangrejos arriba, agregando a Río Piedras el resto de aquel territorio y constituyéndose en cada uno de estos nuevos barrios los comisarios o agentes de policía que se juzguen necesarios dependientes de su autoridad respectiva...".

DOCUMENTO 7

Presupuesto y contrata firmada por don José Sotta, pintor de decoraciones, para pintar la iglesia en los términos y por el precio que en la misma se expresa.*

"Nave principal de la parte vieja:—

Figurar en los ocho arcos que dividen la nave en cuatro, casetones en claro obscuro con sus correspondientes molduras todo pintado	180
Pintar en los cuatro fondos una rosaza en el medio con sus correspondientes adornos	60
Adornar las orejas de las ventanas con sus molduras figuradas de relieve	60
Fondo general en la bóveda y en el frente del oeste . . .	80
Cornisa de la nave realzado con la pintura y figurar de relieve los modillones o las otras partes que le corresponden	150
Id. en la misma lo que corresponde al arquitrabe . . .	100
Id. en las mismas lo que corresponde a la Stragale [sic] (cuerpo debajo del arquitrabe)	50
Pasasles [sic] y pilastras de la nave principal 16 pilastras jaspeadas con su correspondiente trabajo en el capitel y base según el orden de arquitectura	150
8 impuestos o cornisas de los arcos con su relieve . .	80

---

* A. H. N., Ultr., Leg. 2032, Exp. 8.

8 arcos, con sus adornos y molduras correspondientes figurando relieve de claro obscuro por la tinta general de
las paredes   100

Dos naves laterales norte y sur

Seis boveditas pintadas con sus adornos correspondientes
de claro obscuro, figurando relieve   240
8 arcos por el mismo orden   64
8 pilastras id   48
La cornisa por lo mismo   30
Fondo general a todas las paredes   50
Entrada del sur con sus paredes y zócalo   50
I[d]. bóveda del órgano o coro viejo decorado análogo a su
arquitectura   150
Id. la cornisa de dicha   50
Id. de cuatro ángulos figurando un trofeo religioso o una
figura   80
Imposte o cornisa de los arcos   25
Fondo general   50
Lo mismo por la parte norte   837

Trozo nuevo

Pintar la bóveda del medio del crucero con su torrecilla
figurando una gloria arriba y casetones de claro obscuro
en la bóveda con sus molduras figurando relieve . . .   350
Pintar la cornisa de la misma con relieve figurado . . .   100
Pintar en las cuatro pechinas los cuatro evangelistas . .   200
Dos naves laterales del crucero por el mismo estilo del res-
to de la iglesia   400
Toda la cornisa del crucero siguiendo el orden de la nave
principal   300
16 pilastras del crucero con sus capiteles y bases, jaspeados
según el mismo orden de las otras   150
Por todos los fondos del crucero   125
Por la media naranja y el medio punto del altar mayor
adornado según su arquitectura   180
Por la cornisa de idem   100
Por seis pilastras como las otras   54
Fondos de la misma e impuesto de las ventanas . . .   100

Suma .   .   4,893 [sic]

Puerto Rico y junio 22 de 1850 = José Sotta

Don José Sota [sic] pintor de decoraciones, residente en esta capital, se constituye en la obligación de pintar al fresco las bóvedas de la iglesia Catedral y todos los paramentos interiores en la cantidad de cuatro mil y cuatro cientos pesos macuquinos [sic] del modo que se expresa en el presupuesto; sin tener que poner para ello andamios de ninguna especie, los cuales se les proporcionarán por el director de la obra o por las personas que el Excelentísimo e Ilustrísimo Señor Obispo designe; y sujetándome en la parte de ornamento a lo que el director determine consultando con él cualquiera variación que según lo proyectado quiera hacerse y presentando antes un diseño que demuestre con claridad la parte que se quiere representar.

La cantidad arriba expresada se me abonará por terceras partes, siendo la primera después de principiada la obra, la segunda a la mediación y la tercera al concluir.

Y para la seguridad y validez de lo que queda expresado obligo mis bienes habidos y por haber, con renuncia de las leyes que me favorezcan, y que por la vía más ejecutiva se me haga cumplir este compromiso que firmo en Puerto Rico a 4 de julio de 1850. José Sotta."

DOCUMENTO 8

Carta del cabildo eclesiástico al
gobernador de Puerto Rico.*

"Excelentísimo Señor:

El Cabildo Catedral de esta santa iglesia al ver la actividad con que Vuestra Excelencia emprende mejoras en todos los ramos del servicio público en favor del bienestar de estos fieles habitantes, llega con respeto y confianza a exponer a la superior consideración de Vuestra Excelencia una necesidad, cuya magnitud e importancia no pueden ocultarse a la sabiduría del Gobierno, como que se trata de la majestad del culto divino, y de la participación del vecindario de esta Ciudad a sus religiosas ceremonias.

Habla el Cabildo, Excelentísimo Señor, de la conclusión de la fábrica material de su Santa Iglesia, pues que acrecentada la masa de la pobla-

---

* A. E., Fondo de Catedral, Exp. s. n.

ción, más numerosos los altos cuerpos administrativos, creado el Tribunal Superior de la Real Audiencia, aumentada hasta cuatro cuerpos la guarnición de la Plaza con un general sub-inspector a su cabeza, y debiendo contarse con el Ayuntamiento, cónsules extranjeros y un gran número de empleados, apenas queda ya sitio alguno en que colocarse puedan los vecinos, para asistir a los divinos oficios en los días grandes de la religión, en las funciones de tabla y en las solemnidades nacionales, como ha podido ver Vuestra Excelencia por sí mismo, puesto a la cabeza de aquellas corporaciones.

Y como por otra parte se han recaudado por la Real Hacienda cuantiosas sumas para este objeto con el nombre de impuesto para catedral, que nunca se han invertido en el fin a que fueron destinadas y para el cual han sido satisfechas por los contribuyentes según relaciones Soberanas, el Cabildo tiene el honor de recordarlo al Gobierno, para deducir la exigencia de una rigurosa devolución, en que no ha pensado, sino como una razón más para que Vuestra Excelencia tome el asunto en consideración.

Todo, Excelentísimo Señor, prospera, se fomenta y mejora en la capital de la provincia, gracias al infatigable celo de los señores Capitanes Generales y muy especialmente a la prodigiosa actividad y genio de Vuestra Excelencia: edificios públicos, enseñanza de la juventud, calles, orden en los establecimientos, sistemas económicos interiores en los cuerpos administrativos, policía de seguridad y de ornato, alumbrado, teatro, muelle, cuarteles, arsenal, paseo; todo sube, se eleva y tiende a realzarse y perfeccionarse; y no es posible que en ese cúmulo de positivas mejoras que embellecen a la Capital y la van levantando a la altura de la civilización del día, pase desapercibida y se quede estacionaria en desproporcionado atraso la necesidad urgente de la iglesia.

Lugarteniente de la Católica Reina Nuestra Señora que Dios guarde, Vuestra Excelencia tan amante de la moral cristiana, tan recto en sus juicios y tan buen apreciador de la influencia benéfica de la religión en las costumbres de los pueblos, no desestimará la súplica del Cabildo que creyendo llenar un deber santo, no puede desaprovechar aquellas favorables circunstancias para pedir a Vuestra Excelencia la mejora que le incumbe, por los medios que el Gobierno conceptúe mas convenientes.

Dígnese Vuestra Excelencia acoger con bondad el voto del Cabildo que conservará con la mayor gratitud y respeto la memoria de la época del ilustrado mando de Vuestra Excelencia en la Isla.

Dios guarde a Vuestra Excelencia muchos años."

DOCUMENTO 9

Clases de maderas de Puerto Rico usadas generalmente por el ramo de obras públicas en sus construcciones. 1888.*

Algarrobo	— De mucha resistencia y buen aspecto. Uso ordinario en ebanistería y en balaustres, huellas y pasamanos de escaleras.
Ausubo	— Para· viguerías, soleras, etc. Se usa en casi todas las construcciones.
Capá-prieto	—' De bastante resistencia. Ordinariamente se usa en cuartonería, puertas y ventanas.
Cedro-hembra	— De aspecto agradable. Se usa en ebanistería y puertas y ventanas de interiores.
Cojóbana o caóbana	— Admite un bonito pulimento. Para ebanistería principalmente aunque también se usa en pies derechos y cuartonería.
Guayacán	— De dureza extraordinaria. Para construcción de piñas para carros y en piezas resistentes de maquinarias.
Hortegón	— Muy compacta y dura. Para pilotajes y estacadas, conservándose perfectamente debajo del agua.
Húcar	— Muy dura y fuerte. En toda clase de construcciones, especialmente pilotajes, viguerías y obras de defensa.
Jagua	— Bastante compacta; de bonito pulimento. Uso en ebanistería, pisos y tablazones interiores.
Laurel blanco	— "Compacidad" regular. Tablazón para pisos y a veces en viguería y cuartonería.
Laurel sabino	— Igual a la anterior. En ebanistería como rosetones, cornisas y demás adornos.
Maga	— Incorruptible cuando está enterrada. Uso en ebanistería y adornos de puertas interiores.
Mangle	— Es madera de costa. Para pilotajes, estacadas y otras construcciones hidráulicas.
Roble	— "Compacidad" regular. Se usa en tablazones, cuartonería y demás piezas necesarias para la construcción de casas siempre que no estén expuestas a la intemperie.

---

* «Memoria explicativa de las obras públicas de la isla de Puerto Rico con una breve descripción geográfica y metereológica de la misma. Preparado para la Exposición Nacional de Barcelona, a celebrarse el 8 de abril de 1888. Ricardo Ivorra». B. N., Mss., 19253.

Tachuelo — De extraordinaria dureza. Se usa dentro y fuera del agua en pilotajes, estacadas, pies derechos y postes telegráficos.

Tortugo — De colores variados. Uso en ebanistería, tablazón, pies derechos y viguería.

Bibliografía

BIBLIOGRAFIA

Fuentes Documentales

Archivo de la Catedral de San Juan de Puerto Rico
    Libros de bautismos, matrimonios y entierros
Archivo Eclesiástico de Puerto Rico
    Fondo Catedral
    Fondo Seminario Conciliar
Archivo General de Indias (Sevilla)
    Sección de Contaduría
    Sección de Escribanía de Cámara
    Sección de Mapas y Planos
    Sección de Patronato
    Sección de Santo Domingo
Archivo General Militar (Segovia)
    Sección de Expedientes Personales
Archivo General de Puerto Rico (San Juan)
    Fondo Municipio de San Juan
    Fondo de Obras Públicas
        Serie de Asuntos Varios
        Serie de Edificios Públicos
        Serie de Edificios Religiosos
        Serie de Obras Municipales
    Records of the Spanish Governors of Puerto Rico
Archivo Histórico Nacional (Madrid)
    Sección de Ultramar
        Serie de Gobierno
        Serie de Fomento
Archivo Madres Carmelitas (San Juan)
Archivo del Museo Naval (Madrid)
    Sección de Mapas y Planos
    Papeles sobre Puerto Rico
Archivo de la Venerable Orden Tercera de San Francisco (San Juan de Puerto
    Rico)
        Libros de Actas
Biblioteca Nacional (Madrid)
    Sección de Manuscritos

Ministerio del Ejército. Archivo de Planos, Agrupación Obrera y Topográfica (Madrid)
Servicio Histórico Militar (Madrid)
  Mapas y Planos de Puerto Rico
  Papeles sobre Puerto Rico

Fuentes Impresas

A. *Colecciones documentales.*

Actas del Cabildo de San Juan Bautista de Puerto Rico. 1730-1817. (Transcripción, redacción y revisión por la Dra. Aída Caro de Delgado). Publicación oficial del Municipio de San Juan, 1949-1970, 13 volúmenes.

Caro Costas, Aída, ed., *Antología de lecturas de historia de Puerto Rico. (Siglos XV-XVIII).* San Juan de Puerto Rico, 1971.

Coll y Toste, Cayetano, ed., *Boletín Histórico de Puerto Rico.* San Juan de Puerto Rico, Tip. Cantero Fernández y Cía., 1914-1927, 14 vols.

Murga, Vicente, *Historia documental de Puerto Rico. El concejo o cabildo de la ciudad de San Juan de Puerto Rico. 1527-1550.* Río Piedras, Edit. Plus Ultra, 1956, vol. I.

————, *Puerto Rico en los manuscritos de don Juan Bautista Muñoz.* Río Piedras, Ediciones de la Universidad de Puerto Rico, 1960.

Ramírez de Arellano, Rafael W., *Cartas y relaciones históricas y geográficas de Puerto Rico. 1493-1598.* San Juan de Puerto Rico, Imprenta Venezuela, 1939.

Real Díaz, José J., *Catálogo de las cartas y peticiones del cabildo de San Juan Bautista en el Archivo General de Indias. (Siglos XVI-XVIII).* San Juan de Puerto Rico, Municipio de San Juan, Instituto de Cultura Puertorriqueña, 1968.

Recopilación de las Leyes de los Reinos de las Indias. Madrid, Boix, 1841, 2 vols.

Tanodi, Aurelio, *Documentos de la Real Hacienda de Puerto Rico. Volumen 1 (1510-1519).* Transcriptos y compilados por..., Universidad de Puerto Rico, Centro de Investigaciones Históricas, 1971.

Tapia y Rivera, Alejandro, ed., *Biblioteca Histórica de Puerto Rico.* San Juan de Puerto Rico, Instituto de Cultura Puertorriqueña, 1970.

B. *Libros y folletos.*

Abbad y Lasierra, Fray Iñigo, *Historia geográfica, civil y natural de la isla de San Juan Bautista de Puerto Rico.* Estudio preliminar por Isabel Gutiérrez del Arroyo, Río Piedras, Universidad de Puerto Rico, Editorial Universitaria, 1966.

Aguado Bleye, Pedro y Alcázar Molina, Cayetano, *Manual de historia de España.* Novena edición refundida, Madrid, Espasa-Calpe, 1964, 3 vols.

Angulo Iñíguez, Diego, *Bautista Antonelli y las fortificaciones americanas del siglo XVI.* Madrid, 1942.

————————, *El gótico y el renacimiento en las Antillas.* Sevilla, Escuela de Estudios Hispano-Americanos, 1947.

————————, *Historia del arte hispanoamericano.* Los capítulos once a diecisiete por Enrique Marco Dorta, Barcelona, Salvat Editores, S. A., 1945, 3 vols.

————————, *Planos de monumentos arquitectónicos de América y Filipinas existentes en el Archivo de Indias.* Sevilla, 1933-1939, 2 carpetas con ilustraciones y 4 vols. de texto.

Asenjo, Federico, *Efemérides de la isla de Puerto Rico.* San Juan de Puerto Rico, Imp. de J. González Font, ¿1883?

Barras y Prado, Antonio de las, *La Habana a mediados del siglo XIX.* Memorias de... Las publica su hijo Francisco de las Barras de Aragón, Madrid, Imprenta de la Ciudad Lineal, 1926.

Blanco, Enrique T., *Los tres ataques británicos a la ciudad de San Juan Bautista de Puerto Rico: Drake, 1595; Clifford, 1598; Abercromby, 1797.* Segunda edición, San Juan Bautista de Puerto Rico, Editorial Coquí, 1968.

Brau, Salvador, *La colonización de Puerto Rico. Desde el descubrimiento de la Isla hasta la reversión a la corona española de los privilegios de Colón.* Tercera edición, anotada por Isabel Gutiérrez del Arroyo, San Juan de Puerto Rico, Instituto de Cultura Puertorriqueña, 1966.

Buschiazzo, Mario F., *Los monumentos históricos de Puerto Rico.* Buenos Aires, 1955.

Campo Lacasa, Cristina, *Historia de la iglesia en Puerto Rico.* San Juan de Puerto Rico, Instituto de Cultura Puertorriqueña, 1977,

————————, *Notas generales sobre la historia eclesiástica de Puerto Rico en el siglo XVII.* Sevilla, Instituto de Cultura Puertorriqueña, Escuela de Estudios Hispanoamericanos, 1963.

Castro Arroyo, María de los Ángeles, *La construcción de la carretera central en Puerto Rico. (Siglo XIX).* Tesis sometida al Departamento de Historia de la Facultad de Humanidades de la Universidad de Puerto Rico en cumplimiento del requisito parcial para obtener el grado de Maestro en Artes, 1969, Centro de Investigaciones Históricas, Facultad de Humanidades, Universidad de Puerto Rico, Recinto de Río Piedras.

Coll y Toste, Cayetano, *Historia de la instrucción pública en Puerto Rico hasta el año de 1898.* Segunda edición, Bilbao, Editorial Vasco-Americana, S. A., Isabel Cuchí Coll, 1970.

————————, *Leyendas.* San Juan de Puerto Rico, Instituto de Cultura Puertorriqueña, 1971.

Córdova, Pedro Tomás de, *Memorias geográficas, históricas, económicas y estadísticas de la isla de Puerto Rico.* Segunda edición, facsimilar, San Juan de Puerto Rico, Instituto de Cultura Puertorriqueña, 1968, 6 vols.

Cruz Monclova, Lidio, *Historia de Puerto Rico (Siglo XIX).* Segunda edición, Universidad de Puerto Rico, Editorial Universitaria, 1958, 3 vols.

Cuesta Mendoza, Antonio, *Los dominicos en el Puerto Rico colonial.* México, 1946.

————————, *Historia eclesiástica del Puerto Rico colonial. Vol. I. 1508-1700.* República Dominicana, Imp. Arte y Cine, 1948.

————————, *Historia de la educación en el Puerto Rico colonial. Vol. I. 1508-1821.* México, D. F., Imp. Manuel León Sánchez, 1946.

————————, *Historia de la educación en el Puerto Rico colonial. Vol. II. 1821-1898.* Ciudad Trujillo, Imp. Arte y Cine, 1948.

Dávila, Arturo V., *José Campeche. 1751-1809*. [Catálogo para la exposición auspiciada por el Instituto de Cultura Puertorriqueña en 1971], San Juan de Puerto Rico, Instituto de Cultura Puertorriqueña, 1971.

Delgado Mercado, Osiris, *Sinópsis histórica de las artes plásticas en Puerto Rico*. Ciclo de conferencias sobre la historia de Puerto Rico auspiciado por el Instituto de Cultura Puertorriqueña, San Juan, Instituto de Cultura Puertorriqueña, 1957.

Díaz Trechuelo Spinola, María Lourdes, *Arquitectura española en Filipinas 1565-1800*. Sevilla, Escuela de Estudios Hispano-Americanos de Sevilla, 1959.

Enciclopedia Universal Ilustrada Europeo Americana. Madrid-Barcelona, Espasa-Calpe, 1958, 70 vols., vols. 16 y 22.

Fernán Caballero, *Obras de...*, Edición y estudio preliminar de José M. Castro Calvo, Biblioteca de Autores Españoles, Madrid, 1961, vol. 3.

Fernández, Cristóbal, C. M. F., *El confesor de Isabel II y sus actividades en Madrid*. Madrid, Editorial Co. Cul., S. A., 1964.

Fernández Juncos, Manuel, *Galería puertorriqueña. Tipos y caracteres, costumbres y tradiciones*. San Juan de Puerto Rico, Instituto de Cultura Puertorriqueña, 1958.

Figueroa, Loida, *Breve historia de Puerto Rico. Desde sus comienzos hasta 1800*. Río Piedras, Puerto Rico, Editorial Edil, 1971.

Figueroa, S., *Ensayo biográfico de los que más han contribuido al progreso de Puerto Rico*. Segunda edición, San Juan de Puerto Rico, Instituto de Cultura Puertorriqueña, 1973.

Flinter, George D. *An account of the present state of the island of Puerto Rico*. Londres, Longman, Rees, Orme, Brown, Green and Longman, 1834.

Gaya Nuño, Juan, *Arte del siglo XIX. Ars Hispaniae, Historia Universal del Arte Hispánico*. Madrid, Editorial Plus Ultra, 1966, 23 vols., vol. 19.

Gazparini, Graciano, *La casa colonial venezolana*. Caracas, Centro de Estudiantes de Arquitectura, Universidad Central de Venezuela, 1962.

Géigel Sabat, Fernando J., *Balduino Enrico. Estudio sobre el general Balduino Enrico y el asedio de la ciudad de San Juan de Puerto Rico por la flota holandesa en 1625, al mando de dicho general y del almirante Andrés Veron; con otros episodios de las empresas de estos caudillos en aguas antillanas*. Barcelona, Ed. Araluce, 1934.

Guarda, Gabriel, O. S. B., *Santo Tomás de Aquino y las fuentes del urbanismo indiano*. Santiago, Academia Chilena de la Historia, Pontificia Universidad Católica de Chile, Facultad de Arquitectura, 1965.

Gutiérrez del Arroyo, Isabel, *El reformismo ilustrado en Puerto Rico*. México, Asomante y El Colegio de México, 1953.

Hernández Sánchez-Barba, Mario, *Historia Universal de América*. Madrid, Ediciones Guadarrama, 1963, 2 vols.

Herrero, Javier, *Fernán Caballero: un nuevo planteamiento*. Biblioteca Hispánica, Madrid, Editorial Gredos, 1962.

Hostos, Adolfo de, *Crecimiento y desarrollo de la ciudad de San Juan*. Ciclo de conferencias sobre la historia de Puerto Rico, San Juan, Instituto de Cultura Puertorriqueña, 1957.

————, *Historia de San Juan, ciudad murada. Ensayo acerca del proceso de la civilización en la ciudad española de San Juan Bautista de Puerto*

Rico, 1521-1898. San Juan de Puerto Rico, Instituto de Cultura Puertorriqueña, 1966.

Jiménez de la Romera, Waldo, *España. Sus monumentos y artes — naturaleza e historia. Cuba, Puerto Rico y Filipinas.* Barcelona, Establecimiento Tipográfico Editorial de Daniel Cortezo y Cía., 1887.

Lealtad y heroísmo de Puerto Rico. [Serie de ensayos y poemas con motivo del centenario de la defensa de Puerto Rico contra los ingleses en 1797.]

Ledrú, André Pierre, *Viaje a la isla de Puerto Rico.* Trad. de Julio L. de Vizcarrondo, San Juan de Puerto Rico, Editorial Coquí, 1971.

Libro de la vida y costumbres de don Alonso Enríquez de Guzmán. Publicado por Hayward Keniston en Biblioteca de Autores Españoles desde la formación del lenguaje hasta nuestros días, vol. 121, Madrid, 1960, 131 vols.

Llaguno Amirola, Eugenio de, *Noticias de los arquitectos y arquitectura de España desde su restauración.* Ilustradas y acrecentadas con notas, adiciones y documentos por don Juan Agustín Cea Bermúdez, censor de la Real Academia de la Historia, Consiliario de la de San Fernando e individuo de otras de las Bellas Artes, Madrid, Imp. Real, 1829, 4 vols.

Madoz, Pascual, *Diccionario geográfico-estadístico de España y sus posesiones de Ultramar.* Madrid, Tip. P. Madoz y L. Sagasti, 1845-50, 16 vols.

Marco Dorta, Enrique, *Arte en América y Filipinas. Ars Hispaniae. Historia Universal del Arte Hispánico.* Vol. 21, Madrid, Editorial Plus Ultra, 1973, 21 vols.

——————, *Fuentes para la historia del arte hipanoamericano. Estudios y documentos.* Sevilla, Instituto Diego Velázquez, Sección de Sevilla, C. S. I. C., 1960, 2 vols.

Miyares González, Fernando, *Noticias particulares de la isla y plaza de San Juan Bautista de Puerto Rico.* Apunte preliminar por Eugenio Fernández Méndez, Río Piedras, Puerto Rico, Universidad de Puerto Rico, 1954.

Morales Carrión, Arturo, *Puerto Rico and the Non-Hispanic Caribbean. A Study in the Decline of Spanish Exclusivism.* University of Puerto Rico, 1971.

Murga, Vicente, *Juan Ponce de León. Fundador y primer gobernador del pueblo puertorriqueño, descubridor de la Florida y del Estrecho de las Bahamas.* San Juan de Puerto Rico, Ediciones de la Universidad de Puerto Rico, 1959.

Ocaña, Fray Diego de y Fray Arturo Alvarez, *Un viaje fascinante por la América hispana del siglo XVI.* Madrid, Ediciones STUDIUM, 1969.

Palm, Erwin W., *Los orígenes del urbanismo imperial en América.* México, Instituto Panamericano de Geografía e Historia, Comisión de Historia, 1951.

Pasarell, Emilio J., *Orígenes y desarrollo de la afición teatral en Puerto Rico.* Universidad de Puerto Rico, Editorial Universitaria, 1951, 2 vols.

Peñaranda, Carlos, *Cartas puertorriqueñas: 1878-1880.* San Juan de Puerto Rico, Editorial El Cemí, 1967.

Perea, Juan Augusto y Salvador, *Orígenes del episcopado puertorriqueño.* San Juan de Puerto Rico, 1936.

Pérez, Pedro N., *Los obispos de la orden de la Merced en América (1601-1926).* Documentos del Archivo General de Indias, Santiago de Chile, Imprenta Chile, 1927.

Pezuela, Juan de la, *Bando de policía y buen gobierno de la isla de Puerto Rico.* Puerto Rico, Imprenta del Gobierno, 1849.

Purchas, Samuel, *Hakluytus Posthumus or Purchas His Pilgrimes. Contayning a History of the World in Sea Voyages and Lande Travells by Englishmen and others.* Glasgow, James Mac-Lehose and Sons, Publishers to the University, 1906.

Ramírez de Arellano, Rafael W., *La calle museo.* Barcelona, Ediciones Rumbos, 1967.

Rodríguez Villafañe, Leonardo, *Catálogo de mapas y planos de Puerto Rico en el A. G. I.* Municipio de San Juan, 1966.

Sacrosanto y Ecuménico Concilio de Trento. Trad. por don Ignacio López de Ayala. Agrégase al texto original corregido según la edición auténtica de Roma, publicada en 1564. Privilegio, Madrid, Imprenta Real, 1788.

Sermón que predicó en el convento de las Madres Carmelitas el día de la Virgen del Carmen en que se inauguró el nuevo templo, el señor Arcediano don José Oriol Cots. Puerto Rico, Establecimiento Tipográfico de D. I. Guasp, 1858.

Sermones predicados con motivos de la solemne bendición de la Sta. Yglesia Catedral de esta Ciudad, Restaurada por el Excmo. e Illmo. Sr. D. Gil Esteve, Obispo de esta Diócesis. Puerto Rico, Establecimiento Tipográfico de D. I. Guasp, 1832.

Sínodo Diocesano del Obispado de Puerto Rico, celebrado en los días 9, 10 y 11 de enero del año 1917 por el Iltmo. y Rdmo. Sr. Obispo Dr. D. Guillermo A. Jones, O. S. A. Puerto Rico, Tip. Cantero Fernández y Co., 1917.

Tapia y Rivera, Alejandro, *Mis memorias o Puerto Rico cómo lo encontré y cómo lo dejo.* Barcelona, Ediciones Rumbos, 1968.

——————, *Vida del pintor puertorriqueño José Campeche. Noticia histórica de Ramón Power.* Barcelona, Ediciones Rumbos, 1967.

Torres Oliver, Luis J., *El cuatricentenario de San Germán.* San Germán, Puerto Rico, 1971.

Torres Ramírez, Bibiano, *Alejandro O'Reilly en las Indias.* Sevilla, Escuela de Estudios Hispano Americanos de Sevilla, 1969.

——————, *La isla de Puerto Rico.* San Juan de Puerto Rico, Instituto de Cultura Puertorriqueña, 1968.

Ubeda y Delgado, Manuel, *Isla de Puerto Rico. Estudio histórico, geográfico y estadístico de la misma.* Puerto Rico, Establecimiento tip. del Boletín, 1878.

Vázquez de Espinosa, Antonio, *Compendio y descripción de las Indias Occidentales.* Trad. por Charles Upson Clark, City of Washington, Smithonian Institution, 1948.

Vila Vilar, Enriqueta, *Historia de Puerto Rico. 1600-1650.* Sevilla, Escuela de Estudios Hispano-Americanos, Consejo Superior de Investigaciones Científicas, 1974.

Vivas Maldonado, José Luis, *Historia de Puerto Rico.* Segunda edición, New York, Las Américas Publishing Co., 1962.

Zapatero, Juan Manuel, *La guerra del Caribe en el siglo XVIII.* San Juan de Puerto Rico, Instituto de Cultura Puertorriqueña, 1964.

Zeno, Francisco M., *La capital de Puerto Rico. (Bosquejo histórico).* San Juan de Puerto Rico, Editorial Casa Baldrich, 1948.

C. *Artículos en revistas y periódicos.*

Arriví, Francisco, "El antiguo San Juan y el Teatro Tapia" en *Revista del Instituto de Cultura Puertorriqueña*, San Juan de Puerto Rico, número 45 (octubre-diciembre 1969), 40-44.

Balbuena de la Maza, Manuel, "La Catedral de San Juan de Puerto Rico" en *Arte en América y Filipinas*, Universidad de Sevilla, Laboratorio de Arte (1936), 114-123.

Blanco, Enrique T., "El Hospital de Nuestra Señora de la Concepción" en *Boletín Eclesiástico*, Diócesis de San Juan de Puerto Rico, cuarta serie (noviembre-diciembre 1959), 28-34.

—————, "El Monasterio de San Francisco de Asís" en *Puerto Rico Ilustrado*, San Juan de Puerto Rico, N.º 1410 (20 de marzo de 1937), 10-11, 61.

—————, "El Monasterio de Santo Tomás de Aquino" en *Puerto Rico Ilustrado*, San Juan de Puerto Rico, N.º 1385 (26 de septiembre de 1936), 4-7, 63-68.

Cabrillana, Nicolás, "Las fortificaciones militares en Puerto Rico" en *Revista de Indias*, Sevilla, números 107-108, año XXVII (enero-junio 1967), 157-188.

Campo Lacasa, M. Cristina, "Las iglesias y conventos de Puerto Rico en el siglo XVIII" en *Revista del Instituto de Cultura Puertorriqueña*, San Juan de Puerto Rico, número 13 (octubre-diciembre 1961), 14-19.

"Catálogo biográfico de los señores Obispos que han ocupado la Sede de Puerto Rico desde su descubrimiento" en *Boletín Eclesiástico*, Diócesis de Puerto Rico, San Juan, número 22 (15 de noviembre de 1859), 259-264.

Dávila, Arturo V., "Gregoria Hernández, la beata de Arecibo y Sor María Raggi de Quío" en *Revista del Instituto de Cultura Puertorriqueña*, San Juan de Puerto Rico, número 35 (abril-junio 1967), 41-44.

—————, "Notas sobre el arte sacro en el pontificado del ilustrísimo señor de Arizmendi (1803-1814)" en *Revista del Instituto de Cultura Puertorriqueña*, San Juan de Puerto Rico, número 9 (octubre-diciembre 1960), 46-51.

"Fundación del antiguo templo y convento de San Francisco de San Juan". Datos tomados de una carta del doctor Cayetano Coll y Toste al doctor Eugenio Vera, 14 de agosto de 1926. *Boletín Eclesiástico, Diócesis de San Juan de Puerto Rico*, cuarta serie (septiembre-octubre 1959), 25 A - 27 A.

Gante, Arturo, "Está próximo a abrirse al tránsito el nuevo puente de Martín Peña" en *El Mundo*, San Juan de Puerto Rico (domingo 30 de abril 1939), 5.

Gómez Canedo, Lino, O. F. M., "El convento de San Francisco en el viejo San Juan" en *Revista del Instituto de Cultura Puertorriqueña*, San Juan de Puerto Rico, número 56 (julio-septiembre 1872), 36-43.

—————, "Los franciscanos: sus primitivas fundaciones de San Germán, Caparra y la Aguada" en *Revista del Instituto de Cultura Puertorriqueña*, San Juan de Puerto Rico, número 35 (abril-junio 1967), 33-40.

González García, Sebastián, "Notas sobre el gobierno y los gobernadores de Puerto Rico en el siglo XVII" en *Historia*, Universidad de Puerto Rico, Nueva Serie, Tomo I, N.º 2 (junio 1962), 1-98.

González Mendoza, Juan R. y Héctor E. Sánchez Sánchez, "Los orígenes del tranvía de San Juan a Río Piedras, 1878-1885" en *Anales de Investigación Histórica*, Universidad de Puerto Rico, Río Piedras, Vol. I, Núm. 2 (octubre-diciembre 1974), 2-33.

Gutiérrez del Arroyo, Isabel, "El éxodo al Perú" en *Revista del Instituto de Cultura Puertorriqueña*, San Juan de Puerto Rico, número 1 (octubre-diciembre 1958), 15-18.

López Cantos, Angel, "Historia de una poesía" en *Revista del Instituto de Cultura Puertorriqueña*, San Juan de Puerto Rico, número 63 (abril-junio 1974), 1-6.

"Manuel Sicardó Osuna" en *El Mes Histórico*, San Juan de Puerto Rico, Vol. I, N.º 4 (febrero 1935), 6-8.

Marco Dorta, Enrique, "La catedral de Puerto Rico: un plano de 1684" en *Anales del Instituto de Arte Americano e Investigaciones Estéticas*, Buenos Aires, N.º 13 (1960), 27-33.

Murga, Vicente, "Primera y única catedral de tres naves construida de piedra, cal y canto por el primer obispo de San Juan, don Alfonso Manso" en *Historia*, Universidad de Puerto Rico, Tomo IV, N.º 2 (octubre 1954), 150-189.

Muro Orejón, Antonio, "Alonso Rodríguez, primer arquitecto de las Indias" en *Arte en América y Filipinas*, Universidad de Sevilla, Laboratorio de Arte (1936), 77-80.

Negrón Muñoz, Angela, "La capilla del Santo Cristo de la Salud" en *El Mundo*, San Juan de Puerto Rico (domingo 23 de julio de 1939), 9.

Poinsett, Joel R., "El San Juan del año 1822". Reproducido de su libro *Notes on Mexico*, trad. por Evelyn Lutzen Gil, en *Puerto Rico Ilustrado*, San Juan de Puerto Rico, N.º 1654 (29 de noviembre de 1941), 7, 83-84.

Torres Ramírez, Bibiano, "Notas sobre la historia de la iglesia de Santa Ana y de su Cofradía de la Sagrada Familia" en *Revista del Instituto de Cultura Puertorriqueña*, San Juan de Puerto Rico, número 8 (julio-septiembre 1960), 59-63.

Vila Vilar, Enriqueta, "Condicionamiento y limitaciones en Puerto Rico durante el siglo XVII" en *Anuario de Estudios Americanos*, Sevilla, XXVIII (1971), 219-244.

————. *Historia de Puerto Rico (1600-1650)*. Sevilla, Escuela de Estudios Hispano-Americanos, 1974.

Zapatero, Juan Manuel, "De la batalla del Caribe: el último ataque inglés a Puerto Rico" en *Revista de Historia Militar*, Madrid, N.º 4 (1959), 91-134.

————, "La escuela de fortificación americana" en *Revista de Historia Militar*, Madrid, N.º 25 (1968), 7-24.

————, "El período de esplendor de las fortificaciones de San Juan de Puerto Rico" en *Asinto*, Madrid, Año V, N.º 21 (1959), 27-47.